Der deutsche Außenhandel 1900-1945
Änderungen in der Waren- und Regionalstruktur

Europäische Hochschulschriften
Publications Universitaires Européennes
European University Studies

Reihe V
Volks- und Betriebswirtschaft
Série V   Series V
Sciences économiques, gestion d'entreprise
Economics and Management

Bd./Vol. 1403

PETER LANG
Frankfurt am Main · Berlin · Bern · New York · Paris · Wien

Bernd Höpfner

Der deutsche Außenhandel 1900-1945

Änderungen in der Waren- und Regionalstruktur

PETER LANG
Frankfurt am Main · Berlin · Bern · New York · Paris · Wien

Die Deutsche Bibliothek - CIP-Einheitsaufnahme

Höpfner, Bernd:
Der deutsche Außenhandel 1900 - 1945 : Änderungen in der Waren- und Regionalstruktur / Bernd Höpfner. - Frankfurt am Main ; Berlin ; Bern ; New York ; Paris ; Wien : Lang, 1993
  (Europäische Hochschulschriften : Reihe 5, Volks- und Betriebswirtschaft ; Bd. 1403)
  Zugl.: Erlangen, Nürnberg, Univ., Diss., 1992
  ISBN 3-631-45480-5

NE: Europäische Hochschulschriften / 05

n 2

D 29
ISBN 3-631-45480-5

© Verlag Peter Lang GmbH, Frankfurt am Main 1993
Alle Rechte vorbehalten.

Das Werk einschließlich aller seiner Teile ist urheberrechtlich geschützt. Jede Verwertung außerhalb der engen Grenzen des Urheberrechtsgesetzes ist ohne Zustimmung des Verlages unzulässig und strafbar. Das gilt insbesondere für Vervielfältigungen, Übersetzungen, Mikroverfilmungen und die Einspeicherung und Verarbeitung in elektronischen Systemen.

Printed in Germany 1 2 4 5 6 7

Handle so, daß die Maxime deines Willens jederzeit zugleich als Prinzip einer allgemeinen Gesetzgebung gelten könne

Immanuel Kant, Gesetz der reinen praktischen
Vernunft

Fluctuat nec mergitur

	Seite
Inhaltsverzeichnis	I
Abbildungsverzeichnis	VII
Vorwort	XI

Teil 1: Einführung   1

  I. Einleitung   1

  II. Datenbasis   5

  III. Analysebereich Handelsstatistik   7
    1. Europa   7
    2. Deutschland   8
    2.1. im Jahr 1912   9
    2.2. in den Jahren 1929 und 1934   10
    2.3. im Jahr 1936   10
    2.4. ab 1939   11

  IV. Analysebereich Statistisches Warenverzeichnis   13

  V. Methodik der Analyse   22
    1. Die Untergliederungen   22
    1.1. Warengruppen als Einteilungskriterium   22
    1.2. Die Einteilung in Kontinente   25
    2. Die Frage des Cut-off   26
    3. Die Gruppenanteile   27
    4. Die Analysejahre 1912, 1929, 1934, 1937 und 1942   29
    5. Die einheitliche Warenstruktur   31
    5.1. Unterschiedliche Zuordnung der Waren   31
    5.2. Neue Zuordnung der Güter   33
    6. Geographische Abgrenzung einiger untersuchter Länder   34

  VI. Die wirtschaftliche Lage in den Analysejahren   36

	Seite

Teil 2: Änderungen in der Warenstruktur — 57

I. Die Import- und Exportstruktur des deutschen Außenhandels — 57
   a) Importstruktur — 57
   b) Exportstruktur — 58

II. Die Struktur der Nahrungsmittelimporte — 62
   1. Die Gruppenanteile der Nahrungsmittelimporte — 63
   2. Weizen — 68
   3. Gerste — 73
   4. Mais — 77
   5. Obst und Südfrüchte — 80
   6. Kaffee — 83
   7. Fleisch und Lebende Tiere — 86

III. Die Struktur der Nahrungsmittelexporte — 89
   1. Die Gruppenanteile der Nahrungsmittelexporte — 89
   2. Zucker — 91
   3. Roggen — 95
   4. Bier / Wein / Mehl — 97

IV. Die Struktur der Rohstoffimporte — 99
   1. Die Gruppenanteile der Rohstoffimporte — 100
   2. Wolle — 102
   3. Ölfrüchte — 107
   4. Baumwolle — 111
   5. Erze — 115

V. Die Struktur der Rohstoffexporte — 120
   1. Gruppenanteile der Rohstoffexporte — 121
   2. Steinkohle — 122

VI. Die Struktur der Halbwarenimporte — 127
   1. Gruppenanteile der Halbwarenimporte — 127
   2. Metalle — 130
   3. Kraftstoffe — 136

	Seite

VII. Die Struktur der Halbwarenexporte — 140
 1. Gruppenanteile der Halbwarenexporte — 141
 2. Metalle — 142
 3. Koks — 143

VII. Die Struktur der Fertigwarenimporte — 146
 Gruppenanteile der Fertigwarenimporte — 147

IX. Die Struktur der Fertigwarenexporte — 150
 1. Gruppenanteile der Fertigwarenexporte — 151
 2. Eisenwaren — 153
 3. Chemikalien — 162
 4. Textilien — 171
 5. Maschinen — 177
 6. Elektrowaren — 182
 7. Kraftfahrzeuge — 187
 8. Papier und Papierprodukte — 191

Teil 3: Änderungen in der Regionalstruktur — 194

 I. Anteile der einzelnen Kontinente am deutschen Außenhandel — 194
  a) am Import — 194
  b) am Export — 195

 II. Afrika — 199
  1. **Südafrika** — 202
  1.1. Handelsstatistik — 202
  1.2. Handelsbilanz / Handelspolitik — 202
  1.3. Export- / Importstruktur — 206
  2. **Ägypten** — 209
  2.1. Handelsstatistik — 209
  2.2. Handelsbilanz / Handelspolitik — 209
  2.3. Export- / Importstruktur — 212

 III. Amerika — 217
  a) Importanteile — 217
  b) Exportanteile — 217

	Seite
1. **Argentinien**	220
1.1. Handelsstatistik	220
1.2. Handelsbilanz / Handelspolitik	221
1.3. Export- / Importstruktur	225
2. **Brasilien**	231
2.1. Handelsstatistik	231
2.2. Handelsbilanz / Handelspolitik	231
2.3. Export- / Importstruktur	235
3. **Chile**	239
3.1. Handelsbilanz / Handelspolitik	239
3.2. Export- / Importstruktur	241
4. **Kanada**	246
4.1. Handelsstatistik	246
4.2. Handelsbilanz / Handelspolitik	248
4.3. Export- / Importstruktur	250
5. **USA**	253
5.1. Handelsstatistik	253
5.2. Handelsbilanz / Handelspolitik	254
5.3. Export- / Importstruktur	260
IV. Europa	267
a) Importanteil	267
b) Exportanteil	267
1. **Belgien**	270
1.1. Handelsstatistik	271
1.2. Handelsbilanz / Handelspolitik	271
1.3. Export- / Importstruktur	273
2. **Bulgarien**	279
2.1. Handelsstatistik	279
2.2. Handelsbilanz / Handelspolitik	281
2.3. Export- / Importstruktur	283
3. **Dänemark**	289
3.1. Handelsstatistik	289
3.2. Handelsbilanz / Handelspolitik	289
3.3. Export- / Importstruktur	292

	Seite
4. **Frankreich**	296
4.1. Handelsstatistik	296
4.2. Handelsbilanz / Handelspolitik	298
4.3. Export- / Importstruktur	301
5. **Großbritannien**	307
5.1. Handelsstatistik	307
5.2. Handelsbilanz / Handelspolitik	308
5.3. Export- / Importstruktur	312
6. **Italien**	319
6.1. Handelsstatistik	319
6.2. Handelsbilanz / Handelspolitik	319
6.3. Export- / Importstruktur	323
7. **Niederlande**	329
7.1. Handelsstatistik	329
7.2. Handelsbilanz / Handelspolitik	330
7.3. Export- / Importstruktur	334
8. **Schweden**	342
8.1. Handelsstatistik	342
8.2. Handelsbilanz / Handelspolitik	344
8.3. Export- / Importstruktur	349
9. **Schweiz**	355
9.1. Handelsstatistik	355
9.2. Handelsbilanz / Handelspolitik	356
9.3. Export- / Importstruktur	365
10. **Sowjetunion**	371
10.1. Handelsstatistik	371
10.2. Handelsbilanz / Handelspolitik	372
10.3. Export- / Importstruktur	377
<u>V. Asien</u>	381
a) Importanteile	381
b) Exportanteile	381
1. **Britisch-Indien**	384
1.1. Handelsstatistik	384
1.2. Handelsbilanz / Handelspolitik	384
1.3. Export- / Importstruktur	387

Seite

2. **Japan**	391
2.1. Handelsstatistik	391
2.2. Handelsbilanz / Handelspolitik	393
2.3. Export- / Importstruktur	396
3. **China**	401
3.1. Handelsstatistik	401
3.2. Handelsbilanz / Handelspolitik	402
3.3. Export- / Importstruktur	407
4. **Niederländisch-Indien**	413
4.1. Handelsstatistik	413
4.2. Handelsbilanz / Handelspolitik	413
4.3. Export- / Importstruktur	416
VI. Australien	420
a) Importanteile	420
b) Exportanteile	420
Australien	421
1. Handelsstatistik	421
2. Handelsbilanz / Handelspolitik	421
3. Export- / Importstruktur	424
VII. Zusammenfassung	427
Literaturverzeichnis	431

Abbildungsverzeichnis

	Seite
Importanalyse des deutschen Außenhandels	24
Exportanalyse des deutschen Außenhandels	24
Regionalstruktur des deutschen Außenhandels	26
Export von Rohstoffen (I)	28
Export von Rohstoffen (II)	28
Industrieproduktion im 2. Weltkrieg	48
Industrieproduktion 1928 - 1938	49
Industrieproduktion 1900 - 1944	50
Der Außenhandel Deutschlands 1900 - 1944	51
Importpreise 1900 - 1938	52
Exportpreise 1900 - 1938	53
Terms of Trade 1900 - 1938	54
Maschinen-, Textil- und Chemieindustrie. Export 1925 - 1934	55
Maschinen, Chemikalien und Textilien. Exportpreise 1925 - 1938	56
Importstruktur des deutschen Außenhandels	60
Exportstruktur des deutschen Außenhandels	61
Import von Nahrungsmitteln 1912 - 1942	63
Nahrungsmittelverbrauch 1900 - 1938, lfd. Preise	66
Nahrungsmittelverbrauch 1900 - 1938, Preise von 1913	67
Weizen. Import und Produktion 1900 - 1944	71
Weizen. Import und Export 1900 - 1943	72
Gersteimport 1929 - 1937	74
Gerste. Import und Produktion 1900 - 1944	76
Maisimport 1909 - 1943	78
Obst- und Südfrüchteimport 1900 1943	82
Kaffeeimport 1902 - 1943	85
Import von Fleisch und Fleischwaren	88
Export von Nahrungsmitteln 1912 - 1942	90
Zuckerexport 1900 - 1943	94
Roggen. Import und Export 1900 - 1943	98
Import von Rohstoffen 1912 - 1942	100
Wollimport 1912 - 1943	105
Wollpreise 1900 - 1935	106
Import von Ölfrüchten 1900 - 1943	110
Baumwollimport 1900 - 1943	114
Erzimport 1900 - 1943	118

Anteile am Erzimport 1912 - 1942	119
Export von Rohstoffen 1912 - 1942	121
Steinkohlenexport 1890 - 1943	126
Import von Halbwaren 1912 - 1942	128
Metallimport 1900 - 1943	134
Anteile am Gesamtmetallimport 1912 - 1942	135
Mineralölimport 1900 - 1943	139
Export von Halbwaren	141
Koksexport 1900 - 1943	145
Import von Fertigwaren 1912 - 1942	147
Export von Fertigwaren 1912 - 1942	151
Eisenexport 1912 - 1943	157
Anteile am Eisenexport 1912 - 1942	158
Eisen- und Stahlproduktion Deutschlands 1913 - 1944	159
Chemieexport 1900 - 1938	168
Anteil am Chemieexport 1913 - 1937	169
Farbenexport 1900 - 1944	170
Textilfertigwarenexport 1912 - 1942	176
Maschinenexport 1912 - 1942	180
Anteile am Maschinenexport 1912 - 1942	181
Elektroexport 1912 - 1943	186
Ausfuhr von Kraftfahrzeugen 1912 - 1943	190
Export von Papier und Papierwaren	193
Anteile der Kontinente am deutschen Import 1912 - 1942	197
Anteile der Kontinente am deutschen Export 1912 - 1942	198
Anteile am deutschen Import aus Afrika 1912 - 1942	200
Anteile am deutschen Export aus Afrika 1912 - 1942	201
Außenhandel mit Britisch-Südafrika 1900 - 1938	205
Import aus Britisch-Südafrika 1912 - 1937	206
Export nach Britisch-Südafrika 1912 - 1937	207
Außenhandel mit Ägypten 1900 - 1938	210
Import aus Ägypten 1912 - 1937	213
Export nach Ägypten 1912 - 1937	214
Anteile am deutschen Import aus Amerika 1912 - 1937	218
Anteile am deutschen Export aus Amerika 1912 - 1937	219
Außenhandel mit Argentinien 1900 - 1941	222
Import aus Argentinien 1912 - 1937	225
Export nach Argentinien 1912 - 1937	228

Außenhandel mit Brasilien 1900 - 1941	232
Import aus Brasilien 1912 - 1937	236
Export nach Brasilien 1912 - 1937	238
Außenhandel mit Chile 1900 - 1941	240
Import aus Chile 1912 - 1937	242
Export nach Chile 1912 - 1937	244
Außenhandel mit Kanada 1902 - 1938	247
Import aus Kanada 1912 - 1937	250
Export nach Kanada 1912 - 1937	251
Außenhandel mit den USA 1900 - 1941	255
Import aus den USA 1912 - 1937	260
Export nach den USA 1912 - 1937	264
Anteile am deutschen Import aus Europa 1912 - 1942	268
Anteile am deutschen Export aus Europa 1912 - 1942	269
Außenhandel mit Belgien 1900 - 1944	271
Import aus Belgien 1912 - 1942	274
Export nach Belgien 1912 - 1942	276
Außenhandel mit Bulgarien 1900 - 1944	280
Import aus Bulgarien 1912 - 1942	284
Export nach Bulgarien 1912 - 1942	286
Außenhandel mit Dänemark 1900 - 1944	290
Import aus Dänemark 1912 - 1942	293
Export nach Dänemark 1912 - 1942	294
Außenhandel mit Frankreich 1900 - 1944	297
Import aus Frankreich 1912 - 1942	301
Export nach Frankreich 1912 - 1942	304
Außenhandel mit Großbritannien 1900 - 1938	309
Import aus Großbritannien 1912 - 1937	312
Export nach Großbritannien 1912 - 1937	314
Außenhandel mit Italien 1900 - 1944	320
Import aus Italien 1912 - 1942	324
Export nach Italien 1912 - 1942	325
Außenhandel mit den Niederlanden 1900 - 1944	332
Import aus mit den Niederlanden 1912 - 1942	335
Export nach den Niederlanden 1912 - 1942	339
Außenhandel mit Schweden 1900 - 1944	343
Import aus Schweden 1912 - 1942	349
Export nach Schweden 1912 - 1942	352

Außenhandel mit der Schweiz 1900 - 1944 (I)	357
Außenhandel mit der Schweiz 1900 - 1945 (II)	358
Import aus der Schweiz 1912 - 1942	365
Export in die Schweiz 1912 - 1942	368
Außenhandel mit der Sowjetunion 1900 - 1941	373
Import aus der Sowjetunion 1912 - 1941	377
Export in die Sowjetunion 1912 - 1941	379
Anteile am deutschen Import aus Asien 1912-1937	382
Anteile am deutschen Export aus Asien 1912-1937	383
Außenhandel mit Britisch-Indien 1900 - 1938	385
Import aus Britisch-Indien 1912 - 1937	387
Export nach Britisch-Indien 1912 - 1937	388
Außenhandel mit Japan 1900 - 1941	392
Import aus Japan 1912 - 1942	397
Export nach Japan 1912 - 1942	398
Außenhandel mit China 1900 - 1941	403
Import aus China 1912 - 1942	408
Export nach China 1912 - 1942	410
Außenhandel mit Niederländisch-Indien 1900 - 1941	414
Import aus Niederländisch-Indien 1912 - 1937	416
Export nach Niederländisch-Indien 1912 - 1937	418
Außenhandel mit Australien 1900 - 1938	422
Import aus Australien 1912 - 1937	424
Export nach Australien 1912 - 1937	425

Vorwort

Viele Faktoren und Personen waren an dem Erreichen meines Zieles beteiligt. All denen, die mich auf an diesem Weg begleitet haben, spreche ich hiermit meinen Dank aus:

So danke ich an dieser Stelle besonders meinem akademischen Lehrer, Herrn Professor Dr. Freiherr Wolfgang Stromer von Reichenbach. Ohne sein Engagement und seine Förderung wäre mir der Abschluß der Arbeit in dieser Form sicherlich nicht möglich gewesen, zumal er maßgeblich an einer für mich wichtigen Weichenstellung beteiligt war.

Auch meinem Korrektor, Herrn Professor Dr. Ernst Dürr, bin ich zu großem Dank verpflichtet. Stets zur Bereicherung gedient haben mir insbesondere die fruchtbaren Dispute im Volkswirtschaftlichen Seminar. Gerne werde ich an diese Zeit zurückdenken.

Einen zentralen Stellenwert im Rahmen dieser Disseration nimmt der Name Schneider ein. So darf ich den beiden Herren Schneider danken, die mich in ihrer besonderen Art und Weise unterstützten. Der eine mit seiner tatkräftigen Hilfe, unterstützt durch Gleichgesinnte, so daß ich den Weg einschlagen konnte, der schließlich zur Promotion zum Dr. rer. pol. führte. Der andere mit seinen Ratschlägen und Anregungen bei der drucktechnischen Gestaltung der zahlreichen Schaubilder sowie mit der Hardware-Unterstützung, die dazu beitrug, das vorliegende Buch zur Druckreife zu bringen. Weiterhin danke ich Herrn Uebler jr.

Abschließend danke ich allen Freunden in Bamberg, Bielefeld, Köln und Nürnberg für ihre Solidarität und Unterstützung, die für mich sehr wertvoll war und auch heute noch ist.

Nürnberg, 1.8.1991   Bernd Höpfner

Teil 1: Einführung

I. Einleitung

Gegenstand der vorliegenden Untersuchung ist die Analyse der Änderungen der Waren- und Regionalstruktur des deutschen Außenhandels in der Zeit von 1912 bis 1942. Dabei wird versucht, anhand der Analyse einzelner Stichjahre die wirtschaftlichen und politischen Ursachen für Änderungen beim Import und Export der ausgewählten wichtigsten Waren / Staaten zu eruieren.

Mittelpunkt der Analyse sind die vier Hauptgruppen NAHRUNGS- und GENUßMITTEL, ROHSTOFFE, HALB- und FERTIGWAREN. Meist konzentriert sich die Forschung auf die Fragestellung, in welcher Art und Weise sich der Stellenwert jener vier Hauptgruppen an der Ein- und Ausfuhr verändert hat und legt einen großen Schwerpunkt auf die Einbindung dieser Kausalitäten in die ökonomische Entwicklung Deutschlands entweder auf wirtschaftstheoretischer (WULF)[1] oder wirtschaftshistorischer Basis. Jedoch geht es in der folgenden Untersuchung nicht um die Frage, welche wirtschaftstheoretischen Ursachen der steigende Anteil der Fertigprodukte am deutschen Export haben könnte. Deshalb spart die vorliegende Analyse diesen Problemkreis aus, zumal jener in der Literatur sehr detailliert dargestellt sind.

Vielmehr ist es das Ziel, eine Synthese der auswertbaren Literatur und Außenhandelsstatistik in Form von Einzeldarstellungen auf der 2. Ebene zu bilden. Dabei soll der Anteil der Waren und dessen Veränderung innerhalb der Hauptgruppen im Vordergrund der Betrachtung stehen. *Welche Bedeutung erlangte der Zuckerexport innerhalb des Nahrungsmittelexports, und worauf ist dessen Rückgang zurückzuführen*, wird beispielsweise als eine in diesem Zusammenhang zu klärende Frage beantwortet werden.

Die Form der Untersuchung in Einzelanalysen impliziert auch, daß die jeweiligen Ergebnisse unmittelbar in die Produktanalyse eingearbeitet oder dieser vorausgestellt sind. Zusammenfassende Resümes am Ende der Kapitel entsprechen also nicht dem Zweck, da solche Fragestellungen, wie sich z.B. der Anteil

---

[1] J. WULF, Der deutsche Außenhandel seit 1850. Entwicklung, Strukturwandlungen und Beziehungen zum Wirtschaftswachstum. Stuttgart 1968, S.105ff.

der Rohstoffe am Export veränderte, in der zeitgenössischen Forschung hinreichend ausgewertet sind.

Mit der Aufschlüsselung der einzelnen Hauptgruppen anhand der Jahre 1912, 1929, 1934 und 1937 soll versucht werden, eine Analysebasis für Strukturänderungen des gesamten Zeitraumes zu erhalten. Weiterhin soll eine Anbindung an den deutschen Außenhandel während des Zweiten Weltkrieges erreicht werden. Zu diesem Zweck wird die Untersuchung der Warenstruktur auf das Kriegsjahr 1942 ausgedehnt.

Dabei ergeben sich kriegsinhärente Schwierigkeiten wie z.B. die Glaubwürdigkeit des veröffentlichten statistischen Materials oder die Eigengesetzlichkeiten jeglichen unfreien Warenaustausches unter Kriegsbedingungen. Natürlich ist damit der direkte Vergleich einer solchen Außenhandelsstruktur mit denjenigen der vorhergehenden kriegslosen Jahren nur bedingt möglich. Da jedoch die Außenhandelszahlen während des Zweiten Weltkrieges als *Streng Geheim* eingestuft wurden, ist eine statistische Manipulation zur Verschleierung der deutschen Warenströme annähernd ausgeschlossen und die Authentizität der Statistik sichergestellt. Deshalb soll diese Periode von der Untersuchung nicht ausgespart bleiben. Vielmehr zeigen sich teilweise extreme Wandlungen der Handelsstruktur unter Kriegsbedingungen.

Kontinente bilden die Hauptgruppen bei der Regionalstruktur und damit die dortige Analysebasis. Dort wird nur kurz auf Veränderungen des Stellenwertes der Erdteile am deutschen Außenhandel eingegangen - im Vordergrund der Untersuchung steht der Handel mit den ausgewählten, für Deutschland innerhalb der Kontinente wichtigsten Staaten. Dabei soll die warenmäßige Import- und Exportstruktur mit dem betreffenden Land aufgezeigt werden. *Konzentrierte sich der Import aus Brasilien mehr auf Nahrungsmittel und wenn ja, auf welche Produkte,* lautet beispielsweise dort eine der relevanten Fragen.

Die eingehende Analyse der auswertbaren Primär- und Sekundärquellen im Rahmen der vorliegenden Untersuchung zeigt folgende Sachverhalte und Desiderate auf:

- zeitlich- und regional-[2] begrenzte Einzelauswertungen der deutschen Handelsbeziehungen bilden die eine Grundlage der Untersuchung, so beispielsweise AHLANDER (Schweden, 1918-1921), EHM (Belgien, 1871-1914) und BONSMANN (Dänemark, 1880-1937). Diese werden ergänzt von rein produktspezifischen[3] Darstellungen, wie z.b. dem Austausch von Roggen, Maschinen oder Kraftfahrzeugen. Den Handel eines Produktes mit einem Land[4] beschreiben MANGOLD (Elektro,China) und MARX-REINHARDT (Maschinen, Sowjetunion). Nur auf die Absatzpolitik[5] und die Situation auf den ausländischen Märkten konzentrieren sich beispielsweise BRÜCKNER (Kohle+Koks, Skandinavien), DIETERICH (Papier, Westeuropa) und KNOPPEK (Maschinen, Argentinien).

- weitere Analysen zeigen wie im Falle HOFFMANN und WULF (1850-1960) allerdings einen sehr umfangreichen Untersuchungszeitraum auf. Dort, bei KÜHN[6], SAAL[7] und ZOTSCHEW[8] findet sich nur eine tiefgreifendere Analyse der 1. Ebene, respektive die Veränderung des Anteils der vier Hauptgruppen am deutschen Export. Dabei fehlt oft eine weiterführende Aufschlüsselung der einzelnen Hauptgruppen und deren Wandelungen auf Produktebene.

---

[2] O. Ahlander, Staat, Wirtschaft und Handelspolitik. Schweden und Deutschland 1918 - 1921. Lund 1983; **P. Bonsmann**, Die Entwicklung der deutsch-dänischen Handelsbeziehungen von 1880 - 1937. Köln (Diss.) 1946; **H.O. Ehm**, Die deutsch - belgischen Handelsbeziehungen von 1871 bis 1914. Köln 1937; **M. Ludewig**, Die Entwicklung des bulgarischen Güteraustausches nach dem Kriege unter besonderer Berücksichtigung der deutsch - bulgarischen Beziehungen. Leipzig 1933.

[3] F. Baade, Deutschlands Roggenpolitik. Berlin 1931; **W. Birkenfeld**, Der synthetische Treibstoff 1933 - 1945. Stuttgart u.a. 1964; **E. Essig**, Die Entwicklung der deutschen Automobilindustrie in der Nachkriegszeit und ihre volkswirtschaftlich wichtigsten Probleme. München 1935; **E. Runge**, Die deutsche Maschinenindustrie in den Jahren 1924 - 1933. Ein Beitrag zur Diskussion über die Zukunft der deutschen Handelspolitik und des deutschen Industrieexports. Giessen 1936; **K. Schürmann**, Die Struktur der deutschen Textilindustrie und ihre Wandlungen in der Nachkriegszeit. Bonn 1933.

[4] R. Mangold, Die Elektroindustrie und der chinesische Markt. Berlin 1935; **A. Marx-Reinhardt**, Maschinenausfuhr nach Sowjetrussland. Borna - Leipzig 1930.

[5] H. Brückner, Bedarf und Versorgung des skandinavischen Kohle- und Koksmarktes. Jena 1938; **W. Dieterich**, Westeuropa als Absatzmarkt für die deutsche Papier- und Pappenindustrie. Würzburg 1934; **W. Geck**, Bulgarien als Absatzgebiet für die deutsche Maschinenindustrie unter besonderer Berücksichtigung von Verbrennungsmaschinen. Köln 1925; **H. Knoppek**, Deutsche Maschinenausfuhr im Wettbewerb auf dem argentinischen Markt und die Aussichten zur Absatzsteigerung. Hamburg 1937.

[6] H. Kühn, Die Verlagerung der deutschen Lebensmittel- und Rohstoffeinfuhr 1933 - 38. Berlin (Diss.) 1939.

[7] J. Saal, Die Strukturwandlungen des deutschen Außenhandels nach dem Weltkrieg. Bonn 1931.

[8] T. Zotschew, Die Strukturwandlungen im deutschen Außenhandel und deren Folgen für die westeuropäische Wirtschaft. Hamburg 1951.

Der erste Teil der folgenden Untersuchung beschäftigt sich mit den statistischen Grundlagen der Untersuchung. Hier steht die Datenbasis, deren historische Entwicklung und die für den Vergleich notwendigen Umgruppierungen im Vordergrund.

Daran schließt sich die eingehende Darstellung der Methodik der Analyse an. Die Selektion der zu untersuchenden Waren / Staaten und die Auswahl der einzelnen Analysejahre können hier als die wichtigsten Schwerpunkte genannt werden.

Da die einleitenden Abschnitte zugunsten der Hauptanalysen so knapp wie möglich gehalten sind, beschränkt sich die nachfolgende Darstellung der allgemeinen Rahmenbedingungen hier auf die konjunkturelle, handels- und zollpolitische Lage in den jeweiligen Analysejahren.

So beschäftigt sich dann der erste Teil der Hauptuntersuchung mit der Import- und Exportstruktur der vier Hauptgruppen. *Aus welchen Waren setzen sich diese hauptsächlich zusammen, welche Veränderungen erfolgten dabei* und *wie gestaltete sich der jeweilige Handel mit den betreffenden Gütern* im Laufe des Untersuchungszeitraumes sind hierbei die wesentlichsten Fragestellungen.

Im zweiten Hauptteil, der Regionalstruktur, folgen nach einem kurzen Überblick über den Anteil der jeweiligen Kontinente am deutschen Außenhandel die Einzelanalysen der untersuchten Staaten. Statistische Grundlagen in Form der Außenhandelsstatistik bilden den Anfang der Darstellung. Die wichtigsten Aspekte der Handelspolitik und Handelsbilanz schließen sich daran an, gefolgt von der Analyse der produktspezifischen Zusammensetzung der Ein- und Ausfuhr des jeweiligen Landes im Handel mit Deutschland.

II. Datenbasis

Datenbasis für die vorliegende Untersuchung bildet das vom Statistischen Reichsamt (Berlin) publizierte STATISTISCHE JAHRBUCH, Teilbereich "*Auswärtiger Handel*". Im allgemeinen handelt es sich bei den dort veröffentlichten Zahlen um die Darstellung des Spezialhandels. Dieser schließt den unmittelbaren Import / Export in den binnenländischen Wirtschaftsraum ebenso ein wie den Veredelungsverkehr und die Einfuhr / Ausfuhr aus Zollausschlüssen. Im Gegensatz dazu umfasst der Generalhandel die gesamte Ein- und Ausfuhr ohne Durchfuhr (Transit).

Sämtliche Werte der Analyse sind - wenn nicht anderweitig angegeben - in laufenden Preisen und Reichsmark zu verstehen. Dies bezieht sich nicht nur auf die tatsächlich erfolgten Wertangaben, sondern schließt auch die Errechnung der jeweiligen Gruppenanteile und die meisten graphische Darstellungen ein. Ausgenommen davon sind nur die auf indizierten Werten basierenden Schaubilder, die mit einer dementsprechenden Legende versehen sind. Von einer grundsätzlichen Indizierung der Außenhandelsziffern wie bei OHLSEN[1] wurde deshalb abgesehen, da als Basis der Analyse nur der prozentuale Anteil am Im- / Export der Hauptgruppe untersucht wurde.

Die in der Statistik ausgewiesenen Import- und Exportwerte haben erst im Laufe des Untersuchungszeitraumes eine immer größere Genauigkeit erfahren. So führte die Reform der Handelsstatistik im Jahre 1906 dazu, daß die von da an erhobenen Werte nicht mehr wie bisher auf Schätzungen basierten, sondern vermehrt auf Händlerangaben[2]. Nach den Recherchen von HOFFMANN sind dabei die Exportziffern um 4% zu hoch und die Importwerte um 3% zu niedrig ausgewiesen[3]. Erst die Angaben ab 1906 sind somit einigermaßen verwendbar. Deshalb wurden in der Analyse die Außenhandelwerte bis 1905 nach den HOFFMANN'schen Vorgaben korrigiert. Da jedoch die Analyse der Hauptgruppen erst mit dem Jahr 1912 beginnt, ist von diesen Neuberechnungen nur die deutsche Handelsbilanz mit den untersuchten Staaten betroffen.

---

[1] R.R. OHLSEN, Der deutsche Export nach Großbritannien 1923-1933. Bergisch-Gladbach 1986.
[2] W.G. HOFFMANN, Das Wachstum der deutschen Wirtschaft seit der Mitte des 19. Jahrhunderts. Berlin u.a. 1965, S.528.
[3] HOFFMANN, S.528f.

Bei der Analyse des Jahres 1929 sind die Werte von den in der Statistik eingeschlossenen Reparationsleistungen bereinigt worden.

Bei den im STATISTISCHEN JAHRBUCH ausgewiesenen Import- und Exportstaaten handelt es sich um die Herstellungs- und Bestimmungsländer, respektive den Produktions- und Verbrauchsort.

III. Analysebereich Handelsstatistik[1]

1. Europa

Bestrebungen, in Europa eine einheitliche, allgemein komparatible Handelsstatistik zu schaffen, waren seit 1853 mehrmals unternommen worden, doch zeigten sie keine Resultate. Unterschiedliche Produktkategorien, Zollsysteme, Wertberechnungen und Warenursprungklassifizierungen machten einen Vergleich der einzelnen Länderstatistiken vorerst noch unmöglich. Im letzten Jahrzehnt vor der Jahrhundertwende war eine Intensivierung der Bemühungen erkennbar. 1889 brachte der Handels- und Industriekongreß in Paris nur das Resultat, daß man sich in der Existenz des Problems einig war; der im darauffolgenden Jahr in Brüssel gegründete *Internationale Verband für die Veröffentlichung der Zolltarife* und der Internationale Zollkongreß 1900 beschäftigten sich wenigstens mit einem Teilproblem.

Erste Erfolge brachte 1906 der Handelskammerkongreß in Mailand, wo der dort entstandene Wunsch, die einheitliche Produktklassifikation zu schaffen, dann auch endlich 1910 in der Brüsseler *Conférence internationale de statistique commerciale* verwirklicht wurde[2]. Die Unterteilung in 5 Hauptgruppen war jedoch nur fakultativ, so daß die nationalen Statistiken wieder nicht einheitlich sein mußten[3]. Erst 1913 gelang es, neben der eigenen Landesstatistik diese neue

---

[1] C. BERLINER (I), Die Reform der deutschen Außenhandelsstatistik. In: Weltwirtschaftliches Archiv, 29, S.320*-333*; **C. BERLINER** (II), Deutschlands außenwirtschaftliche Verflechtung und die Aufgaben unserer Handelsstatistik. In: Allgemeines Statistisches Archiv, 20, 1930, S.329-342; **F. BROWN**, A Tabular Guide to the Foreign Trade Statistics of Twenty-one Principal Counrties. London 1926; **W. GRÄVELL**, Die Außenhandelsstatistik. In: F.Burgdörfer (Hrsg.), Die Statistik in Deutschland nach ihrem heutigen Stand. Berlin 1940; **W.G. HOFFMANN**, Das Wachstum der deutschen Wirtschaft seit der Mitte des 19.Jahrhunderts. Berlin/Heidelberg/New York 1965; **K. HEINRICH**, Der Export der deutschen chemischen Industrie nach Großbritannien. Bückeburg 1932; **A. JULIN**, La réforme des statistiques d' importation et d'exportation en relation avec les nouvelles méthodes de la politique commerciale. Bruxelles 1937; **J. KUCZYNSKI**, Probleme statistischer Erfassung der Wirtschaftsentwicklung. In: Jahrbuch für Wirtschaftsgeschichte, 1967, III, S.373-384. **J.P. SEVENIG**, Die international einheitliche Handelsstatistik. n: Weltwirtschaftliches Archiv, Bd.5, 1915, S.234-243; **STATISTISCHES HANDBUCH** von Deutschland 1928-1944. Hrsg.v. Länderrat. München 1949; **UNITED KINGDOM TRADE STATISTICS**. A new classification for international use. London 1937.

[2] SEVENIG, S.239.

[3] I) Lebende Tiere, II) Nahrungsmittel und Getränke, III) Rohstoffe und einfach zubereitete Waren, IV) Fertigfabrikate, V) Edelmetalle.

für obligatorisch zu bestimmen. Dabei wurden Daten an Paris übermittelt, die nach dem französischen Meß- und Geldsystem nun in einem Bulletin in französischer Sprache veröffentlicht werden sollten[4]. Deutschland publizierte dann auch den Außenhandel des Jahres 1913 erstmals nach dem sog. Internationalen Brüsseler Warenverzeichnis, dessen einziger Erfolg darin begründet lag, daß es nun wenigstens einigermaßen einheitliche Produktkategorien gab. Weiterhin wurde auf der Internationalen Statistischen Konferenz 1928 ein neues Klassifikationsschema entworfen, welches leider nicht angenommen wurde. Somit waren die noch anstehenden Probleme immer noch nicht gelöst, denn unterschiedliche Werterfassungen, Warenurspungsmethoden und -klassifikationen ließen einen direkten internationalen Vergleich in der Folgezeit nicht zu[5]. Ein *"langfristiges Problem"*, das bis zum Zweiten Weltkrieg nicht gelöst werden konnte[6].

2. Deutschland

Im Laufe des Untersuchungszeitraumes erfuhr die deutsche Außenhandelsstatistik vielfache Änderungen hinsichtlich der *regionalen Gültigkeit*, der *Produktzuordnung* sowie der *Produktwertdefinition*. Jeder Vergleich innerhalb dieses Zeitraumes ist deshalb mit gewissen Fehlern behaftet, die im Laufe dieser Zeit geringer wurden. So wurden noch bis 1928 vereinzelt Schätzungen als Basis zur Berechnung der jeweiligen Außenhandelswerte verwendet[7]. Vielfach wurden einzelne Güter im Untersuchungszeitraum unterschiedlichen Hauptgruppen zugeordnet, was auf den Bedeutungswandel und den technischen Fortschritt in der Produktion zurückzuführen ist. Betrachtete man Preßkohlen (Briketts), und Erdöl noch vor dem Ersten Weltkrieg als Fertigwaren, so waren diese 1929 als Halbwaren, 1937 dann als Rohstoffe eingestuft. Der diffizile Fertigungsprozeß von Kunstseide (Viskose) führte vor 1914 zu einer Klassifikation als Fertigprodukt, nach 1936 zur Einstufung als Halbware.

Was die quantitaive und qualitative Entwicklung der deutschen Außenhandelsstatistik im Analysezeitraum anbelangt, so stellt hier HOFF-

---
[4] SEVENIG, S.241.
[5] BERLINER (I), S.333*. Vgl. JULIN.
[6] *"The lack of comparability, due to the adoption in the various countries of different systems of classfication and nomenclature of commodoties entering into international trade, is a long-standing problem"*. **UNITED KINGDOM TRADE STATISTICS,** S.III.
[7] **HOFFMANN, S.517.**

MANNs[8] umfassende Darstellung dazu die Basis jeglicher Untersuchung[9]. Trotzdem sind zum besseren Verständnis die wesentlichsten Veränderungen kurz dargestellt:

Das Gesetz vom 7.2.1906 der Statistik des Warenverkehrs mit dem Ausland umfaßte nun das gesamte deutsche Wirtschaftsgebiet, vorher schloß es nur das deutsche Zollgebiet ohne die Zollausschlüsse Luxemburg und die österreichischen Orte Jungholz und Mittelberg[10] ein. Ab diesem Jahr erfolgten die Wertangaben des Exportes anhand von Wertdeklarationen, vorher wurde der Warenwert anhand von durchschnittlichen Preisen geschätzt[11]. Probleme bereitete nur noch die Importdeklaration, die sich erst 1928 per Gesetz endgültig durchsetzte[12].

Eine nicht unwesentliche Rolle bei der Änderung der Statistik dürfte das Reparationsproblem gespielt haben, da die Handelsbilanz die Grundlage für die Zahlungsbilanz im Rahmen der Reparationsleistungen darstellte[13]. Eine weitere Änderung betraf die Produkte des Statistischen Warenverzeichnisses, die von da an nicht mehr alphabetisch, sondern nach Warengruppen klassifiziert wurden. Diese entsprachen ihrerseits dem Zolltarifschema[14] und genügten einer differenzierten wirtschaftlichen Betrachtung nicht. Erst 1936 wurde die Warenklassifikation reformiert und die Einteilung nach *Gruppen und Untergruppen der Ernährungswirtschaft und der gewerblichen Wirtschaft* durchgeführt.

2.1. Die Statistik im Jahre 1912 ist in fünf Hauptgruppen unterteilt:

- **Rohstoffe**

- **Halbfertige Waren**

- **Fertige Waren**

- **Nahrungs- und Genußmittel**

---

[8] HOFFMANN, S.517ff.
[9] So urteilt der Nestor der deutschen Wirtschaftsgeschichte Jürgen KUCZYNSKI in einer Rezension über HOFFMANS Wachstum der deutschen Wirtschaft emphatisch: *"Niemand wird mehr über die deutsche Wirtschaftgeschichte in den letzten hundert Jahren schreiben können, ohne 'Hoffmann' neben sich liegen zu haben".* KUCZYNSKI, S.375.
[10] HEINRICH, S.39.
[11] BERLINER (I), S.322*.
[12] Näheres zur Reform der Außenhandelsstatistik bei BERLINER (II), S.335ff.
[13] BERLINER (II), S.335.
[14] BERLINER (I), S.329*

- Lebende Tiere

1913 wurde die letzte Außenhandelsstatistik publiziert, danach erfolgte während des Ersten Weltkrieges aus Geheimhaltungsgründen keine Veröffentlichung mehr. Politische Wirren (Besetzung des Ruhrgebietes) und wirtschaftliche Probleme (Inflation) erschwerten die exakte quantitative und qualitative Erfassung der Außenhandelsziffern. So sind die deutschen Import- und Exportwerte erst ab 1925 wieder verwendbar.

Die statistische Reform vom 27.3.1928[15] beseitigte endlich die Schätzung bei der Einfuhr. Von nun an waren die Importeure zur exakten Wertdeklaration verpflichtet[16], so daß es erst ab diesem Zeitpunkt *"völlig zuverlässige Außenhandelswerte"* gab[17].

2.2. 1929 und 1934
war der Warenverkehr in vier Hauptgruppen unterteilt :

- Lebende Tiere
- Lebensmittel und Getränke
- Rohstoffe und Halbfertige Waren
- Fertige Waren

Damit ist die Einteilung mit derjenigen des Internationalen Brüsseler Warenverzeichnisses identisch. Überarbeitungsbedürftig war diese Gliederung deshalb geworden, da sie den Fertigungsgrad der Waren zu wenig differenzierte, wie es bei der zusammengefaßten Gruppe ROHSTOFFE UND HALBFERTIGE WAREN der Fall war. Außerdem konzentrierte sich die Statistik zu sehr auf die Unterscheidung von Nahrungs- und Genußmitteln und weniger auf eine fertigungstechnische Aufschlüsselung der Industrieerzeugnisse. Weiterhin waren Genußmittel wie *Tabak* und Nahrungsmittel wie *Ölfrüchte* und *Därme, Magen* noch den Rohstoffen zugeordnet.

Deshalb erfolgte ab

(2.3.) 1936 eine Neugruppierung[18] der Güter wie folgt:
ERNÄHRUNGSWIRTSCHAFT

---

[15] GRÄVELL, S.109ff.
[16] BERLINER (I), S.324*. HOFFMANN, S.532.
[17] HOFFMANN, S.532.
[18] Vgl. **WIRTSCHAFT UND STATISTIK**, 16.Jg, H.3, S.101ff.

- **Lebende Tiere**
- **Nahrungsmittel tierischen Ursprungs**
- **Nahrungsmittel pflanzlichen Ursprungs**
  - **Genußmittel**

GEWERBLICHE WIRTSCHAFT

- **ROHSTOFFE**
- **HALBWAREN**
- **FERTIGWAREN:**

  a) - **Vorerzeugnisse**

  b) - **Enderzeugnisse**

Die Grundlage für eine Klassifizierung war dabei der Bearbeitungsgrad der Güter. In dieser Reform lag der Schwerpunkt auf den industriellen Produkten, wie auch die nähere Differenzierung der gesamten Fertigwaren in Vor- und Endprodukte zeigt. Damit wurde der großen volkswirtschaftlichen Bedeutung dieser Gruppe auch in der Statistik gerecht, denn Fertigwaren stellten beispielsweise 1935 etwa 80% der gesamten Exporte.

Weitere Gebietsverschiebungen / Annektionen erfolgten 1935 (Saargebiet), 1938 (Österreich, Sudetendeutschland), 1939 (Böhmen, Mähren, Memelland, Danzig, Oberschlesien, poln. Abtretungen), 1940 (Elsaß, Lothringen, Luxemburg), 1941 (Untersteiermark, Südkärnten, Nordkrain).

Mit dem *"Gesetz über die Statistik des Warenverkehrs mit dem Ausland"*[19] vom 31.3.1939 wurden verwaltungstechnische Vereinfachungen bezüglich des Anmeldeverfahrens und einer exakteren Erfassung und Aufbereitung der Statistik erreicht.

Kriegsbedingt ergaben sich

(2.4.) ab 1939 folgende Veränderungen:

Bis Juli 1943 war der Warenaustausch mit den besetzten Ostgebieten noch enthalten (Ausnahme: Generalgouvernement).

---

[19] GRÄVELL, S.109.

Import und Export an Wehrmachtsteile, Zivilbehörden etc. in den nichtdeutschen Gebieten sowie Kriegsbeute sind nicht in den Außenhandelszahlen enthalten.

Festgehalten sind dagegen die Auftragsverlagerungen an das besetzte Ausland als Im- und Export, sowie Kriegsbeute auf dem Namen der *Rohstoffhandelsgesellschaft mbH. Berlin (ROGES)*[20].

Der Spezialhandel umfaßte im Gegensatz zum Generalhandel nicht die mittelbare Durchfuhr der aus dem Ausland in Zollausschlußlager und Zollniederlagen eingeführten und wieder exportierten Produkte[21].

Der Gesamteigenhandel schloß dagegen den Import aller Waren über die Grenzen des Zollgebietes ein, gleich welchen Ursprunges sie waren. Nur der direkte Transithandel war hier nicht erfaßt. Nach Berliner beziffert sich der Wert des Spezialhandels etwa 10% geringer als der des Gesamteigenhandels[22].

Gesamteigenhandel plus Transithandel ergab den sog. Generalhandel, der jedoch nur die gehandelten Mengen einbezog.

---

[20] Vgl. dazu **STATISTISCHES HANDBUCH**, S.390f.
[21] Vgl. dazu **BERLINER** (I), S.331*.
[22] **BERLINER**, S.330*.

IV. Analysebereich
Statistisches Warenverzeichnis

Warenart	Warennummer	1912	1929/34	1937/42
Pferde	100a-e	I.LT	I.LT	I.EW/LT
Rindvieh	$103a^1\text{-}g^2$	I.LT	I.LT	I.EW/LT
Schweine	106a/b	I.LT	I.LT	I.EW/LT
Sonstige lebende Tiere	101, 102, 104a-105 107a-d, 125a/b	I.LT	I.LT	I.EW/LT
Weizen	2a	I.NuG	I.LuG	I.EW/NPf
Roggen	1	I.NuG	I.LuG	I.EW/NPf
Gerste	3a/b	I.NuG	I.LuG	I.EW/NPf
Hafer	4	I.NuG	I.LuG	I.EW/NPf
Mais, Dari	7	I.NuG	I.LuG	I.EW/NPf
Reis	10, 163	I.NuG	I.LuG	I.EW/NPf
Malz	9	I.NuG	I.LuG	I.EW/NPf
Mehl, Graupen und andere Müllereiprodukte	162a-c, 164, 165	I.NuG	I.LuG	I.EW/NPf
Kartoffeln	23	I.NuG	I.LuG	I.EW/NPf
Speisebohnen, Erbsen, Linsen	11a-c	I.NuG	I.LuG	I.EW/NPf
Küchengewächse (Gemüse und dergleichen)	33a-37b	I.NuG	I.LuG	I.EW/NPf
Obst	45a-49	I.NuG	I.LuG	I.EW/NPf
Südfrüchte	50-58	I.NuG	I.LuG	I.EW/NPf
Zucker	176a-177c	I.NuG	I.LuG	I.EW/NPf
Kaffee	61a-c	I.NuG	I.LuG	I.EW/GM

Warenart	Warennummer	1912	1929/34	1937/42
Tee	65	I.NuG	I.LuG	I.EW/GM
Kakao	63, 64	I.NuG	I.LuG	I.EW/NPf
Fleisch, -würste, Speck,	108a[1]-112, 114	I.NuG	I.LuG	I.EW/NT
Fische und Fischzubereit.	115a-124, 219a,b	I.NuG	I.LuG	I.EW/NT
Milch	133a-c, 208, 219c	I.NuG	I.LuG	I.EW/NT
Butter	134	I.NuG	I.LuG	I.EW/NT
Hart- und Weichkäse	135a-e	I.NuG	I.LuG	I.EW/NT
Eier von Federvieh	136	I.NuG	I.LuG	I.EW/NT
Schmalz, Oleomargarin	126a-c	I.NuG	I.LuG	I.EW/NT
Talg von Rindern, Schafen, Preßtalg	129	II.R	I.LuG	I.EW/NT
Margarine + Speisefette	205a-207b	I.NuG	I.LuG	I.EW/NPf
Pflanzliche Öle und Fette	166a-174 166d/e/f/h, 167	IV.F II.R	I.LuG I.LuG	I.EW/NPf I.EW/NPf
Gewürze	66-67k	I.NuG	I.LuG	I.EW/NPf
Branntwein und Sprit	178a-179c	I.NuG	I.LuG	I.EW/GM
Wein und Most	180a-184	I.NuG	I.LuG	I.EW/GM
Bier	186a/b	I.NuG	I.LuG	I.EW/GM
sonstiges Getreide	2b, 3b, 5-6, 8	I.NuG	I.LuG	I.EW/NPf
Hülsenfrüchte zur Viehfütterung	12a-c	II.R.	I.Lug	I.EW/NPf
andere Hackfrüchte	24-26	II.R.	I.Lug	I.EW/NPf
Gemüse-und Obstkonserven, Fruchtsäfte	59a/b, 213-215, 219d	I.NuG	I.LuG	I.EW/NPf
Grün-und Rauhfutter	27a-c	II.R	RuHF	I.EW/NPf
Talg	127, 128a/b	II.R	I.LuG	I.EW/NPf
Eier, Eiweiß, Eigelb	137-138, 209	II.R	I.LuG	I.EW/NT

Warenart	Warennummer	1912	1929/34	1937/42
Honig	139-140	I.NuG	I.LuG	I.EW/NT
Tierische Abfälle zur Viehfütterung	161a	II.R	RuHF	I.EW/NT
Ölkuchen	$193a^{1-10}$	IV.F	RuHF	I.EW/NPf
Kleie	192a	II.R	RuHF	I.EW/NPf
sonstige Abfallprodukte zur Viehfütterung	176o, 192b-197	II.R	RuHF	I.EW/NPf
sonstige Lebensmittel und Getränke	113, 175, 185, 187 190, 198-202, 210-212, 216, 218, 220 191 189 280 281	I.NuG I.NuG I.NuG I.NuG II.R II.R I.NuG II.R	I.LuG I.LuG I.LuG I.LuG I.LuG RuHF I.LuG RuHF	I.EW/NPf I.EW/NPf I.EW/NPf I.EW/NPf I.EW/NPf I.EW/NPf II.GW/R II.GW/R
Kakaoprodukte	203-204	I.NuG	I.LuG	I.EW/NPf
Rohtabak	29	II.R	RuHF	I.EW/GM
Hopfen	30, 31	I.NuG	RuHF	I.EW/GM
Roh- und Florettseide	391, 396a/b 392-393 397a/b	II.R IV.F III.HF	RuHF RuHF RuHF	III.GW/HW III.GW/HW II.GW/R
Wolle und andere Tierhaare, roh / behandelt, Abfälle	144-146, 413a 416c 414-415, 515a/b	II.R III.HF IV.F	RuHF RuHF RuHF	II.GW/R II.GW/R II.GW/R
Baumwolle, roh / gekämmt	28a/b 438a/b	II.R II.R	RuHF RuHF	II.GW/R II.GW/R
Flachs, Hanf, Jute	28c-q 470a-471	II.R III.HF	RuHF RuHF	II.GW/R II.GW/R
Abfälle von Gespinstwaren, Lumpen	543a/b	II.R	RuHF	II.GW/R
Lamm-und Schaffelle	153l/m	II.R	RuHF	II.GW/R
Kalbfelle und Rindshäute	153a-d	II.R	RuHF	II.GW/R
Felle zu Pelzwerk, roh	154a-155	II.R	RuHF	II.GW/R

Warenart	Warennummer	1912	1929/34	1937/42
sonst.Felle und Häute	153e-k, n-r 544a/b	II.R IV.F	RuHF RuHF	II.GW/R II.GW/R
Federn und Borsten	147a-151b	II.R	RuHF	II.GW/R
Tierfett und Tran	130-132	II.R	RuHF	III.GW/HW
Därme und Magen	157a/b	II.R	RuHF	I.EW/NT
Nichtölhalt.Sämereien	18a-22	II.R	RuHF	I.EW/NPf
Ölfrüchte und Ölsaaten	13a-14d, 15-16 17	II.R II.R	RuHF RuHF	I.EW/NPf II.GW/R
Bau-und Nutzholz	68-73, 74a-75e 77a-78a, 79a-d 80a-83b 84/85	II.R II.R III.HF III.HF	RuHF RuHF RuHF RuHF	II.GW/R III.GW/HW III.GW/HW II.GW/R
Holz zu Holzmasse	86	II.R	RuHF	II.GW/R
Holzschliff, Zellstoff	649-650c	III.HF	RuHF	III.GW/HW
Gerbhölzer und -rinden	92a-94f	II.R	RuHF	II.GW/R
Gerbauszüge	384a-e	IV.F	RuHF	III.GW/HW
Harz, Kopale, Schellack	97a-g	II.R	RuHF	II.GW/R
Kautschuk, Guttapercha	98a-d/e	II.R	RuHF	II.GW/R
Steinkohlen	238a	II.R	RuHF	II.GW/R
Braunkohlen	238b	II.R	RuHF	II.GW/R
Preßkohlen	238e/f	IV.F	RuHF	II.GW/R
Koks	238d	I.R	RuHF	III.GW/HW
Steinkohlenteer, roh	244a	III.HF	RuHF	II.GW/R
Mineralöl und Teer, roh	239a-h 239b/f, 243b/c	I.R IV.F	RuHF RuHF	II.GW/R II.GW/R
Steinkohlenöle und Steinkohlenderivate	245-246	IV.F	RuHF	III.GW/HW
Mineralphosphate	227d	IV.F	RuHF	III.GW/HW
Zement	230a	II.R	RuHF	III.GW/HW

Warenart	Warennummer	1912	1929/34	1937/42
sonstige Steine und Erden	221-226, 227a/b 228, 230a-236c 227b/c/d, 229 234b	II.R II.R IV.F III.HF	RuHF RuHF RuHF RuHF	II.GW/R II.GW/R II.GW/R II.GW/R
Eisenerze	237e	II.R	RuHF	II.GW/R
Kupfererze	237g	II.R	RuHF	II.GW/R
Zinkerze	237o	II.R	RuHF	II.GW/R
Schwefelkies	237l	II.R	RuHF	II.GW/R
Manganerze	237h	II.R	RuHF	II.GW/R
Chromerze	237d	II.R	RuHF	II.GW/R
Bleierze	237c	II.R	RuHF	II.GW/R
sonstige Erze+Metallaschen	237a/b/f/k/m-s	II.R	RuHF	II.GW/R
Eisen	317o 777a/b, 842-843	III.HF III.HF	RuHF RuHF	III.GW/HW III.GW/HW
Kupfer	869a$^{1-4}$	III.HF	RuHF	III.GW/HW
Blei	850	III.HF	RuHF	III.GW/HW
Zinn	860	III.HF	RuHF	III.GW/HW
Zink	855a/b	III.HF	RuHF	III.GW/HW
Aluminium	844a/b	III.HF	RuHF	III.GW/HW
sonstige unedle Metalle	864, 869	III.HF	RuHF	III.GW/HW
Eisenhalbzeug	784	III.HF	RuHF	III.GW/HW
Kalisalze	280b-e	II.R	RuHF	II.GW/R
Thomasphosphatmehl	361	IV.F	RuHF	III.GW/HW
schwefelsaures Ammoniak	317v^1	IV.F	RuHF	III.GW/HW
sonstige chemische Rohstoffe und Halbzeuge	265, 266, 303 270-271, 304, 317v$^{4-6}$, 359a- 360, 362, 372- 375b, 377	II.R IV.F IV.F IV.F IV.F	RuHF RuHF RuHF RuHF RuHF	III.GW/HW III.GW/HW III.GW/HW III.GW/HW III.GW/HW

Warenart	Warennummer	1912	1929/34	1937/42
sonstige Rohstoffe und halbfertige Waren	(mehr als 100 Einzelnummern)			
Kunstseide und Florettseidengarn	394a-395 398a-400	III.HF IV.F	IV.F IV.F	III.GW/HW III.GW/HW
Garn aus Wolle und anderen Tierhaaren	417-426	III.HF	IV.F	III.GW/HW
Garn aus Baumwolle	439-444	III.HF	IV.F	III.GW/HW
Garn aus Flachs, Hanf, Jute etc.	472a-483b	III.HF	IV.F	III.GW/HW
Gewebe und andere nicht genähte Ware -aus Seide -aus Wolle -aus Baumwolle	 401-411 427-437, 516 445-458, 464-465, 459, 460c, 463	 IV.F IV.F IV.F IV.F	 IV.F IV.F IV.F IV.F	 IV.GW/Fa IV.GW/Fa IV.GW/Fa IV.GW/Fb
Flachs, Hanf, Jute Kleidung und Wäsche	484-485, 502 486-501, 503-506 517-520, 521b, 522a	IV.F IV.F IV.F	IV.F IV.F IV.F	IV.GW/Fb IV.GW/Fa IV.GW/Fb
Filzhüte und Hutstumpen	541a, 537-540	IV.F	IV.F	IV.GW/Fb
sonstige Hüte	533a-536, 542	IV.F	IV.F	IV.GW/Fb
sonstige Textilien	511-513, 521a, 522b-527, 412a/b, 466-468, 469, 477	IV.F IV.F III.HF	IV.F IV.F IV.F	IV.GW/Fb IV.GW/Fb IV.GW/Fb
Leder	544, 545a-554	IV.F	IV.F	IV.GW/Fa
Schuhwerk, Sattler- und Lederwaren	555-562	IV.F	IV.F	IV.GW/Fb
Pelze und Pelzwaren	563 565	IV.F IV.F	IV.F IV.F	IV.GW/Fa IV.GW/Fb
Paraffin und Waren aus Wachs oder Fetten	250-251, 258-264 254-257b	IV.F IV.F	IV.F IV.F	IV.GW/HW IV.GW/Fb
Möbel und andere Holzwaren	615-634, 636- 638c, 643, 644c, 595-600	IV.F IV.F	IV.F IV.F	IV.GW/Fb IV.GW/Fb

Warenart	Warennummer	1912	1929/34	1937/42
Kautschukwaren	570	IV.F	RuHF	III.GW/HW
	571-573, 582, 583,	IV.F	IV.F	III.GW/HW
	584-586, 574-581	IV.F	IV.F	III.GW/HW
Celluloid, Galalith und gleiche Waren daraus	639a-c	III.HF	IV.F	IV.GW/Fa
	640b	IV.F	IV.F	IV.GW/Fb
Filme	640a	IV.F	IV.F	IV.GW/Fb
Papier und -waren	651a[1]	IV.F	IV.F	IV.GW/Fa
	652, 656, 657-667,	IV.F	IV.F	IV.GW/Fb
	664a-669, 671-673, 674d	IV.F	IV.F	IV.GW/Fb
Bücher und Musiknoten	674a/c	IV.F	IV.F	IV.GW/Fb
Karten, Bilder	675-677	IV.F	IV.F	IV.GW/Fb
Farben, Firnisse, Lacke	318a/b, 319-328b	IV.F	IV.F	IV.GW/Fa
	329-336a	IV.F	IV.F	IV.GW/Fa
	337-340, 344	IV.F	IV.F	IV.GW/Fb
	341-343, 345-346	IV.F	IV.F	IV.GW/Fa
Schwefelsaures Kali, Chlorkalium	295a, 317v[3]	IV.F	IV.F	III.GW/HW
sonstige chemische und pharmazeut. Produkte	(mehr als 58 Einzelnummern)	IV.F	IV.F	IV.GW/Fa
		IV.F	IV.F	IV.GW/Fb
Sprengstoff, Schießbedarf, Zündwaren	363-370	IV.F	IV.F	IV.GW/Fa
sonstige chemische Produkte	371-390	IV.F	IV.F	IV.GW/Fb
	371-375, 377	IV.F	RuHF	IV.GW/Fa
	378	IV.F	RuHF	III.GW/HW
Ton- und Porzellanwaren	694-695, 719, 722	IV.F	IV.F	IV.GW/Fa
	727-729, 733a-e	IV.F	IV.F	IV.GW/Fa
	720-721, 723, 765	IV.F	IV.F	IV.GW/Fb
	725-726, 730-732	IV.F	IV.F	IV.GW/Fb
Glas und Glaswaren	735-736b, 737g	IV.F	IV.F	III.GW/HW
	737a-f, h-l, n	IV.F	IV.F	IV.GW/Fb
	739e, 740b, 754, 758-767	IV.F	IV.F	IV.GW/Fb
	740a, 741-755	IV.F	IV.F	IV.GW/Fa
Waren aus Edelmetallen	770a-771c, 773-776	IV.F	IV.F	IV.GW/Fb

Warenart	Warennummer	1912	1929/34	1937/42
Röhren und Walzen	778-779 780a[2]	IV.F IV.F	IV.F IV.F	IV.GW/Fa IV.GW/Fb
Stahlröhren	793a-795b	IV.F	IV.F	IV.GW/Fa
Stab- und Formeisen	785a[1]/b	IV.F	IV.F	IV.GW/Fa
Blech und Draht aus Eisen	786a-792b 789, 790	III.HF IV.F	IV.F IV.F	IV.GW/Fa IV.GW/Fa
Eisenbahnoberbaumaterial	796, 820a 821b	IV.F IV.F	IV.F IV.F	IV.GW/Fa IV.GW/Fb
Kessel: Teile und Zubehör von Maschinen	782a, 783a-d, 799a-e, 801a-802 804-805, 813e 798	IV.F IV.F IV.F IV.F	IV.F IV.F IV.F IV.F	IV.GW/Fb IV.GW/Fb IV.GW/Fb IV.GW/Fa
Messerschmiedewaren	836b[1, 2]	IV.F	IV.F	IV.GW/Fb
Werkzeuge und landwirtschaftliche Geräte	808a-813d, 815a-816b	IV.F	IV.F	IV.GW/Fb
sonstige Eisenwaren	(mehr als 43 Einzelnummern)		IV.F	IV.F	IV.GW/Fb
Waren aus Kupfer	870-873, 877c/d 874b-877b, 878a-880b	IV.F IV.F	IV.F IV.F	IV.GW/Fa IV.GW/Fb
vergoldete und versilberte Waren	881a-882, 883-885	IV.F	IV.F	IV.GW/Fb
sonstige Waren aus unedlen Metallen	(mehr als 25 Einzelnummern)	IV.F IV.F	IV.F IV.F	IV.GW/Fa IV.GW/Fb
Textilmaschinen	817-819, 895a-902a	IV.F	IV.F	IV.GW/Fb
Dampflokomotiven	892a-d	IV.F	IV.F	IV.GW/Fb
Werkzeugmaschinen	904a-d	IV.F	IV.F	IV.GW/Fb
Landwirtschaftl. Maschinen	905a/b, 906c-d[3]	IV.F	IV.F	IV.GW/Fb
sonstige Maschinen	(mehrere Einzelnummern)		IV.F	IV.GW/Fb
Elektrische Maschinen	907a-h	IV.F	IV.F	IV.GW/Fb

Warenart	Warennummer	1912	1929/34	1937/42
Elektrotechnische Produkte	908-912f^6	IV.F	IV.F	IV.GW/Fb
Kfz, Krafträder	915a-c	IV.F	IV.F	IV.GW/Fb
Fahrräder, -teile	916, 919-920	IV.F	IV.F	IV.GW/Fb
Wasserfahrzeuge	921-923f, 924, 925	IV.F IV.F	IV.F IV.F	IV.GW/Fb III.GW/HW
Musikinstrumente, Phonographen	253b, 891d^1, 937-945	IV.F	IV.F	IV.GW/Fb
Uhren	929a-933, 934b^1, 934c^1-936	IV.F	IV.F	IV.GW/Fb
sonstige feinmechanische Produkte	814b, 891d^2, e^1-e^6 934a/b^2, 894a^1-c	IV.F IV.F	IV.F IV.F	IV.GW/Fb IV.GW/Fb
Kinderspielzeug	946	IV.F	IV.F	IV.GW/Fb
sonstige Waren	(mehrere Einzelnummern)	IV.F IV.F	IV.F IV.F	IV.GW/Fa IV.GW/Fb

Erläuterungen:
EW/GM   Ernährungswirtschaft/Genußmittel
EW/NPf   Ernährungswirtschaft/Nahrungsmittel pflanzl.Ursprungs
EW/NT   Ernährungswirtschaft/Nahrungsmittel tierischen Ursprungs
F   Fertige Waren
GW/R   Gewerbliche Wirtschaft/Rohstoffe
GW/HW   Gewerbliche Wirtschaft/Halbwaren
GW/Fa   Gewerbliche Wirtschaft/Fertigwaren - Vorprodukte
GW/Fb   Gewerbliche Wirtschaft/Fertigwaren - Endprodukte
HF   Halbfertige Waren
LT   Lebende Tiere
LuG   Lebens- und Genußmittel   R   Rohstoffe
NuG   Nahrungs- und Genußmittel   RuHF   Rohstoffe und Halbfertige Waren

V. Methodik der Analyse

1. Die Untergliederungen

1.1. Warengruppen als Einteilungskriterium

Untersuchungen, welche ihren Erfassungszeitraum über die Zeitgrenze von 1945 ausgedehnt haben, stehen grundsätzlich vor dem Problem, in der Warengliederung eine einheitliche Basis festzulegen. Die Schwierigkeit besteht in diesem Fall darin, die noch einigermaßen homogene Struktur der deutschen Außenhandelsstatistik von 1871-1937 (1939) mit den völlig neuen Klassifizierungskriterien der Bundesrepublik Deutschland vergleichbar zu machen.

Meist wird dabei die in diesem Untersuchungszeitraum jüngste Berechnungsgrundlage gewählt. Als Beispiel hierfür steht WULF[1], der bei seiner Analyse die *"Systematik ... der amtlichen Statistik ... des Jahres 1962"* verwendete, nach der er dann auch die älteren Werte von 1850 an *"so weit wie möglich dieser Gliederung entsprechend umgruppiert(e)"*[2].

Bindung an aktuelle internationale Klassifikationsgrundlagen suchte OHLSEN[3], der den deutsch-britischen Außenhandel nach der international gültigen SITC II von 1976 - der *Standard International Trade Classification* - umrechnete, *"um ... einen Vergleich der Zwischenkriegszeit mit der Periode nach dem Zweiten Weltkrieg ... zu erleichtern"*[4]. Die geographische und zeitliche Begrenzung auf den deutschen Austausch mit Großbritannien und eine Periode von 10 Jahren läßt diesen Aufwand noch möglich erscheinen - eine komplette Umstrukturierung nach der SITC auf alle Staaten und den umfassenderen Zeitraum 1900 - 1945 wäre im Rahmen dieser vorliegenden Untersuchung jedoch nicht möglich gewesen.

Während des Untersuchungszeitraumes wurden zwar die vier Hauptgruppen NAHRUNGS- und GENUßMITTEL, ROHSTOFFE, HALBWAREN und

---

[1] J. WULF, Der deutsche Außenhandel seit 1850. Entwicklung, Strukturwandlungen und Beziehungen zum Wirtschaftswachstum. Stuttgart 1968.
[2] WULF, S.97.
[3] R.R. OHLSEN, Der deutsche Export nach Großbritannien 1923-1933. Bergisch-Gladbach 1986.
[4] OHLSEN, S.25.

FERTIGWAREN vom Statistischen Reichsamt im STATISTISCHEN JAHRBUCH weiter differenziert (Bsp. Untergliederung der Fertigwaren in Vor- und Enderzeugnisse) und teilweise unterschiedlich benannt, dennoch blieb die Grobgliederung der Waren innerhalb des gesamten Zeitraumes unverändert. Diese Gruppeneinteilung ist identisch mit derjenigen des Brüsseler Internationalen Warenverzeichnisses.

Zur Analyse der Import- und Exportstruktur des deutschen Außenhandels wurde deshalb diese Gliederung in vier Hauptgruppen im wesentlichen übernommen. Geringfügige Neuberechnungen wurden nötig, da einige Güter während des Untersuchungszeitraumes in unterschiedliche Hauptgruppen eingeordnet waren. Fortschritte im Produktionsprozeß[5] und wechselnde Betrachtungsweisen[6] konnten so auf diese Weise erfasst werden.

Eine nur unwesentliche ergänzte Strukturierung ist bei HOFFMANN[7] zu finden. Dort wird der Außenhandel "*in die fünf Warengruppen Nahrungsmittel, Genußmittel, Rohstoffe, Halbwaren und Fertigwaren unterteilt*"[8].

Allgemein zeigt sich in der benützten Literatur, daß in der Regel - wie beispielsweise bei FELDENKIRCHEN[9], HÄRIG[10], KESTENHOLZ[11], V. SCHRÖTER[12] - die "klassische" Einteilung in vier Hauptgruppen verwendet wurde, zumal die Quellenbasis in Form der Statistischen Jahrbücher auch auf dieser Klassifikation fußte. Umgliederungen und Neuberechnungen waren eher die Ausnahme.

---

[5] Kunstseide war bis 1936 als Fertigprodukt eingestuft, dann als Halbware.
[6] Därme blieben bis 1936 als Rohstoff klassifiziert, danach stufte man sie als Nahrungsmittel ein.
[7] W.G. HOFFMANN, Strukturwandlungen im Außenhandel der deutschen Voolkswirtschaft seit der Mitte des 19. Jahrhunderts. In: Kyklos, 1967, S.287-306.
[8] HOFFMANN, S.288.
[9] W. **Feldenkirchen**: Die Handelsbeziehungen zwischen dem Deutschen Reich und der Schweiz 1914-1945. In: VSWG, Bd.74, 1987, H.3. S.323-350.
[10] H. HÄRIG, Die deutsch-schwedischen Handelsbeziehungen seit der Jahrundertwende unter besonderer Berücksichtigung der Nachkriegszeit. Köln 1930.
[11] P. KESTENHOLZ, Außenhandel und Außenhandelspolitik Italiens in der Zeit von 1934 bis 1939. Zürich 1943.
[12] V. SCHRÖTER, Die deutsche Industrie auf dem Weltmarkt 1929 bis 1933. Frankfurt / Main 1986.

Importanalyse des deutschen Außenhandels
1912, 1929, 1934, 1937 und 1942

Nahrungs-, Genußmittel
- Weizen
- Gerste
- Mais
- Südfrüchte
- Kaffee

Rohstoffe
- Wolle
- Baumwolle
- Ölfrüchte
- Erze

Halbwaren
- Metalle
- Mineralöle

Fertigwaren
- Eisenwaren
- Chemikalien
- Textilien
- Maschinen

Exportanalyse des deutschen Außenhandels
1912, 1929, 1934, 1937 und 1942

Nahrungs-, Genußmittel
- Zucker
- Roggen
- Bier
- Mehl

Rohstoffe
- Steinkohlen

Halbwaren
- Metalle
- Koks

Fertigwaren
- Eisenwaren
- Chemikalien
- Textilien
- Maschinen
- Elektrogüter
- Kraftfahrzeuge
- Papier

1.2. Die Einteilung in Kontinente

Zur Disposition stand vor allem die Frage, inwieweit hier die klassische Einteilung der am deutschen Außenhandel beteiligten Staaten in Kontinente oder gänzlich andere Konzepte, wie z.b. die Zugrundelegung von Wirtschaftsräumen, Verwendung finden sollte.

Im Zuge der Voruntersuchungen stellte sich heraus, daß eine neutrale Klassifizierung der Länder nach Kontinenten dem Zweck der Analyse am besten gerecht werden würde. So könnte ein Rückschluß auf die Zuordnung eines Staates zu einem Wirtschaftsraum aufgrund einer hohen Handelsintensität mit Deutschland dann nicht der Realität entsprechen, wenn sich der Handel wie im Falle Britisch-Indiens nur auf den Export von Rohstoffen stützt und die landeseigene Industrie nur ein geringes Bruttosozialprodukt erwirtschaftet. Die Handelsumsätze mit Deutschland können also nicht als Indiz für die Wirtschaftskraft einer Volkswirtschaft und damit die Zugehörigkeit zu einem Wirtschaftraum gewertet werden.

Eine andere Möglichkeit der Analyse bestand darin, den deutschen Außenhandel mit den 10 oder 20 wichtigsten Staaten ohne Rücksicht auf geographische Bindungen zu untersuchen. Aber hier ergäben sich zwei Probleme: Zum einen müßte jeglicher Cut-off (warum 10 und nicht 11 Staaten?) dazu führen, daß sich die Darstellung mehr auf den Austausch mit den Industriestaaten konzentriert, da deren Umsätze mit Deutschland aufgrund des höheren Wertes von Fertigprodukten naturgemäß höher sind. Zum anderen würden bei dieser Untersuchung die Staaten unbeachtet bleiben, deren absolute Handelintensität mit Deutschland gering ist, welche aber innerhalb ihres Kontinentes eine herausragende Stellung aufweisen. So rangierte beispielsweise Südafrika nach den absoluten Handelsumsätzen mehr im unteren Mittelfeld, währenddessen es innerhalb von Afrika meist 30% des deutschen Handels mit diesem Kontinent stellte.

Nach diesen Überlegungen wurde der deutsche Außenhandel mit den fünf Kontinenten unverändert übernommen und mit jeweils 100 Prozent gleichgesetzt. Innerhalb der Erdteile wurde im nächsten Schritt der Anteil der einzelnen Staaten eben an diesen 100 Prozent ermittelt und als Grundlage für die Auswahl der Untersuchung verwendet. Aufgrund unterschiedlicher Anteile der Länder konnte ein einheitlicher Cut-off für alle Kontinente nicht erreicht werden, so daß dieser variabel gehandhabt werden mußte. Deshalb mußte auch die Quellenlage und die Aussichten der statistischen Bearbeitungsmöglichkeiten über die Auswahl der zu untersuchenden Länder mit entscheiden.

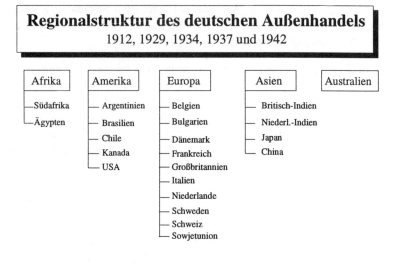

2. Frage des Cut-off

Der nächste Schritt setzte die Hauptgruppen mit jeweils 100 Prozent gleich und untersuchte nun die Struktur innerhalb dieser Hauptgruppe, indem der prozentuale Anteil der einzelnen Güter an dieser Gruppe errechnet wurde. Nun mußte die Frage des Cut-off geklärt werden, d.h. welche der jeweiligen Güter werden in der Darstellung der Hauptgruppen näher analysiert. Leider ließ die vollständige Aufführung der Produkte im Statistischen Jahrbuch vielfach zu wünschen übrig, denn deren Statistik legte den eigenen Cut-off unterschiedlich fest. War die Darstellung des "*Anteils der wichtigsten Waren am Außenhandel*" am umfangreichsten, so beschränkte sich die Aufschlüsselung des "*Auswärtigen Handels nach Waren und Ländern*" oft auf die wichtigsten Länder/Produkte. Gleiche Ergebnisse waren auch in der Analyse der Regionalstruktur bei der Aufteilung des "*Auswärtigen Handels nach Erdteilen und Ländern*" zu konstatieren.

Weitere Schwierigkeiten ergaben sich aus der qualitativen Struktur der einzelnen Warengruppen und Kontinente. Stellte beispielsweise Steinkohle durchschnittlich mehr als 50% der gesamten Rohstoffexporte, so verteilte sich der Nahrungsmittelexport auf extrem viele (1934: mehr als 34 Produkte mit einem Anteil von 77% am Gesamtnahrungsmittelexport) Güter. Ähnliche Divergenzen konnten auch in der Regionalstruktur beobachtet werden. Die **drei** wichtigsten Staaten Britisch-Indien, Niederländisch-Indien und China stellten während des Untersuchungszeitraumes durchschnittlich **73%** des deutschen Imports aus Asien, während in der Einfuhr aus Europa beispielsweise **zehn** Staaten nur einen durchschnittlichen Anteil von insgesamt **66%** auf sich vereinigen konnten.

Aufgrund dieser Vorgaben - im Untersuchungszeitraum wechselnder Cut-off des Statistischen Reichsamtes und unterschiedliche Hauptgruppen- und Regionalstruktur - mußte bei der Auswahl der zu untersuchenden Güter der Cut-off ebenfalls variabel gestaltet sein. Ein einheitlicher Cut-off von mindestens X Prozent der Hauptgruppen oder Kontinente war deshalb nicht möglich.

3. Die Gruppenanteile

Die wesentliche Basis der vorliegenden Untersuchung bilden die Gruppenanteile innerhalb der vier Hauptgruppen NAHRUNGS- und GENUSSMITTEL, ROHSTOFFE, HALBWAREN und FERTIGWAREN. Dabei werden die Hauptgruppen weiter in die einzelnen Waren aufgeschlüsselt und deren prozentualer Anteil an der Hauptgruppe als Gruppenanteil benannt. In der graphischen Darstellung dieser Gruppenanteile wurde sich dafür entschieden, als Sortierkriterium die Waren anstelle der Analysejahre einzusetzen. Dies ermöglicht, Veränderungen der Warenanteile in den jeweiligen Analysejahren rasch zu erkennen:

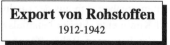

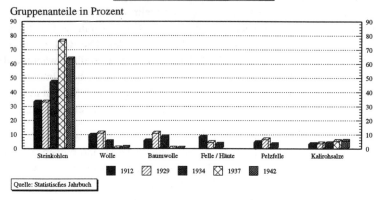

Werden im Vergleich dazu die Analysejahre in der X-Achse verwendet, so lassen sich zwar steigende Anteile einzelner Güter im Laufe des Untersuchungszeitraumes besser erkennen. Aber bei geringen Anteilen einzelner Güter sind diese im Analysezeitraum nur schwer erkennbar:

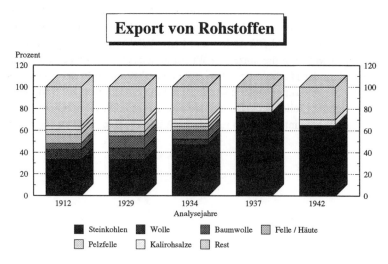

4. Die Analysejahre 1912, 1929, 1934, 1937 und 1942

Um Strukturwandlungen innerhalb eines wirtschaftlich und politisch so wechselhaften Zeitraumes zu eruieren, standen mehrere Analysemöglichkeiten zur Verfügung:

a) Die Periodisierung des Untersuchungszeitraumes anhand von konjunkturellen Zyklen trägt zwar dem Problem Rechnung, sich durch Ermittelung von Durchschnittswerten nicht auf ein Basisjahr (und damit vielleicht den Zufall?) stützen zu müssen. Damit wird unzweifelhaft eine größere Repräsentativität erreicht. Mit dieser Methode werden aber historisch bedingte statistische Ungenauigkeiten der Datenmenge, Umstellungen im Warenverzeichnis, Zäsuren in der Handels-, Zoll- und Wirtschaftspolitik etc. nivelliert.

b) Dagegen impliziert die Analyse einzelner Stichjahre die Gefahr des historischen Zufalls, daß im betreffenden Analysejahr Sondereinflüsse für die Warenstruktur ausschlaggebend waren. Sofern man aber diese beachtet und deren Entwicklung über den gesamten Zeitraum in die Analyse mit einfließen läßt, dürfte jenes Problem nur noch marginale Bedeutung haben.

Das hier verwendete Konzept, anhand einzelner Stichjahre Änderungen in der Waren- und Regionalstruktur zu eruieren, wird bei HOFFMANN positiv eingeschätzt, da er die Ansicht teilt, *"für viele Zwecke würden ... einige Stichjahre völlig ausreichen"*[13]. In der Sekundärliteratur findet diese Analysemethode breite Anwendung, vor allem in den Fällen, in denen es sich um einen umfassenderen Analysezeitraum handelt. Oft werden jedoch aber mehrere Verfahren zu den Untersuchungen eingesetzt: WULF periodisiert beispielsweise bis zum Ersten Weltkrieg und stützt sich dann auf einzelne Analysejahre[14], der bei HENTSCHEL und PUCHERT auf wenige Jahre begrenzte Zeitraum erlaubt eine jährlich fortlaufende Darstellung[15], während FELDENKIRCHEN seine Untersuchung nach Konjunkturperioden vornimmt[16].

---

[13] W.G. HOFFMANN, Das Wachstum der deutschen Wirtschaft seit der Mitte des 19. Jahrhunderts. Berlin u.a. 1965, S.11.
[14] WULF, S.75, 78, 80, 83-85, 88ff.
[15] V. HENTSCHEL, Zahlen und Anmerkungen zum deutschen Außenhandel zwischen dem Ersten Weltkrieg und der Weltwirtschaftskrise. In: Zeitschrift für Unternehmensgeschichte, Jg. 31, H.2, 1986, S.95-116; B. PUCHERT, Einige Probleme des deutschen Außenhandels 1933 bis 1939. In: JB für Wirtschaftsgeschichte 1989/1, S.61-81.
[16] FELDENKIRCHEN, S. 324f.

1912

Um die Endphase der deutschen Monarchie am Vorabend des Ersten Weltkrieges zu analysieren, erfolgte ein Rückgriff auf das Jahr 1912. Vielfach wird sich zwar in der deutschen Forschung für 1913 als Basisjahr entschieden, dennoch darf aber nicht vergessen werden, "*daß 1913 keinesfalls ein typisches Jahr der Zeit vor dem Ersten Weltkrieg darstellt*"[17]. 1913 trägt die überhitzte Konjunktur in sich und die politische Lage war von großer Labilität geprägt. 1912 zeichnete dagegen als Endpunkt des seit 1908/09 andauernden konjunkturellen Aufschwungs. Im Vergleich zu 1913 war der deutsche Außenhandel noch relativ frei von politischen und ökonomischen Sondereinflüssen, denn der im Oktober ausbrechende 1. Balkankrieg schlug sich erst mit Verzögerung auf den Außenhandel durch. Internationale politische Krisen (2. Balkankrieg im Juni 1913) und die daraus resultierende allgemeine Kriegsfurcht prägen das Jahr 1913 doch sehr, so daß unter diesen Umständen für die Untersuchung 1912 als aussagefähigeres Analysejahr zugrunde gelegt wurde. Zum anderen ermöglicht dies einen direkten Vergleich mit den in der Forschung verwendeten Analysejahren 1913.

1929

Ähnlich wie im Falle des Analysejahres 1912 war auch 1929 teilweise von extremen Sondereinflüssen geprägt. Mit diesem Jahr wird immer die Weltwirtschaftskrise in Verbindung gebracht, die hier begann. Dennoch kann dieses Stichjahr zur Analyse der Außenhandelsstruktur der späten zwanziger Jahre verwendet werden, da sich die Krise mit einem Time-lag auf den Außenhandel auswirkte. Zudem sollte nicht vergessen werden, daß erst ab Sommer 1928 die Importeure zur genauen Wertangabe bei der Deklaration verpflichtet waren und damit 1929 als die erste nicht mehr auf Schätzungen basierende Statistik galt[18].

1934

1934 kann als das erste, schon vom Nationalsozialismus mehr oder weniger geprägte, Wirtschaftsjahr betrachtet werden. Die Auswirkungen der Weltwirtschaftskrise ragten noch in das Jahr hinein - 1934 ist das Jahr des wirtschaftspolitischen Umbruchs und binnenorientierten Aufschwungs. Im Außenhandel

---

[17] **OHLSEN**, S.9.
[18] Dazu siehe auch **J. SAAL**, Strukturwandlungen des deutschen Außenhandels nach dem Weltkrieg. Bonn 1931, S.9f.

brachte das Jahr große Spannungen, als mehrmals Zwangsclearing drohte und aus Devisengründen der Güteraustausch nun mit Hilfe des NEUEN PLANES gänzlich der totalen staatlichen Kontrolle unterworfen wurde.

1937

Der zweite Vierjahresplan war seit einem Jahr angelaufen, so daß durch die Aufrüstung bedingte Strukturänderungen des deutschen Außenhandels schon erkennbar waren. Daneben waren auch statistische Gründe für das Jahr 1937 mitentscheidend, denn dieses war noch das letzte Stichjahr des alten Reichsgebietes. 1938 hätte das durch die Annektion Österreichs erweiterte Reichsgebiet den Vergleich mit den vorhergehenden Analysejahren verfälscht.

1942

Völlig im Bewußtsein der Problematik bei der Analyse eines Kriegsjahres wird hier doch der Versuch unternommen, die Struktur des Kriegshandels näher zu beleuchten. In diesem Fall war die vielfältige Quellenlage ausschlaggebend für den Versuch, die Struktur des Außenhandels so ausführlich wie möglich zu analysieren. Bis Juli 1943 war nämlich der Außenhandel mit den besetzten Ostgebieten noch eingeschlossen, danach werden die Güterströme undurchsichtiger.

5. Die einheitliche Warenstruktur

5.1. Unterschiedliche Zuordnung der Waren

Um einen einheitlichen komparatistischen Zugriff auf die Außenhandelsstatistik zu ermöglichen, ist es nötig, die im Analysezeitraum unterschiedliche Zuordnung einzelner Waren in die jeweiligen Hauptgruppen möglichst auf einen Nenner zu bringen. Dies hat die Einordnung von Gütern in eine Kategorie während des Gesamtzeitraums nach dem Kriterium der Kontinuität zur Folge.

Da sich die Unterschiede im wesentlichen auf die Hauptgruppen NAHRUNGS- und GENUßMITTEL sowie ROHSTOFFE beschränken, sind nur hier umfangreichere Neuberechnungen erforderlich gewesen. Jedoch erfolgten auch Umgliederungen im Bereich FERTIGWAREN und HALBWAREN - doch fallen jene wertmäßig nur 1912 so ins Gewicht, daß sich dadurch der Anteil dieser beiden Hauptgruppen erheblich [bis zu 13,1%] ändern würde. In diesem Jahr erhöhte sich durch Neuberechnungen der Importanteil der ROHSTOFFE um +1,7% (Export: +3,4%), derjenige der NAHRUNGSMITTEL um +8,3%, derjenige der HALBWAREN um +5,9% (Export: +7,7%) und derjenige der FERTIGWAREN um -13,1% (Export: -2,3%).

Bei den Hauptgruppen ROHSTOFFE und NAHRUNGSMITTEL ist insbesondere die verschiedene Zuordnung von Rohtabak und Ölfrüchten wertmäßig so gravierend, daß Neuberechnungen unumgänglich waren. Diese erstrecken sich im wesentlichen auf die Jahre 1937 und 1942, als hier einige ROHSTOFFE nun zu den NAHRUNGS- und GENUßMITTELN gerechnet wurden. Beispielsweise reduzierte sich der Gesamtwert der NAHRUNGS- und GENUßMITTELimporte 1937 dadurch um mehr als 411 Mio RM, als die Güter *Grün- und Rauhfutter, Ölkuchen, Kleie, Tabak, Därme, Ölfrüchte* weiterhin der Kategorie Rohstoffe zugeordnet wurden.

Währendesssen sich Import und Export bei den geänderten HALB- und FERTIGWAREN in etwa die Waage hielten, die Bilanz also fast ausgeglichen war, so ergab sich durch die Neuberechnung bei den NAHRUNGSMITTELN und ROHSTOFFEN ein großer Nettoimport. Dieser beruhte auf der Tatsache, daß der Export von diesen Gütern häufig nicht viel größer als 0 war.

5.2. Neue Zuordnung der Güter

Warenname	Nr. des Warenverzeichnisses	1912	1937	1942
Talg von Rindern	129	R -> N	N	N
Hülsenfrüchte z. Viehfütterung	12a-c	R -> N	N	N
Grün- und Rauhfutter	27a-c	R	N -> R	N -> R
Ölkuchen	193a1-10	F -> R	N -> R	N -> R
Kleie	192a	R	N -> R	N -> R
Tabak	29	R	N -> R	N -> R
Därme, Magen	157a/b	R	N -> R	N -> R
Ölfrüchte	13a-14d, 15-17	R	N -> R	N -> R
Preßkohlen	238e/f	F -> R	R	R
Koks	238d	R -> H	H	H
Erdöl, Teer	239b-f	F -> H	H	H
Steinkohlenöle	245/246	F -> H	H	H
Mineralphosphate	227d	F -> H	H	H
Zement	230a	R -> H	H	H
Thomasphosphatmehl	361	F -> H	H	H
Kunstseide	394a1-395	F	H -> F	H -> F
Rohseide	391a-393, 400 398a-399a	R -> H	H	H
Paraffin, Wachswaren	241b, 247a-251 258a/b	F	H -> F	H -> F
Garne	417-426, 439-444 472a-477b, 504 478-483b,	H	29/34: F -> H	H

Erläuterungen:

N = Nahrungs- und Genußmittel R = Rohstoffe

H = Halbwaren   F = Fertigwaren

H -> F = Alte Zuordnung -> neue Zuordnung

6. Geographische Abgrenzung einiger untersuchter Länder[19]

Britisch - Südafrika

umschließt die Südafrikanische Union {Provinzen Kap der Guten Hoffnung ohne Gebiet der Walfischbucht, Natal, Oranje-Freistaat, Transvaal}; Basuto-, Swasi- und Betschuanaland; Njassaland; Süd- und Nordrhodesien (ab 1935 politisch nicht mehr dazugehörig, in der Untersuchung wurde aber die Kontinuität des Wirtschaftsgebietes ohne Rücksicht auf diesen Sachverhalt beibehalten).

Britisch - Westafrika

umschließt Sambia; Goldküste mit Aschanti und Nordgebieten (heutiges Ghana); Nigeria einschließlich Lagos, Sierra Leone; Inseln Ascension, St.Helena, Tristan d'Acunha.

Britisch - Indien

Belutschistan; Inseln Andamanen und Nikobaren; Lakediven; Burma.

Niederländisch - Indien

Borneo-Inseln ohne Britisch Borneo; Celebes Inseln; Sumatra {mit Banka, Billiton, Riouw}, Java und Madura; Sunda Inseln von Bali bis zum niederländischen Teil von Timor; Molukken mit Ambionen; nordwestlicher Teil von Neu-Guinea; Südwest Inseln.

---

[19] STATISTISCHES JAHRBUCH 1934, S.234f.

Britisch Malaya

Singapur[20]; Nordborneo; Hongkong; Halbinsel Malakka.

Australien

Bis 1904 wurde der Handel mit Australien unter der Rubrik BRITISCH-AUSTRALIEN eingeordnet, ab 1904 unter der Bezeichnung AUSTRALISCHER BUND. Letzterer weist höhere Werte auf, was mit dem größeren geographischen Umfang in Verbindung steht. So umschließt der Bund nach der Aussage der Reichsstatistik Neu-Südwales, Viktoria, Queensland, Süd-, Westaustralien, Tasmanien, Papua (Britisch-Neuguinea), Inseln d'Entrecasteaux, Louissadegruppe, Lord Howe Insel[21].

---

[20] Leider ist der recht umfangreiche Handel mit Singapur aus den Statistiken nicht herauszufiltern gewesen.
[21] **STATISTIK DES DEUTSCHEN REICHES**, Bd.271 / I, XXII.1.

VI. Die wirtschaftliche Lage in den Analysejahren[1]

1912

Kurz nach der Jahrhundertwende erfasste die deutsche Wirtschaft eine Rezession, die erst ab 1903/04 wieder eine Aufwärtsbewegung zeigte. Diese Wachstumsperiode dauerte dann bis 1907, als die schlechte internationale Wirtschaftslage und die Krise in den USA auf die deutsche Konjunktur durchschlugen und Deutschland 1908 in die Depression abglitt[2]. Gegen Ende des Jahres 1912 schwächte sich der seit dem Ende der Depression 1907/08 anhaltende wirtschaftliche Aufschwung ab. 1912 waren es diesmal politische Ursachen,

---

[1] Auf folgende LITERATUR sei verwiesen: **D. EICHHOLTZ**, Geschichte der deutschen Kriegswirtschaft 1939-1945. Berlin (Ost) 1969; **A. FEILER**, Die Konjunkturperiode 1907-1913 in Deutschland. Jena 1914; **W. FELDENKIRCHEN**, Deutsche Zoll- und Handelspolitik 1914-33. In: Gesellschaft für Sozial- und Wirtschaftsgeschichte, Zölle und andere Handelshemmnisse. Wiesbaden 1987, S.328-357; **D. GESSNER**, Agrarprotektionismus und Welthandelskrise 1929/32. In: Zeitschrift für Agrargeschichte und Agrarsoziologie, Jg.26, H.2, 1978, S.161-187; **V. HENTSCHEL**, Zahlen und Anmerkungen zum deutschen Außenhandel zwischen dem ersten Weltkrieg und der Weltwirtschaftskrise. In: ZS für Unternehmensgeschichte, Jg.31, H.2, 1986, S.95-115; **H. JAMES**, Deutschland in der Weltwirtschaftskrise 1924-1936. Stuttgart 1988; **P. A. LOOSE**, Deutsche Handelsvertragspolitik der Nachkriegszeit. Marburg 1939; **D. PETZINA**, Probleme der weltwirtschaftlichen Entwicklung in der Zwischenkriegszeit. In: H.Kellenbenz (Hrsg.), Weltwirtschaft und währungspolitische Probleme seit dem Ausgang des Mittelalters. Stuttgart 1981; **D. JUNKER**, Der unteilbare Weltmarkt. Stuttgart 1975; **B. PUCHERT**, Einige Probleme des deutschen Außenhandels 1933 bis 1939. In: JAHRBUCH für Wirtschaftsgeschichte 1989/1, S.61-81; **REICHSKREDITGESELLSCHAFT**, Deutschlands wirtschaftliche Lage an der Jahreswende 1928/29ff. Berlin 1928ff; **H. RITTERSHAUSEN**, Die deutsche Außenhandelspolitik von 1879 bis 1948. In: Zeitschrift für die gesamte Staatswissenschaft, Bd. 105, S.126-168; **V. SCHRÖTER**, Die deutsche Industrie auf dem Weltmarkt 1929-1933, Frankfurt 1984; **R. SEILER**, Strukturwandlungen des Welthandels. In: Vierteljahreshefte zur Wirtschaftsforschung, 1938/39, S.155-171; **STATISTISCHES REICHSAMT**, Wirtschaft und Statistik 17. Jg., 1937, Berlin 1937f; Die Wirtschaftslage in Deutschland. In: Vierteljahreshefte zur Wirtschaftsforschung, 1938/39, S. 30-42; **H.-E. VOLKMANN (I)**, Außenhandel und Aufrüstung in Deutschland 1933 bis 1939. In: F.Forstmeier / H.-E. Volkmann, Wirtschaft und Rüstung am Vorabend des Zweiten Weltkrieges. Düsseldorf 1975, S.81-131; **H.-E. VOLKMANN (II)**, NS-Außenhandel im "geschlossenen" Kriegswirtschaftsraum. In: F.Forstmeier / H.-E. Volkmann, Kriegswirtschaft und Rüstung 1939-1945. Düsseldorf 1977; **R. WAGENFÜHR**, Die deutsche Industrie im Kriege 1939-1945. Berlin 1963; **D. WOTTAWA**, Protektionismus im Außenhandel Deutschlands mit Vieh und Fleisch zwischen Reichsgründung und Beginn des Zweiten Weltkrieges. Frankfurt u.a.1985;

[2] FEILER, S.11ff.

welche für den Rückgang des Wachstums verantwortlich zeichneten. Mit dem Ausbruch des Ersten Balkankrieges im Herbst des Jahres verstärkte sich die Kriegsfurcht an den europäischen Börsenplätzen so sehr, daß die anschließende Finanzkrise das Wachstum der Wirtschaft dämpfte[3].

Überdurchschnittliches Wachstum erzielte die Energiewirtschaft, die Chemie- und Metallindustrie, während sich dagegen die Konjunktur der Bauwirtschaft, Nahrungs- und Genußmittelindustrie und Konsumgüterindustrie im allgemeinen abschwächte.

Im Bereich der Zoll- und Handelspolitik setzte sich in Deutschland um die Jahrhundertwende die Stimmung durch, den Zollschutz der eigenen Wirtschaft zu erhöhen. Auslöser dafür war einerseits die große Wirtschafts- und Bankenkrise des Jahres 1901 und die sich in den USA mit dem McKinley-Tarif vermehrten protektionistischen Tendenzen. So ergab der Bülow-Zolltarif von 1902 eine beträchtliche Erhöhung der deutschen Zölle und löste damit auch in den anderen europäischen Staaten eine Welle der Anpassung des Zollschutzes aus[4]. Der Tarif vom 1.3.1906 brachte große Zollerhöhungen vor allem in der Landwirtschaft mit sich.

1929

Die Wirtschaftslage im Jahr der Weltwirtschaftskrise zu beschreiben ist dann nicht einfach, wenn man der Versuchung erliegen sollte, "*Entstehung und Verlauf der Weltwirtschaftskrise*" festlegen zu wollen[5]. Da jedoch der Schwerpunkt dieser Analyse primär auf der Außenhandelsstruktur des Jahres 1929 liegt, sei an dieser Stelle der Einstieg in die breite Kontroverse des Komplexes WELTWIRTSCHAFTSKRISE verwehrt. Denn der Außenhandel spürte die Krise erst mit einer Zeitverzögerung, so daß die Struktur des Jahres 1929 vielmehr Resultat der Wirtschaftspolitik der späten zwanziger Jahre ist, als denn

---

[3] FEILER, S.133ff.
[4] RITTERSHAUSEN, S.135.
[5] SCHULZ, S.261.

krisenhaftes widerspiegelt. "Nichtsdestoweniger" darf hierbei zum Einstieg auf weiterführende Literatur verwiesen werden[6].

1929, am Ende der zwanziger Jahre stand die deutsche Wirtschaft schon im Schatten der Weltwirtschaftskrise. Nur vier Jahre zuvor ist das Jahr 1925[7] einerseits durch den Beginn der handelspolitischen Souveränität und andererseits aber auch die konjunkturelle Abschwächung, welche ab März 1925 bis etwa Juni des darauffolgenden Jahres dauerte, gezeichnet. Ersichtlich ist 1926 die Konjunkturflaute in der verringerten Einfuhr, währenddessen der Export seine Wachstumsdynamik überhaupt nicht verlangsamte: Zwischen 1924 und 1929 verdoppelte sich dieser von 6,5 Mrd RM auf 13,5 Mrd RM! Die weiterhin hohen Reparationen lasteten schwer auf der Zahlungsbilanz und zwangen Deutschland zur Ausweitung des Exports. Gegen Ende des Jahres 1928 kühlte sich die inländische Konjunktur kurzfristig ab, stieg aber - bedingt durch weiterhin hohen Export - zu Beginn des folgenden Jahres weiter an. Erst ab Mitte 1929 genügte dann der Schwung der Ausfuhr nicht mehr und der Einfluß der rückläufigen Binnenkonjunktur setzte sich durch, welcher von der Weltwirtschaftskrise ab dem 4. Quartal 1929 verstärkt wurde.

Seit 1928 stark sinkende langfristige Kapitalimporte[8], bedingt u.a. durch hohen Eigenbedarf in den USA, führten zum Rückgang der Investitionen auch in Deutschland. Diese trafen gleichzeitig auf weltweite Überproduktionstendenzen in Verbindung mit sich verengenden Absatzmärkten. Ein Beschäftigungsrückgang war erst seit 1930 zu bemerken - ab Herbst 1929 sank die Produktion. In vielen exportorientierten Branchen wie dem Maschinenbau schrumpfte der Binnenanteil an der Produktion stärker als die Herstellung für das Ausland. Wenngleich auch der Rückgang 1929 mehr durch die 1928 erfolgte Überhitzung und weltweite Konjunkturabschwächung erfolgt ist, so muß die Analyse auf die folgende Weltwirtschaftskrise hinweisen.

---

[6] K. BORCHARDT, Das Gewicht der Inflationsangst in den wirtschaftspolitischen Entscheidungsprozessen während der Weltwirtschaftskrise. In: G.D.Feldman, Die Nachwirkungen der Inflation auf die deutsche Geschichte 1924-1933. München 1985, S.233ff; **H. JAMES**, Deutschland in der Weltwirtschaftskrise 1924-1936. Stuttgart 1988; **CH. P. KINDLEBERGER**, Die Weltwirtschaftskrise. München 1973; **S.A. SCHUKER**, American Reparations" to Germany, 1919-1933. In: G.D.Feldman, Die Nachwirkungen der Inflation auf die deutsche Geschichte 1924-1933. München 1985, S.335ff; **G. SCHULZ**, Inflationstrauma, Finanzpolitik und Krisenbekämpfung in den Jahren der Wirtschaftskrise 1930-1933. In: G.D.Feldman, Die Nachwirkungen der Inflation auf die deutsche Geschichte 1924-1933. München 1985, S.261ff;

[7] Für den deutschen Außenhandel zwischen 1919 und 1925 vgl. **HENTSCHEL**, S.97f.

[8] Ergab die Kapitalbilanz langfristiger Anleihen 1928 noch einen Nettoimport von 1,2 Mrd RM, so war diese 1929 auf knapp 0,230 Mrd RM geschrumpft. **SCHUKER**, S.378.

Die deutsche Landwirtschaft hatte sich nach dem Ersten Weltkrieg vor allem mit den Gebietsabtretungen aufgrund des Versailler Vertrages auseinanderzusetzen[9]. Sinkende Produktivität und geringere Erträge charakterisierten die ersten Nachkriegsjahre. Schließlich vernichtete die Inflation 1923 auch die Kapitaldecke der Landwirte und verzögerte so wichtige Strukturanpassungen (Mechanisierung) und Produktivitätsverbesserungen (Düngerkauf). Durch hohe Zollmauern abgeschirmt waren die deutschen Landwirte zwar nicht dem Druck ausländischen Importgetreides ausgesetzt[10], sahen sich aber mit seit 1925 (u.a. durch Überproduktion) sinkenden Weltmarktpreisen unter das deutsche Niveau konfrontiert. Die große Krise der deutschen Landwirtschaft begann sich nun abzuzeichnen.

Im Vergleich zur 1928 überaus reichen Ernte fielen die Erträge des Jahres 1929 etwas ab, auch die Hektarerträge hatten 1928 ihren Höhepunkt erreicht.

Die seit 1927/28 leicht rückläufige Einfuhr ist unter anderem auf den geringeren Getreidebedarf aufgrund der beiden reichhaltigen Ernten 1928 und 1929 zurückzuführen. Im selben Jahr erreichte die Ausfuhr ihren Höhepunkt und traf dabei auf die Linie der fallende Importe, so daß die Handelsbilanz nur geringfügig positiv war.

Mit Beginn des Ersten Weltkrieges hatte die Sicherung der lebens- und kriegswichtigen Importe oberste Priorität, so daß schon kurz nach Kriegsausbruch "sämtliche Einfuhrzölle auf die wichtigsten landwirtschaftlichen Erzeugnisse" keine Gültigkeit mehr besaßen[11]. Was die Ausfuhr anbelangt, so richtete sich diese mehr nach den wirtschaftspolitischen Forderungen der Rohstoff- und Lebensmittellieferanten als nach den deutschen Ausfuhrverboten.

Nach dem Ersten Weltkrieg war die Zeit bis etwa 1923/24 zollpolitisch mehr von den Prämissen geprägt, die Lebensmittel- und Rohstoffeinfuhr zu sichern und im Gegenzug die Ausfuhr in der Inflation einer straffen Mengen- und Preiskontrolle zu unterwerfen. Insofern gestalteten sich die Anforderungen an die Zollpolitik in direkter Nachfolge der Außenhandelsproblematik während des Krieges. Handelspolitisch war Deutschland aufgrund des Versailler Vertrages die Beschränkung seiner Souveränität bis 1925 auferlegt, die sich vor allem in der für Deutschland beschränkten Meistbegünstigung äußerte. So durften auf

---

[9] JAMES, S.242ff und **ENQUETE** I, S.154ff.
[10] So war die Verschuldung bei den Landwirten sehr groß und hatte sich von 1925-1928 verdoppelt.
[11] **FELDENKIRCHEN**, S.334.

Importe aus dem ehemals deutschen Elsaß sechs Jahre lang, aus dem ehemaligen deutschen Gebieten Polens drei Jahre lang keine Zölle erhoben werden[12]. Jedoch gelang es Deutschland, in den Verträgen von Rapallo (1922), mit den USA (1923) und Großbritannien (1924) diese Beschränkungen (unbedingte Meistbegünstigung) zu durchbrechen und "ein recht umfangreiches System handelspolitischer Beziehungen aufzubauen"[13].

Mit dem Wiedererlangen der handelspolitischen Souveränität am 10.1.1925 wurde auch eine Revision des bis dahin veralteten Zolltarifschemas notwendig, welche dann im Sommer durchgeführt wurde. Dabei konnte die Landwirtschaft ihre Interessen durch Schutzzölle auf Agrargüter mit dem Verweis auf die schon seit 1922 bestehenden Zölle auf Industrieprodukten durchsetzen. Mit dem wirtschaftlichen Aufschwung der Weltwirtschaft ab 1925/26 kamen protektionistische Tendenzen der vielen in Deutschland entstandenen Kartelle wieder zum Zuge, welche die eigene Industrie mit hohen Zöllen schützen wollten. In Deutschland setzte sich diese Politik vor allem in der Landwirtschaft durch, die Zölle auf Agrarimporte wurden bis zu 50% erhöht.

Allgemein war das industrielle Zollniveau aber im Vergleich zur Zeit vor dem Ersten Weltkrieg nur geringfügig höher und sollte nach RITTERSHAUSEN eher "*als Grundlage der Handelsvertragsverhandlungen dienen*"[14], "*um von Seiten der wichtigsten Handelspartner exportwirtschaftliche Zugeständnisse erlangen* (zu) *können*"[15].

Während zum Beginn der Weltwirtschaftskrise die zollpolitischen Handelshemmnisse so eher verstärkt, denn abgebaut worden waren, beschleunigte die Krise alle bisherigen Abschottungsmaßnahmen in drastischer Weise.

Rasch stiegen beispielsweise die deutschen Importzölle auf Getreide an, als hier Weizen 1930 mit 250 RM / Tonne besteuert wurde. (1925 = 35 RM, 1926 = 50 RM, 1929 = 65 RM)[16].

---

[12] **LOOSE**, S.3.
[13] **FELDENKIRCHEN**, S.342.
[14] **RITTERSHAUSEN**, S.152. So auch **GESSNER**, S.163.
[15] **GESSNER**, S.163.
[16] **WOTTAWA**, S.67.

1934

Nachdem die Industrieproduktion 1932 ihren Tiefpunkt erreicht hatte, stieg diese seit dem Herbst 1933 wieder leicht an[17], wenngleich von einem großen Aufschwung dabei nicht die Rede sein kann. Der Konjunktureinbruch nach der Weltwirtschaftskrise war bei Konsumgütern nicht so groß wie in der Investitionsgüterindustrie. So stützte sich der wirtschaftliche Auftrieb der Jahre 1933 und 1934 mehr auf die Dynamik der Investitionsgüterproduktion, die ab 1935 die Gesamtproduktion maßgeblich bestimmte, währenddessen die Kosumgüterproduktion stagnierte. Verantwortlich dafür zeichneten sich die staatlichen Arbeitsbeschaffungsmaßnahmen vornehmlich investiver Art. Im internationalen Vergleich setzte Japan seinen seit 1930/31 begonnenen Aufschwung fort, in den USA schwächte sich die Konjunktur seit der Jahreshälfte ab - aber auch in Frankreich, Großbritannien und Belgien war die Produktion leicht rückläufig. In Großbritannien stieg diese jedoch gegen Jahresende wieder an, während vor allem Währungsprobleme die Wirtschaft der Goldblockstaaten Frankreich, Belgien und Niederlande überschatteten.

Der binnenorientierte Aufschwung drückt sich auch in der Erhöhung der Eisen- und Stahlerzeugung aus, welche seit 1933 leicht anstieg und sich dann 1934 bei Jahresende gegenüber 1932 verdoppelt hatte. Die Maschinenindustrie trug ebenfalls zum Aufschwung bei, hier stieg der Inlandsanteil an der Produktion seit der zweiten Jahreshälfte 1933 stark an. In der Textilherstellung war ebenfalls ein Anstieg der Konjunktur bis zur Jahresmitte zu beobachten, dann schwächte sich diese vorübergehend ab. Denn die durch die Produktionssteigerungen erhöhte Einfuhr textiler Rohstoffe fand in der beschränkten Devisenlage Deutschlands seine Grenzen, so daß per Erlaß vom 19.7.1934 die binnenländische Konjunktur zugunsten des Exports gedrosselt wurde.

Nach der überaus ertragreiche Ernte des Jahres 1933 wandelte sich ein Jahr später die Ertragslage mit nun in wirtschaftlich schwachen Erntejahren bis 1937. In der Landwirtschaft zeichnete sich das Jahr 1934 durch die breite Einführung von Marktregelungsmaßnahmen (Preisordnung) staatlicherseits (Reichsnährstand) aus. Dabei wurden die landwirtschaflichen Importe mit Hilfe von den jeweiligen Reichsstellen durch verschiedene Maßnahmen dem hohen binnenländischen Preisniveau angeglichen.

---

[17] Einen Überblick über die industrielle Konjunktur des Jahres 1934 bietet **REICHSKREDITGESELLSCHAFT** (1934/35), S.2f.

Erstmals seit der Weltwirtschaftskrise wies 1934 die deutsche Handelsbilanz wieder einen passiven Saldo auf - die Umsätze waren wiederum geringer als im Vorjahr und der Tiefpunkt wurde erst ein Jahr später erreicht. Nachdem die Devisenvorräte fast aufgebraucht waren, verschärften sich die Spannungen in der Wirtschaft, da deren Rohstoffvorräte im besten Falle kaum mehr als drei Monate gereicht hätten[18]. Diese angespannte Lage führte schließlich zur Einrichtung von staatlichen Überwachungsstellen, welche den Rohstoffimport kontrollieren sollten. Zahlungsschwierigkeiten zogen Androhungen von Zwangsclearing nach sich[19]. Die Kapitalbilanz war seit 1932 negativ, "Deutschland galt als nicht kreditwürdig"[20]. Ausweg aus dem Problem der Devisenbewirtschaftung fand sich in der Technik des Verrechnungsverkehrs, welche ab 1934 verstärkt in den Handelsabkommen Eingang fand[21]. Der sog. NEUE PLAN diente vornehmlich der totalen Kontrolle des Außenhandels, nachdem das System der Einfuhrkontrolle und Devisenkontingentierung noch nicht so effizient funktionierte und die Handelsbilanz insgesamt passiv wurde.

Vor allem auf den starken Rückgang des Exports ist die passive Bilanz zurückzuführen, der zum größten Teil (mehr als 60%) auf gesunkene Exportpreise (-9,1% gegenüber 1933)[22] für Fertigwaren zurückzuführen ist. Bei der Gruppe Nahrungs- und Genußmittel lag der Preisrückgang sogar bei 18,4%! Wesentlich positiver gestaltete sich die Einfuhr. Allgemein billigere Nahrungsmittel und Fertigwaren und nur geringfügig verteuerte Rohstoffe und Halbwaren schonten die deutschen Devisen. Geographische Umlagerungen waren insofern zu bemerken, als der Export nach Europa weitaus stärker zurückgegangen war - die Technik des Verrechnungsverkehrs hatte sich hier noch lange nicht durchgesetzt - als der nach den Überseestaaten. In der Einfuhr konnten Veränderungen noch nicht festgestellt werden, denn Substitution und Einsparungen von Rohstoffen durch Rationalisierung waren noch nicht sehr weit gediehen.

1934 markiert den Anfang eines neuen Zeitraumes in der Zoll- und Handelspolitik. Der durch die Weltwirtschaftskrise ausgelöste Preisverfall führte zu hektische Gegenmaßnahmen der einzelnen Volkswirtschaften, die nun die Zollschraube rigoros anzogen und durch drastische Importzölle, Kontingentierungen etc. versuchten, die heimische Wirtschaft zu schützen. Aber auch

---

[18] **VOLKMANN (I), S.89.**
[19] So beispielsweise die Niederlande im August 1934.
[20] **PUCHERT, S.65.**
[21] Am 16.10.1934 wurde die Deutsche Verrechnungskasse gegründet, die speziell mit der Abwicklung des Zahlungsverkehrs betraut war.
[22] **REICHSKREDITGESELLSCHAFT** (1937/38), S.51.

Währungsmanipulationen in Form von Abwertungen wurden eingesetzt, um die Ausfuhr zu fördern. Auf der Basis einer gemeinsamen Währung zerfiel die Weltwirtschaft in einheitliche Wirtschaftsräume wie z.b. der Sterling-[23], Dollar- und Goldblock, die sich durch eine gemeinsame Zoll- und Handelspolitik abgrenzten[24].

Die dabei allgemein auftauchenden Zahlungsprobleme machten ab 1932 die Bewirtschaftung der Devisen nötig und führten schließlich zum System der Verrechnung gegenseitiger Forderungen[25]. Innerhalb weniger Jahre setzte sich dieses Clearing weltweit durch, das bis zum Ende des Zweiten Weltkrieges maßgeblich die Zahlungsabkommen gestaltete. Handelspolitisch zeichnet sich die Zeit zwischen 1930 und 1934 als kurzfristig orientierte Reaktion auf die sich rasch wandelnde wirtschaftliche Lage aus. Verträge wiesen nur noch eine sehr kurze Laufzeit aus und waren häufig beim Abschluß von der wirtschaftlichen Situation überholt. In der Zollpolitik hatte sich die protektionistische Tendenz der Vor-Krisenjahre so sehr gesteigert, daß sich alle Zollerhöhungen gleich einer Kettenreaktion international aufschaukelten und dies in Verbindung mit anderen Reaktionen (Kontingentierung etc.) den Welthandel strangulierte.

1937

Das Jahr 1937 stand ganz im Zeichen des wirtschaftlichen Auftriebs, der seinen Schwung aus dem Zweiten Vierjahresplan und der damit forcierten Aufrüstung bezog. Aber auch die Konjunktur der Weltwirtschaft hatte sich seit 1934 wieder kräftig erholt - die industrielle Produktion war seit diesem Jahr um 40% gestiegen[26]. Als besonders dynamisch erwies sich Japan, an dessen Industrie die Weltwirtschaftskrise nur wenig Spuren hinterließ und das seine Produktion zwischen 1928 und 1937 schlichtweg verdoppelte. Im gleichen Zeitraum stieg die Leistung Schwedens um 70%, Deutschlands um 26%, Großbritanniens um 30%. Einigermaßen die Folgen der großen Krise hatten überwunden die USA (plus 2,7%), Italien (plus 4,5%), Österreich (plus 11,4%) und die Tschechoslowakei (plus 2%). Mit ihren wirtschaftlichen Problemen kämpften noch Belgien (minus

---

[23] So 1932 auf der Konferenz zu Ottawa, als sich Großbritannien, und der Commonwealth auf gemeinsame Präferenzzölle untereinander einigten und somit einen zollpolitisch einheitlichen Absatzmarkt schufen.
[24] Über die währungspolitische Gruppenbildung vgl. **SCHRÖTER**, S.36f.
[25] **RITTERSHAUSEN**, S.163f.
[26] **REICHSKREDITGESELLSCHAFT** (1937/38), S.16.

12,6%), Polen (minus 13,6%) und ganz abgeschlagen Frankreich (minus 24,6%)[27].

Auf dem deutschen Arbeitsmarkt hatte sich die Situation entspannt, die Zahl der Arbeitslosen war ständig gesunken und lag bei etwa 1 Million[28]. Der internationale Vergleich zeigte dagegen in den westlichen Industrienationen anhaltend hohe Arbeitslosenziffern.

Den wirtschaftlichen Aufschwung in Deutschland[29] trugen vor allem die Sektoren Bau- und Eisenwirtschaft, Maschinen-, Fahrzeug- und Schiffbau als Resultat der Investitionsplanung im Vierjahresplan. An die Grenzen der Produktionskapazität war die Eisenindustrie angestoßen - die Rohstahlerzeugung stieg gegenüber dem Vorjahr (18,8 Mio Tonnen) um eine Million Tonnen. Ein Jahr vor Kriegsausbruch erreichte die Rohstahlproduktion dann mit einer Leistung von mehr als 23 Mio Tonnen ihren Höhepunkt. Allgemeine Rohstoffknappheit bremste aber den wirtschaftlichen Aufschwung, so in der Stahl- und Eisenproduktion. Systematisch wurde auch die eigene Erzförderung erweitert, da der immense Rohstoffbedarf nicht allein durch Erzeinfuhren gedeckt werden konnte. Im Maschinenbau fand der Aufschwung der Konjunktur ab 1933/34 statt, als hier gleich einer Scherenbewegung sich die Inlandsaufträge zwischen 1933 und 1937 vervierfachten, währenddessen sich der Zuwachs bei den Auslandsaufträgen auf nur 140% belief. In der Förderleistung war die deutsche Steinkohle schon 1936 an ihre Grenzen gestoßen, die Leistung ging seitdem zurück. Ebenfalls verringerte sich die Einfuhr textiler Rohstoffe, da die Produktion der synthetischen Rohstoffe Kunstseide und Zellwolle sich erheblich vergrößert hatte.

In der Landwirtschaft konnte die positive Tendenz "*im dritten Jahr der landwirtschaftlichen Erzeugungsschlacht*"[30] nicht fortgesetzt werden; das angepeilte Ziel einer völligen Nahrungsmittelautarkie war noch lange nicht erreicht. Die Weizen- und Roggenernte war seit ihrem Höhepunkt 1933 rückläufig. Obwohl vermehrte Anstrengungen durch verstärkten Düngerverbrauch unternommen wurden, konnten die Hektarerträge demgegenüber nur geringfügig erhöht werden[31]. Auf dem Sektor der Fleischerzeugung sah die Lage ebenfalls nicht zu positiv aus. Zwar war der Schweinebestand noch einigermaßen hoch, doch

---

[27] REICHSKREDITGESELLSCHAFT (1937/38), S.16.
[28] VIERTELJAHRESHEFTE (Wirtschaftslage), S.30.
[29] Vgl. JAMES, S.391ff.
[30] REICHSKREDITGESELLSCHAFT (1937/38), S.25.
[31] STATISTISCHES REICHSAMT, 1937, S.707.

fehlten eine beträchtliche Anzahl von Zuchtschweinen, was wiederum eine riesige Einfuhr von lebenden Tieren zur Folge hatte[32]. Keinen Anlaß zur Sorge wies dagegen die Milch- und Butterproduktion auf. Problematischer gestaltete sich die sogenannte *"Fettlücke"*, knapp die Hälfte des Verbrauchs mußte importiert werden. Summa summarum läßt sich also konstatieren, daß die Nahrungsmittelautarkie 1937 trotz *"landwirtschaftlicher Erzeugungsschlacht"* noch bei weitem nicht erreicht wurde!

Bis zum Jahre 1937 konnten die deutschen Auslandsschulden um mehr als 16 Mrd. Reichsmark reduziert werden. Betrug diese 1930 noch etwa mehr als 26 Mrd. Reichsmark, so sank die Schuld durch Tilgung um 10 Mrd. RM und durch internationale Abwertungen um 6 Mrd. RM[33]. Hohe Außenhandelsüberschüsse der Krisenjahre 1930-1933 und die deutschen Goldbestände waren maßgeblich an den Rückzahlungen beteiligt.

Sowohl als Folge der Weltwirtschaftskrise und der Schrumpfung des Welthandels als auch bedingt durch die Binnenorientierung der deutschen Wirtschaft zum Zweck der Aufrüstung verringerte sich die Exportabhängigkeit der deutschen Industrie[34]. Die Umsätze im Außenhandel stieg seit 1936 wieder an, was einerseits auf die Auswirkungen des NEUEN PLANES und andererseits auf den stark ausgeweiteten Verrechnungsverkehr zurückzuführen ist. Besondere produktbedingte Erfolge auf den ausländischen Märkten haben hier also nicht zum Aufschwung beigetragen, vielmehr trug die neue Technik des Zahlungsverkehrs eher dazu bei.

Dann zwangen die seit Ende 1936 wieder steigenden Rohstoffpreise Deutschland zur Exportausweitung, da sich die Terms of Trade zu Lasten der Fertigwarenexporte entwickelt hatten. Erst ab Frühling 1937 fielen die Rohstoffnotierungen zugunsten der Fertigwaren und ermöglichten Importsteigerungen[35]. Allerdings verringerte sich die Ausfuhr dann zu Beginn des folgenden Jahres aufgrund der schwächeren Weltkonjunktur[36]. Überdurchschnittlichen Anteil an der Ausfuhrsteigerung wiesen Investitionsgüter und dabei die Produktgruppen Eisenwaren, Maschinen, chemische und elektrische Güter auf - die eigentlich für die deutsche Aufrüstung mehr oder weniger von Bedeutung wa-

---

[32] **WOTTAWA**, S.86.
[33] **REICHSKREDITGESELLSCHAFT** (1937/38), S.88f.
[34] **JUNKER**, S.95.
[35] **REICHSKREDITGESELLSCHAFT** (1937/38), S.99; **VIERTELJAHRESHEFTE** (Wirtschaftslage), S.42. Hauptverantwortlich für das Sinken der Rohstoffpreise war die Rezession in den USA.
[36] **VIERTELJAHRESHEFTE** (Wirtschaftslage), S.30.

ren. Die ebenfalls wichtigen Rohstoffimporte mußten aber mit Fertigwarenexporten finanziert werden, deren Umfang und Art das liefernde Ausland zum großen Teil mitbestimmte, so daß auch oft Rüstungsgüter in der Ausfuhr auftauchten[37]. Denn diese waren auf dem Weltmarkt so begehrt, daß damit beträchtliche Devisenüberschüsse erzielt werden konnten[38].

Der Zuwachs in der Einfuhr erstreckte sich auf rüstungswichtige Rohstoffe und Halbwaren wie beispielsweise Erze, Metalle und Kraftstoffe. Geographische Umlagerungen im Außenhandel machten sich dahingehend bemerkbar, daß sich in der Einfuhr der Anteil der überseeischen Rohstofflieferanten wie Asien und Lateinamerika auf Kosten Großbritanniens und der USA vergrößerte. Zwar erwies sich dabei das Ausfuhrwachstum eben nach denselben Ländern als dynamischer, dennoch absolut immer noch geringer war als diejenige nach Europa. Allgemein fiel der Anteil der USA und der europäischen Industriestaaten an den Importen und Exporten. Sondereinflüsse wie die Abwertung des Schweizer Frankens konnten die im Vergleich zum Vorjahr allgemein höhere europäische Ausfuhr nicht beeinträchtigen, zumal die Bilanz mit Europa positiv, mit den Überseestaaten immer noch negativ geblieben war. Daneben taucht mit dem Schlagwort "GROßRAUMWIRTSCHAFT" immer wieder der sich verstärkende Einfluß Deutschlands[39] auf die südosteuropäischen Staaten auf[40]. So stieg zwar der Anteil Südosteuropas am deutschen Handel 1937 auf knapp 11 Prozent und Deutschland konnte im Gegenzug etwa 30% an dessen Handelsumsätzen erreichen, jedoch ist sich die Forschung (mehr oder weniger?) einig, daß *"Südosteuropa keineswegs zur Hauptregion des deutschen Außenhandels geworden"* war[41]. Geringe Aufnahmefähigkeit für deutsche Fertigwarenexporte und die mangelnde Attraktivität der Handelsüberschüsse in Form von Verrechnungskonten waren sicher die Hauptgründe dafür[42].

---

[37] Vgl. **PUCHERT**, S.71. **VOLKMANN (I)**, S.92.
[38] Die Lieferaufträge für die deutsche Rüstung beliefen sich zwischen 1935 und 1940 auf mehr als 1,25 Mrd RM. **VOLKMANN (I)**, S.94.
[39] Die ersten Ansätze dazu sind in der Weltwirtschaftskrise ab 1931/32 zu finden, als hier die südosteuropäischen Staaten als Ersatz für teuere Getreideimporte aus den USA in den Blickpunkt der deutschen agrarischen Interessen gerieten.
[40] Zur Diskussion vgl. E. **TEICHERT**, Autarkie und Großraumwirtschaft in Deutschland 1930-1939. München 1984; zur Kontroverse zwischen **WENDT** und **MILWARD** vgl. **B.-J. WENDT**, Südosteuropa in der nationalsozialistischen Großraumwirtschaft. In: G.Hirschfeld (Hrsg.), Der Führerstaat: Mythos und Realität. Stuttgart 1981 und **A. S. MILWARD**, The Reichsmark Bloc and the International Economy. In: G.Hirschfeld (Hrsg.), Der Führerstaat: Mythos und Realität. Stuttgart 1981, sowie E. **WEBER**, Stadien der Außenhandelsverflechtung Ost-, Mittel- und Südosteuropas. Stuttgart 1971.
[41] **PUCHERT**, S.77.
[42] Vgl. **VOLKMANN (I)**, S.91f.

In der Phase der Hochrüstung und Autarkiebestrebungen verlor der Zoll vielfach seine protektionistische Bedeutung. Gerade in der Landwirtschaft mußten Lücken zu den Planzahlen oft durch erhöhte Import gedeckt werden, so daß beispielsweise Fleischimporte ab 1935 gering oder überhaupt nicht besteuert wurden. Jeglicher Import lief über die Reichsstellen, welche ihrerseits die Einfuhr dem inländischen Bedarf per Devisenzuteilung anpassten und damit Zölle als Mittel der Importregulierung ihre Funktion verloren.

1942

Betrachtet man die wirtschaftliche Entwicklung der ersten Kriegsjahre, so wird man feststellen, daß trotz größter Anstrengungen in den Jahren 1936 - 1941 die Kapazitäten der deutschen Rüstungsindustrie anfangs nur sehr begrenzte militärische Einsatzmöglichkeiten bot, die im wesentlichen auf rasche Kriegsentscheidung drängten. Das Konzept der Blitzkriege war deshalb genau auf die eingeschränkten Rüstungskapazitäten oder diese waren vielmehr auf die Blitzkriege abgestimmt. Der Glaube an rasche militärische Erfolge ließ die "Totalisierung" der deutschen Rüstungsindustrie vor dem Kriegsausbruch unnötig erscheinen. So sank die Zahl der in der deutschen Industrie beschäftigten von 1939-1940 geringfügig[43]. Konnten die deutschen Truppen in den ersten beiden Kriegsjahren auch diesen Glauben in die Tat umsetzten, so bewirkte der militärische Umschwung an der Ostfront nun auch eine Änderung in der Kriegswirtschaft. Die anfangs unterschätzte sowjetische Wirtschaft zeigte, daß alle Kräfte zu mobilisieren waren und die Rüstung auf Massenproduktion umzustellen war[44]. Wie die Graphik zeigt, wurde die Rüstung erst dann 1942 von Albert Speer beschleunigt und erreichte unter seiner Ägide ihren Höhepunkt erst 1944.

---

[43] Bedingt durch rückgehende Beschäftigtenzahlen der Männer, die zur Wehrmacht eingezogen waren. **WAGENFÜHR, S.26.**
[44] **WAGENFÜHR, S.38.**

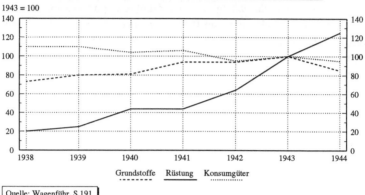

Die Versorgungsbilanzen mit lebenswichtigen Nahrungsmitteln und Rohstoffen gestaltete sich unterschiedlich. Unter Einbezug der Sowjetunion und Mitteleuropas konnte das III. Reich auf dem Nahrungsmittelsektor eine Selbstversorgungsquote von "*96 Prozent*" erreichen[45]. Auf dem Gebiet der Rohstoffe konnte dagegen "*der Bedarf an kriegswichtigen Rohstoffen nur unvollkommen*" gedeckt werden[46].

Zwar wurden einige Erfolge bei der Synthetisierung von Rohstoffen (Benzin) erzielt, dennoch darf man aber nicht über die Tatsache hinwegsehen, daß ein beträchtlicher Teil verschiedener Produktionssteigerungen wie z.B. der Erz- und Kohleförderung auf besetzte Länder entfiel. Groß war die Beute an Rohstoffen aus Frankreich, Norwegen und den Benelux-Staaten für das III. Reich, das nun auch deren Wirtschaft in den Dienst der deutschen Rüstung preßte. Vielfach war die Herstellung synthetisierter Rohstoffe sehr energieintensiv[47] und begrenzte damit die Autarkiepläne[48].

---

[45] **VOLKMANN (II)**, S.97.
[46] **VOLKMANN (II)**, S.97. Der Einfuhrbedarf betrug mehr als 50% bei Kupfer, Blei, Zinn, Kautschuk, Häute, Baumwolle, Wolle und pflanzlichen. Spinnstoffen.
[47] So mußten zur Herstellung von einem Kilogramm Buna mehr als 20 kg Steinkohle verwendet werden. **EICHHOLTZ**, S.24.
[48] Sollten die Produktionspläne für 1942/43 zur Synthetisierung von Benzin verwirklicht werden, hätten dafür ca. 90 Mio Tonnen Braun- und Steinkohle aufgebracht werden müssen. **EICHHOLTZ**, S.24.

Dennoch läßt sich aussagen, daß die deutsche Rohstoffwirtschaft bis zur Jahreshälfte 1944 problemlos funktionierte. Steigerungen der Produktion und optimale Ausnutzung der Ressourcen waren ebenso daran beteiligt wie die Ausbeutung eroberter Gebiete. Ab Herbst 1944 brach dann die Grundstoffwirtschaft zusammen; die permanenten alliierten Luftangriffe hatten die Infrastruktur[49] und die Produktionskapazitäten erheblich getroffen. Pausenlose Bombardements der Allierten lähmten jeglichen Transport[50] und damit die Verteilung der lebenswichtigen Rohstoffe, bis schließlich nach der Produktion auch die Front zusammenbrach!

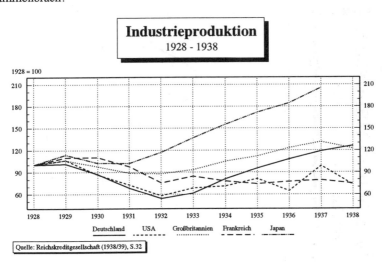

---

[49] Insbesondere die Reichsbahn war ab Dezember 1944 aufgrund der feindlichen Luftüberlegenheit nicht mehr in der Lage, eine ausreichende Versorgung der Bevölkerung und der Industrie zu sichern. Die Zerstörung des Eisenbahnnetzes und pausenlose Luftangriffe führten dazu, daß sich die Züge an den Verkehrsknotenpunkten stauten.
[50] Zum Transportproblem vgl. **WAGENFÜHR**, S.93ff.

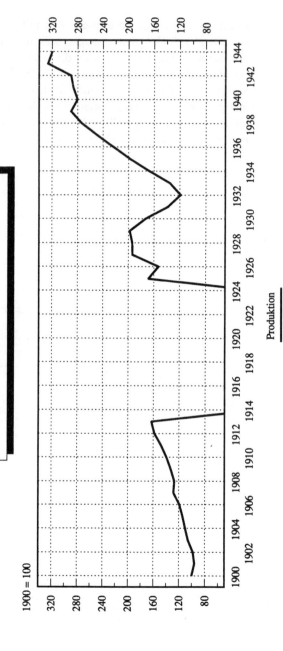

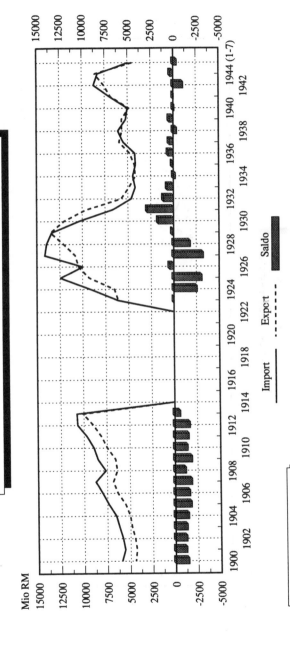

Der Außenhandel Deutschlands
1900 - 1944

Quelle: Statistisches Jahrbuch
1944 = Jan. - Juli

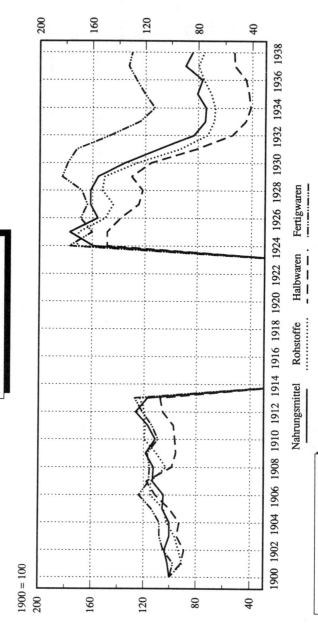

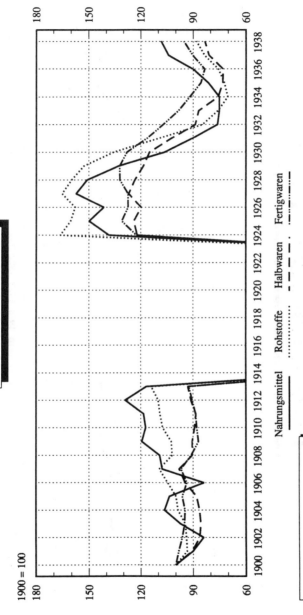

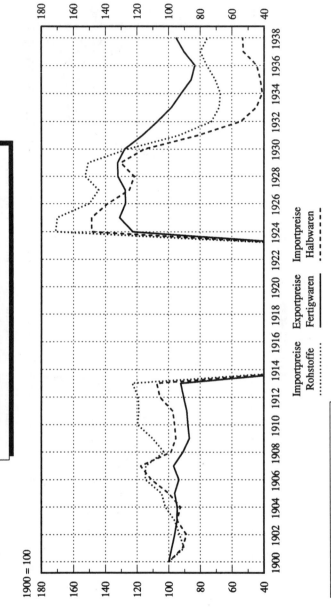

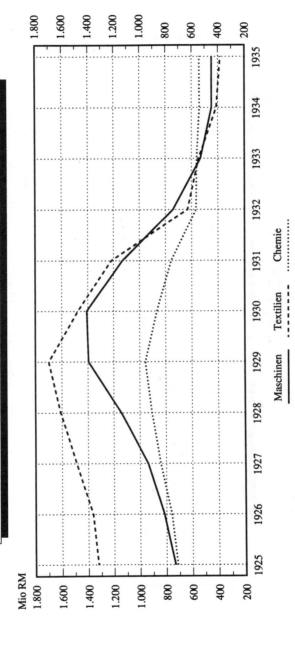

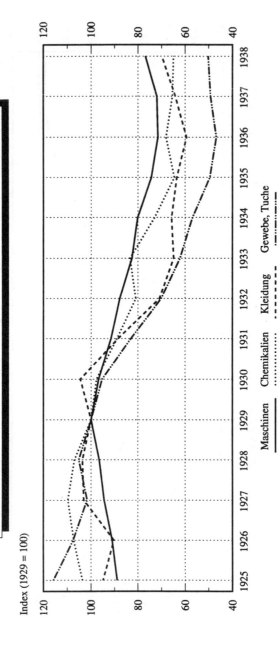

Teil 2: Änderungen in der Warenstruktur

I. Die Import- und Exportstruktur des deutschen Außenhandels

a) Importstruktur:

- der Anteil der NAHRUNGSMITTEL bewegt sich meist um 30% (mit einer Ausnahme, als dieser 1934 auf 24,7% gefallen war). Ausschlaggebend dafür sind die nach der Weltwirtschaftskrise reduzierten Getreideeinfuhren, als zum Schutz der heimischen Landwirtschaft sämtliche Getreideimporte mit Prohibitivzöllen verhindert wurden und somit 1934 der Nahrungsmittelanteil gesunken war. Daß dieser Anteil 1937 wieder auf 30% gestiegen war, hängt weniger mit wirtschaftstheoretischen Eigengesetzlichkeiten zusammen, als vielmehr mit der Autarkisierungspolitik Hitlers. Trotz erhöhter Eigenproduktion war 1936/37 deutlich geworden, daß eine Ausweitung der Nahrungsmitteleinfuhr nicht mehr ausgeschlossen werden konnte;

- langfristige Kontinuität weist der Anteil der ROHSTOFFE auf, selbst die nationalsozialistische Rüstungspolitik wirkte sich 1937 nicht aus. Unter Kriegseinwirkungen fiel der Rohstoffanteil spürbar auf 20%, was in Verbindung mit den gestiegenen Fertigwarenimporten zusammenhängt. Da ein Großteil der Vor- und Endproduktion in die besetzten westlichen Gebiete (Frankreich, Niederlande und Belgien) ausgelagert wurde, mußte sich dementsprechend auch der heimische Rohstoffbedarf durch die geringere deutsche Produktionstiefe verringern;

- ebenfalls geringe Abweichungen zeigte der Stellenwert der HALBWAREN am deutschen Import, der meist um 15% schwankte. Die Sonderbewegung des Jahres 1937 muß zusammen mit dem gleichzeitig gesunkenen Fertigwarenimport betrachtet werden. Zum Zweck der Lohn- und damit Kostenersparnis (Devisen) blieb es im Zuge der Aufrüstung sinnvoller, sich bei den Importen auf eine möglichst geringe Fertigungsstufe zu stützen und diese Importe dann im eigenen Land lohnintensiv weiter zu Fertigprodukten zu veredeln;

- durch unterschiedliche ökonomische Entwicklung im Untersuchungszeitraum bedingt, variierte der Anteil der FERTIGWAREN sehr (s. oben).

b) Exportstruktur

- Kontinuierlich fiel der Anteil der NAHRUNGSMITTEL an den deutschen Exporten von 1912 - 1937. Mehrere Ursachen waren dafür ausschlaggebend. Der Verlust der agrarischen Überschußgebiete im Osten des Deutschen Reiches nach 1918 führte dazu, daß sich die Exporte nach dem Ersten Weltkrieg drastisch verringerten und 1929 nur noch 5,5% betrugen. Als zweiter Strukturbruch zerstörte dann der Preisverfall der Weltwirtschaftskrise den bis dahin noch (mehr oder weniger) rentablen Getreideexport, welcher (Roggen, Weizen, Hafer) 1929 immerhin noch etwa 30% der deutschen Nahrungsmittelausfuhr gebildet hatte. Nun reduzierte sich der Anteil bis 1934 um die Hälfte auf 2,8%. Gänzlich bedeutungslos wurde der Nahrungsmittelexport durch die Autarkisierungsbemühungen Hitlers - nun war jegliche Ausfuhr "volksschädlich", was sich auch im geringen Anteil von 1,5% widerspiegelt. Erst die Kriegsbedingungen ließen den Anteil wieder stiegen;

- der ROHSTOFFanteil ist keinem Trend zuzuordnen. Vielmehr führten die Verluste der lothringischen und oberschlesischen Kohlebecken zu eingeschränkten Exportmöglichkeiten nach dem Ersten Weltkrieg. Der hohe Anteil der Steinkohle an den deutschen Rohstoffexporten untermauert diese Feststellung. Im Untersuchungszeitraum konzentrierte sich die Rohstoffausfuhr immer mehr auf Kohle, so daß der Rohstoffanteil 1937 aus zwei Gründen gefallen war: Erstens stieg der Importbedarf an Rohstoffen für die Aufrüstung besonders an, dementsprechend war es zweitens wichtig, sich aus Devisengründen auf den Export von Rohstoffen zu konzentrieren, die im Überfluß vorhanden waren und/oder nicht in dem gleichen Maße benötigt wurden. 1942 bezahlte das III. Reich jegliche Warenlieferungen fast nur noch mit Kohlen - das Liefermonopol auf dem europäischen Kohlenmarkt erlaubte es, dabei teilweise "horrende" Preise durchzusetzen. Dies führt zu dem Anstieg des Rohstoffanteils am deutschen Gesamtexport;

- das Gewicht der HALBWAREN fiel in dem gleichen Maße, wie sich der Anteil der FERTIGWAREN erhöhte. Steigende Leistungsfähigkeit der deutschen Industrie und qualitativ hochwertige Produkte blieben in der gesamten Zeit einer stetigen Nachfrage unterworfen, so daß es für Deutschland rentabler war, lohnintensive Fertigprodukte international gegen Rohstoffe und Nahrungsmittel zu tauschen[1].

---

[1] Zum Einstieg in Wachstums- und Außenwirtschaftsmodelle vgl. **J. WULF**, Der deutsche Außenhandel seit 1850. Entwicklung, Strukturwandlungen und Beziehungen zum Wirtschaftswachstum. Stuttgart 1968, S.105ff.

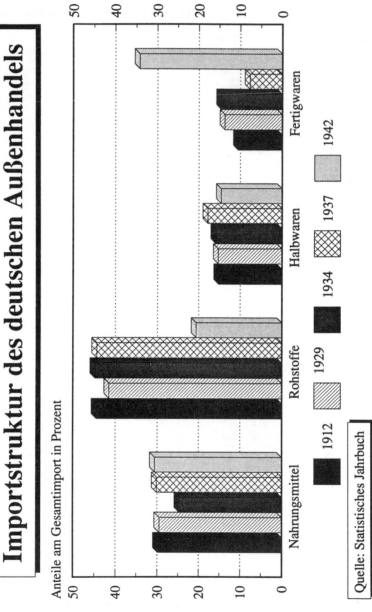

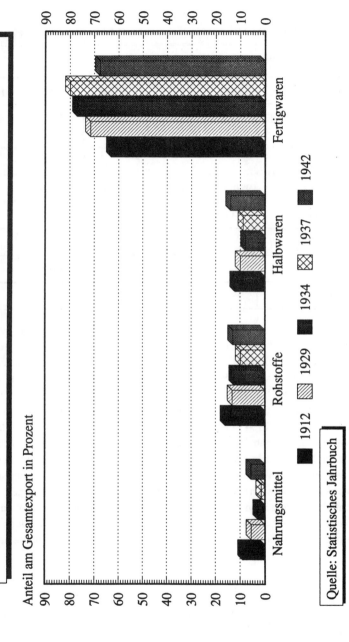

II. Die Struktur der deutschen Nahrungsmittelimporte

zeigt folgendes Bild:

Hauptgruppe	1912	1929	1934	1937	1942
Nahrungs- und Genußmittel	29,8	29,5	24,7	30,1	30,6

Quelle:	1910-1913	1929	1933	1938	
WULF[1]	33,4	31,9	29,9	33,5	

Quelle:	1910/13	1925/29	1930/34	1936/38	
HOFFMANN[2]	28,3	28,8	24,7	24,5	

Dabei ist festzustellen, daß sich der Anteil am Gesamtimport zwischen einem Viertel und einem Drittel bewegte. Bis zur Weltwirtschaftskrise blieb der Prozentsatz unverändert, schrumpfte danach um ein Sechstel und erreichte 1937 den alten Stand von 1929. Gemeinsamkeiten mit den Ergebnissen von HOFFMANN und WULF zeigen sich insbesondere darin, daß sich bei HOFFMANN die Auswirkungen der Weltwirtschaftskrise ähnlich in einem krassen Rückgang des Anteils von 1934 äußern. Übereinstimmungen mit WULF sind darin zu sehen, daß auch er ab 1933 steigende Anteile der Nahrungsmittel konstatiert. Insgesamt betrachtet er den Anteil der Nahrungsmittel als *"bemerkenswert stabil"*... denn *"er schwankt in recht engen Grenzen um 30 v.H."*[3]. Da er bei seiner Analyse eine andere Gruppeneinteilung zugrunde legte, ist bei seinen Daten der Anteilsrückgang von 1929 auf 1933, resp. 1934 nicht so groß anzusetzen. Darüber hinaus sind nur Abweichungen im jeweiligen Zahlenmaterial zu beobachten, die sich allerdings im Rahmen von ca. 10% der Anteile bewegen.

---

[1] J. WULF, Der deutsche Außenhandel seit 1850. Entwicklung, Strukturwandlungen und Beziehungen zum Wirtschaftswachstum. Stuttgart 1968, S.83.
[2] W.G. HOFFMANN, Das Wachstum der deutschen Wirtschaft seit der Mitte des 19. Jahrhunderts. Berlin/Heidelberg/New York 1965, S.160.
[3] WULF, S.86.

Bei der Untersuchung wurden die Anteile der jeweils größten Produkte am Import der Hauptgruppe "Nahrungs- und Genußmittel" herausgefiltert. Diese wichtigsten Güter bildeten meistens mehr als 66% des Gruppenimportes und deckten somit zwei Drittel des deutschen Nahrungs- und Genußmittelimportes ab.

Die Analyse der jeweiligen Jahres - Strukturen ergab, daß sich der deutsche Nahrungsmittelimport meist aus den folgenden zehn wichtigsten Gütern zusammensetzte, die immer in der Spitzengruppe zu finden waren (Nennungen in den 5 Analysejahren in Prozent): Weizen, Obst + Südfrüchte, Eier und Fisch je 100%, Gerste, Kaffee, Gemüse, Butter und Fleisch je 80%.

1. Die Gruppenanteile der Nahrungsmittelimporte

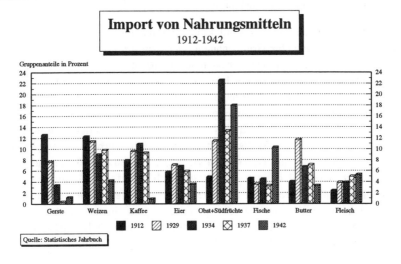

1) Im gesamten Zeitraum sind <u>Kaffee</u>, <u>Weizen</u> und <u>Südfrüchte</u> immer in der Spitzengruppe des Importes zu finden.

2) Innerhalb des Nahrungsmittelimports zeigten die Kaffeeanteile eine bis 1934 leicht steigende Tendenz. Im wesentlichen schwankte der Verbrauch nur geringfügig, erst ab 1939 machten sich die Kriegsvorbereitungen bemerkbar, als nun Deutschland von den überseeischen Kaffeelieferanten abgeschnitten war.

Daß im Zweiten Weltkrieg de facto kein Kaffeeimport mehr stattfand, zeigt der auf 0,8% gesunkene Gruppenanteil.

3) Mit Ausnahme des Kriegsjahres 1942 schwankte der Gruppenanteil von Weizen zwischen 9% und 12%. Geringen Schwankungen war die Einfuhr auch vor dem Ersten Weltkrieg unterworfen, sie bewegte sich zwischen 2 Mio und 2,5 Mio Tonnen. Seit 1927 war der Import rückläufig, da die Ernteerträge stetig anwuchsen. 1929 lag die eingeführte Menge nur unwesentlich unterhalb derjenigen des Vorkriegsstandes (1912). Tiefgreifende Strukturänderungen brachte erst die Weltwirtschaftskrise mit sich, die Einfuhr fiel bis zu ihrem Tiefpunkt 1936 beträchtlich, da auch die Ausfuhr von Weizen eingestellt wurde und diese Mengen nun dem heimischen Bedarf zur Verfügung standen. 1938 hatte die deutsche Weizenproduktion ihren Höhepunkt erreicht, die Erträge und Importe waren seitdem bis Kriegsende stark rückläufig.

4) Innerhalb der Nahrungsmittelimporte erlangten Obst und Südfrüchte eine große Bedeutung. Ihr Gruppenanteil stieg von 4,8% (1912) auf mehr als 22% (1934). Sicherlich ist letzterer auch auf die Relation zum allgemein geringeren Wert der Einfuhr in diesem Jahr zurückzuführen, dennoch läßt sich nicht übersehen, daß Obst und Südfrüchte in der Ernährung eine immer größere Rolle zukam. Selbst zu den Zeiten der Devisenbewirtschaftung stellte die Einfuhr mit einem Wert von 250 Mio RM den größten Posten in der Nahrungsmittelbilanz. Nach dem Ersten Weltkrieg stieg der deutsche Verbrauch stetig an und die auf besondere klimatische Verhältnisse angewiesenen Südfrüchte und mancherlei Obst ließen sich nach der Weltwirtschaftskrise nicht durch eigene "Ernteschlachten" ersetzen. Hier bewirkte die Krise insofern keine Strukturänderungen, denn der reale Import wuchs weiterhin an und übertraf im Analysejahr 1942 die Mengen von 1929. Große Preissteigerungen nach Kriegsbeginn bewirkten 1942 den auf Wertbasis berechneten relativ hohen Anteil.

5) Der Gruppenanteil von Gerste ging im Laufe des Untersuchungszeitraumes sehr stark zurück. Betrug dieser 1912 noch 12,5%, so repräsentierte er 1929 mit 7,6% noch einen Importhöhepunkt in den späten zwanziger Jahren, um schließlich nach der Weltwirtschaftskrise mit einem Anteil von 3,3% an den Nahrungsmittelimporten auch den Niedergang der Gersteeinfuhr zu verdeutlichen. Erreichte diese vor dem Ersten Weltkrieg noch stolze 3,5 Millionen Tonnen, so gelangte die Einfuhr 1936 an ihren Tiefpunkt mit 58.000 Tonnen!

6) Fleisch konnte seine Bedeutung ausbauen, wobei sich der Gruppenanteil von 2,3% auf 5% verdoppelt hatte.

7) Betrachtet man den Eierimport[4], so stellt man fest, daß der Gruppenanteil nur unwesentlich (ca. 1%) um 6% schwankte. Nach dem Ersten Weltkrieg erhöhte sich der Pro-Kopf-Verbrauch etwa um ein Drittel auf 130 Stück, während der Importanteil leicht rückläufig war. Dänemark und die Niederlande fungierten immer als Hauptlieferanten, nach 1934 konnten auch Bulgarien und China größere Anteile an der deutschen Eiereinfuhr erzielen.

8) Fische wiesen einen relativ konstanten Anteil am Nahrungsmittelimport auf - nur das Kriegsjahr 1942 verzeichnete aufgrund von nicht mehr nachvollziehbaren Sondereinflüssen einen extremen Anstieg. Im Laufe des Untersuchungszeitraumes blieb auch der Konsum (Pro-Kopf-Verbrauch) von Fischen relativ konstant.

9) Änderungen in den deutschen Konsumgewohnheiten machten sich auch im um 15% erhöhten Butterverbrauch[5] in der zweiten Hälfte der zwanziger Jahre bemerkbar, wie der verdreifachte Gruppenanteil ausweist. Fast verdreifacht hatte sich ebenfalls der reale Import von 55.000 Tonnen (1912) auf 136.000 Tonnen und 461 Mio RM (1929). Allerdings täuschen diese hohen Steigerungen eine ebensolche Zunahme des Binnenverbrauchs wieder, die nicht den Tatsachen entspricht. Da in den Nachkriegsjahren die Vorkriegsproduktion nicht wieder erreicht werden konnte, mußte die Einfuhr nun die Differenz zum Konsum abdecken. Zum Schutz der eigenen Butterwirtschaft wurden mit der Weltwirtschaftskrise Zollmauern errichtet, die Buttereinfuhr ging auf 62.000 Tonnen (1934) zurück. 1937 betrug sie 86.000 Tonnen, im Kriegsjahr 1942 nur noch 36.000 Tonnen. Bildete vor dem Ersten Weltkrieg die russische, qualitativ geringere Butter den Hauptteil an den Importen, so setzte sich in den zwanziger Jahren der Bezug von qualitativ hochwertigerer Butter aus den Niederlanden und Dänemark durch[6].

---

[4] Ausführlicheres zum Eierimport vgl. **ENQUETE I**, S.240ff.
[5] Ausführlicheres zum Butterimport vgl. **ENQUETE I**, S.234ff.
[6] **ENQUETE I**, S.234.

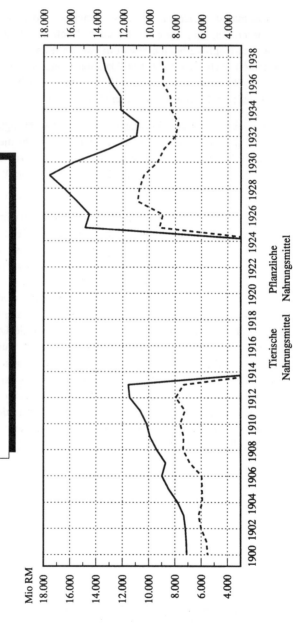

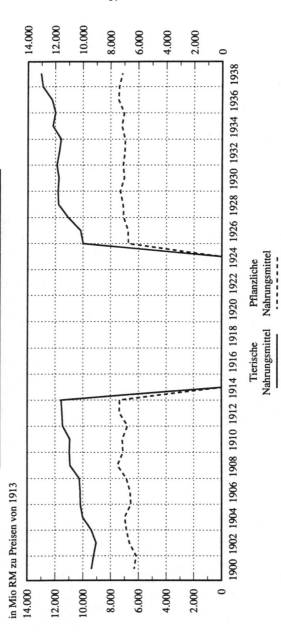

2. Weizen[7]

Jahr	Menge (Tonnen)	Wert (Mio RM)	RM/Tonne
1912	2297.000	395	172
1929	2140.000	448	209
1934	646.000	61	94
1937	1219.000	156	127
1942	761.000	156	204

Beim Getreide vollzog sich nach dem Ersten Weltkrieg die Konzentration in der Gruppe auf Weizen als Importgut. Dieses Tatsache dokumentiert die Nachfrageverschiebung zu Weizenbackwaren (Weißbrot) und die Abkehr vom Roggen in der deutschen Getreidewirtschaft. Insbesondere der Verlust der traditionellen Roggen-Anbaugebiete im Osten, welche durch ihren Überschuß immer halfen, die Getreidebilanz des Reiches auszugleichen, führte zu nachhaltigen Strukturänderungen im deutschen Getreideanbau, nämlich dem verstärkten Weizenanbau[8].

Trotz hoher Eigenproduktion war die deutsche Mühlenwirtschaft auf Importe angewiesen, denn dem deutschen Weizen mußte aufgrund seines niedrigen Klebe- (26-30%) und hohen Wassergehaltes ausländischer Weizen beigemischt werden. Andererseits war das Ausland am deutschen Weizen wegen seines hohen Stärkegehaltes interessiert. Deshalb beschränkte sich der Großteil der Importe auf den klebereichsten Weizen aus den USA (Manitobaweizen, 50% Klebegehalt), Argentinien (La-Plata-Weizen, 40%), Rußland (Azima-Weizen, 50%)[9].

---

[7] H. HEUER, Argentinien als Fleisch- und Getreidelieferant auf dem Weltmarkt in der Nachkriegszeit. Köln 1932; **INSTITUT FÜR WELTWIRTSCHAFT**, Die Bedeutung der südosteuropäischen Getreidewirtschaft und ihre wehrwirtschaftliche Beurteilung. Kiel 1939; K. LÄNGE, Die Entwicklung des Getreidehandels im Rahmen der Getreidepolitik der Vereinigten Staaten von Amerika und Deutschlands. Würzburg 1936; H. LURCH, Deutschland als Getreidezuschußgebiet. Heidelberg 1927; W. ZIMMERMANN, Die Nahrungsquellen der Welt. Teil I Getreide, Berlin 1941.

[8] So konnte die deutsche Roggen-Ernte nach dem Ersten Weltkrieg nie mehr an die Vorkriegswerte von 9,6 Mio Tonnen (1912) anknüpfen; meist bewegte sie sich zwischen 6 - 8 Mio Tonnen in den Jahren 1925-1933. Anders dagegen beim Weizen. Lag die Ernte 1912 noch bei 3,7 Mio Tonnen, so stieg diese nach dem Krieg kontinuierlich auf 5,6 Mio Tonnen (1933) an.

[9] LURCH, S.68f.

Änderungen ergaben sich auch in der Zusammensetzung der Lieferländer. Vor allem die innenpolitischen Verhältnisse und Probleme in der Landwirtschaft in den zwanziger Jahren ließen Rußland als Großlieferanten ausfallen. Entstammte 1912 der Weizenimport noch aus Staaten wie Rußland, Argentinien, USA, Rumänien und Kanada, so konzentrierte jener sich 1929 schon auf Argentinien, Kanada und den damals weltgrößten Weizenproduzenten, die USA. Diese Staaten investierten gerade in den frühen zwanziger Jahren große Summen in ihre Landwirtschaft und hoben damit den Mechanisierungsgrad enorm an[10]. Durch die intensivierten Bewirtschaftungen stiegen die Erntezahlen so weit an, daß sich zwischen 1926 und 1929 die Weltvorräte an Weizen verdoppelten.

Ausschlaggebend für die nach 1930 gesunkene Bedeutung Argentiniens ist der deutsche Vermahlungszwang. Dabei handelte es sich um einen Erlaß der Reichsregierung, welcher den Anteil klebereichen ausländischen Weizens bestimmte, der dem deutschen Weizenmehl zugemischt werden darf, "*um ein backfähiges Mehl zu ergeben*"[11]. Die Weltwirtschaftskrise veranlaßte die Regierung, diesen Anteil auf 20% zu senken, um die eigene Landwirtschaft zu stärken, so daß die Abkehr vom preisgünstigen argentinischen Weizen und der damit insgesamt geringere Import des teureren, aber auch klebereicheren kanadischen Weizens für den deutschen Müller zwingend notwendig wurde[12].

1934 sind deshalb unter den Lieferanten eindeutigen Präferenzen für Kanada auszumachen, danach folgten Argentinien, Danzig, Rußland; 1937 rangierte Argentinien wieder an erster Stelle, danach kamen Kanada, Australien und Jugoslawien; 1938 waren die USA der wichtigste Lieferant, dann Rumänien, Britisch-Indien, Argentinien, Kanada und Ungarn. Beim Preisvergleich stellt man einerseits fest, daß Kanada und die USA keine Unterschiede aufwiesen, andererseits die Spitzengruppe der drei bis vier wichtigsten Lieferanten bis zur Weltwirtschaftskrise in der Preisgestaltung sehr dicht zusammen lagen.

1934 bezahlte Deutschland für argentinischen Weizen ca. 15% weniger als für anderen Weizen. Daß 1937 mehr als 41% der deutschen Weizenimporte aus Argentinien stammte, lag wiederum am Preisvorteil, zumal die Importe per Clearing verrechnet werden konnten und nicht in Devisen - wie im Fall der USA und Kanada - zu bezahlen waren. Diese "Hamsterkäufe" erfüllten zwei Funktionen: einerseits dienten sie zur "*wehrwirtschaftlichen Vorratsdeckung*" und ande-

---

[10] V. SCHRÖTER, Die deutsche Industrie auf dem Weltmarkt 1929 bis 1933. Frankfurt u.a. 1984, S.33.
[11] HEUER, S.59.
[12] HEUER, S.59.

rerseits signalisierten sie handelspolitisches Entgegenkommen für den eigenen Export[13]. Denn eine völlige Umlagerung der Weizenimporte auf Südosteuropa war im Friedensfall nicht möglich[14].

Im Analysejahr 1937 waren aus wehrwirtschaftlichen Gründen (Autarkie im Kriegsfall)[15] Verlagerungen in der Einfuhr zu den südosteuropäischen Ländern ersichtlich. So stellte Jugoslawien plötzlich 17% der deutschen Getreideimporte, die allerdings mit einem Preisaufschlag von 20% (zum Durchschnittspreis USA/Kanada) teuer bezahlt wurden. 1938 stammten dann plötzlich mehr als 40% der Weizenimporte aus Südosteuropa, das als wichtige Reserve für den bevorstehenden Krieg betrachtet wurde. Diese *"hätten den Vorteil, daß sie in Friedensjahren nicht in Erscheinung tritt und deshalb ... aus preis-, handels- und wehrwirtschaftlichen Gründen erst im Kriegsfall ausgenutzt werden sollten"*[16].

Verstärkte Eigenproduktion ließ ab 1928 den Import sinken, die kurzfristig steigende Einfuhr ab 1937 bei ebenfalls ausgeweiteter Produktion verdeutlicht die Vorratsbildung für den Kriegsfall. Die verbesserten Ernteerträge waren aber nicht Resultat einer verbesserten Produktivität, sondern größtenteils bedingt durch die Ausweitung der Erntefläche[17].

Zieht man den wertmäßigen Anteil am Gesamtimport hinzu, so wird deutlich, daß Weizen in den Analysejahren 1912, 1929 und 1937 einen relativ konstanten (ca. 10%) Gesamtanteil aufwies. Nur 1934 ist eine Verminderung um ca. 1/3 feststellbar, was einerseits durch die geringere Importmenge (700.000 Tonnen 1934 gegenüber 2,1 Mio Tonnen 1929) und dem drastischen Preisrückgang (1929: 213 RM pro Tonne; 1934: 93,85 RM) nach der Weltwirtschaftskrise erklärbar ist. Denn hier wurden zum Schutz des eigenen Binnenmarktes hohe Zölle auf Getreide erlassen[18].

---

[13] **INSTITUT FÜR WELTWIRTSCHAFT, S.8.**
[14] So waren diese Staaten bestrebt, *"aus politischen und außenhandelsmäßigen Gründen eine möglichst vielseitige Ausfuhr"* zu erreichen. **INSTITUT FÜR WELTWIRTSCHAFT, S.30.**
[15] **INSTITUT FÜR WELTWIRTSCHAFT, S.8.**
[16] **INSTITUT FÜR WELTWIRTSCHAFT, S.33.**
[17] Der Ernteertrag an Weizen belief sich vor dem Ersten Weltkrieg auf 22,7 Doppelzentner je Hektar und erreichte diese Produktivität eigentlich nie mehr (Ausnahme: 1933: 24,6). Selbst 1937, in der "Ernteschlacht", lag der Ertrag bei 22,6 Doppelzentner. **ZIMMERMANN, S.15.**
[18] Betrug der Weizen- und Roggenzoll noch 1926 5 RM pro Doppelzentner, so wurde dieser im Verlauf der Weltwirtschaftskrise auf 25 RM (Weizen) und 20 RM (Roggen) heraufgesetzt. **ENQUETE I, S.176f.**

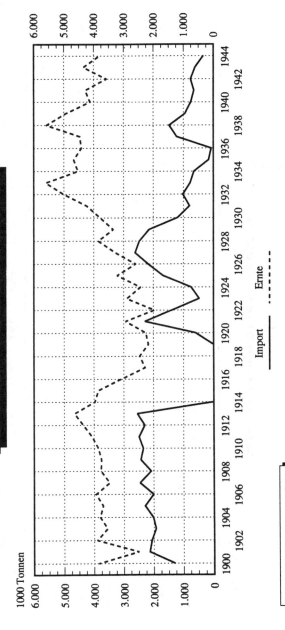

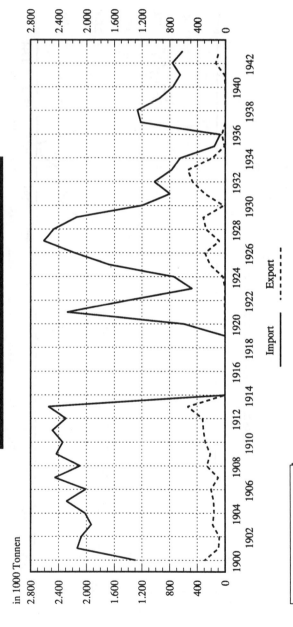

3. Gerste[19] (Futter- und Braugerste)

Jahr	Menge (Tonnen)	Wert (Mio RM)	RM/Tonne
1912	2756.000	404	147
1929	1765.000	302	171
1934	552.000	37	67
Futtergerste:	526.000		
1937	242.000	6	121
Futtergerste:	46.000		
1942[20]	6.800	0,8	118

Neben der Verwendung als Futtermittel (Schweinezucht) hatte Gerste in Deutschland auch eine lange Tradition als Rohstoff für die Bierproduktion. Trotz hoher Einfuhren wies Deutschland eine ebenso hohe Eigenproduktion auf, die vor dem Ersten Weltkrieg fast das Ausmaß der Importe erreichte. Das zaristische Rußland lieferte die Gerste so billig, daß *"die deutsche Landwirtschaft"* einen *"relativ hohen Bilanzgewinn aus dem Futtergerstezukauf und dem Braugersteverkauf"* erzielen konnte[21].

Schon zu Beginn des Jahrhunderts wurden Brau- und Futtergerste mit unterschiedlich hohen Zollsätzen belastet. So legte die Zolltarifnovelle vom 25.12.1902 die Abgabe für Braugerste auf 4 RM/Doppelzentner, für Futtergerste dagegen nur auf 1,3 RM fest. Mit billigen Futtermittelimporten sollte dem steigenden Fleischverbrauch begegnet werden, da vor allem die Schweinezucht auf Gerste zur Viehfütterung angewiesen war[22]. Aber auch nach 1918 wurde diese Differenzierung beibehalten.

Nach der Weltwirtschaftskrise verlor Gerste rasch an Bedeutung als Futtermittel - sowohl in der Gruppe der Nahrungsmittel als auch am Gesamtimport. Denn der ehemalige Hauptlieferant Rußland entfiel nun mit seinen extrem billigen Gerstelieferungen.

---

[19] K. LÄNGE, Die Entwicklung des Getreidehandels im Rahmen der Getreidepolitik der Vereinigten Staaten von Amerika und Deutschlands. Würzburg 1936; **V. HENTSCHEL**, Zahlen und Anmerkungen zum deutschen Außenhandel. In: Zeitschrift für Unternehmensgeschichte. Jg.31, Heft 2, 1986; **W. ZIMMERMANN**, Die Nahrungsquellen der Welt. Teil I Getreide, Berlin 1941, S.241-262.
[20] Januar bis Juni 1942.
[21] ENQUETE I., S.185.
[22] **K. KOLWEY**, Das Roggenproblem und die Gerstenzollfrage. Bremen 1929, S.11.

Stiegen die Gersteimporte ab 1926 noch stark an, so fielen diese bis 1932 auf 1/8 des "Vor"-Krisenwertes 1929. Ab 1935 wurde die Gersteeinfuhr zum größten Teil nur noch von Industriegerste bestimmt, wie die Graphik verdeutlicht.

Die Ursache liegt in der Weltwirtschaftskrise, als Gerste - bedingt durch den Getreidepreisverfall - nun mit dem deutschen Roggen als Futtermittel in Konkurrenz trat. Weil die Weltmarktpreise so stark gesunken waren, ließ dieser sich nicht mehr gewinnbringend exportieren, so daß nur noch die Verfütterung verblieb[23]. Aber auch billige ausländische Gerste (vorerst geringer Zoll) drängte auf den deutschen Futtermittelmarkt und führte dazu, daß in zwei Schritten die Einfuhr gedrosselt werden mußte. Ließ die erste Verordnung vom 15.4.1930 noch einen Spielraum[24] beim Gerstezoll zwischen 20,-RM und 120,-RM pro Tonne, so setzte das kurz darauffolgende Gesetz vom 22.5.1930 den Zoll prohibitiv auf 120,-RM fest[25]. Mit einem daraus resultierenden Preis von knapp 200,-RM / Tonne war jegliche Einfuhr dann nur noch ein Verlustgeschäft.

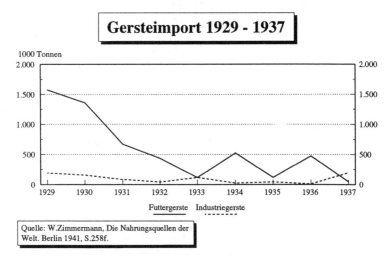

Nach 1936 stiegen die Importe wieder an - dafür ist in erster Linie die Vorratspolitik des III. Reiches verantwortlich zu machen. Zwar konnte die eigene Ernte bis etwa 1938 real gesteigert werden, doch gelang es während des

---

[23] **KOLWEY**, S.12f.
[24] Der Gleitzoll war an die Schweinepreise gekoppelt. Hohe Schweinepreise bedingten hohe Zölle, niedrige dementsprechend geringe. **KOLWEY**, S.18.
[25] **E. BATHE**, Das Maismonopol. Berlin 1937, S.12.

Krieges nicht, das hohe Ernteniveau beizubehalten. Bis 1944 fielen die Erträge um die Hälfte auf etwa 2000 Tonnen, was darauf zurückzuführen ist, daß sich die Flächen für Wintergerste und die Hektarerträge verringerten.

Stammte die Gersteeinfuhr vor dem Ersten Weltkrieg zum größten Teil aus Rußland[26], so wandelte sich die Herkunftsstruktur bis 1937 doch sehr, als sich hier nämlich die Orientierung auf die südosteuropäischen Lieferländer (vor allem Rumänien) vollzogen hatte. Dieser Prozeß nahm im Jahr der Weltwirtschaftskrise seinen Anfang, denn zwischen 1928 und 1929 verdoppelte sich der Anteil Südosteuropas am Gerstebezug Deutschlands von 16% auf 35%. In den folgenden Jahren wurde dieser Anteil noch weiter ausgebaut.

---

[26] Vgl. hierzu **ENQUETE-AUSSCHUß**, Der deutsche Außenhandel unter der Einwirkung weltwirtschaftlicher Strukturwandlungen, Bd.1, (Enquete I) Berlin 1932, S.178f und **HENTSCHEL**, S.101.

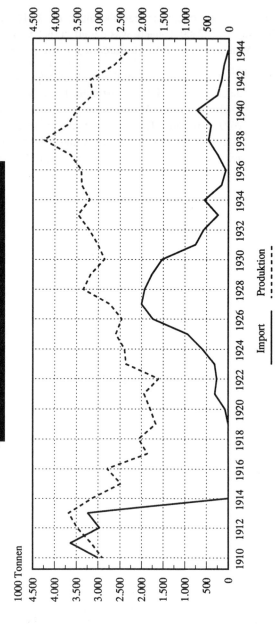

Gerste
Import und Produktion 1910 - 1944

Import ——— Produktion - - - - -

Quelle: W. Zimmermann, Die Nahrungsquellen der Welt, Berlin 1941, S.249.

4. Mais[27]

Jahr	Menge (Tonnen)	Wert (Mio RM)	RM/Tonne
1912	1.142.381	143	125
1929	668.988	118	177
1934	388.331	24	61
1937	2.158.870	178	82
1942	150.000	30	200

Mais ersetzte nach 1936 Gerste als Futtermittel, wobei Mais 1937 nach Südfrüchten den höchsten Anteil (Gruppe + Gesamt) aufwies. Wie die Graphik verdeutlicht, so handelt es sich bei den Importen der Jahre 1912, 1927 und 1937 um extreme Sonderbewegungen, welche durch schlechte Gersteernten und (1937) die Vorratspolitik des III. Reiches zu erklären sind.

Allgemein war die Bedeutung des Maises für den deutschen Getreideverbrauch bis zu diesem Zeitpunkt relativ gering: betrug vor 1914 der Verbrauch von Roggen 9,2 Mio Tonnen, von Hafer 7,6 Mio Tonnen, von Gerste 5,3 Mio Tonnen und von Weizen 5,4 Mio Tonnen, so fiel der Konsum von Mais mit 0,9 Mio Tonnen nicht ins Gewicht[28] und der gesamte Maisverbrauch wurde zudem zu 100% importiert. Mais konkurrierte mit Gerste als Futtermittellieferant schon vor dem Ersten Weltkrieg; beispielsweise wurde 1906 der Maiszoll auf 3 RM/Tonne heraufgesetzt, Futtergerste dagegen auf 1,3 RM reduziert, womit der Gerstehauptlieferant, das zaristische Rußland, favorisiert werden sollte[29].

Nach dem Ersten Weltkrieg wurde versucht, die Gersteproduktion durch Erweiterung der Anbauflächen auf das Vorkriegsniveau zu erhöhen, da sich der Verlust der Gebietsabtretungen auch negativ auf die Erntemenge ausgewirkt hatte[30] und nun ebenfalls Rußland als Lieferant billigen Getreides ausfiel. In den Jahren 1926-1929 verdoppelten sich die Weltweizenvorräte durch eine weltweite Überproduktion an Getreide[31]. Der in der Weltwirtschaftskrise erfolgte drastische Preisverfall jeglicher Getreidesorten führte dazu, daß der Roggen nun

---

[27] E.BATHE, Das Maismonopol. Berlin 1937; **H. CROHN**, Der Mais in der Weltwirtschaft. In: Veröffentlichungen des Instituts für Meereskunde. Neue Folge, Heft 5, Berlin 1926; **W. ZIMMERMANN**, Die Nahrungsquellen der Welt. Teil I Getreide, Berlin 1941, S.290-335.
[28] Durchschnittlich jährlicher Verbrauch der Erntejahre 1904/05 - 1913/14. **CROHN**, S.56.
[29] **CROHN**, S.57.
[30] ENQUETE I., S.181f.
[31] So stiegen diese im genannten Zeitraum von 6,9 Mio Tonnen auf 13,1 Mio Tonnen an. **BATHE**, S.7.

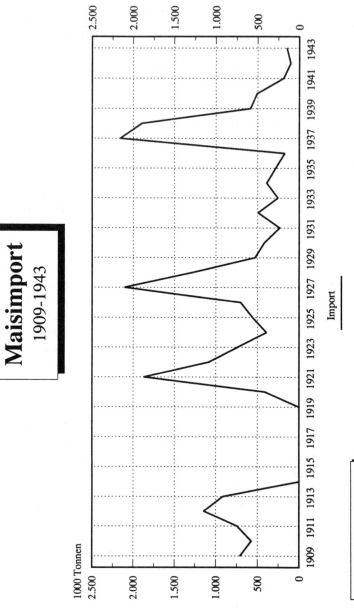

zu billig geworden war, um diesen überhaupt noch ohne Verlust exportieren zu können. Als einzige Verwendung blieb die inländische Viehfütterung übrig, die aber durch die ebenfalls billige Import-Gerste verhindert wurde. Diese Konkurrenz konnte 1930 durch dementsprechend hohe Zölle ausgeschaltet werden und die Gersteeinfuhr fiel 1930-1931 um die Hälfte. Mit den Maislieferanten gab es jedoch vertragliche Zollbindungen, so daß protektionistische Zölle als Mittel der Importrestriktion entfielen. Das Gesetz vom 26.3.1930 ließ als Ausweg jeglichen Maisimport über eine sog. Reichsmaisstelle abwickeln. Um den Mais an den inländischen Roggenpreis anzugleichen, kaufte die Reichsmaisstelle den Mais vom ausländischen Exporteur zum (billigen) Weltmarktpreis und verkaufte ihn zum (teueren) Inlandspreis weiter an den Importeur. Letzterer wurde somit zu einer Monopolabgabe (Differenz Weltmarkt- und Inlandspreis) an die Reichsmaisstelle gezwungen[32]. Weiterhin konnte die Reichsmaisstelle jeglichen Maisimport unterbinden (wie beispielsweise in der Zeit vom 1.4.-31.12.1930). Mit dieser variablen Maispolitik schleuste man den Maispreis auf das Niveau des nun wieder konkurrenzfähigen deutschen Roggens.

In Folge davon wichen die Importeure erwartungsgemäß auch auf Substitute aus. So verdoppelte sich der Import des asiatischen Futtermittels Dari zwischen 1929 und 1932[33]. Aber unter Berücksichtigung der Dariimporte war die Maiseinfuhr 1932 wieder relativ hoch und lag über dem Stand von 1929. Devisenprobleme waren vorerst der Hauptgrund für das III. Reich, die Einfuhr ab 1933 total zu kürzen: innerhalb eines Jahres fiel diese von 760.000 Tonnen auf 254.000 Tonnen! Eine politische Entscheidung war es aber dann, als im Zuge der Aufrüstung ab 1936/37 und dem zweiten Vierjahresplan die Autarkie an Nahrungsmitteln forciert wurde. Ebenso rasch, wie der Maisimport gedrosselt wurde, schnellte er auch in die Höhe: 1937 stieg dieser im Vergleich zum Vorjahr von 172.000 Tonnen auf mehr als 2,1 Mio Tonnen an, was mit einer verstärkten "Vorratsbildung" zu erklären ist[34].

Nur geringe Veränderungen gab es in der Struktur der Lieferländer, denn Argentinien ließ sich die Stellung als Hauptlieferant nicht nehmen - es baute im Gegenteil seinen Anteil an den Mais-Einfuhren weiter aus (1912: 57%; 1937: 70%). Hauptsächlich lag dies daran, daß der Mais aus Argentinien nach der Weltwirtschaftskrise über Verrechnungsabkommen bezogen werden konnte und man somit das Devisenproblem umging. In der Weltproduktion standen jedoch

---

[32] BATHE, S.15f.
[33] BATHE, S.25.
[34] ZIMMERMANN, S.331.

die USA an erster Stelle mit durchschnittlich 60-70 Mio Tonnen, doch wurde nur der geringste Teil davon exportiert, hauptsächlich war dieser Mais für den Binnenverbrauch bestimmt[35]. Eine völlig andere Stellung besaß der Mais in Argentinien, dem zweitwichtigsten Produzenten und größten Exporteur. 70%-90% der eigenen Ernte wurden hier ausgeführt und hatten damit einen Anteil von 60%-80% am Weltexport[36].

5. Obst + Südfrüchte[37]

Jahr	Menge (Tonnen)	Wert (Mio RM)	RM/Tonne
1912	675.200	196	290
1929	953.800	456	478
1934	998.000	250	250
1937	727.500	218	300
1942	800.000	478	598

Südfrüchte erlangten erst nach dem Ersten Weltkrieg und ab der Weltwirtschaftskrise erhöhte Bedeutung in der Gruppe der Nahrungsmittelimporte. Fügt man die Anteile von Südfrüchten und Obst zu einer homogenen Produktkategorie zusammen, so ist diese nach 1930 immer mit deutlichem Abstand an der Spitze zu finden. Interessanterweise blieb die Einfuhr von Obst+Südfrüchten von den Auswirkungen der Krise verschont, denn "*selbst in der Weltwirtschaftskrise ließ sich ein Rückgang des Welthandelsvolumens ... nicht feststellen*"[38].

Bei den in der Statistik bezifferten Mengen handelt es sich um Bruttoangaben, die sich oft durch Verderb, Schwund etc. um ca. 20% reduzierten[39]. Dies korreliert mit dem gestiegenen Pro-Kopf-Verbrauch, der eine gewandelte Nachfrage widerspiegelt, die "*im wesentlichen auf die Geschmacksumwandlungen zu-*

---

[35] CROHN, S.54.
[36] ZIMMERMANN, S.308ff.
[37] G. JACOBSOHN, Die weltwirtschaftlichen Grundlagen des Südfrüchtehandels in der Nachkriegszeit. Berlin 1930; **H.-J. VON KUTZENBACH**, Deutschlands Versorgung mit Früchten und Gemüse. Königsberg i.Pr. 1931; **K. RITTER / M. GUTTFELD**, Weltproduktion und Welthandel mit frischen Südfrüchten. In: Berichte über Landwirtschaft, Sonderheft 68, Berlin 1933; **REICHSARBEITSGEMEINSCHAFT FÜR VOLKSERNÄHRUNG**, Obst und Gemüse in der deutschen Volksernährung. Berlin 1939; **L. SAMUEL**, Gemüse, Obst und Südfrüchte im Deutschen Reich. In: Berichte über Landwirtschaft, Sonderheft 69, Berlin 1933; **E.-W. TESSIN**, Welthandel mit Früchten. In: Internationale Agrarrundschau, 1939, H.3. S.47-55;
[38] TESSIN, S.51.
[39] TESSIN, Anlage II und III.

rückzuführen" ist, wie der ENQUETE-Ausschuß 1932 feststellte[40]. Aber auch die gestiegene Kaufkraft im Zuge der Industrialisierung und fallende Einfuhrpreise für Südfrüchte trugen dazu bei, daß ab etwa 1890 der Gesamtverbrauch sprunghaft anwuchs[41]. Betrug der Pro-Kopf-Verbrauch bei Südfrüchten 1900 etwa 1,98, dann 1913 noch 4,5 kg, erreichte er 1928 schon 7,7 kg und hatte sich 1936 dann mit 8,9 kg gegenüber dem Vorkriegsniveau fast verdoppelt[42].

Zwischen 1926 und 1930 stieg der Gesamtverbrauch an Obst und Südfrüchten um 23%, derjenige der Südfrüchte allein um 65%[43]. Seinen Höhepunkt erfuhr der Import 1930, als hier ca. 1,1 Mio Tonnen eingeführt wurden. Apfelsinen, Bananen und Trauben konnten im Vergleich zur Vorkriegszeit die größten Verbrauchszuwächse verbuchen, der Trend bewegte sich im Untersuchungszeitraum hin zu den teueren Früchten. Doch nur ein geringer Teil konnte über die Ausweitung der eigenen Produktion[44] gedeckt werden, dazu waren die klimatischen Verhältnisse in Deutschland unzureichend. Denn der größte Teil der Nachfragesteigerung erstreckte sich auf Südfrüchte, die auf mediterrane Breitengrade angewiesen waren. Die Auslandsabhängigkeit blieb also weiterhin sehr groß. Beispielsweise mußten 1929 73% des Gesamtverbrauchs von Obst und Südfrüchten, je 100% der Apfelsinen, Bananen, Zitronen, Trauben, Rosinen, Feigen etc. importiert werden.

Was die Lieferländer anbelangt, so gab es folgende Änderungen. Spanien und Italien blieben die wichtigsten Lieferanten bei den Südfrüchten, wobei allerdings Spanien durch den Bürgerkrieg seine überragende Stellung einbüßte. So sank der spanische Anteil an der deutschen Südfrüchteeinfuhr von 30% (1934) auf 9,5% (1937). Die USA und Italien bestimmten dagegen den Obstimport. Nach der Weltwirtschaftskrise stieg der Anteil der südosteuropäischen Länder an der Obsteinfuhr. Differenziert man innerhalb der Südfrüchte die Produktpalette noch stärker, so ergeben sich folgende monopolartige Lieferantenbeziehungen: Apfelsinen und Mandarinen kamen aus Spanien, Zitronen aus Italien, Bananen aus Jamaica[45], Ananas aus Hawaii (bis 1914 aus Portugal)[46].

---

[40] **ENQUETE I**, S.205.
[41] So fielen beispielsweise die Apfelsinenpreise zwischen 1850 und 1902 um 70%. **JACOBSOHN**, S.16.
[42] **REICHSARBEITSGEMEINSCHAFT**, S.14.
[43] **SAMUEL**, S.375 und 378.
[44] Die Ziffern der deutschen Produktionsangaben sind mit Vorsicht zu betrachten, da sie mit sehr großen statistischen Unzulänglichkeiten behaftet waren. So existierte keine zusammenfassende Produktionsstatistik im engeren Sinne - nur die Summation unterschiedlicher Schätzungsmethoden der einzelnen Sachverständigen oder Wirtschaftsgremien gab nähere Auskünfte. **KUTZSCHENBACH**, S.113; **ENQUETE I**, S.204.
[45] Bis 1914 von den Kanarischen Inseln
[46] **RITTER / GUTTFELD**, S.102f.

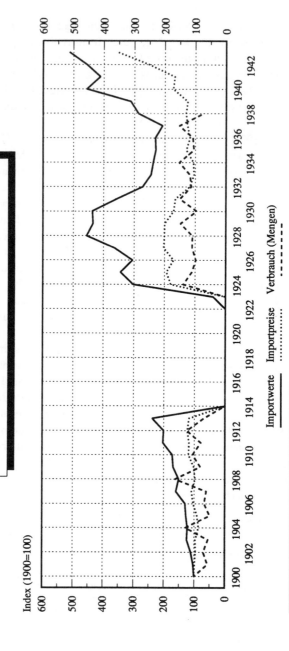

6. Kaffee[47]

Jahr	Menge (Tonnen)	Wert (Mio RM)	RM/Tonne
1912	170.900	252	1485
1929	148.300	379	2556
1934	150.800	119	789
1937	177.800	151	851
1942[48]	13.850	17	1227

Kaffee als Genußmittel erfreute sich zwischen 1900 und 1945 gleichbleibender Verbreitung. Nach dem Ersten Weltkrieg verbesserte die Kaffeebohne ihren Anteil am Gesamtimport um etwa ein Viertel auf ein Niveau, welches auch in den restlichen Analysejahren beibehalten wurde. Mengenmäßig pendelte der Import zwischen 150.000 und 180.000 Tonnen in den jeweiligen Analysen[49], ebenso geringe Unterschiede weist der Pro-Kopf-Verbrauch aus; mit Ausbruch des Zweiten Weltkrieges wurde der Kaffeeimport dann sofort bedeutungslos.

Beim Vergleich der Kaffeepreise im Untersuchungszeitraum stellt man fest, daß diese nach der Weltwirtschaftskrise erheblich nachgaben. Kostete die Tonne Import-Kaffee 1912 im Durchschnitt noch 1482 RM, so mußten 1929 noch 2556 RM bezahlt werden. 1934, vier Jahre nach der Weltwirtschaftskrise, lag der Preis bei 793 RM, 1937 bei 853 RM. In Verbindung mit den internationalen Kaffeepreisen läßt sich daraus die Erkenntnis gewinnen, daß der deutsche Konsument sich nach der Weltwirtschaftskrise zu qualitativ höherwertigen Kaffeesorten wie z.B. Costa-Rica-Bohnen orientierte. Der weiche Geschmack der Santos-Bohne aus Brasilien wurde in der Nachfrage vom kräftigeren und reichen Aroma der Costa-Rica-Bohne verdrängt.

Konzentrierte sich der Import noch vor dem Ersten Weltkrieg auf Brasilien (71%), so kann man 1937 erkennen, daß der Anteil Brasiliens (36%) zugunsten von Costa-Rica, Kolumbien, Venezuela und Guatemala stark zurückgegangen war. Dabei deckte Brasilien schon um 1890 etwa zwei Drittel des Weltkaffeebedarfs. Brasilianische Überproduktion infolge reicher Ernten führten zu großen

---

[47] H. SIEGMANN, Der Kaffeeweltmarkt. Frankfurt/Main 1931; E.Y. RODRIGUEZ, Geschichte und heutiger Stand der Kaffee-, Tee- und Kakaowirtschaft der Welt. Berlin 1935.
[48] Januar bis Juni 1942.
[49] Import in 1000 Tonnen: 170 (1912), 148 (1929), 150 (1934), 177 (1937), 197 (1938), 19 (1941); 1,4 (1943).

Angebotsschwankungen auf dem Weltmarkt. 1927/1928 konnte Brasilien ebenso wie 1929/1930 extrem reichhaltige Ernten erzielen. Schon 1930 hielt das Land mehr als drei Viertel des Weltvorrats an Kaffee, doch das permanente Überangebot drückte stark auf die Preise. Vom Preisverfall der Weltwirtschaftskrise zu rigorosen Maßnahmen gezwungen, baute Brasilien bis 1932 63% der Weltkaffeevorräte auf drastische Weise ab, indem diese meist ins Meer gekippt wurden. Trotzdem erholten sich die Preise nicht mehr, so daß auch in den weiteren Jahren 1931-1938 Brasilien "*4 Mio Tonnen Kaffee = der Weltkonsum von 3 Jahren*" vernichten mußte[50].

---

[50] K. WYNEKEN, Die Entwicklung der Handelsbeziehungen zwischen Deutschland und Brasilien. Köln 1958, S.111.

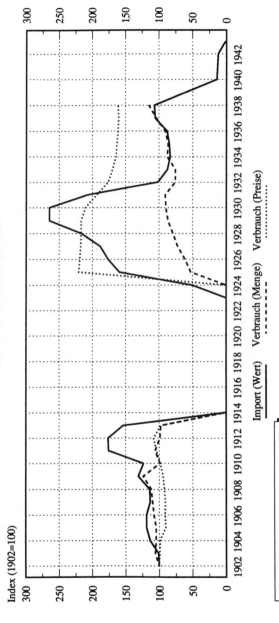

8. Fleisch und Lebende Tiere

sind zwar in den Tabellen nicht näher spezifiziert, dennoch sollte an dieser Stelle kurz darauf eingegangen werden. Diese Güter besaßen für den Inlandskonsum unterschiedlichen Stellenwert, beispielsweise waren sie 1913 am Gesamtverbrauch mit etwa 1,5% beteiligt. Seinen Höhepunkt hatte der Fleischimport 1926, als 7,3% des Gesamt-Fleischkonsums aus Importen gedeckt wurden; in der Folgezeit sank dieser Anteil auf 3,3% (1929), 0,8% (1934) und war 1937 auf 2,4% wieder leicht gestiegen[51].

Im wesentlichen konzentrierte sich der Import auf Rinder und Schweine; beim Fleisch dagegen auf Gefrierfleisch, denn dieses konnte die teilweise langen Transportstrecken unverdorben überstehen und war für die unteren Bevölkerungsschichten vorgesehen. Allerdings blieb der Import von Gefrierfleisch bis 1914 aus veterinärmedizinischen Gründen verboten; insbesondere bei Gefrierfleisch bezeichnet es WOTTAWA als "Veterinärprotektionismus", Einfuhrverbote mit sanitären Maßnahmen zu begründen. Der Ausbruch des Ersten Weltkrieges führte allerdings am 4.8.1914 zur Aufhebung der Fleisch- und Viehzölle[52], da es galt, die einheimische Versorgung sicherzustellen. Nach dem Ersten Weltkrieg blieb bis 1925 die Zollfreiheit auf Fleisch- und Viehimporte bestehen, da die Inlandsproduktion den Verbrauch nicht decken konnte. Erst als sich die deutsche Landwirtschaft zu erholen begann, verstärkte man protektionistische Maßnahmen zu deren Schutz. Noch vor der Weltwirtschaftskrise erhöhten sich dann die Zölle auf Vieh und Fleisch[53]. Gleichzeitig wurde der Import von Gefrierfleisch kontingentiert, ab 1930 vorläufig eingestellt.

Rinder und Schweine stammten immer zum überwiegenden Teil aus Dänemark, Fleisch 1929 aus Argentinien und den Niederlanden, 1934 aus Niederlanden und Ungarn, 1937 aus Argentinien und Ungarn. Verschwand Argentinien nach der Krise ab 1930 als Lieferant von Gefrierfleisch, so tauchte es in der Statistik wenige Jahre später wieder auf. Aber auch im Umfang der Importe ergaben sich gravierende Änderungen: seinen Tiefpunkt erreichte der Import 1934, zwischen 1934 und 1937 verdoppelte sich die Einfuhr von Fleisch, vervierfachte

---

[51] Berechnungen nach **STATISTISCHES JAHRBUCH** 1913, 1929, 1934 und 1937.
[52] **D. WOTTAWA**, Protektionismus im Außenhandel Deutschlands mit Vieh und Fleisch zwischen Reichsgründung und Beginn des Zweiten Weltkrieges. Frankfurt/Bern/New York 1985, S.40.
[53] **WOTTAWA**, S.65f. So stieg der Zoll auf Rindfleisch von 24 RM/100 Kg (1925) auf 37,50 RM/100 Kg (1926), der auf Schweinefleisch von 21 RM/100 Kg (1925) auf 32 RM/100 Kg (1927).

sich bei Rindern und nahm um das 41-fache bei Schweinen zu. Diese Entwicklung ist vor allem auf die geringere Eigenschlachtung bei gleichzeitig steigendem Inlandsverbrauch zurückzuführen. Im Zuge der Autarkiebestrebungen sollte zwar die Importabhängigkeit vom Ausland verringert werden, doch der steigende Bestand an Rindern und Schweinen zwischen 1934 und 1937 deutet darauf hin, daß das III. Reich für den Kriegsfall von einem möglichst hohen Bestand zehren wollte und deshalb die Einfuhren so plötzlich in die Höhe schnellten. Ein Teil dieser Mehreinfuhren sollte den steigenden Verbrauch decken, der andere die verstärkte Vorratshaltung für den Krisenfall ermöglichen.

Zieht man den wertmäßigen Umfang der Einfuhren hinzu, so erkennt man, daß der Fleischimport dabei immer an erster Stelle rangierte. 1912 belief sich dieser auf 100 Mio RM (davon 45 Mio RM Rinder, 24 Mio RM Schweine), 1925 auf 347 Mio RM gewachsen (50 Mio Rinder, 13 Mio Schweine). 1929 war der Fleischimport schon auf 154 Mio RM (88 Mio RM Rinder, 16 Mio RM Schweine) gestiegen, 1934 - bedingt durch den Preisverfall - auf 41 Mio RM abgefallen (12 Mio RM Rinder, 1 Mio RM Schweine) und 1937 wieder auf 80 Mio RM emporgeschnellt (41 Mio RM Rinder, 42 Mio RM Schweine). Erzielten Rinder vor dem Ersten Weltkrieg noch höhere Inlands-Preise als Schweine, so kehrte sich dies nach 1925 um; die Schweinepreise stiegen in der Krise sogar um mehr als 25%, erst 1931 setzte hier der Preisverfall ein. In der Folgezeit blieb der Preisunterschied nicht mehr so groß, dennoch blieben Schweine teurer als Rinder.

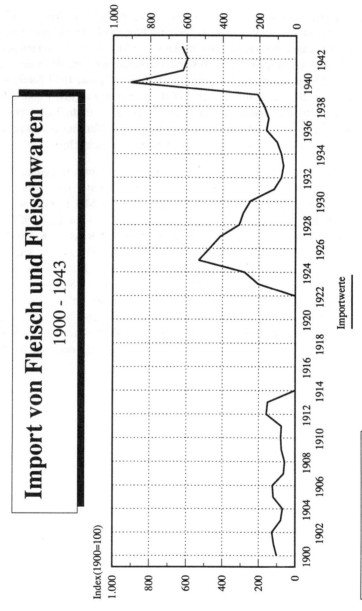

III. Die Struktur der Nahrungsmittelexporte

Hauptgruppe	1912	1929	1934	1937	1942
Nahrungs- und Genußmittel	8,9	5,5	2,8	1,5	5,6

Quelle:	1913	1929	1933	1938	
WULF[1]	10,6	5,1	3,7	1,0	

Quelle:	1910/13	1925/29	1930/34	1935/38	
HOFFMANN[2]	9,4	4,8	3,5	1,0	

Essentielle Unterschiede in allen drei Analysen existieren nicht; gemeinsam ist die Tendenz der sinkenden Gruppenanteile des Nahrungsmittelexportes. Pflanzliche Öle / Fette, Zucker und Getreide blieben dabei die wichtigsten Exportgüter.

Nach dem Ersten Weltkrieg verlor der deutsche Nahrungsmittelexport anteilmäßig sehr an Bedeutung, so daß der Krieg eine Trennlinie für die weitere Entwicklung darstellte. Dabei ist der Niedergang der deutschen Nahrungsmittelexporte vor allem auf den Bedeutungsverlust der Zucker- und Roggenausfuhr - bedingt durch Kostenüberlegenheit der Konkurrenz und den Folgen des Ersten Weltkrieges (Abtretung der Ostgebiete) zurückzuführen.

1. Die Gruppenanteile der Nahrungsmittelexporte

1) Zucker wies 1912 den höchsten Gruppenanteil auf, die Ausfuhr fiel nach dem Ersten Weltkrieg (1929) auf ein Viertel der Vorkriegsmenge. Gänzlich eingestellt wurde der Export dann nach 1932. Effektivere Konkurrenz der Rohrzuk-

---

1 J. WULF, Der deutsche Außenhandel seit 1850. Entwicklung, Strukturwandlungen und Beziehungen zum Wirtschaftswachstum. Stuttgart 1968, S.78.
2 W.G. HOFFMANN, Das Wachstum der deutschen Wirtschaft seit der Mitte des 19. Jahrhunderts. Berlin/Heidelberg/New York 1965, S.153.

kerländer, insbesondere höhere Hektarerträge und Kostenvorteile in Form von geringeren Produktionskosten führten zum Niedergang der hochsubventionierten deutschen Zuckerwirtschaft.

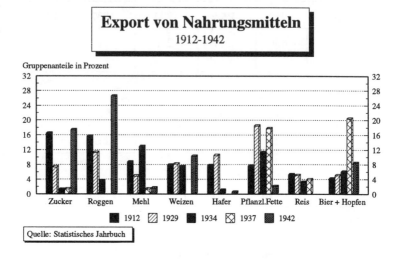

2) Hier waren die Gebietsabtretungen des Roggenüberschußgebietes Ostpreußen im Rahmen des Versailler Vertrages hauptverantwortlich für den Rückgang der Roggenausfuhr nach dem Ersten Weltkrieg. Im Vergleich zur Vorkriegsstruktur war Deutschland nun Nettoimporteur geworden. Aufgrund der besonders ertragreichen Ernte des Jahres 1928 konnte die Ausfuhr 1929 noch einmal forciert werden, obwohl der Import bis dahin schon erheblich war.

Der Preisverfall der Weltwirtschaftskrise ließ jeglichen Export nicht mehr sinnvoll erscheinen, dieser ging nach 1933 sehr zurück. Die deutsche Landwirtschaft wurde nun mit Zollmauern geschützt, die Importe reduzierten sich ebenfalls (Sondereinflüsse wie schlechte Ernte ausgenommen). Autarkiebemühungen und Vorratshaltung ließen von 1937 - 1939 die Importe wieder steigen, währenddessen im Kriegsjahr 1942 die in den Ostgebieten erbeuteten Roggenbestände teuer weiterverkauft wurden.

3) Bei Weizen[3] konnte Deutschland den Status des Nettoexporteurs nie erreichen, dazu war die Einfuhr viel zu groß. Besondere Bedeutung hatte die Ausfuhr von Weizen niemals.

---

[3] Zum Weizenaußenhandel vgl. **ENQUETE I.**, S.160ff.

4) Die Ausfuhr von Hafer[4] verlor ihre Bedeutung nach der Weltwirtschaftskrise, wie die Gruppenanteile deutlich zeigen. Sinkende Pferdehaltung und fallende Exporterlöse, bedingt durch den Preisverfall der Agrargüter nach 1929, führten zum minimierten Export in den folgenden Jahren, bis dieser schließlich gänzlich eingestellt wurde.

5) Pflanzliche Fette und Öle wiesen in der Gruppenanalyse 1929 und 1937 einen relativ hohen Anteil auf. 1929 war dieser durch eine sehr hohe Ausfuhr (182.000 Tonnen / 132 Mio RM) erklärbar, 1937 dagegen (40.000 Tonnen / 15 Mio RM) durch den Anteil am extrem niedrigen Nahrungsmittelexport von insgesamt 88 Mio RM. Bestand bis 1927 noch ein Importüberschuß dieser Produkte, so konnte danach ein geringerer Ausfuhrüberschuß erzielt werden.

6) Der Export von Bier und Hopfen ist in die Kategorie Spezialprodukte einzuordnen, deren Absatz von den Schwankungen der Konsumgewohnheiten abhing. Allgemein läßt sich eine sehr unelastische Nachfrage konstatieren, die Sonderbewegung bei der Analyse des Jahres 1937 läßt sich dadurch erklären, daß bei niedrigem Nahrungsmittelexport und etwa gleichgebliebener Bierausfuhr der Anteil in die Höhe schnellte.

2. Zucker[5]

Jahr	Menge (Tonnen)	Wert (Mio RM)	RM/Tonne
1912	429.500	124	288
1929	116.000	19	163
1934	4.430	1,5	345
1937	2.700	1,2	450
1942	58.800	33	552

Auffällig ist der Bedeutungsverlust des Zuckers nach 1912, da sich dieser aufgrund der Rohrzuckerkonkurrenz aus Übersee nicht mehr auf dem europäi-

---
[4] Zur Haferwirtschaft vgl. **ENQUETE I.**, S.180f.
[5] B. **ALBERT** / A. **GRAVES**, The World Sugar Economy in War and Depression 1914-1940. London/New York 1988; H. **BIRSCHEL**, Die Bedeutung der Brüsseler Zuckerkonvention für Deutschland. Dessau 1909; **ENQUETE-AUSSCHUß**, Die deutsche Zuckerwirtschaft. Berlin 1931; H. **PAASCHE**, Die Zuckerproduktion der Welt. Leipzig/Berlin 1905.

schen Markt durchsetzen konnte. Erst im Zweiten Weltkrieg stieg der Anteil auf mehr als 17%, da nun die Überseekonkurrenz gegenstandslos geworden war. Die Phase des Niedergangs beginnt allerdings schon um die Jahrhundertwende, als hier Rübenzucker 65% der Weltproduktion für sich beanspruchen konnte (gegenüber 35% des Rohrzuckers)[6]. Darunter wies die deutsche Rübenzuckerwirtschaft die höchsten Hektarerträge in Europa auf; insbesondere durch Intensivierung des Anbaus konnte Deutschland seine Hektarerträge von 21 Doppelzentner (1871) auf 48 DZ (1901) steigern. Verglichen mit den Rohrzuckerländer handelte es sich aber dabei um sehr geringe Erträge. So lag deren Produktivität bei bis zu 150 DZ / Hektar. Allerdings unterboten sich die europäischen Rübenzuckerländer untereinander mit Ausfuhr- und Produktionsprämien, so daß die Preise bis 1902 sehr stark verfielen.

Deshalb sollte in der Brüsseler Zuckerkonvention vom 5.3.1902 der Versuch unternommen werden, den Wettbewerb innerhalb der Rübenzuckerländer zu kontrollieren und eine einheitliche Subventionsstruktur zu schaffen. So verpflichteten sich die vertragschließenden Parteien[7], *"alle direkten und indirekten Ausfuhr- und Erzeugungsprämien abzuschaffen"* [8]. Somit galten nun die gleichen Zollsätze für Rohr- und Rübenzucker auf dem Weltmarkt. Für den einheimischen Verbraucher wurde der Zucker in Deutschland durch die Konkurrenz aus Übersee billiger, doch der Export ging zurück. 1903 verdrängt Kuba Deutschland vom USA-Zuckermarkt, als Kuba eine 20%ige Zollermäßigung gewährt wurde. Aber zu Beginn des 20. Jahrhunderts sah man vielerorts gar nicht die Gefahr der Übersee-Konkurrenz, so daß beispielsweise PAASCHE jene unterschätzte und die Tragweite der Brüsseler Beschlüsse völlig falsch bewertete[9].

Mehr als vier Jahre Krieg warfen die europäische Rübenzuckerproduktion nach 1914 weit zurück, erst in der Weltwirtschaftskrise konnte der Vorkriegsstand wieder erreicht werden; die Rohrzuckerländer dagegen nutzten diese

---

[6] **BIRSCHEL**, S.2
[7] Österreich-Ungarn, Deutschland, Belgien, Frankreich, Niederlande, Großbritannien, Italien, Schweden, Peru, Schweiz. **BIRSCHEL**, S.24ff.
[8] **BIRSCHEL**, S.26.
[9] *"Der Wegfall einiger Mark Ausfuhrprämie auf den in den zivilisierten Ländern Europas angebauten Rübenzucker ändern noch lange nicht Zustände, die seit Jahrhunderten bestehen und im Charakter des Volkes wurzeln. Man wird daher...wohl den Schluß wagen dürfen, daß die Vorzüge der Rohrzuckerländer im ganzen betrachtet, keineswegs derartige sind, daß sich eine wirtschaftlich und wissenschaftlich, technisch fest begründete Industrie wie unsere deutsche, davor zu fürchten hätte"*. H. **PAASCHE**, S.270.

Chance und holten auf[10]. Der Erste Weltkrieg begünstigte den Aufstieg der Rohrzuckerländer, ermöglichte ihn aber nicht allein. Durch Rationalisierung und steigende Hektarerträge war deren Zucker schon 1913 billiger. Weitere Überproduktion nach 1920 ließ den Weltzuckerpreis teilweise unter den Selbstkostenpreis der Rübenzuckerländer fallen[11].

Der deutschen Zuckerwirtschaft blieb nur der eigene Binnenmarkt zum Absatz. Selbst der Zusammenschluß der deutschen Zuckerfabriken zur *Ausfuhrvereinigung deutscher Rübenzuckerfabriken GmbH* nützte recht wenig, der Binnenmarkt mußte ab 1925 mit Zöllen geschützt werden, die sich innerhalb von fünf Jahren mehr als verdreifachten[12]. 1931 legte der Chadbourne-Vertrag die Exportquoten der Zuckerstaaten fest, um mit Mengenreduzierung und Mengenkontrolle das Überangebot zu begrenzen. So erhielt Deutschland beispielsweise 1933-1936 ein Exportkontigent von 300.000 Tonnen zugewiesen - in der Realität führte es jedoch erheblich weniger an Zucker aus, da die Produktionskosten unter den Weltmarktpreisen lagen[13]. Exportierte Deutschland 1913 noch 1,1 Mio Tonnen Zucker, so fielen die Exportwerte 1929 auf 153.000 Tonnen. Als 1934 nur noch 4.300 Tonnen - und damit 0,4% der Vorkriegsmenge - ausgeführt wurden, war der Niedergang der deutschen Zuckerwirtschaft klar ersichtlich.

---

[10] So fiel die Welt-Rübenzuckerproduktion von mehr als 9 Mio Tonnen (1913/14) auf ca. 4,4 Mio Tonnen (1918/19), während hingegen diejenige der Rohrländer im gleichen Zeitraum von 7,7 Mio Tonnen auf 9,6 Mio Tonnen stieg. **ALBERT / GRAVES**, S.6.
[11] **ENQUETE-AUSSCHUß**, S.12f.
[12] **ALBERT / GRAVES**, S.32f. So betrugen die Zuckerzölle 1930 320 RM pro Tonne bei einem Weltmarktpreis von etwa 100 RM / Tonne!
[13] **ALBERT / GRAVES**.33f.

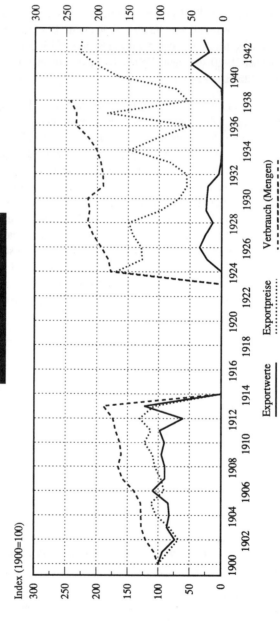

3. Roggen[14]

Jahr	Menge (Tonnen)	Wert (Mio RM)	RM/Tonne
1912	797.000	125	157
1929	550.000	83	150
1934	107.000	4	38
1937	20	-	-
1942	224.000	50	223

Der Bedeutungsverlust des Roggens geschah in zwei Schritten: erstens führten die Gebietsabtretungen nach dem Ersten Weltkrieg zu Nettoimporten und zweitens zerstörte der Preisverfall der Weltwirtschaftskrise nun gänzlich die Exportchancen.

Ab 1907 konnte durch die Zolltarifnovelle vom Vorjahr der Import reduziert und die eigene Ausfuhr forciert werden. So verdoppelte sich die Zollbelastung für Importroggen von 35 RM auf 70 RM pro Tonne und bewirkte damit, daß Deutschland zum Nettoexporteur wurde.

Relativ rasch waren nach dem Ersten Weltkrieg die Produktionseinbußen durch den Verlust der traditionellen Roggen-Anbaugebiete im Osten[15], welcher kurzfristig zu größerem Importbedarf führte, ab 1925 wieder durch Ertragssteigerungen und Intensivierung ausgeglichen. Der Pro-Kopf-Verbrauch von Roggenmehl stagnierte, da in der Nachkriegszeit Wandlungen im Konsum von Backwaren stattfanden.

Allgemein sinkender Brotverbrauch und Präferenz für höherwertigeren Weizen ließen den Roggenverbrauch rasch zurückgehen. Ab 1927 war Weizen billiger als Roggen geworden und verstärkte dadurch die Hinwendung zum Weizen[16], dessen Anbauflächen international (vor allem in den USA) erheblich ausgeweitet wurden. Aber auch die Preisrelationen waren unterschiedlich: schon

---

[14] F. BAADE, Deutsche Roggenpolitik. Berlin 1931; L. GERHEIM, Das Roggenproblem. Eine Analyse der deutschen Roggenwirtschaft unter Berücksichtigung des Interessengegensatzes zwischen ost- und westdeutscher Landwirtschaft. Freiburg 1933; K. LÄNGE, Die Entwicklung des Getreidehandels im Rahmen der Getreidepolitik der Vereinigten Staaten von Amerika und Deutschlands. Würzburg 1936; W. ZIMMERMANN, Die Nahrungsquellen der Welt. Teil I Getreide, Berlin 1941, S.175ff.
[15] So betrug dieser 16,4 Prozent der deutschen Roggenproduktion. ZIMMERMANN, S.204.
[16] GERHEIM, S. 73f.

vor der Weltwirtschaftskrise sollten Importzölle ausländischen Roggen vom deutschen Markt fernhalten und der Export einheimischen Roggens durch Einfuhrscheine favorisiert werden. Bedeutsam ist aber auch der sehr enge Weltmarkt für Roggen. Nur 0,2-0,3% der Weltproduktion wurden dort gehandelt[17]. Dementsprechend groß war die Sensibilität dieses Marktes gegen die geringste Überproduktion[18].

Nicht allein die Weltwirtschaftskrise konnte für den Verfall der Roggenpreise verantwortlich gemacht werden. Sie verstärkte zwar diese Disparitäten, aber durch das weltweite Überangebot hatte der Preis schon von Juni-Dezember 1928 einen Rückgang um mehr als 20% erfahren[19]. Jetzt war Roggen international nur noch als Futtergetreide[20] wettbewerbsfähig und mußte sich dort der Konkurrenz von Gerste und Mais stellen. Alle künstlichen Stabilisierungsmaßnahmen zeigten keinen Erfolg, selbst die Einführung von Gleitzöllen, um effizient auf die sich rasch wandelnde Weltwirtschaft zu reagieren, scheiterte[21].

Zwischen 1926 und 1931 konnte Deutschland aufgrund dieser Stützungsmaßnahmen zwar noch Exportüberschüsse erzielen, aber 1931 konnten die wirtschaftlichen Realitäten nicht mehr negiert werden: Deutschland wurde nun zum Nettoimporteur. Da bis 1930 der Großteil der deutschen Roggenvorräte veräußert wurde, mußte 1932 die Inlandsnachfrage mit einem um das Sechsfache gestiegenen Import befriedigt werden.

Nach 1935 sah man auch ein, daß die Unrentabilität des noch geringen Exports nicht mehr tragbar war - die Ausfuhr wurde gänzlich eingestellt. Autarkiebemühungen hatten jedoch einen großen Anteil an der Entscheidung, keinen Roggenexport mehr durchzuführen, vielmehr forcierte man zwischen 1936 und 1939 den Import zur Vorratshaltung.

Was den Export im Kriegsjahr anbelangt, so lassen sich hier keine signifikanten Erkenntnisse gewinnen. Der Großteil der Roggenimporte stammte hier aus den besetzten Ostgebieten, die dann mit einem großen Preisaufschlag an Dänemark, Finnland, Norwegen und Italien verkauft wurden.

---

[17] ZIMMERMANN, S.227.
[18] So schwankt "*die deutsche Roggenernte je nach dem Witterungsverlauf um 1 1/2 bis 2 Millionen t, während die Gesamtkapazität des Weltmarktes wenig mehr als 1 Million t beträgt*". BAADE, S.14.
[19] BAADE, S.88.
[20] Roggen zur Viehfütterung wurde mit dem Farbstoff Eosin gefärbt, um im Verkauf eine Produktdifferenzierung mit dem für den Menschen verwendeten zu erreichen. BAADE, S.49ff.
[21] GERHEIM, S. 49.

In der Abnehmerstruktur gab es nur geringfügige Änderungen. So waren die Niederlande, Dänemark, Norwegen, Finnland und Lettland immer unter den wichtigsten Käufern zu finden, während die Sowjetunion nach ihrer Gründung nicht mehr die gleiche Bedeutung wie das zaristische Rußland als Abnehmer hatte. So erklärt sich die homogene Käuferstruktur durch die Tradition des Roggens, der als Winterroggen angebaut wird, weil er aufgrund seiner Klimafestigkeit nur in den nördlichen Gegenden Europas zu finden ist. Es beschränkt sich der Konsum auf eine Kernzone, die von den Niederlanden über Deutschland, Polen, dem Baltikum bis zum weltgrößten Roggenproduzenten, der Sowjetunion reicht[22].

4. Bier / Wein / Mehl

Auffällig an der Struktur des Jahres 1937 ist die Konzentration auf die alkoholischen Getränke Bier und Wein, welche zusammen mehr als 31% der deutschen Nahrungsmittelausfuhr bildeten.

Gleichzeitig reduziert sich zwischen 1934 und 1937 der Export an Getreide und Mehl fast auf 0 - ein Indiz für den Versuch, eine Nahrungsmittelautarkie zu erreichen. Zwischen 1936 und 1938 sank zwar der Inlandsverbrauch, dennoch vergrößerte sich der Importüberschuß von Weizen und Roggen bei etwa gleichen Erntemengen. Zieht man die Vorratshaltung des Deutschen Reiches zu Rate, so findet man schnell die Erklärung für diesen Umstand: im gleichen Zeitraum wuchs diese um ca. 40%! Allerdings setzte der Rückgang des Getreideexportes schon nach 1929 ein - was die Weltwirtschaftskrise als auslösendes Moment verantwortlich macht. Der starke Preisverfall beim Getreide ließ jegliche Getreideausfuhr des Überschuß-Getreides nicht mehr rentabel sein.

---

[22] ZIMMERMANN, S.176f. So wies die Sowjetunion meist einen Anteil von 40%-50% an der Weltroggenerzeugung auf.

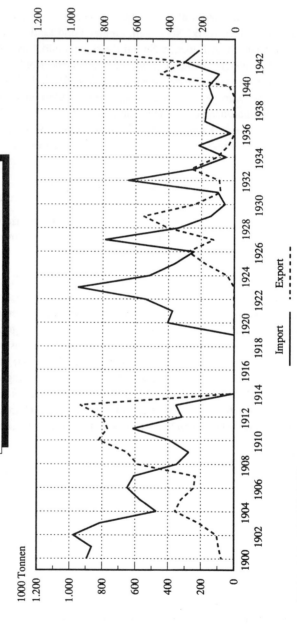

Außenhandel mit Roggen
1900 - 1943

Quelle: Statistisches Jahrbuch

IV. Die Struktur der deutschen Rohstoffimporte

Hauptgruppe	1912	1929	1934	1937	1942
Rohstoffe	44,5	41,5	44,8	44,4	20,8

Quelle:	1910/13	1929	1933	1938	
WULF[1]	43,1	40,1	42,8	40,4	

Quelle:	1910/13	1925/29	1930/34	1936/38	
HOFFMANN[2]	43,1	38,8	39,9	42,3	

Die Abweichungen zwischen den Analysen sind gering - ein Indiz für die Kontinuität und Stabilität in der Kategorie der Rohstoffimporte. Wuchs der Anteil dieser Gruppe am Gesamtimport nach WULF *"vor dem Ersten Weltkrieg am schnellsten"*[3], so hatte er jedoch schon wenige Jahre vor der Jahrhundertwende mit einen Anteil von mehr als 41 Prozent ein Niveau erreicht, auf welchem er dann stagnierte.

Trotz unterschiedlichem Konjunkturverlauf änderte sich der Rohstoffanteil nur geringfügig und dies zeigt damit deutlich die Unelastizität der Rohstoffimporte. Die Wandelung zum Industriestaat war schon um 1900 größtenteils vollzogen, wenn man den Anteil der Rohstoffe an der gesamten Einfuhr als Indikator verwendet, da sich dieser im Untersuchungszeitraum nur geringfügig änderte.

Die Importe konzentrierten sich - ähnlich wie bei den Nahrungsmittelimporten - im wesentlichen (mehr als 72%) auf die folgenden 9

---

[1] J. WULF, Der deutsche Außenhandel seit 1850. Entwicklung, Strukturwandlungen und Beziehungen zum Wirtschaftswachstum, Stuttgart 1968, S.83.
[2] W.G. HOFFMANN, Das Wachstum der deutschen Wirtschaft seit der Mitte des 19. Jahrhunderts. Berlin/Heidelberg/New York 1965, S.160.
[3] WULF, S.86.

wichtigsten Gütern (Anteil an der Spitzengruppe der 10 wichtigsten Importgüter in den 5 Analysejahren in Prozent):

Wolle, Ölfrüchte, Holz, Eisenerze, sonstige Erze, Felle/Häute und Steinkohlen jeweils 100%, BAUMWOLLE und Flachs/Hanf/Jute je 80%. In der Spitzengruppe finden sich Baumwolle, Wolle und Ölfrüchte; Felle/Häute nehmen meist den 5. Platz in der Gruppe ein.

1. Gruppenanteile der Rohstoffimporte

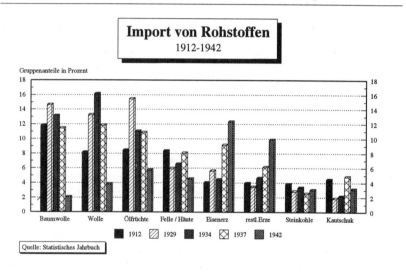

1) Baumwolle und Wolle mußten keine Anteilseinbußen hinnehmen. Obwohl sich der Import seit der Weltwirtschaftskrise real (Menge) verringerte, blieb der Stellenwert innerhalb der Gruppe unverändert. Trotz hoher Preise erreichte der Import im Kriegsjahr 1942 nur einen Gruppenanteil von 2% - 4%; hauptsächlich wurden textile Fertigwaren (Auftragsverlagerungen) eingeführt (s. Import Fertigwaren).

2) Besaßen Ölfrüchte 1912 noch einen Anteil von 8,4%, so hatten sie diesen ebenso wie ihre Bedeutung schon 1929 auf mehr als 15% ausgeweitet. Damit war auch der Höhepunkt schon überschritten, der Import war seit 1933 rückläufig. Devisenprobleme und die Furcht vor einer hohen Importabhängigkeit

verursachten den Rückgang und führten dazu, daß die Eigenproduktion von pflanzlichen und tierischen Fetten forciert wurde.

3) Addiert man Eisenerze und Sonstige Erze, so erhalten diese damit eine größere Bedeutung für den Rohstoffimport. Da Erze vergleichsweise billig waren, korrespondierte der mengenmäßig hohe Import nicht mit einem dementsprechenden Gruppenanteil. Aufrüstung und hoher Kriegsbedarf äußern sich 1937 und 1942 in einem erhöhten Anteil.

4) Der Import von Steinkohlen war immer von untergeordneter Bedeutung; vor 1913 war er zu 90% englischer Provenienz[4] und erfolgte meistens aus Kostengründen, denn die englische Seefracht an die Nord- und Ostseeküste war billiger als die Fracht aus dem Ruhrgebiet[5]. Dieses schickte seine Kohle auf dem Wasserweg nach Rotterdam, von wo aus sie dann per Schiff in die ostdeutschen Provinzen gebracht wurde. Da die ostenglischen Kohlenreviere nahe an der Küste lagen, entfiel die teuere Vorfracht und ermöglichte damit Kostenvorteile, die sie auf dem ostdeutschen Markt mit der polnischen Konkurrenz gegen deutsche Kohle durchsetzen konnte[6]. Allerdings setzte sich ab der Weltwirtschaftskrise niederländische Kohle stärker auf dem deutschen Markt durch (Import 1925: 215.000 Tonnen, 1933: 1,2 Mio Tonnen) und wurde schließlich - ähnlich der britischen Kohleneinfuhr - kontingentiert[7].

Bei den restlichen Gütern sind keine eindeutigen Trendaussagen zu treffen.

---

[4] A. BRUCH, Die Neuordnung der deutschen Kohlenwirtschaft seit 1933. Emsdetten 1933, S.6.
[5] E.G. LANGE, Steinkohle. Wandlungen in der internationalen Kohlenwirtschaft. Leipzig 1936, S.130f.
[6] J. PLOCH, Der Wettbewerb der britischen Steinkohle auf dem deutschen Kohlenmarkte unter besonderer Berücksichtigung des Stettiner Gebietes. Berlin 1932, S.100ff.
[7] BRUCH, S.7.

2. Wolle[8]

Jahr	Menge (Tonnen)	Wert (Mio RM)	RM/Tonne
1912	231.000	422	1826
1929	204.000	740	3627
1934	180.000	322	1790
1937	128.000	289	2230
1942	22.700	68	3022

Die Rohstoffabhängigkeit der Textilindustrie zeigt sich auch in dem hohen Anteil der deutschen Wollim- und -exporte, die zwischen 1913 und 1928 immerhin mehr als 40% der Welthandelsumsätze bestimmten (Bei Baumwolle stieg deren Anteil im gleichen Zeitraum von 14% auf 30%)[9].

Wolle gilt neben Baumwolle als wichtiger Rohstoff für textile Fertigwarenproduktion. Der tierische Ursprung der Wolle blieb nicht ohne Auswirkungen auf die Produktionsbedingungen. Hauptlieferant des Rohstoffs war das Schaf, welches auf größere Weideflächen angewiesen war. Grenzen in der Schafhaltung ergaben sich somit in der für die Haltung nutzbaren Fläche. Intensivierung der Landwirtschaft in Deutschland zu Beginn des 20.Jahrhunderts verhinderte dementsprechend Schafhaltung im großem Stil. So betrug der Schafbestand in Deutschland vor 1914 knapp 5 Mio Stück, während vergleichsweise Frankreich mehr als 16 Mio Tiere, Großbritannien 24 Mio Schafe hielt[10]. Den weltgrößten Schafbestand wies Australien mit knapp 90 Mio Tieren auf, das zur Weltwirtschaftskrise diesen auf über 110 Mio Schafe steigerte. Etwa 50 Mio Schafe zählte man in den Vereinigten Staaten. Klimatische Verhältnisse waren neben einer extensiven Tierhaltung für den Gesamtbestand ausschlaggebend. So handelte es sich bei dem britischen Schaf mehr um ein Fleisch-Wollschaf, das die bekannte Kreuzzuchtwolle lieferte, während sich in

---

[8] **IMPERIAL ECONOMIC COMMITTEE**, World Consumption of wool 1928-1935. London 1936; **K. RITTER**, Wollerzeugung und Wollhandel der Welt vor und nach dem Kriege. In: Agrarpolitische Aufsätze und Vorträge, Heft 15, Berlin 1929; **E. ROSE**, Die Wolle auf dem Weltmarkt. Berlin 1919; **C. SCHÄFER**, Der Einfluß des Weltkrieges auf den internationalen Schafwollmarkt. Berlin 1922; **H. SCHÜLER**, Wolle. Wandlungen in der Erzeugung und Verwendung der Wolle nach dem Weltkrieg. Leipzig 1936;

[9] **K. SCHÜRMANN**, Die Struktur der deutschen Textilindustrie und ihre Wandlungen in der Nachkriegszeit. Berlin 1933, S.18.

[10] **SCHÜLER**, S.29.

Australien und Südafrika Schafe behaupteten, die das trockene Klima bevorzugten und die sehr feine Merinowolle erbrachten. Im internationalen Handel maß man die Qualität der Wollgarne nach der Spinnzahl. So besagt die Klassifizierung 90s, daß aus 90 Strängen zu 560 Yards ein englisches Pfund Wolle hergestellt werden kann[11].

Zwar erhöhte Australien seine Merinowollproduktion nach dem Ersten Weltkrieg um 40% (1909-1913 im Vergleich zu 1930-31), doch trat mit Südafrika ein neuer Konkurrent in den Weltmarkt ein, als sich hier die Produktion im gleichen Zeitraum verdoppelte[12]. Läßt sich für die Periode vor dem Ersten Weltkrieg aussagen, daß der weltweite Wollbedarf anstieg, während gleichzeitig die Produktion nur unwesentlich wuchs, so veränderte sich die Situation nach dem Weltkrieg rasch. Steigende Wollpreise bis etwa 1921 markieren die großen Nachholbedürfnisse der frühen Nachkriegszeit durch die Wiederbelieferung der ehemaligen Mittelmächte und den Schwierigkeiten, das Angebot zu erhöhen[13]. Nach der durch das plötzliche Überangebot ausgelösten Depression im Jahre 1921 ist eine zweite Preisspitze 1924 zu finden, die im wesentlichen als eine "*Stabilisierungskonjunktur*"[14] bezeichnet werden kann. Steigendes Angebot, bedingt durch weiterhin hohe Preiserwartungen seitens der Produzenten, traf nach 1925 auf einen rückgängigen Anteil der Wolle an der textilen Fertigung (Aufkommen der Kunstseide) und gesättigte Märkte, so daß die Wollpreise schon vor der Weltwirtschaftskrise ab 1928 im Sinken begriffen waren. Dieser nun folgende Preisrückgang währte bis 1933, als anschließend die Preise 1934 vorerst aus spekulativen Gründen, dann aufgrund erhöhter Nachfrage seitens der USA, Frankreichs, Japans und Italiens (Konjunkturaufschwung) wieder zu steigen begannen.

Nachdem die deutsche Einfuhr von Wolle nach der Weltwirtschaftskrise stark gefallen war, begann sie ab 1933 plötzlich wieder zu steigen. Ausschlaggebend dafür war die Sonderkonjunktur an textilen Fertigwaren im Jahre 1934, als sich hier die verstärkte Uniformproduktion seitens der Nationalsozialisten auch auf den Wollbedarf auswirkte[15]. Der Versuch der

---

[11] **RITTER**, S.194.
[12] **SCHÜLER**, S.99.
[13] **SCHÄFER**, Tab.S.117. So lag der weltweite Bestand an Schafen nach 1918 um mehr als 10% unter dem Vorkriegsstand, bedingt durch Abschlachtungen während des Krieges vor allem in Europa.
[14] **SCHÜLER**, S.145.
[15] **W. PAUL**, Die Auslandsabhängigkeit der deutschen Textilwirtschaft. Borna-Leipzig 1937, S.10.

nationalsozialistischen Regierung, eine gewisse Autarkie von Wollimporten zu erreichen, mußte fehlschlagen, denn dazu wäre in Deutschland ein Schafbestand von mehr als 65 Mio Tieren erforderlich gewesen[16]. Staatliche Maßnahmen zur Förderung der Eigenproduktion in Form von Abnahmegarantien und höheren Preise für den Schafhalter konnten zwar zwischen 1934 und 1935 eine Ausweitung der Tierhaltung von 3,4 auf 3,9 Mio Tiere und der Produktion von 14.000 Tonnen auf 16.500 Tonnen erbringen, doch bei einem Import von 180.000 Tonnen (1934) sind diese Erfolge nur als marginal zu bezeichnen!

Nichtsdestotrotz ist aber ersichtlich, daß Wolle ihre Bedeutung seit dem Ersten Weltkrieg verloren hatte. Zwar blieb der Importbedarf noch relativ hoch, der Gruppenanteil stieg bis 1929 (auch 1934, hier aber Sondereinflüsse), dennoch ist festzustellen, daß Wolle im Gesamtverbrauch Deutschlands an Wichtigkeit verloren hatte. Baumwolle war aber erheblich billiger als Wolle und im Gegensatz zu ihr konnte der Wolle keine Kunstseide beigemischt werden. Die Wolle mußte also entweder gänzlich durch Viskose substituiert werden oder behielt sich nur noch "Produktnischen" in der Textilherstellung.

Änderungen in der Einfuhrpolitik des III.Reiches, insbesondere Devisenprobleme, führten ab 1934 dazu, daß der bis dahin führende Lieferant Australien mehr und mehr von Südafrika und Argentinien verdrängt wurde. Beide Länder waren bereit, ihren Rohstoff im Clearing mit Deutschland abzurechnen, so daß die teueren Importe mit einer Steigerung der Fertigwarenausfuhr beglichen werden konnten, was denn die Devisenbilanz schonte. So konnte Südafrika 1935 einen Lieferanteil von fast 27% der deutschen Wolleinfuhr erreichen[17]. Allgemein ist die Präferenz zum Wollbezug aus Staaten mit bilateraler Verrechnung nach 1934 nicht zu übersehen. Importsteigerungen innerhalb eines Jahres aus Brasilien um 300%, aus Chile um 150% - dagegen Reduzierungen bei Neuseeland um 80%, Australien um 60% - verdeutlichen diese Entwicklung[18]. Konjunkturelle und handelspolitische Sondereinflüsse (Bsp. Verdoppelung des Wollbezugs aus Großbritannien 1933-1934)[19] änderten an dieser Lage nur wenig.

---

[16] **PAUL**, S.29f.
[17] **IMPERIAL ECONOMIC COMMITTEE**, S.81.
[18] **IMPERIAL ECONOMIC COMMITTEE**, S.81.
[19] Aufgrund handelspolitischer Vereinbarungen im deutsch-englischen Wirtschaftsabkommen 1934. **IMPERIAL ECONOMIC COMMITTEE**, S.76.

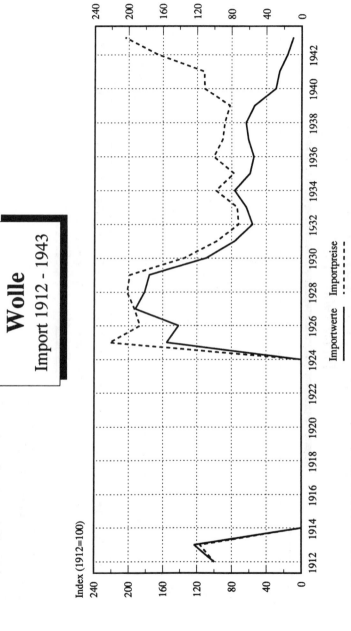

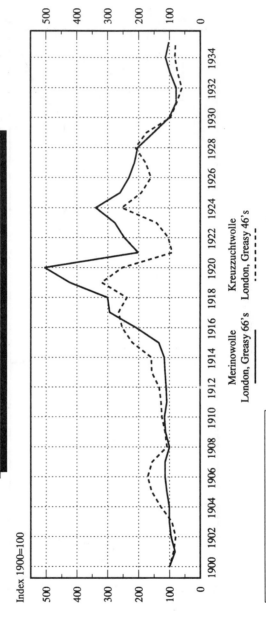

3. Ölfrüchte[20]

Jahr	Menge (Tonnen)	Wert (Mio RM)	RM/Tonne
1913	1.747.000	537	308
1929	2.600.000	860	331
1934	2.200.000	219	99
1937	1.470.000	229	155
1942	470.000	155	330

Ölfrüchte sind für den Fettbedarf und die Margarineproduktion wichtige Rohstoffe. Aus Ölfrüchten gewonnene pflanzliche Fette deckten meist mehr als 75% des gesamten Fettbedarfs der deutschen Margarineindustrie, allerdings mit steigender Tendenz[21] zu Lasten des Anteils der tierischen Fette. Da in der Fettherstellung die Kosten zu mehr als zwei Dritteln auf die Rohstoffe entfallen, kommt deren Preiselastizität eine große Bedeutung zu. Innerhalb der Ölfrüchte ist die Substituierbarkeit der einzelnen Früchte für die Margarineherstellung groß, dementsprechend gering die Anfälligkeit für Preisschwankungen.

Vor dem Ersten Weltkrieg war der Anteil der pflanzlichen Öle an der gesamten Fettherstellung noch gering - der Großteil des Fett-Bedarfs zur Nahrungsmittelherstellung wurde durch tierisches Fett gedeckt[22], das jedoch im Vergleich zum pflanzlichen Fett teurer ist. Nach dem Krieg stieg der deutsche Fettverbrauch in den zwanziger Jahren stark an. Betrug dieser 1912/13 noch 1,25 Mio Tonnen, so lag er 1928 schon bei 1,65 Mio Tonnen. Dieser Zuwachs ist auch aus dem Pro-Kopf-Verbrauch ersichtlich, der sich im gleichen Zeitraum von 20,8 kg auf 25,9 kg erhöhte[23]. Hauptsächlich aus pflanzlichen Rohstoffen wurde der Mehrverbrauch gedeckt, da der Pro-Kopf-Verbrauch der tierischen Fette stagnierte. Verantwortlich für diese Entwicklung sind in erster Linie Änderungen im Konsumverhalten: Margarine ist der Butter im Nährwert

---

[20] ENQUETE-AUSSCHUß, Die deutsche Margarine-Industrie. Berlin 1930; W. LINDEMANN, Die deutsche Margarineindustrie und die öffentliche Margarinepolitik bis 1935. Eisfeld 1936; A. MATTHIES, Probleme der deutschen Fettwirtschaft. Hamburg 1937; H. MÜNZINGER, Weltwirtschaftliche Zusammenhänge und Gestaltung der deutschen Speisefettversorgung. Darmstadt 1932; E. ZORN, Die Speisefettversorgung Deutschlands. Düsseldorf 1936.
[21] ENQUETE-AUSSCHUß, S.46f.
[22] MÜNZINGER, S.61.
[23] MÜNZINGER, S.57f.

(Kaloriengehalt) damals gleichzusetzen, Butter weist aber einen höheren Vitamingehalt auf. Ausschlaggebend war jedoch die Preisdifferenz zwischen beiden Produkten, denn der Margarinepreis lag bis zu 75% unter dem Butterpreis[24] und somit konnte auch die einkommensschwache Bevölkerung am gestiegenen Fettkonsum partizipieren. Die Nachfrage nach der weitaus billigeren Margarine stieg von 1913 - 1928 um mehr als 150%[25]. Der große Preisunterschied zwischen Margarine und Butter wurde dadurch erreicht, daß der Anteil der billigen Rohstoffe an der Margarineherstellung - vornehmlich Ölfrüchte (pflanzliche Öle) - stark von 47% auf 78% ausgeweitet wurde (1913-1928) und derjenige der tierischen Fette dabei von 53% auf 5,7% sank. Technische Verbesserungen in der Raffination und Härtung ermöglichten eine ansteigende Produktion. Nach der Weltwirtschaftskrise sank der Import von Ölfrüchten nur unwesentlich, da der Preisverfall der verwendeten Rohstoffe um mehr als 50% (1930-1933)[26] vorläufig keine Einschränkung des Verbrauchs erforderte.

Tiefgreifendere Wandlungen vollzogen sich dann erst nach der nationalsozialistischen Machtübernahme. So sind hauptsächlich zwei Gründe dafür anzuführen, daß sich der Importrückgang nach 1933 vollzog, wie die Einfuhrziffer des Jahres 1937 zeigt. Zum einen war dies die Furcht vor einer ausländischen Import-Abhängigkeit im Kriegsfall, zum anderen war es eine Frage der knappen Devisen, für mehrere hundert Millionen Reichsmark substituierbare pflanzliche Fette einzuführen.

Der Verbrauch von Fett ist die Basis jeder menschlichen Ernährung und Leistungsfähigkeit und diese ist im Krieg extrem wichtig. Deshalb suchte man die Abhängigkeit von ausländischen Bezugsquellen zu verringern, die im Kriegsfall sowieso durch Seeblockade nicht mehr verfügbar wären.

Mit Hilfe verschiedener Maßnahmen wurde ab 1933 die Einfuhr von Ölfrüchten systematisch verringert und die Eigenproduktion von tierischen Fetten und Butter zum Zweck der Verbrauchsänderung favorisiert. Ob es nun der *"Butterbeimischungszwang zur Margarine"* war oder Zwangsabgaben der Margarineindustrie, staatliche Begrenzung der Margarineproduktion etc.[27] - der

---

[24] **ZORN**, S.7f.
[25] Pro-Kopf-Verbrauch 1913: 2,98 kg / 1928: 7,45 kg. **MÜNZINGER**, S.86.
[26] **MATTHIES**, S.33f.
[27] **MATTHIES**, S.48ff.

Anteil der importierten Ölfrüchte sank rasch um mehr als 50%, doch wurde die Fettlücke bis Kriegsende nicht geschlossen.

Wandlungen in der Struktur der Lieferländer beruhen auf Änderungen im Bezug der regional- und damit anbauspezifischen Rohstoffe. So konzentrierte sich die deutsche Einfuhr 1912 auf Leinsaaten[28] aus Argentinien und Palmkerne[29] aus Britisch-Westafrika. Niederländisch-Indien war Hauptlieferant von Kopra[30], Britisch-Indien exportierte Erdnüsse[31]. Sojabohnen[32] aus China hatten noch einen geringen Anteil am Import. Nach dem Krieg verlagerte sich die Einfuhr auf Erdnüsse und Sojabohnen, die durch technische Innovationen[33] in dieser Zeit besser und kostengünstiger verarbeitet werden konnten. Daraus resultiert auch der produktbezogene Anstieg des chinesischen und britisch - indischen Anteils, während derjenige Anteil Argentiniens und Britisch-Westafrikas zurückging. Während des Zweiten Weltkrieges verlagerte sich der Import immer mehr in den Osten des besetzten Europas. Mehr als die Hälfte der Einfuhr des Jahres 1942 stammte aus diesem Teil, weitere 30% aus Bulgarien und Rumänien. Dieser Wandel der Lieferländer zog auch Änderungen in der Auswahl der importierten Produkte nach sich: polnische und russische Ölsaaten wie Leinsaat, Raps und Hanfsaat stellten nun einen nicht unerheblichen Teil der Lieferungen[34].

Doch nicht nur Eigenverbrauch ist für hohe Importmengen an Ölfrüchten verantwortlich. Neben den USA und Britisch-Indien galt auch Deutschland als wichtiger Exporteur von raffinierten pflanzlichen Ölen, vornehmlich Erdnuss-, Soja- und Palmkernöl[35].

---

[28] So entfielen auf Argentinien 1929 77% des Welthandels mit Leinsaaten. Vgl. **MÜNZINGER**, S.20f; **LINDEMANN**, S.19.
[29] Diese werden aus der Ölpalme gewonnen. Britisch-Westafrika (darunter Nigeria) tätigt die größten Weltexporte. Vgl. **MÜNZINGER**, S.22f; **LINDEMANN**, S.30.
[30] Unter Kopra versteht man das *"getrocknete Kernfleisch der Kokosnüsse"*. Vgl. **MÜNZINGER**, S.18; **LINDEMANN**, S.26.
[31] Vgl. **MÜNZINGER**, S.19; **LINDEMANN**, S.15.
[32] Vgl. **MÜNZINGER**, S.21; **LINDEMANN**, S.20
[33] Innovationen im Härtungsverfahren und der Raffination. **MÜNZINGER**, S.83.
[34] W. HILLE, Der Weltmarkt der Ölfrüchte und Ölsaaten in seiner Bedeutung für die Rohstoffversorgung der deutschen Ölmühlenindustrie. Hamburg/Innsbruck 1939, S.72f.
[35] **MÜNZINGER**, S.28ff.

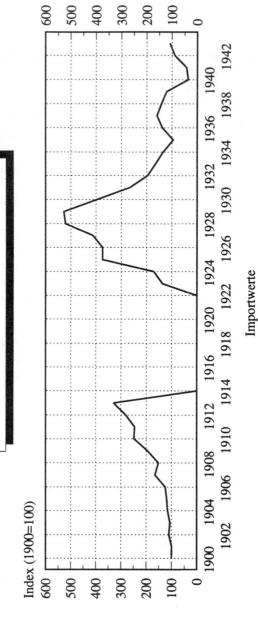

Import von Ölfrüchten
1900 - 1943

Quellen: W.G.Hoffmann, S. 526-28
Statistisches Jahrbuch

4. Baumwolle[36]

Jahr	Menge (Tonnen)	Wert (Mio RM)	RM/Tonne
1912	506.000	580	1146
1929	476.000	814	1710
1934	400.000	26	650
1937	350.000	275	785
1942	23.400	30	1290

Bei den Sorten[37] unterschied man *kurzstapelige* Baumwolle aus Indien (Preis: 6-8 Pence per Pfund in Liverpool im Durchschnitt der Jahre 1920-1933[38], *Mittelstapelige* Baumwolle aus den USA (9-11 Pence) und *Langstapelige* aus Ägypten (15-25 Pence). Die Qualität der Baumwolle steigt mit der Faserlänge. Die qualitativ höchste, ägyptische *Sakellardis-*Baumwollsorte lag im Wert meist ein Drittel höher als die billige nordamerikanische, mehr für den Massenverbrauch vorgesehene Baumwolle.

Die USA waren bis 1934 meist Monopollieferant von Baumwolle, als sie mehr als 75% der deutschen Baumwolleinfuhren kontrollierten. Zwischen 1929 und 1934 reduzierte sich dieser Anteil auf die Hälfte, um bis 1937 weiter auf zuletzt ein Viertel zu fallen. So setzten die Folgen der Weltwirtschaftskrise einen Prozeß der Umorientierung bezüglich der Lieferanten in Gang, der 1935 damit endete, daß die USA ihre Rolle als herausragender Baumwollieferant eingebüßt hatten und deren Position nun von Ägypten und Brasilien[39] eingenommen wurde. 1936 gewannen die USA kurzfristig ihre Position wieder zurück, als sich das brasilianische Gesetz vom 13.5.1935 auswirkte, welches

---

[36] **P. KÖNIG**, Der Baumwollmarkt in seiner Entwicklung während des Krieges bis zum Friedensschluß. Berlin 1919; **R. NESCHKES**, Das Problem der deutschen Baumwollversorgung. Berlin 1937; **W. SCHMÖLDER**, Die Bedeutung der amerikanischen Baumwolle für die kontinentale Textilindustrie. Köln 1931; **REICHSKREDITGESELLSCHAFT**, Baumwolle - Weltmarktprobleme und deutsche Versorgungslage. Berlin 1935; **K.-E. SCHMIDT**, Die Preisbewegung der Baumwolle. Würzburg 1934.
[37] **NESCHKES**, S.18f.
[38] **SCHMIDT**, S.29.
[39] Brasilien wiederum litt mit seiner monokulturalen Kaffeeproduktion erheblich unter dem Preisverfall des Kaffees, der sich zur Weltwirtschaftskrise verstärkt hatte und versuchte demgemäß diese Struktur durch vermehrten Baumwollanbau zu diversifizieren. **NESCHKES**, S.31.

hier den Baumwollabsatz via Verrechnung untersagte - mit dem Zweck, den textilen Rohstoff nur noch gegen Devisen zu verkaufen[40]. Doch warum wurden die USA von der Konkurrenz überflügelt, zumal sie weiterhin konkurrenzlos billig waren? Sie unterbot doch ihre Rivalen mit Preisen, die mindestens ein Drittel niedriger lagen.

Es waren in erster Linie Devisenprobleme, welche die Wandlungen in der Einfuhr verursachten. Denn durch den Devisenmangel war Deutschland beim Textilrohstoffimport auf den verstärkten Tausch gegen seine Fertigwaren angewiesen. Die Aufnahmefähigkeit des amerikanischen Marktes war aber seit jeher auf Spezialprodukte mengenmäßig begrenzt, Australien und Neuseeland waren nach der Wirtschaftskrise noch mehr auf den Handel mit Großbritannien angewiesen.

Die Importüberschüsse der Textilrohstoffe aber belasteten die deutschen Devisenreserven in großem Maße. So betrug 1933 die Mehreinfuhr 558 Mio RM und begann seitdem kontinuierlich zu steigen. Innerhalb dieser teueren Rohstoffe entfielen davon 41% auf Baumwolle[41], so daß in der Konsequenz daraus versucht wurde, Baumwolle (und andere Rohstoffe) so devisensparend wie nur möglich zu beziehen.

Auf dem Weltmarkt verloren die USA Anteile an der Weltproduktion von Baumwolle seit dem Erntejahr 1931/32, als der weiter anhaltende Preisverfall die amerikanischen Farmer nun zwang, ihre auch nach 1929 beibehaltene Überproduktion radikal zu kürzen[42]. Amerikanische Baumwolle mußte gegen teuere Devisen eingekauft werden, brasilianische und ägyptische konnte dagegen für deutsche Fertigwaren eingetauscht werden. So waren hauptsächlich die rigiden Zahlungsbestimmungen der USA dafür verantwortlich, daß sich der Baumwollexport der USA 1934 um 40% im Vergleich zum Vorjahr verringert hatte[43]. Denn die USA akzeptierten Tauschgeschäfte nicht[44] und verkauften

---

[40] NESCHKES, S.31.
[41] NESCHKES, S.10.
[42] REICHSKREDITGESELLSCHAFT, S.7f: Zwar reduzierte sich die Anbaufläche, doch stiegen die Hektar-Erträge, so daß die Farmer erst 1934 durch Subventionen und Prämien zur *"Kürzung der Anbaufläche 1928/34 um 40%"* veranlaßt werden konnten.
[43] REICHSKREDITGESELLSCHAFT, S.14.
[44] So kam 1935 das deutsche Vorhaben, eine halbe Million Baumwoll-Ballen mit 25% Barzahlung zu tauschen, aus o.g. Gründen nicht zustande. **REICHSKREDITGESELLSCHAFT**, S.19.

ihre Baumwolle nur gegen Devisen. Im Gegenzug verzwanzigfachte sich der Bezug brasilianischer Baumwolle zwischen 1930 und 1935[45].

Ab 1934 erfolgte die Baumwolleinfuhr in Zwangsbewirtschaftung durch die Baumwoll-Überwachungsstelle in Bremen, nachdem die deutsche Devisenbilanz schon im März kurzfristig ein Importverbot für ausländische Textilrohstoffe erlassen hatte[46].

Mit Ägypten lief der Baumwollhandel ab 1932 über Kompensationsgeschäfte, die aber oft nur über ein bis zu 10%iges Agio erreicht werden konnten: Baumwolle gegen deutsche Chemikalien oder andere Produkte

Bis zum Ersten Weltkrieg dominierte die Baumwolle bei der Einfuhr (Menge) textiler Rohstoffe, danach folgten Wolle, Jute, Flachs/Hanf und Seide. Zieht man die Importpreise hinzu, so rangiert Seide an dritter Stelle nach Baumwolle und Wolle. Weiterhin läßt sich eine Tendenz des rückläufigen Ausfuhranteils dieser Rohstoffe verglichen mit der Einfuhr feststellen. Es wurde also ein immer größerer Teil der Importe nicht wieder exportiert, sondern zur Produktion von Fertigwaren und Garnen verwendet[47].

Nachdem die Einfuhr von Baumwolle nach der Weltwirtschaftskrise stark gefallen war, begann diese ab 1933 wieder stark zu steigen. Ausschlaggebend dafür war die Sonderkonjunktur an textilen Fertigwaren im Jahre 1934, als sich hier die verstärkte Uniformproduktion seitens der Nationalsozialisten auch auf den Baumwollbedarf auswirkte[48].

---

[45] PAUL, S.20.
[46] PAUL, S.11.
[47] U. OPPEL, Die deutsche Textilindustrie. Leipzig 1912, S.44.
[48] W. PAUL, Die Auslandsabhängigkeit der deutschen Textilwirtschaft. Borna-Leipzig 1937, S.10.

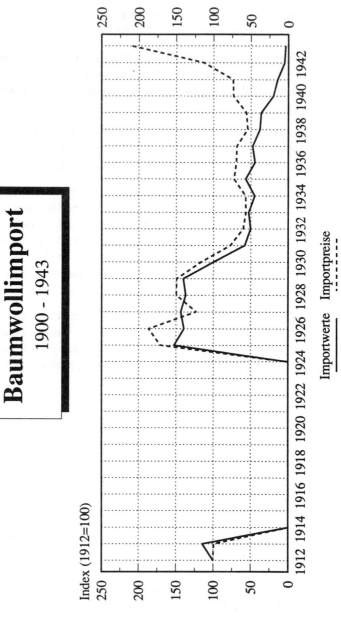

5. Erze[49]

Jahr	Menge (Tonnen)	Wert (Mio RM)	RM/Tonne
1912	15.500.000	397	25,7
1929	20.560.000	506	24,6
1934	11.350.000	182	16,1
1937	26.300.000	421	16,0
1942	20.520.000	68	22,9

Deutschland war zu keiner Zeit während des Untersuchungszeitraumes in der Lage, seinen Bedarf an metallischen Erzen ausreichend zu decken. Dieser Bedarf teilte sich in so viele unterschiedliche Arten[50] auf, daß es hier unmöglich ist, allen die Bedeutung zukommen zu lassen, welche sie aufgrund ihrer Wichtigkeit als einzelne Schlüsselrohstoffe für die jeweiligen Produkte haben mögen. Deshalb beschränkt sich die folgende Darstellung auf jene im STATISTISCHEN JAHRBUCH aufgeführten Erze.

Der geringe Eisengehalt der deutschen Erze von max. 30% machte den Bezug ausländischer, eisenhaltigerer Erze notwendig.

Die Gebietsverluste nach dem Ersten Weltkrieg wirkten sich durch die Abtretung des großen Eisenerzlieferanten Elsaß-Lothringen[51] auch auf den Bedarf Deutschlands aus. Letzteres war nun gezwungen, die Einfuhr von den ausländischen Bezugsgebieten zu erhöhen. Weiterhin beeinflußten die politischen Wirren der frühen Nachkriegsjahre, insbesondere die Besetzung des

---

[49] K.F. CHUDOBA, Über die Erweiterung der deutschen Erzbasis. In: Kriegsvorträge der Rheinischen Friedrich-Wilhelms-Universität Bonn, Heft 25, Bonn 1940; V. HENTSCHEL, Zahlen und Anmerkungen zum deutschen Außenhandel zwischen dem ersten Weltkrieg und der- Weltwirtschaftskrise. In: ZS für Unternehmensgeschichte, Jg.31, H2, 1986, S.95-115; E. KOLDITZ, Die Erzwirtschaften Südosteuropas. Weide 1943; P. KRUSCH, Die Versorgung Deutschlands mit metallischen Rohstoffen. Leipzig 1913; K.G. MAHNKE, Entwicklungstendenzen der internationalen Eisenwirtschaft im letzten Jahrzehnt. In: Vierteljahreshefte zur Wirtschaftsforschung, Jg. 1938/39, Heft 2; A. STELLWAAG, Die Rohstoffgrundlagen der deutschen Eisenindustrie im 20.Jahrhundert. Berlin 1919; H. WETTSTEIN, Die Rohstoffversorgung der britischen Eisen- und Stahlindustrie. Affoltern 1932,

[50] KRUSCH führt in seiner Abhandlung 22 (Ohne Gold) verschiedene Erzsorten auf. KRUSCH, S.2f.

[51] So konzentrierten sich 77% der deutschen Erzförderung auf das Gebiet Lothringen-Luxemburg. STELLWAAG, S.26.

Ruhrgebietes, die deutsche Roheisenproduktion negativ. Lag diese noch im Durchschnitt der Jahre 1911-1913 bei mehr als 15 Mio Tonnen, so errreichte sie 1923 am Tiefpunkt nur noch knapp 6 Mio Tonnen[52]. Erst 1929 konnte der Vorkriegswert wieder erreicht werden. Es schrumpfte dabei nach 1919 die Einfuhr aus Frankreich und Spanien, während hingegen die Lieferungen aus Skandinavien erheblich anstiegen[53].

Als Ursache dafür können Prozeßinnovationen in der Herstellung genannt werden. Nachdem 1878 das sauere Verfahren (Thomas-Birne) es Deutschland ermöglichte, hochwertigen Stahl aus phosphorhaltigen Erzen zu gießen, konnten nun die lothringischen Erzbecken[54] auch für Qualitätsstahl genutzt werden. Der Verlust der lothringischen Gruben zwang Deutschland dann zu erhöhten Käufen phosphorhaltiger Erze in Schweden, denn die deutschen Produktionsanlagen waren auf die Verarbeitung phosphorreicher Erze ausgerichtet[55]. So stieg der Anteil Schwedens am Erzimport von 19% (1912) auf 43% (1929) und von 71 Mio RM auf 158 Mio RM.

1937 läßt sich der hohe Import auf den starken Rüstungsbedarf zurückführen. Die Eisenproduktion überstieg schon 1935 die Werte des Jahres 1929 knapp, kurz darauf (1936) dann um 30%[56].

Kupfererze stammten meist aus Britisch-Indien, aber auch teilweise aus Bolivien (1912), Südafrika(1937), Britischen Besitzungen im Mittelmeer (1937) und Skandinavien (1942)[57]. Hohe Kosten bei der Verhüttung der Kupfererze führten dazu, daß viele Entwicklungsstaaten reine Erze exportierten, während die USA hauptsächlich Kupfer der besten Qualität (Lake- und Elektrolytkupfer) ausführten.

Trotz der an sich schon hohen Eigenförderung von Zinkerzen aus den schlesischen Gruben wurden darüber hinaus noch überwiegend australische Erze[58] importiert. Der über dem Binnenverbrauch liegende Rest wurde in den Zinkhütten zu Metall veredelt und wieder exportiert. So konnte vor dem Ersten Weltkrieg noch eine Nettoausfuhr von 45.000 Tonnen Zink (1912) erzielt

---

[52] **WETTSTEIN**, S.59.
[53] **WETTSTEIN**, S.61.
[54] Zu den Eisenerzvorkommen Lothringens vgl. **KRUSCH**, S.131f.
[55] Vgl. **KRUSCH**, S.128ff.
[56] **MAHNKE**, S.184.
[57] Vgl. ebenso **KRUSCH**, S.107ff.
[58] Zu den australischen Vorkommen vgl. **KRUSCH**, S.189ff.

werden. Die Abtretung der schlesischen Gebiete mit ihren Zinkhütten an Polen führte dazu, daß 1929 eine Nettoeinfuhr von mehr als 90.000 Tonnen Zink getätigt werden mußte. Deshalb lag der Gruppenanteil der Zinkerze auch 1912 noch erheblich höher, da hier der verstärkte Import in den schlesischen Hütten veredelt werden konnte, während nach dem Verlust dieser Produktionsanlagen der Import sich an den geringeren Verhüttungskapazitäten orientieren mußte. Betrug der Zinkerzimport 1912 noch knapp 300.000 Tonnen, so lag er 1929 bei 178.000 Tonnen.

Manganerze wurden zum größten Teil aus der Sowjetunion[59] und Britisch-Indien[60] bezogen. Diese Erze wurden nur zur Legierung verwendet.

---

[59] Über die russischen Vorkommen vgl. **KRUSCH**, S.162f.
[60] Über die Vorkommen Britisch-Indiens vgl. **KRUSCH**, S.164f.

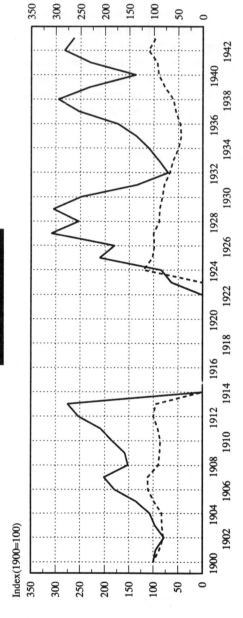

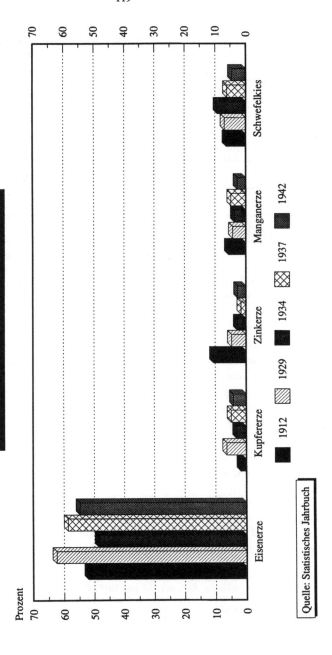

V. Die Struktur der Rohstoffexporte

Hauptgruppe	1912	1929	1934	1937	1942
Rohstoffe	16,0	13,1	12,4	9,8	12,9
Quelle:	1913	1929	1933	1938	
WULF[1]	15,1	13,6	12,2	9,8	
Quelle:	1910/13	1925/29	1930/34	1935/38	
HOFFMANN[2]	15,5	14,7	12,4	10,0	

Gemeinsam ist allen Analysen die Tendenz des Anteils der rückläufigen Rohstoffexporte. Zwar weichen die Zahlenangaben geringfügig voneinander ab, doch läßt sich die Kernaussage gleichermaßen herauslesen: der Anteil der deutschen Rohstoffexporte reduzierte sich von ca. 15%-16% vor Ausbruch des Ersten Weltkrieges auf knapp 10 Prozent in der Phase der Hochrüstung ab 1936. Hier wurden einerseits die für die Rüstung wichtigen Rohstoffe so knapp gehandelt, daß sich andererseits ein Export von teuren Importrohstoffen wie Baumwolle auch aus Kostengründen (niedriger Erlös im Vergleich zu Fertigwaren) nicht mehr lohnte.

Trotz abnehmender Warendichte der Gruppe im Laufe des Untersuchungszeitraumes stieg der Prozentsatz der repräsentierten Güter 1937 auf 92,2% an und verdeutlicht damit die Konzentration in der Gruppe auf die Brennstoffe Steinkohlen und Braunkohlen.

---

1 J.WULF, Der deutsche Außenhandel seit 1850. Entwicklung, Strukturwandlungen und Beziehungen zum Wirtschaftswachstum, Stuttgart 1968, S.78.
2 W.G. HOFFMANN, Das Wachstum der deutschen Wirtschaft seit der Mitte des 19. Jahrhunderts, Berlin/Heidelberg/New York 1965, S.153.

1. Gruppenanteile der Rohstoffexporte

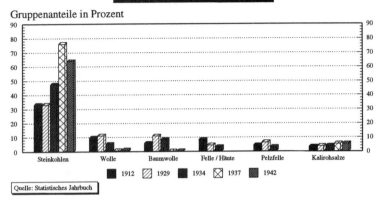

Quelle: Statistisches Jahrbuch

1) Steinkohle entwickelte sich nach der Weltwirtschaftskrise zum Hauptexportgut innerhalb der Gruppe der Rohstoffe. 1912 und 1929 (bereinigt von Reparationsleistungen) konnte ein unveränderter Anteil festgestellt werden. 1934 war dieser sprunghaft auf mehr als 47% angestiegen und bestimmte 1937 schließlich mit einem Anteil von 76% den gesamten Rohstoffexport des III. Reiches. Dabei fungierte die Steinkohle ab 1933 als wichtiger Devisenlieferant, vielfach war die Einfuhr von Rohstoffen und Industriegütern aus den freien Währungsblöcken nur im Tausch gegen den begehrten Brennstoff (Energieerzeugung in der Stahlindustrie) möglich.

2) Enthielt die Gruppe 1912 und 1929 auch noch Wolle, und Baumwolle mit einem unter 10% liegenden Anteil, so ging dieser 1934 zugunsten von Steinkohle um die Hälfte zurück. Im Untersuchungsjahr 1937 war die Ausfuhr von Wolle und Baumwolle schließlich ganz bedeutungslos geworden - nachlassender Export von Textilien und die knapp kalkulierte Einfuhr von textilen Rohstoffen ließen keinen Überschuß mehr entstehen.

3) Felle und Häute verloren überproportional an Bedeutung - ihr Anteil reduzierte sich von 8,2% (1912) auf 0% (1937). Ebenso gering ist die Ausfuhr von Pelzfellen einzustufen, welche schließlich 1937 in der Statistik nicht mehr aufgeführt ist.

4) Relativ undynamisch blieb der Anteil der Kalirohsalze in der gesamten Zeit, es war dabei sogar eine leichte Steigerungsrate festzustellen[3]. Zwar mußte Deutschland das vor dem Ersten Weltkrieg begründete Weltkalimonopol infolge der Gebietsabtretungen im Westen (Elsaß-Lothringen) aufgeben, dennoch wuchs die binnenländische Produktion bis zur Weltwirtschaftskrise.

2. Steinkohle[4]

Jahr	Menge (Tonnen)	Wert (Mio RM)	RM/Tonne
1912	31.142.000	436	14
1929	16.350.000	322	20
1934	21.717.000	215	10
1937	39.640.000	440	11
1942	30.400.000	730	24

vergrößerte ihren Gruppenanteil von etwa einem Drittel (1912) auf fast 50 Prozent (1934) und bestimmte die Rohstoffausfuhr 1937 zu 2/3 fast völlig. Erst im Analysejahr 1942 war der Anteil zurückgegangen. 1929 scheint dieser Trend unterbrochen zu sein, der Gruppenanteil fällt auf ca. 21% zurück. Da jedoch in der Statistik die Reparationssachlieferungen eingeschlossen sind, wurden die Zahlenangaben in der Untersuchung um diese Lieferungen bereinigt. Die Zahlen des Jahres 1929 repräsentieren also den um die Reparationsleistungen verminderten Steinkohlenexport. Insgesamt gesehen konzentriert sich der deutsche Rohstoffexport im Laufe des Untersuchungszeitraumes zunehmend auf

---

[3] Trotz gesunkener Exportpreise und geringeren Mengen hatte sich der Anteil leicht vergrößert, was durch die Relation zum allgemein geringeren Rohstoffexport zu erklären ist.

[4] A. BRUCH, Die Neuordnung der deutschen Kohlenwirtschaft seit 1933, Emsdetten 1936; H. BRÜCKNER, Bedarf und Versorgung des skandinavischen Kohle- und Koksmarktes, Jena 1938; F. FRIEDENSBURG, Die Rohstoffe und Energiequellen im neuen Europa. Berlin 1943; V. HENTSCHEL, Zahlen und Anmerkungen zum deutschen Außenhandel zwischen dem ersten Weltkrieg und der- Weltwirtschaftskrise. In: ZS für Unternehmensgeschichte, Jg.31, H.2, 1986, S.95-115; H. JAMES, Deutschland in der Weltwirtschaftskrise 1924-1936. Stuttgart 1988; E. G. LANGE, Steinkohle. Wandlungen in der internationalen Kohlenwirtschaft. Leipzig 1936; V. MUTHESIUS, Kohle und Eisen. Die Grundpfeiler der deutschen Wirtschaft. Berlin 1939; J. PLOCH, Der Wettbewerb der britischen Steinkohle auf dem deutschen Kohlenmarkt unter besonderer Berücksichtigung des Stettiner Gebietes, Berlin 1932; A. SCHMIDT, Steinkohlen in Oberschlesien und an der Saar. Die Bedeutung ihres Besitzes und die Folgen ihres Verlustes für Deutschland. In: Finanz- und volkswirtschaftliche Zeitfragen, Heft 62, Stuttgart 1919; J. SCHRÖDER, Der Absatzraum der Ruhrkohle. Giessen 1929.

Steinkohlen, die auch ihren Anteil am Gesamt-Export dabei auf mehr als 7% ausbauten.

Zieht man nun Exportmengen und -preise hinzu, so zeigt sich, daß der Export 1912 und 1937 fast die gleiche Höhe aufweist. Verließen 1912 Steinkohlen im Gesamtwert von 436 Mio RM Deutschland, so waren es im Jahre 1937 440 Mio RM. 1929 lag die ausgeführte Menge niedriger bei 327 Mio RM - bedingt durch die Bereinigung der Reparationen[5] - 1934 wurden Steinkohlen für 215 Mio RM exportiert. Kostete die Kohle durchschnittlich 14 RM vor dem Ersten Weltkrieg, so lag der Durchschnittspreis 1929 schon bei fast 20 RM/Tonne. Der Preisverfall der Weltwirtschaftskrise ließ auch die Kohlenpreise nicht stabil, die Preise fielen und sollten bis zum Zweiten Weltkrieg nicht mehr das Niveau von 1914 erreichen. 1934 lag der Durchschnittserlös der Exportkohle bei 9,9 RM und 1937 kostete sie nur unwesentlich mehr (11,1 RM).

Innerhalb von nur 50 Jahren wuchs die Bedeutung der Kohle für die deutsche Industrie in einem immensen Ausmaße an: Betrug die Förderung im Jahre 1860 noch etwas mehr als 12 Mio Tonnen, so war diese am Vorabend des Ersten Weltkrieges schon auf 190 Mio Tonnen emporgeschnellt[6]. Großbritannien, das bis etwa 1880/1890 den internationalen Kohlenhandel kontrollierte, mußte sich nach dem Zusammenschluß der größten deutschen Reviere zum Rheinisch-Westfälischen Kohlensyndikates (1893) der deutschen Konkurrenz stellen[7]. Besondere Bedeutung für die Devisenbilanz besaßen die Handelsüberschüsse der deutschen Steinkohle, insbesondere nach 1933. Die Exportquote lag bei 25% der Förderung und verdeutlicht die enge Verflechtung der Kohle mit der Ausfuhr[8].

Viele der überseeischen Abnehmer britischer Kohle begannen mit ernstzunehmender Eigenproduktion - so auch der bisher wichtigste Markt, die Vereinigten Staaten. Aus transport- und kostentechnischen Gründen belieferte Deutschland mehr seine Anrainerstaaten, die durch das europäische Eisenbahnnetz miteinander verbunden waren. 88 Prozent der deutschen Steinkohlenausfuhr ging 1912 nach Belgien, Frankreich, Niederlande, Österreich-Ungarn und der Schweiz!

---

5   Dazu auch **HENTSCHEL**, S.104.
6   **SCHMIDT**, S.10f.
7   **LANGE**, S.22.
8   Vgl. Tabelle bei **BRUCH**, S.42.

Mit Ausbruch des Ersten Weltkrieges wandelte sich der Kohlenmarkt. Die Entente war plötzlich von den deutschen Lieferungen abgeschnitten, die eigenen Kohlebecken (Lothringen) vom Feind besetzt. Im weiteren Kriegsverlauf blieb Kohle Mangelware, die USA waren auch nicht in der Lage, ihre Exporte sehr zu steigern. In Skandinavien, das bislang fast nur von Großbritannien versorgt wurde, konnte Deutschland seine Position als Lieferant kurzfristig erheblich verbessern, als 1916 nun ca. 50% der skandinavischen Kohlenimporte aus deutscher Provenienz stammten (1913: 9,1%)[9] und man im Gegenzug dafür Zugeständnisse bei der Lieferung der kriegsentscheidenden Erze erreichte.

Der Zusammenbruch Deutschlands ließ auch die Steinkohlenförderung stark zurückgehen. Ein wesentlicher Faktor dabei war auch der Verlust der schlesischen Kohlereviere, auf die 23% der Vorkriegsförderung entfiel[10]. Wirtschaftliche (Inflation) und politische Faktoren (Besetzung des Ruhrgebietes) bestimmten die Wirren der folgenden Jahre. Erst die 1925 wieder *"normalen Verhältnisse"*[11] führte zu einer auf hohem Niveau konsolidierten Förderung der Hauptexportstaaten USA, Großbritannien, Deutschland und Polen. Nun mußte sich Deutschland nach dem Krieg mit dem neuen Konkurrenten Polen auf dem Weltmarkt auseinandersetzen, der bis zu 33% seiner Produktion exportierte. Das allgemein erhöhte Weltmarktangebot[12] und die geringere Nachfrage (Substitution der Kohle durch Öl in der Seefahrt) verursachte einen Ausfuhrrückgang auf deutscher und vor allem auf englischer Seite[13]. Denn der britische Kohlenexport traf auf einen verengten Weltmarkt, die Preise fielen und die englische Steinkohlenwirtschaft wurde hart getroffen, als deren Bergarbeiter 1926 in Streik traten, um gegen Lohnsenkungen zu protestieren. Der britische Export fiel daraufhin von 72 Mio Tonnen (1925) auf 30 Mio Tonnen (1926). Deutschland konnte auf dem Weltmarkt einspringen und steigerte in diesem Streikjahr seine Ausfuhr von 22 Mio Tonnen auf 38 Mio Tonnen[14]. Absatzprobleme gab es für Deutschland angesichts weltweiter Überkapazitäten dennoch nicht, da *"die Reparationslieferungen halfen, die deutsche Absatznot zu mildern"*[15]. So wurden zwischen 1920 und 1930 mehr als 89 Mio Tonnen an die Siegerstaaten geliefert. Als 1929 die Weltwirtschaftskrise einsetzte, traf diese

---

9 **LANGE**, S.35.
10 Über die Folgen der Gebietsabtretung auf den Kohleexport siehe **SCHMIDT**, S.13f.
11 **LANGE**, S.44.
12 **PLOCH**, S.13.
13 **BRÜCKNER**, S. 7. Großbritannien war der Hauptlieferant von Bunkerkohle und exportierte davon 1913 noch 21 Mio Tonnen, 1938 dann noch knapp 11 Mio Tonnen. **FRIEDENSBURG**, S.138.
14 Jeweils Steinkohlen und Steinkohlenbriketts o h n e Koks!
15 **PLOCH**, S.27.

auf wieder langsam steigende Exporte und drückte sie bis 1932 um ein Drittel nach unten. Mit dem wirtschaftlichen Aufschwung in Europa wurden auch die deutschen Kohlenexporte rasch ausgeweitet: zwischen 1932 und 1936 steigerten sich diese um fast 100%. Trotz des steigenden Anteils von Mineralölen an der Energieerzeugung war die Verwendung von Steinkohle aus Preisgründen unumgänglich[16]. Während des Zweiten Weltkrieges stieg zwar die deutsche Steinkohlenproduktion an, jedoch war dies auf die Förderleistung besetzter Gebiete zurückzuführen - der Output des alten Reichsgebietes schwankte von 1937 bis 1943 zwischen 184 und 190 Mio Tonnen[17].

In harter Konkurrenz stand Deutschland zu Großbritannien auf dem skandinavischen Markt[18], das diesen vor dem Ersten Weltkrieg mit einem Marktanteil von 98% (Anteil am Steinkohlenimport) völlig beherrschte. Ausschlaggebend dafür war die englische Preispolitik, die aufgrund geringerer Fracht- und Förderkosten preisgünstiger anbieten konnte. Aber auch traditionelle Verbundenheit mit Großbritannien als Kohlelieferant war mitbestimmend. Nach dem Bergarbeiterstreik in Großbritannien entspann sich ein *"scharfer Preiskampf am skandinavischen Absatzmarkt"*[19] zwischen Polen und England. Deutschland war es bis zur Weltwirtschaftskrise nicht gelungen, seine Kohle günstiger anbieten zu können, obwohl es die Produktivität erheblich steigern konnte[20]. Kurzfristig entschied Großbritannien die Auseinandersetzung, als es sich durch die Abwertung 1931 Preisvorteile schaffte und seinen Anteil an der skandinavischen Kohleeinfuhr nach der Abwertung von 34% auf 50% erhöhte[21]. Doch rasch wieder erstarkende polnische Konkurrenz führte auf britischen Druck 1933 zu Handelsverträgen mit Skandinavien, die ihren Import nun in Länderkontingente aufteilten[22] und mit diesen auch die englische Monopolstellung festschrieben[23]. In zähen handelspolitischen Verhandlungen gelang es Deutschland seinerseits, ab 1934 seine Kohlenexporte nach Skandina-

---

16 FRIEDENSBURG, S.146. In der Erzeugung einer Wärmeeinheit kostete die Kohle nur 20%-33% im Vergleich zur Einheit auf Erdölbasis.
17 **STATISTISCHES HANDBUCH VON DEUTSCHLAND. 1928-1944**. München 1949, S.279.
18 **BRÜCKNER**, S.89ff.
19 **BRÜCKNER**, S.101.
20 Lag 1913 die Mannleistung noch bei 280 Tonnen pro Jahr, so hatte sie schon 1926 die Vorkriegsleistung überschritten und war bis auf 1931 auf 341 Tonnen gestiegen. **JAMES**, S.159.
21 **BRÜCKNER**, S.109.
22 *"Der Anteil Großbritanniens an der Einfuhr der nordischen Länder wurde für Schweden auf 47 v.H., für Norwegen auf 70 v.H. und für Dänemark auf 80 v.h. für drei Jahre festgesetzt"*. **BRÜCKNER**, S.110.
23 So waren die Absatzgarantien Großbritanniens für skandinavische Exportgüter für dieses Entgegenkommen verantwortlich. **BRÜCKNER**, S.110.

vien bis zum Ausbruch des Zweiten Weltkrieges zu steigern, um dann zwischen 1939 und 1945 dort das Liefermonopol zu haben. Auf den anderen Märkten gab es nur unwesentliche Änderungen. So waren die Niederlande, Italien, Frankreich, Belgien[24] und die Tschechoslowakei immer die Hauptabnehmer deutscher Steinkohlen, dagegen Österreich-Ungarn und das zaristische Rußland nur vor dem Ersten Weltkrieg. Italien und die Niederlande konnten aber nach der Weltwirtschaftskrise ihren Anteil ausbauen: Vor allem Italien wurde nach 1934 nicht nur ein wichtiger Bündnispartner Hitlers, sondern 1937 auch der größte Abnehmer deutscher Steinkohle, welche dort die britische verdrängt hatte. Die große Bedeutung der Niederlande ist auf deren Funktion als Durchfuhrland für den deutschen Kohleexport zu sehen[25].

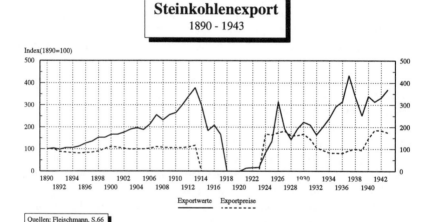

---

[24] Gerade nach der Weltwirtschaftskrise mußte hier Großbritannien empfindliche Absatzeinbußen hinnehmen.
[25] **SCHRÖDER**, S.36.

VI. Die Struktur der Halbwarenimporte

setzt sich im Vergleich wie folgt zusammen:

Hauptgruppe	1912	1929	1934	1937	1942
Halbwaren	15,2	15,3	15,9	17,8	14,4

Quelle:	1910 - 1913	1929	1933	1938
WULF[1]	14,7	17,2	18,0	19,5

Quelle:	1910 / 13	1925 / 29	1930 / 34	1936 / 38
HOFFMANN[2]	14,7	17,4	17,8	18,6

Allen Analysen gemeinsam ist der leicht steigende prozentuale Anteil der Halbwarenimporte zwischen 1934 und 1937 - wofür im wesentlichen Vierjahresplan und Aufrüstung verantwortlich zu machen sind; darüberhinaus weichen die Ergebnisse nur geringfügig (max. 10%) voneinander ab.

Aus der Analyse der jeweiligen Jahres - Strukturen ergab sich, daß sich der deutsche Halbwarenimport meist aus den folgenden fünf Gütern zusammensetzte, die immer in der Gruppe zu finden waren (Nennungen in den 5 Analysejahren in Prozent): Metalle, Gespinste und Holz je 100%, Kraftstoffe und Rohseide je 80%. In der Spitzengruppe befinden sich Metalle, Gespinste, Kraftstoffe und Holz.

---

[1] J. WULF, Der deutsche Außenhandel seit 1850. Entwicklung, Strukturwandlungen und Beziehungen zum Wirtschaftswachstum, Stuttgart 1968,S.83.
[2] W.G. HOFFMANN, Das Wachstum der deutschen Wirtschaft seit der Mitte des 19. Jahrhunderts. Berlin/Heidelberg/New York 1965, S.160.

1. Gruppenanteile der Halbwarenimporte

1) Metalle bildeten immer das wichtigste Importgut in der Gruppe der Halbwaren - nur im Kriegsjahr 1942 wurden sie von den Kraftstoffen verdrängt, die erst nach dem Ersten Weltkrieg ihre Bedeutung steigern konnten. Stark gestiegene Importpreise ließen hier den nach Werten berechneten Gruppenanteil auf 13,8% zurückfallen. Schon der Anteil des Jahres 1912 ist durch die Rüstungsphase ab 1909 gekennzeichnet, die einen real stark anwachsenden Import von Metallen induzierte. Der wirtschaftliche Aufschwung der zwanziger Jahre führte dann ebenfalls zu real enorm gestiegenen Importen und zu einem Gruppenanteil von 34%.

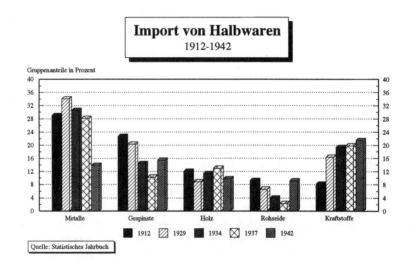

2) Eine andere Entwicklung verzeichneten die Gespinste (Garne), welche bis zur Weltwirtschaftskrise einen Anteil von 20% verzeichnen konnten. 1934 hatte sich dieser Anteil schon um ein Viertel auf 15% reduziert und 1937 war der Stellenwert der Garne noch geringer geworden.

3) Zwischen 9% und 13% schwankte der Gruppenanteil von Bau- und Nutzholz. Real ging der Import nach dem Ersten Weltkrieg zurück, da gerade in der Bauwirtschaft Holz immer mehr von anderen Baustoffen wie Beton und Ei-

sen verdrängt wurde[3], was sich auch in dem 1929 geringeren Gruppenanteil ausdrückt. Für den Anstieg im Jahre 1937 ist die im Zuge der Aufrüstungspolitik vermehrte Bautätigkeit ursächlich zu sehen, welche - aus Kapazitätsgründen - auch verstärkt auf Schnittholz zurückgriff.

4) Rohseidengarn konnte seinen Gruppenanteil im Laufe des Untersuchungszeitraumes nicht mehr halten, dieser verringerte sich von 9,2% (1912) auf 2,3% (1937). Die Ausnahme bildet der Wert des Kriegsjahres 1942, dessen Sondereinflüsse für diesen plötzlich angestiegenen Anteil verantwortlich sind. Parallel dazu ist der in den späten zwanziger und dreißiger Jahren anwachsende Verbrauch von Kunstseide (Viskose) zu betrachten, die es Deutschland ermöglichte, den teueren Import von Naturseide zu ersetzen und schließlich zum Nettoexporteur von Kunstseide zu werden. So übertraf 1937 der Export von Kunstseidengarn den Import von Naturseide. Dem Import billiger Kunstseide aus Italien, Frankreich und der Schweiz stand die Ausfuhr qualitativ hochwertiger Kunstseide in die Länder mit noch geringer Eigenproduktion wie Jugoslawien, Ungarn, Tschechoslowakei gegenüber.

5) Lag der Anteil der Kraftstoffe 1912 noch bei 8,1%, so hatte er sich 1929 schon auf 16,3% verdoppelt und war 1934 auf fast ein Fünftel angewachsen. Dieser Bedeutungszuwachs innerhalb des Gruppenimports korrespondiert mit dem steigenden Stellenwert der Mineralöle in der deutschen Volkswirtschaft durch die Motorisierung nach dem Ersten Weltkrieg.

---

[3] **ENQUETE I**, S.352.

2. Metalle[4]:

Jahr	Menge (Tonnen)	Wert (Mio RM)	RM/Tonne
1912	519.000	577	1111
1929	1141.000	694	608
1934	1026.000	215	210
1937	1205.000	322	267
1942[5]	504.000	93	186

Im folgenden beschränkt sich die Untersuchung auf die wichtigsten unedlen Metalle Aluminium, Blei, Eisen, Kupfer, Zinn und Zink. Denn es ist an dieser Stelle nicht möglich, alle Schwer- und Leichtmetalle ausführlich darzustellen, zumal diese o.a. wichtigsten den Metallimport meist zu mehr als 90% bestimmen. Wie die Graphik zeigt, sind eindeutige Tendenzen ersichtlich:

Aluminium und Zinn liegen in der oberen Preiskategorie, während Zink, Blei und Kupfer mehr dem mittleren, Eisen dem unteren Segment zuzuordnen sind.

Kupfer hat sich immer (wertmäßig) als bedeutendstes Metall erwiesen - mehr als die Hälfte der deutschen Metalleinfuhr bestand aus Kupfer. Insbesondere auf die seit der Jahrhundertwende stark expandierende Elektroindustrie entfiel der Großteil des Kupferbedarfs[6]. Die Eigenerzeugung war jedoch relativ gering: vor dem Ersten Weltkrieg lag sie bei ca. 16% des Bedarfs. Zwar stieg die Eigenproduktion von 24.000 Tonnen (1891) auf 43.000 Tonnen (1912), während im gleichen Zeitraum der Bedarf auf 231.000 Tonnen wuchs[7]. Die wenigen Metallhütten waren nicht in der Lage, dem steigenden Bedarf an Kupfer durch Kapazitätserweiterungen Rechnung zu tragen. So war schon zu Beginn des Er-

---

[4] F. BREIDENBROICH, Die Strukturwandlungen in der internationalen Kupferwirtschaft und die deutsche Kupferwirtschaft. Würzburg 1938; **P. KRUSCH**, Die Versorgung Deutschlands mit metallischen Rohstoffen. Leipzig 1913; **K.H. ULRICH**, Die Versorgung Deutschlands mit unedlen Metallen unter besonderer Berücksichtigung ihrer Bewirtschaftung seit 1934. Zeulenroda 1937; **J. WOLLNIK**, Wandlungen in der Zinngewinnung nach dem Weltkrieg. Leipzig 1936;
[5] Januar bis Juni 1942.
[6] BREIDENBROICH, S.10f.
[7] ULRICH, S.10.

sten Weltkrieges ersichtlich, daß die Abhängigkeit von Kupferimporten nicht zu verringern war[8]. Diese stammten damals auch zu 90% aus den USA.

Der während des Ersten Weltkrieges stark gestiegene Kupferbedarf reduzierte sich nach *"Einstellung der Feindseligkeiten"*[9] sofort; das Wachstum der frühen Zwanziger Jahre ließ den Verbrauch langsam steigen: 1921 betrug dieser die Hälfte des Vorkriegswertes der erst 1927 konnte jener wieder erreicht werden konnte. In das Jahr 1926 fällt die Gründung des amerikanischen Kupferkartells[10], einem Zusammenschluß der größten Kupferproduzenten mit einem Volumen von 95% der Weltproduktion, das es schaffte, bis 1928/29 die Kupferpreise in astronomische Höhen (1540 RM für die Importtonne) zu treiben. Die Weltwirtschaftskrise ließ die Preise fallen: 1934 kostete die Tonne Importkupfers nur noch 403 RM, 1937 dann schon wieder mehr als 600 RM.

In der sich anschließenden "Umbruch-Phase" von 1930-1934/35 ergaben sich auch Veränderungen bei den Lieferanten Deutschlands. Waren die USA bis 1929 noch dominierend (1912: 89% Anteil an Gesamtkupfereinfuhr, 1929: 43%), so mußten sie ihre Position nun an Belgisch-Kongo[11], Chile und Südafrika[12] abgeben, welche ein Drittel der Importe stellten.

Dies ist darauf zurückzuführen, daß im Zuge der Weltwirtschaftskrise der Anteil von Elektrolytkupfer aus Preisgründen und aufgrund von Devisenproblemen drastisch zugunsten Rohkupfers aus Afrika reduziert wurde. Nachdem die USA ihren eigenen Markt durch rigide Zollmaßnahmen abgeschlossen hatten, zerbrach auch das Kupferkartell, als die restlichen Mitgliedsstaaten austraten. Nun erhöhte sich der Druck der kleinen Produzenten Rhodesien, Kongo und Chile auf den Weltkupfermarkt. Nachdem sie jahrelang an den von den USA ab 1926 hochgetriebenen Kupferpreisen[13] in Form erhöhter Gewinne (für den Aufbau von Kapitalreserven) profitiert hatten, waren sie jetzt in der Lage, trotz gesunkener Kupferpreise nicht mit Verlust arbeiten zu müssen. Höherer Erzgehalt, niedrigere Lohn- und Erschließungskosten zeigten nun nach dem Niedergang des Kupferkartells ihre Wirkung im Welthandel[14].

---

[8] Der Import betrug meist mehr als 70% des Gesamtverbrauchs.
[9] **ULRICH**, S. 42.
[10] Dem Kartell schlossen sich als bedeutende Produktionsstätte nur Australien und Japan nicht an. Vgl. **BREIDENBROICH**, S.30ff.
[11] Vgl. **BREIDENBOICH**, S.48f.
[12] Die Rhodesischen Kupfergruben versechzehnfachten ihre Produktion zwischen 1930 und 1935. **BREIDENBOICH**, S.42.
[13] Die Kupferpreise erreichten ihren Hochstand 1928 und 1929.
[14] **BREIDENBOICH**, S.42.

An dieser Konstellation hatte sich 1937 nichts geändert, währenddessen der Import im Zweiten Weltkrieg eigenen Gesetzen folgte: so stammten mehr als die Hälfte der Kupferimporte 1942 aus dem besetzten Frankreich!

Als zweite große Warengruppe folgt **Eisen**, wenn man den Wert der Importe betrachtet. Hier weist Eisen einen Anteil von 6-16%, im Kriegsjahr 1942 sogar von 32% auf. Zieht man allerdings die eingeführten Mengen zu Rate, so wirkt sich der niedrige Preis der Eisenmetalle dahingehend aus, daß deren Anteile am Mengenumsatz nun bei 50-70% liegen.

Aluminium kann zwar nur einen geringen Anteil am Import aufweisen, dennoch blieb es ein wichtiges Metall, zumal es in der Herstellung (hohe Energiekosten) teuer war. Deshalb wurde - wie die geringen Anteile zeigen - mehr der Rohstoff Bauxit importiert und weniger das kostenintensivere Halbprodukt. Die quantitativ und qualitativ[15] sehr unbedeutenden deutschen Bauxitvorkommen konnten die Importabhängigkeit auch in der Zeit der Devisenbewirtschaftung und Aufrüstung nach 1934 nicht verringern. So brachte der Erste Weltkrieg den Ausbau der deutschen Aluminiumindustrie[16] mit sich, da Aluminium das Kupfer in der Elektroindustrie durch dessen Leitungsfähigkeit ersetzen konnte - wenn auch nicht im gleichen Wirkungsgrad. Rasch stieg die Produktion von 1000 Tonnen (1913) auf 13.000 Tonnen (1918)[17] und 30.000 Tonnen (1927/29)[18] an. Mit steigender Eigenproduktion verringerte sich so auch der Anteil am Gesamt-Metallimport.

Zinn, Zink und Blei weisen in etwa ähnliche Bedeutung in der Einfuhr auf.

Zink verdoppelte seinen Anteil nach 1912, was darauf zurückzuführen ist, daß durch den Gebietsverlust der oberschlesischen Zinkhütten die verbleibenden deutschen Zinkerze nach Polen exportiert werden mußten und als Metall reimportiert wurden[19]. Aber es war nicht nur der Verlust der Zinkhütten allein, vielmehr wirkten sich auch die nun geringeren Erzvorkommen auf die Produktion aus. Konnten vor Ausbruch des Ersten Weltkrieges noch knapp 300.000 Tonnen Zinkerze gefördert werden, so wurden selbst 1928/29 nur die Hälfte (144.000 Tonnen) dieses Vorkriegswertes erreicht. Im gleichen Zeitraum sank auch die

---

[15] Der Kieselsäuregehalt der deutschen Vorkommen war zu hoch. **ULRICH**, S.103.
[16] Aufgrund des hohen Energiebedarfs zur Verhüttung entstanden die ersten Aluminiumhütten im Ruhrgebiet (Braunkohle!).
[17] **ULRICH**, S.27.
[18] **ENQUETE I**, S.284.
[19] **ULRICH**, S.38.

Eigenproduktion von 278.000 Tonnen auf 108.000 Tonnen. Hält man nun den Weltbedarf von 1 Mio Tonnen (1913) dagegen, so wird die Position Deutschlands als weltgrößter Zinkproduzent (neben den USA) vor 1914 deutlich.

1934 hielt sich der Anteil am Gesamtmetall-Import noch auf gleichem Niveau wie 1929. Erst 1937 zeigte die ab 1934/35 durchgeführte Metallbewirtschaftung Veränderungen, als nun der Anteil der Zinkimporte auf die Hälfte gefallen war. War es 1934 gerade noch möglich, die seit der Weltwirtschaftskrise gesunkenen Zinkpreise (1929: 520 RM/Tonne, 1934: 203 RM/Tonne) für den Import zu nutzen, so machten die bis 1937 auf mehr als 250 RM/Tonne gestiegenen Preise und das im gleichen Zuge verringerte Deviseneinkommen drastische Reduzierungen der Zinkeinfuhr nötig. Durch den Auf- / Ausbau eigener Bergbau- und Verhüttungskapazitäten konnten wichtige Devisen eingespart werden.

Die deutschen **Zinn**erzvorkommen waren relativ gering, so daß auch hier die Importabhängigkeit von ausländischen Erzen sehr groß war. Hohe Verhüttungskosten ließen den Import von Erzen und damit die anschließende Verarbeitung im eigenen Lande sinnvoller erscheinen. Beispielsweise wurden 1929 etwa 180.000 Tonnen Zinnerze im Wert von 23,5 Mio RM (=130 RM/Tonne), 17.500 Tonnen Rohzinn dagegen für 65,4 Mio RM (=3737 RM/Tonne) importiert.

Hauptlieferant von Zinn blieb während des gesamten Untersuchungszeitraumes Niederländisch-Indien mit einem Anteil von meist mehr als 50%.

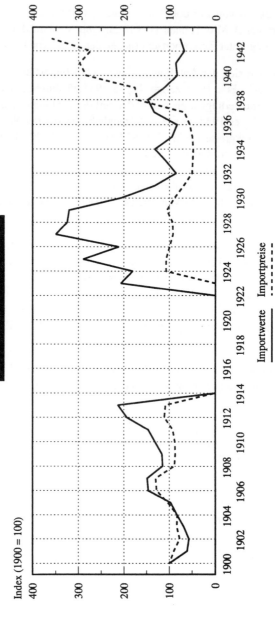

Metallimport
1900 - 1943

Index (1900 = 100)

Importwerte ———
Importpreise - - - - - -

Quellen: W.G.Hoffmann, S.527-29
Statistisches Jahrbuch

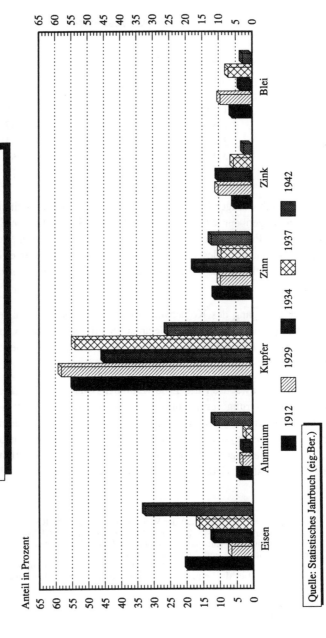

3. Kraftstoffe[20]

Jahr	Menge (Tonnen)	Wert (Mio RM)	RM/Tonne
1912	1.359.000	161	118
1929	2.531.000	335	132
1934	3.094.000	137	44
1937	4.306.000	230	53
1942	1.846.000	314	170

Innerhalb weniger Jahrzehnte hatten sich in der Energiewirtschaft wesentliche Wandlungen der Energieträger vollzogen. So wuchs der Stellenwert des Erdöls in der Energieerzeugung drastisch an. Vor dem Ersten Weltkrieg (1913) stellte Erdöl nur 7,2% des Weltenergieverbrauchs, 1938 waren es dagegen schon 27,3%[21]. Steinkohle als wichtigster Energielieferant befand sich weltweit im Rückzug.

Der Rückgang des Kohlenverbrauchs auf deutschen Schiffen manifestiert sich im sinkenden Anteil der Kohle an der Schiffsverfeuerung von 88,8% (1914) über 59,3% (1929) auf 30,3% im Jahre 1934. Gleichzeitig stieg der Anteil der Ölfeuerung an: 2,6% (1914), 28,5% (1929), 30,3% (1934)[22].

Für ein Anwachsen des Erdölverbrauchs war weiterhin die weltweit steigende Motorisierung verantwortlich, die in Deutschland an dem kontinuierlich wachsenden Kraftfahrzeugbestand ersichtlich ist: noch vor dem Ersten Weltkrieg zählte dieser noch etwas mehr als 64.000 Stück und war bis 1929 schon auf 577.000 gestiegen[23]. Mit dem Aufschwung in der Kraftfahrzeugindustrie und der Aufrüstung kletterte ab 1934 der Import bei etwa gleichbleibenden Prei-

---

[20] K. BIRK, Kraftstoffwirtschaft der Welt. Berlin 1943; W. BIRKENFELD, Der synthetische Treibstoff 1933-1945. Göttingen 1964; F. FRIEDENSBURG, Rohstoffe und Energiequellen im neuen Europa. Berlin 1943; H.J. HELLWIG, Die chemische Industrie als devisenschaffender und devisensparender Wirtschaftsfaktor im deutschen Wirtschaftsleben. Leipzig 1937; E.G. LANGE, Steinkohle. Wandlungen in der internationalen Kohlenwirtschaft. Leipzig 1936; W. SILBERMANN, Chemieindustrie und Außenhandel. Berlin 1938.
[21] BIRK, S.3.
[22] LANGE, S.72.
[23] ENQUETE I, S.358.

sen bis zum Zweiten Weltkrieg in die Höhe. Erst der Kriegsausbruch ließ die Preise auf das Dreifache steigen.

Bereitete der Import von Kraftstoffen bis zur Weltwirtschaftskrise keine finanziellen Schwierigkeiten, so änderte sich dies mit der Einführung der Devisenbewirtschaftung in Deutschland. Zwar konnte die eigene Erdölförderung ausgeweitet werden, doch hatte jene angesichts des großen Bedarfs nur marginale Bedeutung. Abhilfe sollte das Hydrierverfahren schaffen, also die Verflüssigung von Braun- und Steinkohle. Im Vergleich zu 1913 mit einer Eigenversorgung von 0% kann man den großen Fortschritt sehen, als aufgrund permanent erhöhter Produktionskapazitäten beispielsweise 1936 eine Eigenversorgung von 30% des Kraftstoffverbrauchs in Deutschland erreicht werden konnte[24]. Deshalb änderte sich die Importstruktur und die USA büßten ihre Stellung als Hauptlieferant ein, da die knappe Devisenlage es nicht mehr gestattete, das teure Benzin aus den USA mit Devisen zu bezahlen. Waren die Vereinigten Staaten 1929 noch mit einem Anteil von 47% an den deutschen Bezügen (Werte) beteiligt, so hatte sich dieser 1934 schon auf 22% reduziert. Zieht man nur die Importmengen zu Rate, so ist der Anteilsrückgang noch deutlicher auf 13,5%.

Die Niederländischen Antillen[25] nahm nun die Position der USA als Hauptlieferant ein und konnten 1937 schon einen Anteil von 40% (Menge) an der Treibstoffeinfuhr verbuchen. Hier wirkt die deutsche Statistik verwirrend, da Erdölvorkommen einerseits nicht auf den Antillen zu finden sind, andererseits laut Statistik kaum Mineralöl aus den großen Vorkommen im benachbarten Venezuela bezogen wird. Die Erklärung liegt darin, daß sich auf der Venezuela vorgelagerten Insel Curaçao große Raffinerien befanden und dort das venezulanische Öl zum Export weiterverarbeitet wurde. Aufgrund der Devisenknappheit in Deutschland wurden die erheblich billigeren venezolanischen Mineralöle den amerikanischen vorgezogen. So betrug beispielsweise 1937 der Preisunterschied zwischen beiden Lieferanten 100%! Weiterhin waren noch die UdSSR und Rumänien zum großen Teil an der deutschen Einfuhr beteiligt.

Vor allem die deutsche Rüstungspolitik war für den ab 1935/36 stark ansteigenden Mineralölverbrauch verantwortlich, zwischen 1929 und 1938 verdoppelte sich dieser auf mehr als 6 Mio Tonnen[26]. Allerdings darf hierbei nicht

---

[24] HELLWIG, S.47. SILBERMANN, S.75ff.
[25] In der deutschen Statistik ausgewiesen als *"Niederländisch-Westindien (Curaçao, Aruba, Bonaire, St.Martin, St.Eustatius, Saba), Niederl.-Guayana (Surinam)"*.
[26] BIRKENFELDT, S.218.

übersehen werden, daß auch ein Teil der Einfuhr zur Vorratslagerung verwendet wurde, denn zu Kriegsausbruch betrug der Lagerbestand etwa 2,5 Mio Tonnen Mineralöl[27]. Große Anstrengungen wurden unternommen, die eigene Produktion zu steigern, doch 1937 deckte die Eigenherstellung auch nicht mehr als 37% des Verbrauchs[28]. Erst im Zweiten Weltkrieg konnten die deutschen Hydrierwerke größere Produktionskapazitäten vorweisen, als beispielsweise 1943 dort knapp 3 Mio Tonnen Mineralöl hergestellt wurden. (1934: 150.000 Tonnen, 1937: 750.000 Tonnen).

Im Zweiten Weltkrieg erlangte Erdöl eine noch größere Bedeutung, zumal hier jegliche Truppenbewegung ohne Treibstoff unmöglich wurde. War der Motorisierungsgrad im Ersten Weltkrieg noch gering, so entschieden 1939-1941/42 schnelle Vorstöße hochbeweglicher Panzerarmeen die Feldzüge. Der Besitz von Erdölfeldern war deshalb von strategischer Bedeutung, denn Kraftstoffmangel schränkte die operative Beweglichkeit der Truppen ein[29].

---

[27] **BIRKENFELDT**, S.144.
[28] Berechnungen nach **BIRKENFELDT**, S.222.
[29] In diesem Zusammenhang muß auch der sog. Kaukasus-Feldzug von 1942/43 gesehen werden, als Hitler sich durch die Einnahme der sowjetischen Erdölfelder von Baku und Grosny eine langfristige Sicherung seiner Treibstoffbasis sichern wollte.

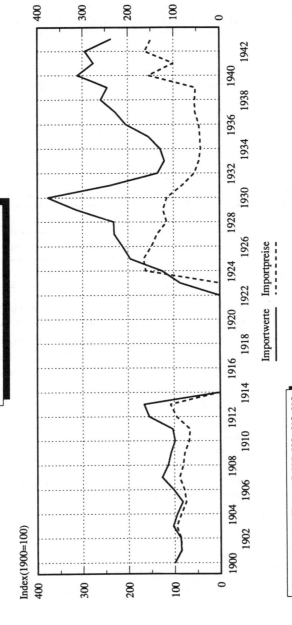

VII. Die Struktur der Halbwarenexporte

zeigt folgendes Bild:

Hauptgruppe	1912	1929	1934	1937	1942
Halbwaren	12,1	9,9	7,8	8,8	13,9

Quelle:	1913	1929	1933	1938	
WULF[1]	21,3	20,6	19,5	18,2	

Quelle:	1910 / 13	1925 / 29	1930 / 34	1935 / 38	
HOFFMANN[2]	21,0	20,6	18,6	20,4	

Hier ist im Gegensatz zu HOFFMANN der Anteil der Halbwarenexporte am deutschen Außenhandel rückläufig, während bei HOFFMANN der Anteil um 20% schwankt. Hinzu kommt, daß die Ergebnisse im Vergleich zu denen von HOFFMANN und WULF um bis zu 100% differieren. So liegt eine Erklärung darin, daß HOFFMANN als Vorlage für WULF diente, dementsprechend müssen sich auch deren Ergebnisse gleichen. Wie sich jedoch bei WULF und HOFFMANN diese hohen Anteile errechnen, läßt sich hier nicht nachvollziehen. Vielleicht wurden dort einige Produkte einer anderen Hauptgruppe zugeordnet - das Statistische Handbuch weist jedenfalls für 1938 einen Anteil der Halbwaren am deutschen Export von **8,4%** aus![3]

Zellstoffe, Gespinste, Metalle und Koks waren in allen fünf Analysen vertreten, Dünger, Chlorkalium und Kraftstoffe in jeweils drei Jahren. Es ergibt sich folgendes Bild:

---

[1] J. WULF, Der deutsche Außenhandel seit 1850. Entwicklung, Strukturwandlungen und Beziehungen zum Wirtschaftswachstum. Stuttgart 1968, S.78.
[2] W.G. HOFFMANN, Das Wachstum der deutschen Wirtschaft seit der Mitte des 19. Jahrhunderts. Berlin/Heidelberg/New York 1965, S.153.
[3] ALLIIERTER LÄNDERRAT von Deutschland: Statistisches Handbuch von Deutschland von 1928 - 1944. München 1949, S.394.

1. Gruppenanteile der Halbwarenexporte

1) Die Spitzengruppe der drei wichtigsten Exportgüter besteht aus Metallen, Koks und Gespinsten (Garne). Den Rest des Halbwarenexports bildeten chemische Produkte wie z.B. Dünger sowie Zellstoff.

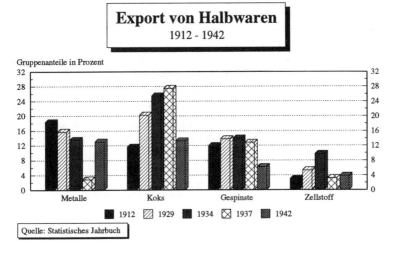

2) Metalle sinken in der Bedeutung für die Ausfuhr der Gruppe - ihr Anteil reduziert sich von 18,3% (1912) auf 2,8% (1937) mit der Ausnahme des Kriegsjahres 1942 (13%). Eklatant ist dabei der Rückgang zwischen 1934 und 1937. Aufgrund der verschärften Devisensituation und dem konjunkturellen Aufstieg ab 1933/34 war der Zwischenhandel und die Veredelung von Erzen ökonomisch nicht mehr sinnvoll.

3) Ähnlich wie im Falle der Steinkohlen übernahm auch Koks immer mehr die Funktion des für die Zahlungsbilanz so wichtigen Devisenlieferanten. Steigende Exportmengen bei nach 1929 gesunkenen Preisen zeugen von dem Bestreben, Valuta um jeden Preis ins Land zu bekommen. Außerdem mußten die Importe in der Zeit der Devisenbewirtschaftung beglichen und mit Kokslieferungen die für die Binnenwirtschaft wichtigen Maschinenexporte als Zahlungsmittel ersetzt werden.

4) Garne[4] behielten während des Untersuchungszeitraumes (Ausnahme: Kriegsjahr 1942) ihren Gruppenanteil von 12%-14% im wesentlichen bei und können damit als ein Beispiel für eine konjunkturunabhängige Ausfuhr betrachtet werden. Typisch für die deutsche Textilindustrie war der Nettoimport von Garnen (zur Weiterverarbeitung), der meist aus Großbritannien stammte.

5) Der deutsche (Sulfit-) Zellstoff wurde immer aufgrund seiner besonderen Qualität (Festigkeit und hohe Bleichfähigkeit) auf dem Weltmarkt nachgefragt. Qualitätsvorteile ließen auch den Absatz nach der Weltwirtschaftskrise vergleichsweise unterdurchschnittlich fallen, so daß der Gruppenanteil 1934 gegenüber 1929 sich fast verdoppelt hatte. Der Zellstoffpreis fiel nicht so stark wie derjenige von Koks, Metallen und Garnen, so daß sich aus diesem Sachverhalt heraus der 1934 gestiegene relative Anteil erklären läßt. Schloß der deutsche Zellstoffhandel noch mit einem großen Exportüberschuß ab, so konnte dieser nach dem Ersten Weltkrieg nicht mehr erreicht werden. 1937 und 1942 hatte sich der Anteil wieder drastisch verringert.

2. Metalle

Jahr	Menge (Tonnen)	Wert (Mio RM)	RM / Tonne
1912	1172.000	172	147
1929	777.000	211	271
1934	324.000	42	130
1937	133.000	34	256
1942	949.000	256	270

Hier konnte Deutschland seine Warenbilanz niemals ausgleichen, es blieb zu jeder Zeit Nettoimporteur. Zwischen 1934 und 1937 reduziert sich der Gruppenanteil der Metalle von 13,5% auf 2,8% - d.h. der Export von Metallen war innerhalb von drei Jahren bedeutungslos geworden. Verantwortlich dafür ist in erster Linie die Aufrüstungspolitik des III.Reiches. Im gleichen Zug blieb jedoch der Anteil der Metalle am Halbwarenimport gleich, es konnte aufgrund der beschränkten Devisenlage also die Aufrüstung nur durch reduzierten Export und Verlagerungen im Binnenverbrauch erreicht werden.

---

[4] Vgl. **ENQUETE II**, S.211ff.

3. Koks[5]

Jahr	Menge (Tonnen)	Wert (Mio RM)	RM / Tonne
1912	6.000.000	126	21
1929	7.500.000	188	25
1934	6.100.000	79	13
1937	8.900.000	143	16
1942	4.313.000	131	30

Deutschland war der wichtigste Koksexporteur der Welt. Dieser Brennstoff konnte ab 1912 stetig seinen Gruppenanteil ausbauen. Fand zwischen 1912 und 1929 eine (knappe) Verdoppelung des Anteils statt, so wuchs dieser nochmals nach der Weltwirtschaftskrise um gut ein Viertel bis 1934. Da Koks immer einen Aktivposten der Handelsbilanz bildete, wurde er in der Zeit der Devisenknappheit wie Steinkohle als Zahlungsmittel verwendet.

Mit knapp 6 Mio Tonnen betrug die deutsche Koks-Ausfuhr 1912 etwa ein Sechstel, mit einem Wert von 126 Mio RM dagegen nur ein Viertel des Ausfuhrwertes der Steinkohlen. Die Gebietsverluste aufgrund des Versailler Vertrages wirkten sich auf den Koks-Export quantitativ nur geringfügig aus[6].

Seinen dritten Höhepunkt erreichte der Koks-Export 1929, als nun 7,5 Mio Tonnen (bereinigt um Reparationslieferungen) exportiert wurden. Jedoch ließ die Weltwirtschaftskrise die Ausfuhr nur geringfügig sinken, 1931 lag die Koks-Ausfuhr bei 6,3 Mio Tonnen und 1934 bei 6,1 Mio Tonnen. Vergleicht man die jeweiligen (aktuellen) Preise, so stellt man fest, daß der Preis per Tonne von 21 RM (1912) auf 25 RM (1929) gestiegen war. Allerdings sollte dabei nicht vergessen werden, daß 1929 noch Reparationssachlieferungen den Preis mit bestimmten. Brennstoffe als wichtiges Exportgut und Devisenlieferant hatten dann auch in der Phase der Aufrüstung nach 1936 steigende Bedeutung, so daß das III. Reich seine wichtigsten Importe durch vermehrte Koks - Exporte zu begleichen suchte. Fiel der Kokspreis bis 1934 auf 13 RM / Tonne, so stieg dieser parallel zur Konjunktur bis 1937 wieder auf 16 RM und 1942 mußten die

---

5 H. BRÜCKNER, Bedarf und Versorgung des skandianvischen Kohle- und Koksmarktes. Jena 1938.
6 Vgl. **ENQUETE I**, S.328ff.

Abnehmer deutscher Kohle dann 30 RM für die Tonne Koks bezahlen. Sicher waren es die Abhängigkeit der besetzten und neutralen europäischen Staaten auf diesen für die heimische Industrie so wichtigen Brennstoff und die militärische Hegemonie der Deutschen, welche das Preisdiktat ermöglichten.

Veränderungen in der Abnehmerstruktur gab es kaum - nur Österreich-Ungarn, das noch vor dem Ersten Weltkrieg 15% des Exports aufnahm, verlor seine Bedeutung. Frankreich, Belgien-Luxemburg, Schweden und die Schweiz blieben im gesamten Untersuchungszeitraum die wichtigsten Kunden. Ähnlich wie im Fall der Steinkohle stand Deutschland in Skandinavien mit Großbritannien in harter Konkurrenz. Besaßen die nordischen Staaten vor 1914 eher noch untergeordnete Bedeutung als Koksabnehmer (ca. 5% Anteil an der deutschen Koksausfuhr), so wuchs diese bis zur Weltwirtschaftskrise weiter (auf etwa 11%) an und erhöhte sich gerade nach 1933 auf etwa 20%[7]. Großbritannien, das bis zur Weltwirtschaftskrise den skandinavischen Koksimport mit einem Lieferanteil von zwei Dritteln beherrschte, mußte nach 1933 Marktanteile in Höhe von 10% an Deutschland abtreten[8].

Im Vergleich zu Steinkohlen hatten hier Kartellierungsbemühungen relativ spät Erfolg. Erst 1937 schlossen sich Deutschland, Großbritannien, die Niederlande, Belgien und Polen zur Internationalen Koksvereinigung[9] zusammen und teilten sich den Weltmarkt auf; Deutschland erhielt mit 48,43% im Gegensatz zu Großbritannien (20,88%) den Hauptanteil des Weltexports zugestanden.

---

[7] BRÜCKNER, S.114.
[8] Bei minimalen Preisunterschieden skandinavischer Notierungen für die beiden Konkurrenten waren es wohl eher Lieferprobleme und geringere Qualität seitens der Briten, welche es den Deutschen ermöglichte, ihren Anteil zu erhöhen. BRÜCKNER, S.116.
[9] BRÜCKNER, S.135. Anteile am Weltexport: *Deutschland 48,43%, Großbritannien 20,88%, Niederlande 17,83%, Belgien 9,66% Polen 3,2%*.

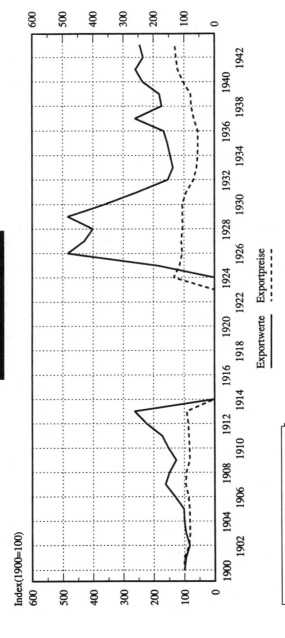

VIII. Die Struktur der Fertigwarenimporte

zeigt folgendes Bild:

Hauptgruppe	1912	1929	1934	1937	1942
Fertigwaren	10,5	13,7	14,6	7,7	34,6

Quelle:	1910 - 1913	1929	1933	1938	
WULF[1]	8,8	10,8	9,3	6,6	

Quelle:	1910 / 13	1925 / 29	1930 / 34	1936 / 38	
HOFFMANN[2]	8,8	9,2	10,5	7,4	

Beträchtliche Abweichungen zu den Zahlen von WULF und HOFFMANN bis etwa 1933 / 34 sind hier ersichtlich. Vor allem über die Struktur nach dem Ersten Weltkrieg gibt es keinen Konsens - die Disparitäten reichen bis zu 50%! Trotz unterschiedlicher Klassifikationskriterien gleichen sich die Ergebnisse der zweiten Hälfte der 30er Jahre. Allen Quellen gemeinsam ist der Rückgang des Anteils der Fertigwarenimporte nach 1934 - wenngleich dieser sich bei WULF und HOFFMANN nicht so stark ausgeprägt hatte. Sicherlich sank der reale Fertigwarenimport nach der Weltwirtschaftskrise, wie SCHRÖTER anführt[3], dennoch zeigt sich, daß sich der Importanteil je nach Untersuchung leicht erhöht oder geringfügig ermäßigt hat. Insofern kann hier nicht davon die Rede sein, ..."*daß die deutsche Industrie ihre Position im Inland ... halten oder sogar ... verbessern mochte*"[4]. Komparative Kostenvorteile dürften eher für den Anteil der Fertigwareneinfuhr maßgeblich sein. Erst zahlungstechnische und

---

[1] J. WULF, Der deutsche Außenhandel seit 1850. Entwicklung, Strukturwandlungen und Beziehungen zum Wirtschaftswachstum. Stuttgart 1968, S.83.
[2] W.G. HOFFMANN, Das Wachstum der deutschen Wirtschaft seit der Mitte des 19. Jahrhunderts. Berlin / Heidelberg / New York 1965, S.160.
[3] V. SCHRÖTER, Die deutsche Industrie auf dem Weltmarkt 1929 bis 1933. Frankfurt / Main 1984, S.54.
[4] SCHRÖTER, S.54. "*Das Absinken der Fertigwarenimporte war nicht nur ein Zeichen für die Begrenztheit des deutschen Inlandmarktes, sondern es machte deutlich, daß die deutsche Industrie ihre Position im Inland zu halten oder sogar zu verbessern mochte*".

wirtschaftspolitische Gründe ließen nach 1934 den devisenträchtigen Import von Fertigwaren sinken. Vielfach waren die im Clearing mit Deutschland abrechnenden Staaten technisch zu einer ergänzenden Fertigwarenausfuhr nicht in der Lage. Denn der deutsche Import konzentrierte sich auf das industriell hoch entwickelte Europa und die USA - und die waren wiederum nur sehr begrenzt zum Handel auf Verrechnungsbasis bereit.

Die Analyse der jeweiligen Strukturen ergab, daß sich der deutsche Fertigwarenimport immer aus den folgenden zehn Gütern zusammensetzte (Nennungen in den 5 Analysejahren in Prozent): Chemikalien, Textilien, Eisenwaren, Maschinen und Lederwaren je 100%, Pelze, Kunstseide und Elektrogüter je 80%, Holzwaren und Papierprodukte je 60%.

Auffallend ist die Tatsache, daß hier genau diejenigen Güter in der Spitzengruppe der ersten Fünf zu finden sind, welche auch den Fertigwarenexport bestimmen: Chemikalien, Textilien, Eisenwaren, und Maschinen.

Gruppenanteile der Fertigwarenimporte

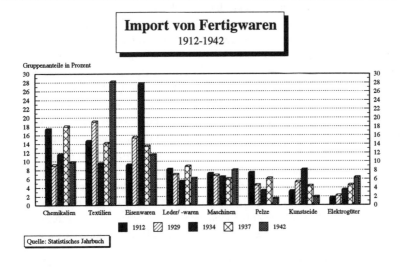

1) Der Gruppenanteil der Eisenwaren wächst nach dem ersten Weltkrieg von 9% auf 15%, um bis 1934 auf mehr als 27% anzuwachsen.

2) Bei den Textilien weist das Jahr der Weltwirtschaftskrise vorläufig den höchsten Gruppenanteil auf, danach sinkt deren Bedeutung - erst 1937 ist das Ausgangsniveau von 1912 wieder erreicht und 1942 aus Kriegsgründen enorm überschritten. Hauptsächlich bestand die Einfuhr aus textilen Vorerzeugnissen, die dann in Deutschland veredelt wurden.

3) Der Import von Chemikalien[5] hatte vor dem Ersten Weltkrieg eine große Bedeutung. Diese verringerte sich danach so stark, daß erst 1937 - bedingt durch die Aufrüstungspolitik - Chemikalien wieder einen ebenso großen Anteil am Fertigwarenimport erlangten. Hauptsächlich war dies darauf zurückzuführen, daß vor dem Ersten Weltkrieg der Import von Chilesalpeter eine äußerst wichtige Rolle für die Sprengstoff- und Düngerherstellung aufwies und dieses Produkt in Deutschland während des Ersten Weltkrieges substituiert werden konnte. Mit dem Zusammenbruch des Salpeterimports von 178 Mio RM (1912) auf nahezu 0 in den zwanziger Jahren fiel auch der von Chilesalpeter determinierte Chemikalien-Fertigwarenimport beträchtlich. Parallel dazu ist der steigende Anteil der Chemikalien am Export zu sehen.

4) Leder und dessen Produkte lagen in der Bedeutung meist vor den Maschinen. Im wesentlichen erstreckte sich die Einfuhr auf Lederschuhe, die 1912 aus Österreich-Ungarn und der Schweiz bezogen wurden. Bei Schuhen zwischen 600 und 1200 Gramm konnte sich die USA als Hauptlieferant mit einem Lieferanteil von mehr als 50% gegenüber Österreich-Ungarn vor dem Weltkrieg durchsetzen, was auf die herausragende Stellung der USA als Lieferant von Schuhmaschinen zurückzuführen ist. Nach dem Ersten Weltkrieg wurden Schuhe zum größten Teil (62%) aus der Tschechoslowakei bezogen. Hier trat die Firma Bata mit günstigen Preisen und Massenproduktion als Hauptlieferant auf und nutzte den Übergang des Schuhs "*von einem individuellen Bedarfsobjekt zu einem Massenartikel*" aus[6]. Prozeßinnovationen und damit kostengünstigere Produktion sind dafür verantwortlich zu machen, daß die deutsche Schuhindustrie ihre Ausfuhr ab 1927 ständig steigern konnte, während gleichzeitig ab 1928 die Einfuhr - bedingt durch Zollerhöhungen - rapide sank. Dieser Prozeß setzte sich weiter fort, bis 1937 die Einfuhr mit ca. 1 Mio RM bedeutungslos war.

5) Maschinen hatten meist einen Gruppenanteil von 6-7% - anteilig am Gesamtimport verlor diese Produktgruppe allerdings immer mehr an Bedeutung,

---

[5] Zum Chemieimport vgl. **H. LOHMANN**, Strukturwandlungen im Außenhandel der deutschen chemischen Industrie seit 1913. Berlin 1938, S.67ff.
[6] **ENQUETE II**, S.236.

was auf den Anteils-Rückgang der Fertigwaren am Gesamtimport zurückzuführen ist. Hier zeigt sich vor dem Ersten Weltkrieg noch eine größere Bedeutung, die sich aber im Laufe der Jahre bis 1937 verringerte. So stammte der Großteil der 1912 eingeführten Maschinen aus den USA und Großbritannien. Eine nähere Produktdifferenzierung ist nicht möglich - das Angebot war breit gefächert und Schwerpunkte existierten nicht; meist lag der Import der aufgeführten Maschinen und -teile zwischen 300.000 RM und etwa 1 Mio RM. Nur Nähmaschinen waren beim Import favorisiert, 1912 führte man diese im Werte von ca. 15 Mio RM hauptsächlich aus den USA ein. Im Kriegsjahr 1942 konzentrierte sich der deutsche Maschinenimport dagegen auf Werkzeug- und Sonstige Maschinen, die zum großen Teil aus den besetzten westlichen Industriestaaten Frankreich, Belgien und den Niederlanden stammten.

6) Der Anteil der Pelze am Fertigwarenimport reduzierte sich kontinuierlich; meist fungierten Großbritannien, die Sowjetunion und Frankreich als wichtigste Lieferanten. Der Handel lief dabei von den nordamerikanischen Gebieten über New York und London nach Deutschland. Vor allem Leipzig galt auch nach dem Ersten Weltkrieg als das Welthandelszentrum für Rauchwaren (Pelze). Neben rohen Fellen wurden hier oft Vorerzeugnisse zur Eigenveredelung eingeführt.

7) Kunstseide und deren Produkte vergrößerten bis 1934 ihren Anteil, es bestand dabei immer noch ein Nettoimport. 1937 lag nun mit einem Nettoexport der Anteil unter dem Niveau des Krisenjahres 1929. Steigende Eigenproduktion nach 1934 ermöglichte jetzt auch den Export, so daß dementsprechend die Einfuhr an Bedeutung verlor. Hauptlieferanten blieben Italien und die Schweiz (Transit aus Italien).

8) Während des Untersuchungszeitraumes stiegen die Anteile der Elektroimporte am Fertigwarenimport an, die Niederlande und Ungarn waren hierbei die Hauptlieferanten. 1937 belief sich die Einfuhr auf ca. 20 Mio RM.

IX. Die Struktur der Fertigwarenexporte

zeigt folgendes Bild:

Hauptgruppe	1912	1929	1934	1937	1942
Fertigwaren	63,0	71,5	77,0	79,9	67,6

Quelle:	1913	1929	1933	1938	
WULF[1]	53,1	60,7	64,6	71,7	

Quelle:	1910 / 13	1925 / 29	1930 / 34	1935 / 38	
HOFFMANN[2]	53,3	59,1	64,6	68,2	

Allen drei Untersuchungen gemeinsam ist die Tendenz des steigenden Anteils der Fertigwarenexporte, wenngleich auch die verwendeten Datenbasen verschieden sind. Da sich WULF in diesem Fall weitgehendst auf die HOFFMANN'schen Zahlen stützt, weichen deren Ergebnisse wenig voneinander ab.

WULF zieht zur Erklärung für diese Tatsache auch politische Ereignisse heran und ist sich sicher, "*daß die Gebietsverluste seit dem Ersten Weltkrieg dazu beigetragen haben, das Gewicht der Halb- und Fertigwaren innerhalb der Exporte zu steigern.*"[3]

Betrachtet man die Zusammensetzung der 10 wichtigsten Exportgüter in dieser Gruppe, so ist festzustellen, daß es sich hierbei um eine recht homogene Gruppe handelt. In der Bedeutung sind Eisenwaren, Textilien, Maschinen, Chemikalien und Elektroartikel immer unter den wichtigsten 5 Warengruppen zu finden. Danach folgen mit - in den einzelnen Analysejahren jeweils unterschied-

---

[1] J. WULF, Der deutsche Außenhandel seit 1850. Entwicklung, Strukturwandlungen und Beziehungen zum Wirtschaftswachstum. Stuttgart 1968, S.78.
[2] W.G. HOFFMANN, Das Wachstum der deutschen Wirtschaft seit der Mitte des 19. Jahrhunderts. Berlin / Heidelberg / New York 1965, S.153.
[3] WULF, S.79

lichem Stellenwert - Papier-, Glas- und Kupferwaren, Pelze, Fahrzeuge und Spielzeugprodukte. Sieht man, daß diese 10 Güter immer 77%-85% des Fertigwarenexports stellten, so läßt sich ermessen, welches Gewicht jene Güter für den deutschen Außenhandel besaßen. Denn umgerechnet bildeten sie dann mehr als die Hälfte des gesamten Exports!

Strukturverschiebungen innerhalb des Fertigwarenexports sind nach HOFFMANN schwer zu eruieren, da er die achtziger Jahre des 19.Jahrhunderts mit *"der Periode 1955 / 59"* vergleicht und auf die dazwischenliegende Zeit nicht näher eingeht. Die vorliegende Untersuchung stellt deshalb in Ergänzung zu HOFFMANN folgende Strukturänderungen fest:

1. Gruppenanteile der Fertigwarenexporte

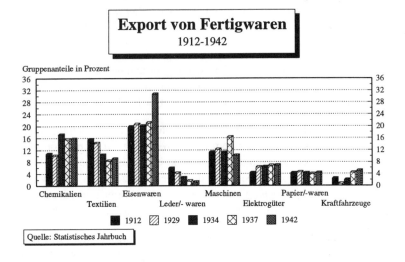

1) Eisenwaren wiesen immer den höchsten Anteil auf - ihr Anteil an den Fertigwarenexporten Deutschlands pendelte meist um 20%. Dies zeigt die herausragende Bedeutung dieser recht vielschichtigen Produktgruppe innerhalb des Untersuchungszeitraumes, wenngleich der absolute Export den allgemeinen Konjunkturschwankungen unterworfen war. Auftragsverlagerungen und allgemeine Kriegsexporte ließen den Gruppenanteil 1942 in die Höhe schnellen.

2) Textilien rangierten in der Struktur vor dem Ersten Weltkrieg an zweiter Position. Nach dem Krieg sinkt der Anteil um ein Drittel und bewegt sich dann

zwischen 8% und 10% und dokumentiert den Bedeutungsverlust dieser Produktgruppe am deutschen Export.

3) Synchron zum Bedeutungsverlust der Textilien vollzieht sich vor allem nach der Weltwirtschaftskrise der Aufstieg der Chemikalien zum zweitwichtigsten Exportgut dieser Gruppe.

4) Der Maschinenanteil am Fertigwarenexport lag meist zwischen 10% und 12% mit Ausnahme des Analysejahres 1937. Hier war der Anteil deswegen außergewöhnlich hoch, da die zur Aufrüstung benötigten Importrohstoffe auf Druck der Lieferstaaten oft nur gegen Maschinen geliefert wurden.

5) Elektroprodukte konnten ihren Anteil nach dem Ersten Weltkrieg von 4% auf 6% ausbauen. Diesem Erfolg steht auf dem Weltmarkt der Verlust der Umsatzführerschaft entgegen. Zwischen 1936 und 1939 real gestiegene Exporte lassen den Schluß zu, daß die Exporterlöse hieraus Anteil an der Finanzierung der Aufrüstung hatten.

6) Relativ undynamisch verhielten sich Papier und die daraus hergestellten Produkte. Deren Anteil schwankte nur geringfügig um 4%. Real wuchs die Ausfuhr in den Jahren 1926 - 1929 und ab 1934 bis etwa 1937 / 39.

7) Im Gegensatz dazu erwies sich der Anteil der Kraftfahrzeuge als sehr dynamisch. Hatten sich diese vor dem Ersten Weltkrieg auf dem europäischen, hauptsächlich österreichisch-ungarischen Markt eine politisch bedingte Sonderstellung erkämpft, so konnten sich die deutschen Fahrzeuge in den zwanziger Jahren in keiner Weise gegen die amerikanische Konkurrenz durchsetzen. Erst nach der Weltwirtschaftskrise gelang der Durchbruch zur Exportbranche.

7) Leder und Lederprodukte verloren seit dem Ersten Weltkrieg sehr stark an Bedeutung. Ihr Anteil fiel von 5,8% auf 1,2% (1942). Verantwortlich dafür ist zum großen Teil der Verlust der angestammten Absatzmärkte der Schuhindustrie. Beispielsweise setzten sich die Prozeßinnovationen der tschechischen Fabrik BATA international durch, da diese mit kostengünstigen Massenprodukten die Marktführerschaft übernahmen, während Deutschland sich nur langsam von der Tradition des Schuhs als Maßarbeit und Luxusgut trennen konnte.

2. Eisenwaren[4],[5]

Jahr	Menge (Tonnen)	Wert (Mio RM)	RM / Tonne
1912	4.930.000	1052	213
1929	4.470.000	1832	410
1934	2.150.000	641	298
1937	3.400.000	995	293
1942	3.166.000	1505	476

Für die deutsche Volkswirtschaft war die Eisen- und Stahlindustrie immer ein wichtiger Sektor. Durch den Eisenbahnbau übernahm die Eisenindustrie recht früh die Führungsrolle im Wirtschaftswachstum, verbunden mit wichtigen Wachstumsimpulsen auf die abhängigen Industriezweige (Kohle, Bergbau, Maschinenbau). Besonders vom Export der eisenverarbeitenden Industrie wurde die Eisenproduktion maßgeblich mitbestimmt. Allgemein war die eisenproduzierende Industrie sehr konjunkturempfindlich. Wirtschaftlicher Aufschwung schlug sich in steigender Eisenherstellung nieder, ebenso wie die Weltwirtschaftskrise zum Zusammenbruch der Produktion führte, so daß die Eisenproduktion als Konjunkturindikator dienen kann.

---

[4] W. BOSTEL, Die deutsche und die britische Eisenindustrie und ihr Konkurrenzkampf auf dem Weltmarkt. Osnabrück 1937; F.U. FACK, Die deutschen Stahlkartelle in der Weltwirtschaftskrise. Berlin 1957; V. HENTSCHEL, Zahlen und Anmerkungen zum deutschen Außenhandel zwischen dem ersten Weltkrieg und der Weltwirtschaftskrise. In: ZS für Unternehmensgeschichte, Jg.31, H2, 1986, S.95-115; H. JAMES, Deutschland in der Weltwirtschaftskrise 1924-1936. Stuttgart 1988; F. LAMMERT, Das Verhältnis zwischen der Eisen schaffenden und der Eisen verarbeitenden Industrie seit dem Ersten Weltkrieg. Köln 1960; H.C. LOHMANN, Die Ausfuhr deutscher Stahlwaren nach Britisch-Indien, Burma und Ceylon. Würzburg 1934; K.G. MAHNKE, Entwicklungstendenzen der internationalen Eisenwirtschaft im letzten Jahrzehnt. In: Vierteljahreshefte zur Wirtschaftsforschung, Jg.13 1938 / 39, S.172-185; A. RASPIN, The Italian War Economy 1940-1943. New York 1986; F. RIPS, Die Stellung der deutschen Eisenindustrie in der Außenhandelspolitik 1870 bis 1914. Jena 1941; V. SCHRÖTER, Die deutsche Industrie auf dem Weltmarkt 1929-1933. Frankfurt / Main 1984; A. STELLWAAG, Die Rohstoffgrundlagen der deutschen Eisenindustrie im 20.Jahrhundert. Berlin 1914; W. TÜSSING, Die internationalen Eisen- und Stahlkartelle. Ihre Entstehung, Entwicklung und Bedeutung zwischen den beiden Weltkriegen. Köln 1970; H. WETTSTEIN, Die Rohstoffversorgung der britischen Eisen- und Stahlindustrie. Affoltern 1932.

[5] Hier umfaßt die Gruppe der Eisenwaren folgende Produkte: *Röhren und Walzen, Stab- und Formeisen, Blech und Draht, Eisenbahnoberbaumaterial, Kessel, Maschinenzubehör, Messerschmiedewaren, Werkzeuge und landwirtschaftliche Geräte, sonstige Eisenwaren.*

Schon vor dem Ersten Weltkrieg hatte Deutschland den Konkurrenten Großbritannien[6] in der Eisen- und Stahlproduktion überflügelt - die höhere Produktivität der Hochöfen war dabei ausschlaggebend[7]. Das Konkurrenzverhältnis zu Großbritannien wurde auch von den Produktionsbedingungen in beiden Ländern maßgeblich bestimmt. Während Großbritannien sich fast ausschließlich auf die Herstellung von hochwertigem, aber teuerem Stahl nach dem Siemens-Martin-Verfahren konzentrierte, bot Deutschland in großem Umfang auch kostengünstigeren Thomas-Stahl an. Allerdings war der Anteil des Siemens-Martin-Ofens vor allem nach der Weltwirtschaftskrise im Steigen begriffen, da bei diesem Prozeß auch Schrott recyclet und damit die Abhängigkeit von teueren Rohstoffimporten verringert werden konnte.

Innerhalb der Eisenwaren zeigt die Graphik folgende Veränderungen: es sinkt allgemein die Bedeutung von im Fertigungsprozeß einfachen Gütern wie z. B. Stab- und Formeisen und Eisenbahnoberbaumaterial. Der Rückgang von letzterem ist darauf zurückzuführen, daß die meisten europäischen Eisenbahnnetze eine vergleichsweise sehr große Dichte besaßen und dementsprechend die Investitionen in die Eisenbahninfrastruktur nachgelassen hatten. In Verbindung damit zeigt die steigende Ausfuhr von Blechen die Tendenz zur Ausfuhr qualitativ höher entwickelter und spezialisierter Produkte[8].

Wandlungen in der deutschen Eisenherstellung machten sich auch in der steigenden Stahlherstellung seit der Verwendung des sog. Siemens - Martin - Verfahrens (1864) bemerkbar[9]. Stand bis dahin noch die Produktion von Guß- und Schmiedeeisen im Vordergrund, so setzte sich Stahl nach 1870 durch, da er an Härte und Haltbarkeit (Problem Rost) dem Gußeisen überlegen war. Im wesentlichen unterschied man dabei zwischen Hämatit- und Phosphorstahl, der sauer oder basisch produziert wurde. Phosphorhaltige Erze konnten bis 1878 (Erfindung des basischen Herdverfahrens = Thomas-Birne) nur zu geringwertigerem Stahl in Massenproduktion im Converterverfahren gegossen werden. Das saure Herdverfahren erlaubte dagegen die Herstellung von hochwertigem Hämatitstahl aus phosporhfreien Erzen. Das basische Verfahren ermöglichte die Verwendung der lothringischen phosphorhaltigen Erze ohne Qualitätseinbußen gegenüber dem Hämatitstahl, dessen Produktion nun zurückging. Nicht nur Qualitätsgründe führten zur raschen Einführung der Thomas-Birne in Deutsch-

---

[6] Zur Konkurrenzsituation vgl. **BOSTEL**, S.45ff.
[7] So belief sich beispielsweise 1929 die Produktion pro Hochofen in Deutschland auf 134.000 Tonnen gegenüber 49.000 Tonnen in Großbritannien. **SCHRÖTER**, S.469.
[8] So auch **HENTSCHEL**, S.111.
[9] **MAHNKE**, S.174.

land, denn dieser Prozeß konnte auch die Produktionskosten um mehr als 20% senken[10].

Nach dem Ersten Weltkrieg veränderte sich durch die Abtretung von Elsaß-Lothringen, dem Hauptlieferanten von Eisenerz, einerseits die Einfuhr von ausländischen Erzen, die nun erhöht werden mußte. Andererseits entfiel dadurch auch die Produktion der dortigen Walzwerke und Eisenhütten[11] für die deutsche Wirtschaft. Daneben wirkte sich auch die Besetzung des Ruhrgebietes auf die deutsche Roheisenproduktion negativ aus. Lag diese noch im Durchschnitt der Jahre 1911-1913 bei mehr als 15 Mio Tonnen, so errreichte sie 1923 am Tiefpunkt nur noch knapp 6 Mio Tonnen[12]. Mit dem konjunkturellen Aufschwung ab 1925 stieg auch die Eisenproduktion wieder an, die Überhitzung führte 1926 zu einem Knick in der Produktionskurve und erst 1929 konnte der Vorkriegswert wieder erreicht werden.

Rationalisierungen und Neuinvestitionen (Kapazitätsausweitungen) sollten der deutschen Eisenindustrie nach 1918 wieder den Anschluß an die Weltspitze sichern. Allerdings erstreckten sich die Rationalisierungen auf den Zusammenschluß zu größeren Stahlwerken und die Schließungen kleiner, unrentabler Hütten. Der Energieverbrauch stand im Mittelpunkt betrieblicher Neuorganisationen, als hier versucht wurde, Verluste im Produktionsprozeß durch optimale geographische Koordinierung der einzelnen Produktionsstufen zu verringern[13].

Strukturwandlungen im deutschen Eisenexport waren auch in die weltwirtschaftliche Eisenkonjunktur eingebunden. Ebenso wie in der Chemieindustrie hatten Kartellierungsmaßnahmen bis zur Weltwirtschaftskrise entscheidenden Einfluß auf den Weltmarkt. Absatzprobleme führten im ersten Schritt 1924 zur Einrichtung der Deutschen Rohstahlgemeinschaft und damit zum Verbund der deutschen Stahlproduzenten[14], 1926 bewirkte die Gründung der IRG, der *Internationalen Rohstahlgemeinschaft*, dann den Zusammenschluß

---

[10] RIPS, S.49f. Vergleich zwischen basisch (1903) und sauer (1878). Der Kostenvorteil lag darin begründet, daß bei dem Thomas-Verfahren als Abfall der Dünger Thomasphosphatmehl anfiel.
[11] So führt **LAMMERT** als direkte Folgen der Versailler Gebietsabtretungen (Elsaß-Lothringen, Luxemburg, Saar und Oberschlesien) den Verlust von "*43,5% der Roheisengewinnung, 35,8% der Flußstahlgewinnung, 32,4% der Walzwerksfabrikation, 79,1% der Erzförderung*" an. **LAMMERT**, S.37.
[12] WETTSTEIN, S.59.
[13] JAMES, S.154f.
[14] Hauptsächlich als Zusammenschluß gegen die Konkurrenz Frankreichs, Belgiens und Luxemburgs. **TUSSING**, S.100.

der wichtigsten kontinentaleuropäischen Stahlproduzenten[15]. Mit Quotenfestlegung[16] sollte die Disziplinierung[17] der Produktion erreicht werden, um die Gefahr der Marktzerstörung durch die beginnende Überproduktion und sinkende Preise abzuwenden.

---

[15] Deutschland, Frankreich, Belgien, Luxemburg und das Saargebiet. **LAMMERT**, S.72f, **TUSSING**, S.100f. Konkurrenz war wenig sinnvoll geworden, da die damaligen Preisunterbietungen nicht mehr kostendeckend arbeiten ließen und andererseits der bis 1925 offene Markt Deutschland nun seine Industrie ab 1925 durch prohibitive Eisenzölle wieder schützen durfte und dies auch tat.

[16] Bei einer Produktionskapazität von 25,287 Mio Tonnen betrug der deutsche Anteil 40,45%, der französische 31,89%. Eine diese Kontingentierung übersteigende Produktion sollte zu einem für Deutschland höheren Anteil von 43,18% führen. Mit diesem Entgegenkommen wurde der Beitritt Deutschlands zum Vertrag ermöglicht, nachdem es zuvor Differenzen gegeben hatte. **TUSSING**, S.116.

[17] Allerdings war die Manager der deutschen Eisenwirtschaft "*bei der Erschließung von Absatzmärkten so erfolgreich, daß sie wegen Überschreitung der ihnen vom Internationalen Stahlkartell zugewiesenen Quoten regelmäßig Geldbußen entrichten mußten.*" **JAMES**, S.127.

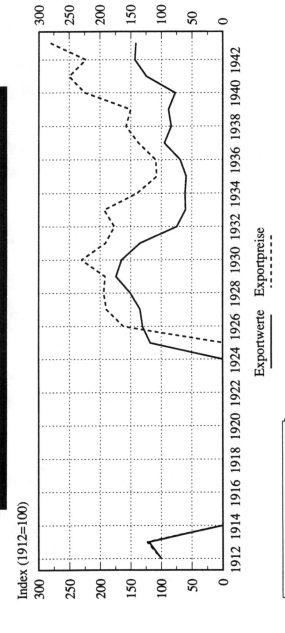

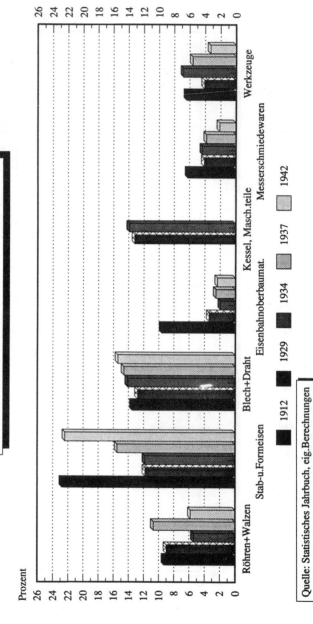

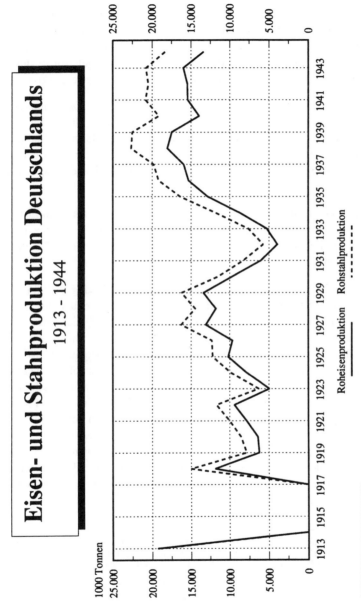

Im Jahr der Weltwirtschaftskrise wurde dann auch der Höhepunkt in der Welteisen- und Stahlherstellung erreicht. Der Absturz in die Krise führte dementsprechend in Deutschland zu stark rückläufiger Produktion, die ihren Tiefpunkt 1932 erreichte. 1931 scheiterte die IRG an der mangelnden Produktionsdisziplin der Signatarstaaten und den Problemen der Weltwirtschaftskrise.

Mit der Gründung der IREG im Jahre 1933, der *Internationalen Rohstahlexportgemeinschaft*, wurde der Versuch unternommen, die IRG wieder aufleben zu lassen. Nun legte man die Exportquoten[18] der gleichen Mitgliedsstaaten fest. Als 1935 auch Großbritannien der IREG beitrat, war damit der gefährlichste Wettbewerber und die letzte Konkurrenz Deutschlands ausgeschaltet[19].

So war 1934 die deutsche Ausfuhr wieder leicht steigend, als sie in Europa nach der Abwertung des britischen Pfundes und der Ottawa-Konferenz nicht mehr gegen die britische Konkurrenz antreten konnte und deshalb 1933 ihren Tiefstand erreichte.

Aufgrund der nationalsozialistischen Aufrüstungspolitik stieg ab 1936 / 37 der Eisen- und Stahlbedarf in Deutschland stark an und die Produktionskapazitäten waren bald ausgeschöpft. Höhere Exportpreise im Vergleich zum Tiefpunkt im Jahre 1935, aber im Vergleich zum Vorkrisenniveau von 1929 immer noch erheblich geringere Ausfuhrpreise und damit niedrige Deviseneinerträge ließen den Export von Eisenprodukten ökonomisch wenig sinnvoll erscheinen, denn die Exporte waren durch den enormen Bedarf der Aufrüstung beschränkt. So sanken die realen Exporte ab 1937 sehr rasch bis 1940. Wurde das Prinzip der Wirtschaftslenkung von den Nationalsozialisten schon früh auf die Eisenindustrie ausgeweitet, so stand die Produktion während des Zweiten Weltkrieges nun unter totaler Kontrolle[20], um die Produktion ganz in den Dienst der Kriegswirtschaft zu stellen (wenngleich auch das herausragende Produktionsergebnis des Jahres 1938 nicht mehr erreicht werden konnte). Auf diese entfielen beispielsweise 1942 mehr als 54% der gesamten Produktion![21]

---

[18] Auch hier erfolgte eine Differenzierung der Exportkontingente nach der angenommenen Produktion. Für Deutschland lag der Anteil 1936 zwischen 30,869% und 33,410%. Belgien: 28,9%-26%, Frankreich: 19,045%-22,952%, Luxemburg: 21,167%-17,368%. **TUSSING**, S.181.
[19] Gleichfalls 1935 hatte sich Polen der IREG angeschlossen; mit der tschechischen Industrie bestanden seit 1935 Kooperationsbemühungen, 1937 trat diese dann ebenfalls bei. **TUSSING**, S.233ff.
[20] Weiteres zur deutschen Eisenindustrie im Zweiten Weltkrieg vgl. **LAMMERT**, S.127ff.
[21] **RASPIN**, S.383.

Rasche militärische Erfolge während der ersten beiden Kriegsjahre ließen eine "Totalisierung" der Kriegswirtschaft vorläufig nicht nötig erscheinen, so daß auch der Export erst mit der Ausweitung des Krieges durch den Überfall auf die Sowjetunion im Jahre 1941 wieder anstieg.

Die Struktur der Abnehmerländer ist schwierig zu eruieren, da diese sehr breit angelegt war. Vielfach bestand eine große Abhängigkeit zwischen der Konjunktur des Empfangslandes und der Höhe des Eisenwarenexports. Grundsätzlich läßt sich jedoch feststellen, daß nach 1934 die Überseestaaten gegenüber Europa eine größere Bedeutung gewannen, was auch mit den mit diesen Staaten abgeschlossenen Modalitäten der Bezahlungen (Clearingverträge) zusammenhängt. Wie auch in anderen Produktgruppen, so wies die Niederlande einen großen Anteil am deutschen Eisenexport auf, was auf ihre Stellung als Wiederausfuhrland zurückzuführen ist.

Großbritannien hatte dagegen anfangs einen relativ großen Anteil, der dann von 12,6% (1912) auf 3,8% (1937) fiel. Hohe Zollmauern und Nachteile aufgrund der britischen Abwertung ließen den Export deutscher Eisenwaren nach Großbritannien ab 1931 nicht mehr gewinnbringend erscheinen. Obwohl schärfster Rivale Deutschlands, importierte der Inselstaat dennoch nicht unbedeutende Mengen von seinem Konkurrenten. Bei diesen Produkten handelte es sich meist um in der Produktionsstufe niedriger stehende Güter, die von Großbritannien veredelt und exportiert wurden[22]. Nach der Weltwirtschaftskrise erhöhte sich der Anteil der Überseestaaten am Bezug deutscher Eisenwaren, währenddessen sich der Absatz in Europa verringerte[23]. Die Devalvation ihrer Währung verschaffte den Briten nämlich auf dem europäischen Markt kurzfristig Vorteile, die es erlaubten, ihre Wettbewerbsfähigkeit durch Neuinvestitionen und Reorganisation erheblich zu verbessern.

---

[22] BOSTEL, S.65f.
[23] BOSTEL, S.57.

3. Chemikalien[24]

steigerten ihre Bedeutung nach der Weltwirtschaftskrise. Ihr Gruppenanteil lag bis zu diesem Zeitpunkt bei 10% und stieg danach auf 15-17%.

Jahr	Menge (Tonnen)	Wert (Mio RM)	RM / Tonne
1913	2.352.000	847	360
1929	1.660.000	1063	640
1934	1.100.000	606	550
1937	1.050.000	660	610
1942	744.623	783	1052

Dabei handelt es sich um eine Vielzahl von unterschiedlichen Produktgruppen, welche unter der Hauptkategorie Chemikalien zusammengefaßt wurden, die sich 1925 beispielsweise in 23 Abteilungen aufteilte[25]. Viele dieser Fertigwaren veränderten sich im Laufe des Untersuchungszeitraumes. Chemische Produkt- und Prozeßinnovationen[26] in den Laboratorien führten dazu, daß einige Substanzen neu in das Statistische Ausfuhrverzeichnis aufgenommen wurden oder gänzlich verschwanden[27]. Eine zu 100% homogene Exportstruktur wie beispielsweise bei Steinkohlen läßt sich also nicht erreichen. Aber auch die Klassifizierung der Chemikalien als Halb- oder Fertigprodukte erfuhr dabei Änderungen, bedingt durch den technischen Fortschritt in der Produktionstechnik.

---

[24] H. ETZOLD, Der Konkurrenzkampf zwischen der deutschen und englischen Teerfarbenindustrie während der Weltwirtschaftskrise. Halle (Saale) 1965; **W. HÄUSSLER**, Der Export der deutschen chemischen Industrie nach dem Kriege. Köln 1938; **K. HEINRICH**, Der Export der deutschen chemischen Industrie nach Großbritannien. Bückeburg 1932; **H.J. HELLWIG**, Die chemische Industrie als devisenschaffender und devisensparender Faktor im europäischen Wirtschaftsleben. Leipzig 1937; **F.M. KLATIL**, Beiträge zur deutschen Wirtschaft. Produktion und Außenhandel bis zu den Jahren 1937 / 38. Klagenfurt 1940; **B. LEPSIUS**, Deutschlands Chemische Industrie 1888-1913. Berlin 1914; **H. LOHMANN**, Strukturwandlungen im Außenhandel der deutschen chemischen Industrie seit 1913. Berlin 1938; **H.G. SCHRÖTER**, Außenpolitik und Wirtschaftsinteresse. Skandinavien im außenwirtschaftlichen Kalkül Deutschlands und Großbritanniens 1818-1939. Frankfurt / Main 1983; **V. SCHRÖTER**, Die deutsche Industrie auf dem Weltmarkt 1929-1933. Frankfurt / Main 1984; **W. SILBERMANN**, Chemieindustrie und Außenhandel. Hamburg 1938; **F. THISSEN**, Die Stellung der deutschen Teerfarbenindustrie in der Weltwirtschaft. Eupen 1922; **H. WAGEMANN**, Die Einfuhrzollpolitik der Vereinigten Staaten von Amerika seit Beginn des 20.Jahrhunderts und die deutsche Farbstoffindustrie. Mainz (Diss.) 1967.
[25] Ausführliche Darstellung der Problematik der Einteilung bei **LOHMANN**, S.13 und 20.
[26] Ammoniaksynthese ersetzte Chilesalpeter.
[27] **LOHMANN**, S.8.

Aufgrund der Produktvielfalt sind differenzierte Vergleiche einzelner Exportmengen statistisch nicht möglich.

Weltgeltung erreichte die deutsche Chemieindustrie vor dem Ersten Weltkrieg auf dem Gebiet der Teerfarbenproduktion[28] und -ausfuhr. War Deutschland 1913 zu 28% an der Weltchemieausfuhr beteiligt und damit größter Exporteur[29], so konnte man beim Export von Teerfarben von einem Monopol sprechen: mehr als 88% des Welthandels mit diesen Gütern wickelte Deutschland ab[30]. Hauptsächlich beruhte die herausragende Bedeutung der Teerfarben auf der Produktion von Alizarin- und Indigofarben. Die anorganische Chemie stützte sich auf die Düngemittel- und Sprengstoffproduktion.

Mit Ausbruch des Ersten Weltkrieges änderte sich auch die Stellung der deutschen Chemie auf dem Weltmarkt. Die Beschlagnahme der meisten Patente und Direktinvestitionen im nun feindlichen Ausland brachten die Entente in den Besitz des deutschen Know - How - Vorsprungs[31] und führten dort zum Aufbau eigener, konkurrenzfähiger Chemieindustrie[32]. Die Vereinigten Staaten investierten von 1915-1919 mehr als 460 Mio Dollar in den Aufbau einer eigenen Farbenindustrie[33]. So war es nicht verwunderlich, daß der deutsche Export nach 1918 seine herausragende Stellung auf dem Weltmarkt verloren hatte und beispielsweise 1924 nur noch einen Anteil von 17% aufwies[34].

Eine große Bedeutung erlangte nun der Export von Stickstoffdünger, nachdem im Ersten Weltkrieg kriegswichtige Stickstoffverbindungen wie Salpeter aus Luft hergestellt werden konnten[35]. Damit substituierte man Chilesalpeter, welcher für die Sprengstoff- und Munitionsproduktion die wichtigste Grundlage bildete[36]. Wie die von 4,2% (1912) auf 21,1% (1929) angestiegenen Anteile des Stickstoffdüngers belegen, wuchs dieser zu einem "Exportschlager" heran, der bis zur Weltwirtschaftskrise noch eine wesentliche Stütze der Ausfuhr blieb.

---

[28] Diese Farben wurden aus Steinkohlenteer gewonnen. Ausführliche Definitionen der Farbstoffe bei **WAGEMANN**, S.4.
[29] Danach folgten Großbritannien mit einem Anteil von 15,6% und Chile aufgrund seiner Salpeterausfuhr mit 14,7%. **HÄUSSLER**, S.14.
[30] **KLATIL**, S.9.
[31] **SCHRÖTER**, S.253f. Vor allem die USA und Frankreich weiteten in den ersten Nachkriegsjahren ihren Anteil am Weltexport überdurchschnittlich aus.
[32] So in England die *Imperial Chemical Industry* und *Dupont* in den USA. Vgl. **ETZOLD**, S.8f.
[33] **ETZOLD**, S.8.
[34] **HÄUSSLER**, S.36.
[35] Grundlage für die Stickstoffsubstitution war das 1909 erfundene Haber-Bosch-Verfahren. **SILBERMANN**, S.88.
[36] **HÄUSSLER**, S.19.

Deutschland hatte die niedrigsten Produktionskosten und bestimmte die Weltmarktpreise maßgeblich mit. Seinen Höhepunkt erreichte der deutsche Stickstoffexport 1929, als fast 1,3 Mio Tonnen exportiert wurden[37].

Reparationsleistungen aufgrund des Versailler Vertrages und hohe Zollmauern der ehemaligen Abnehmerstaaten erschwerten es der deutschen Chemieausfuhr, wieder Fuß in den alten Märkten zu fassen und schützten den dortigen Aufbau der eigenen chemischen Industrien.

Die Kartellierung der deutschen Chemie zur IG Farben im Jahre 1925, der Beginn der handelspolitischen Souveränität[38] sowie Rationalisierungen und Modernisierung der Produktpalette brachten dann wieder steigende Markterfolge. Diese konzentrierten sich bei den Farben auf qualitativ hochwertige Erzeugnisse wie Indanthrenfarbstoffe; der Anteil der Teerfarben an der Chemieausfuhr ging bis 1929 jedoch weiter zurück[39].

So sollte 1929 der Zusammenschluß der französischen CMC [40], der deutschen IG, und der schweizerischen IG (die britischen ICI trat 1932 zum Viererkartell bei[41]) den Absatz durch Bildung eines Preismonopols gegen die aufkommende Farbenkonkurrenz in Drittländern verteidigen. Sichern konnte sich die IG Farben auch den mit 65,% größten Anteil an diesem Weltfarbenabsatz[42]!

Der Preisverfall der Weltwirtschaftskrise traf die Chemie nicht so hart wie andere Branchen, dennoch konnte ein Umsatzrückgang nicht vermieden werden. Vor allem bei Stickstoffdünger war dieser beträchtlich. Im Zusammenhang damit steht der verstärkte Aufbau eigener Düngerindustrien des Auslandes, vor allem in Japan[43]. Relativ gut hielten sich Farben[44], Schwerchemikalien und Pharmazeutika, insbesondere letztere trugen immer mehr zum Export bei. Im Gegensatz zu anderen chemischen Gütern hatte sich während des Ersten Weltkrieges hier keine größere Pharmaindustrie weltweit entwickelt, die Deutschland ernsthaft Konkurrenz bieten konnte. Wesentliche Produktinnovationen wie beispielsweise diverse Mittel gegen Malaria und eine breite Produktpalette vermin-

---

[37] **SILBERMANN**, S. 94.
[38] Mit den meisten Staaten konnten nun Handelsverträge auf Basis der Meistbegünstigung geschlossen werden und vielfach fielen auch die bisher bestehenden Zollhindernisse weg.
[39] **KLATIL**, Tabelle VII, S.19.
[40] Zur Geschichte der britischen Farbenindustrie vgl. **ETZOLD**, S.87ff. **HEINRICH**, S.12ff.
[41] Über die Vorgeschichte dazu: **ETZOLD**, S.226ff.
[42] **SCHRÖTER**, S.276.
[43] **THISSEN**, S.52ff.
[44] Mengenmäßig stieg der Export von Teerfarben sogar bis 1931 an. **ETZOLD**, S.212.

derten die Krisenanfälligkeit und sicherten der deutschen Chemie gleichbleibende Erfolge[45]. Im Vergleich zur Eisen- und Textilindustrie hielt sich die Chemiebranche in der Krise recht gut, sie verbuchte sogar 1931 noch Gewinne. Der Preisverfall der chemischen Produkte war weltweit bei weitem nicht so groß wie in den anderen, krisengeschüttelten Branchen, weil das Dreierkartell (ab 1932 Viererk.) seine Preise verteidigen konnte[46].

Nach einer Zwischenzeit machten sich ab 1934 Strukturänderungen im Export der chemischen Industrie bemerkbar. So wuchs die Ausfuhr von Teerfarben, pharmazeutischen Produkten, Kunstseide, Munition und Kunststoffen, währenddessen der Verkauf von Stickstoffdünger und Photochemikalien seit der Weltwirtschaftskrise gesunken war[47]. Dies beruhte einerseits auf Absatzproblemen, andererseits auf dem ab 1934 stark gestiegenen Eigenverbrauch. Bis Kriegsausbruch verdoppelte sich der Stickstoffverbrauch auf mehr als 700.000 Tonnen[48]. Die nationalsozialistische Autarkie hatte dabei zum Ziel, die Auslandsabhängigkeit von Getreide durch riesige Ertragssteigerungen drastisch zu verringern, was sich nur durch erhöhten Kunstdüngerverbrauch erreichen ließ. Im Zuge der Autarkisierung und zur Synthetisierung von teuren Importrohstoffen konzentrierte sich nun die Chemieindustrie mehr auf den Binnenmarkt, was sich auch in der seit 1935 sinkenden Exportquote ablesen läßt, denn diese betrug 1937 nur noch 18%[49]. Auswirkungen zeigte im gleichen Jahr auch der Chinesisch-Japanische Krieg 1937, der Deutschland von einem wichtigen Absatzmarkt für Chemikalien, insbesondere Farben, abschnitt.

Auf dem Weltmarkt konnte Deutschland seinen Anteil an der Weltchemieausfuhr von 1925 bis zum Ausbruch des Zweiten Weltkrieges (der kurze Rückgang dauerte bis 1924) halten, nach 1929 jedoch nur noch geringfügig steigern. Es war 1937 größter Lieferant von Produkten wie Schwerchemikalien, Teerfarben, Sprengstoffen[50], Pharmazeutika, allerdings mit einem geringeren Anteil. Nachdem 1932 auch die britische ICI durch ihren Beitritt zum Dreierkartell den Konkurrenzkampf gegen die IG-Farben aufgegeben hatte[51], war die deutsche Position auf dem Weltmarkt ungefährdeter denn je.

---

[45] **HÄUSSLER**, S.90f.
[46] **ETZOLD**, S.74.
[47] **HELLWIG**, S.16f.
[48] **STATISTISCHE PRAXIS**, Jg.3., 1948, Heft 4, S.1.
[49] Berechnungen nach **KLATIL**, S.21.
[50] Schweden war bis zur Weltwirtschaftskrise der größte Weltexporteur.
[51] Selbst die Pfundabwertung verbesserte die Wettbewerbslage für die Briten nicht, nachdem es ihnen in der Weltwirtschaftskrise nicht gelungen war, in Märkte des Dreierkartells einzubrechen.

Die Abnehmerstruktur war seit jeher breit gestreut. Neben Europa war vor allem der asiatische Raum bevorzugter Abnehmer deutscher Chemikalien, insbesondere der Teerfarben. Dennoch ergaben sich im Laufe des Untersuchungszeitraumes Änderungen in der Abnehmerstruktur.

Stellten vor 1914 Großbritannien[52], die USA[53], Österreich-Ungarn[54], Rußland[55] und China die besten Kunden, so wurden 1929 Rußland und China[56] von den Niederlanden[57] und Japan abgelöst. Der chinesische Markt war nach dem Ersten Weltkrieg die Absatzdomäne der britischen Teerfarbenindustrie, die 1929 mehr als 46% ihrer Exporte dort absetzte[58] und diesen Markt preisaggressiv gegen das Farbenkartell verteidigte.

Nach der Weltwirtschaftskrise konzentrierte sich die Ausfuhr mehr auf den südosteuropäischen[59] und skandinavischen Raum; die USA, Frankreich und die Niederlande verloren dabei erheblich an Bedeutung[60]. Dominierten im Überseegeschäft mehr Teerfarben[61], Stickstoffdünger, Pharmazeutika und Kosmetika, so konzentrierte sich die europäische Ausfuhr auf Lacke, Mineralfarben und Kunststoffe. Bei den restlichen Gütern herrschten keine Präferenzen vor.

Der deutsche chemische Export war relativ konjunkturunempfindlich, da die äußerst breite Produktpalette für die weltweite industrielle Entwicklung unabdingbar war. Der Vorsprung an deutschem Know-How und letztlich auch die Kapitalintensität der chemischen Industrie verhinderten eine Selbstversorgung

---

[52] Farben und Zelluloid wiesen meist einen Anteil von mindestens 40% am Chemieexport auf, im allgemeinen war die Palette der restlichen Chemikalien aber sehr breit. **LOHMANN**, S.79ff. Großbritannien fungierte dabei als Verteilerzentrum für die Chemieeinfuhr seiner Kolonien. Mit dem dortigen Aufbau einer eigenen, leistungsfähigen Chemieindustrie war die deutsche Ausfuhr in ihrer Bedeutung stark gesunken. **HEINRICH**, S.153.
[53] Meist hatten Kaliprodukte einen großen Anteil. Zum chemischen Außenhandel mit den USA vgl. **LOHMANN**, S.76ff.
[54] Vor dem Ersten Weltkrieg hatte Thomasphosphatmehl noch einen größeren Anteil an der Chemikalienausfuhr, verschwand dann aber nach 1919 völlig. Der Grund liegt darin, daß es als Abfall bei der Eisenproduktion nach dem Thomasverfahren entsteht und Deutschland nach der Abtretung der nach diesem Verfahren produzierenden Eisenhütten Elsaß-Lothringens zum Netto-Importeur wurde. **LOHMANN**, S.83f.
[55] Vgl. **LOHMANN**, S.86f.
[56] Vgl. **LOHMANN**, S.94f.
[57] So stieg vor allem der Anteil der Farben am Export nach 1918 stark an. **LOHMANN**, S.95f. Weiterhin war die Intensivierung der niederländischen Landwirtschaft für die wachsende Düngerausfuhr (Ammonsulfat) verantwortlich.
[58] **ETZOLD**, S.171.
[59] Hier betrug der deutsche Anteil an den Chemieimporten zwischen 40% und 65%. **HÄUSSLER**, S.167.
[60] **KLATIL**, Tabelle XII, S.30.
[61] Insbesondere die Textilindustrie Britisch-Indiens und Chinas waren die besten Abnehmer deutscher Teerfarben.

vieler Abnehmerstaaten bei qualitativ hochwertigen Chemikalien durch den Aufbau eigener Industrie. So richtete sich der deutsche Export immer mehr von den Massenchemikalien hin zu den in der Produktion aufwendigen Gütern.

Für den Export und damit die Handelsbilanz war die Chemie von großer Wichtigkeit. Die Exportquote lag immer sehr hoch, sie übertraf diejenige der Elektro-, Maschinen-, Eisen- und Textilfertigwarenausfuhr, so lag sie 1934 bei 33%[62]. Es gelang, einige der für die chemische Produktion wichtigen Rohstoffe zu synthetisieren, so daß damit die eigene Importabhängigkeit verringert werden konnte. Dies machte sich vor allem nach der Weltwirtschaftskrise bemerkbar, als die Einfuhr von Rohstoffen wesentlich von Devisenproblemen bestimmt wurde. So produzierte die chemische Branche beispielsweise im Jahre 1936 bei einer Einfuhr von chemikalischen Rohstoffen im Wert von 60 Mio RM einen Exportüberschuß von 620 Mio RM[63]. Es war allerdings auch die Devisensituation, welche das Auslandsengagement in Form von Direktinvestitionen nach 1932 wesentlich erschwerte.

Wesentliche Bedeutung besaß die chemische Industrie aber auch für andere Wirtschaftszweige, als sie hier half, deren Importabhängigkeit von Rohstoffen durch Synthetisierung und Substituierung zu verringern: für die Textilindustrie brachte die Entwicklung von Kunstseide (Viskose) nicht nur einen Preisvorteil gegenüber der importierten Rohwolle (1932 war diese schon billiger als Wolle[64]), sondern auch eine spürbare Entlastung der Devisenbilanz. Oder die Synthetisierung von Benzin[65] (Hydrierverfahren), welche zwar die Importabhängigkeit nur marginal mindern konnte, aber dann durch immense Produktionserweiterungen im Zweiten Weltkrieg verstärkte Bedeutung besaß (Leuna-Werke). Wichtige Hilfe leistete die Chemie auf dem Gebiet der Kautschuksynthetisierung[66] in der Entwicklung des sog. *Buna* (aus *B*utadien und *Na*trium). Plastische Kunststoffe[67] und Substitution auf dem Gebiet der Metallproduktion rundeten die Wichtigkeit der chemischen Industrie ab.

---

[62] R. WAGENFÜHR, Die Bedeutung des Außenmarktes für die deutsche Industriewirtschaft. Die Exportquote der deutschen Industrie 1870-1936. Hamburg 1936, S.12.
[63] HELLWIG, S.22.
[64] HELLWIG, S.34.
[65] Vgl. SILBERMANN, S.52ff.
[66] Vgl. SILBERMANN, S.102ff.
[67] Vgl. SILBERMANN, S.121ff.

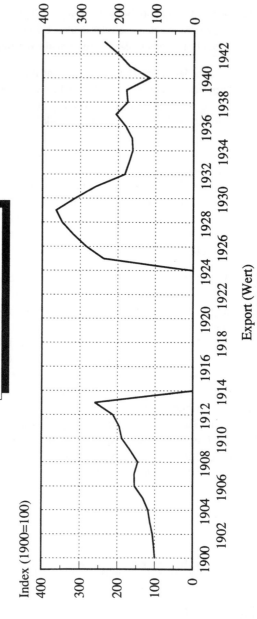

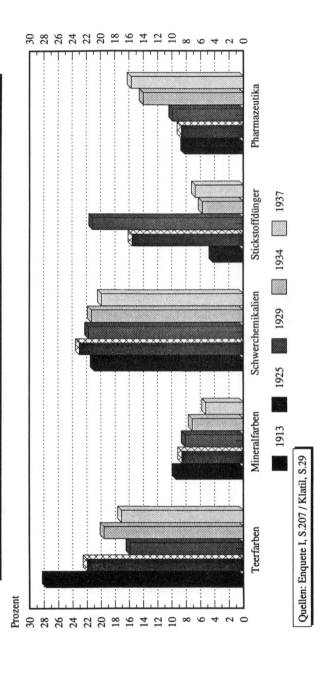

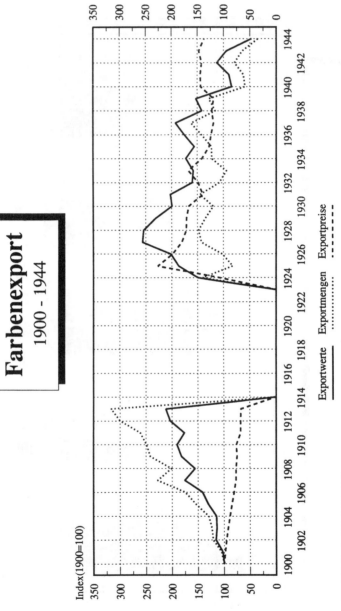

Der Bedeutungszuwachs der Chemikalien verläuft parallel zum Bedeutungsverlust der

4. Textilien[68]

deren Anteil bis 1929 sich auf ca. 15% bezifferte und danach auf 10% rutschte.

Jahr	Menge (Tonnen)	Wert (Mio RM)	RM / Tonne
1912	115.000	1077	9.395
1925	96.000	1130	11.770
1929	134.000	1397	10.408
1934	52.000	337	6.510
1937	79.000	430	5.457
1942	44.000	445	10.113

Die Abhängigkeit der Textilindustrie von der Konjunktur war nicht so stark wie diejene von der Mode. Letztere war gerade in den zwanziger Jahren nicht von einer Kontinuität geprägt, sondern "*überdeckte ... häufig die Konjunktur- und Saisonbewegung*"[69]. Zum anderen verteilte sich die Ausfuhr auf viele Staaten, so daß die Abhängigkeit von Konjunkturschwankungen einzelner Länder minimiert wurde[70].

Im Vergleich zur englischen Textilwirtschaft blühte die deutsche recht spät auf, als Großbritannien schon den Großteil des Weltmarktes kontrollierte. Ernsthafte Konkurrenz mit dem Inselstaat wie im Falle der Steinkohlen fand de facto

---

[68] E. BERGER-STEINBACH, Wesen und Art der Konjunkturschwankungen im deutschen Textil-Außenhandel in der Zeit von 1925 bis 1931. Berlin 1934; H.H. GEHLE, Die Entwicklung der Produktivkräfte in der Textilindustrie des Reichs seit dem Weltkrieg (1925-1939). In: Forschungsstelle für Allgemeine und textile Marktwirtschaft an der Universität Münster, Arbeitsberichte zur Marktforschung, 1941, S.80-92; INSTITUT FÜR WELTWIRTSCHAFT, Die Textilindustrie Argentiniens. Kiel 1939; A. KERTESZ, Die Textilindustrie sämtlicher Staaten. Entwicklung, Erzeugung und Absatzverhältnisse. Braunschweig 1917; U. OPPEL, Die deutsche Textilindustrie. Berlin 1912; W. PAUL, Die Auslandsabhängigkeit der deutschen Textilwirtschaft. Borna-Leipzig 1937; W. SCHNEIDER, Strukturwandlungen in der Textilwirtschaft durch das Aufkommen der Kunstseide. Nürnberg 1935; V. SCHRÖTER, Die deutsche Industrie auf dem Weltmarkt 1929-1933. Frankfurt 1984; K. SCHÜRMANN, Die Struktur der deutschen Textilindustrie und ihre Wandlungen in der Nachkriegszeit. Bonn u.a. 1933; W. SILBERMANN, Chemieindustrie und Außenhandel. Hamburg 1938;
[69] SCHÜRMANN, S.207.
[70] BERGER-STEINBACH, S.27.

nicht statt. Vielmehr waren es Qualität der Ware und Sensibilität für die Mode, welche der deutschen Textilindustrie immer wieder Chancen eröffneten. Es ist sicher hier nicht angebracht, eine Geschichte der Mode darzustellen, doch sind aber einige Wandlungen in der Textilwirtschaft näher zu erläutern.

Der Verbraucher achtete im Laufe der Zeit immer mehr auf modische Kleidung als auf Zweckmäßigkeit. So ist im Untersuchungszeitraum größeres Qualitätsbewußtsein in der Verarbeitung und in der Rohstoffverwendung festzustellen[71], was sich im geringeren Verbrauch an Leinen und Wolle sowie im erhöhten Verbrauch an Kunstseide (Viskose) äußerte[72].

Diese war sehr preisgünstig, bot im Vergleich zu den anderen Stoffen den seidenähnlichen "Touch" und wurde vor allem für sehr feine Stoffe / Kleidung verwendet. Sie bot damit unteren Einkommensschichten die Möglichkeit, sich äußerlich den Luxus der Seidenmode zu leisten. Kunstseide - die Seide des "kleinen Mannes"! Viskose substituierte[73] Seide und verringerte damit auch die Abhängigkeit vom Rohstoffimport. Hauptargument für die Präferenz der Kunstseide blieb der günstigere Preis, sie war bis zu 75% billiger als Naturseide. Damit wuchs der Bedarf so rasch an, daß Deutschland schon 1926 zum Nettoimporteur des Rohstoffes geworden war. Noch 1913 bezifferte sich der Kunstseidenverbrauch Deutschlands auf 4.300 Tonnen, während er 1931 auf 36.700 Tonnen emporgeschnellt war[74]. Die neue Faser hatte aber auch eine positive Wirkung auf den eigenen Export von Kunstseidenprodukten. Aufgrund ihrer hervorragenden Qualität und Spezialität belief sich die Ausfuhr 1929 schon auf 176 Mio RM und trug damit zu einem nicht unbedeutenden Teil zum textilen Fertigwarenexport bei. Nach der Weltwirtschaftskrise verlegte sich die deutsche Textilindustrie noch stärker auf Viskose, so daß bis 1937 der Export von Kunstseide und Seide jeweils die Ausfuhr von Wolle und Baumwolle überstieg. Blieb die Textilhandelsbilanz zwar nicht immer positiv, so erzielte der Exportüberschuß von Kunstseidenwaren den Großteil des Gesamtüberschusses oder verringerte den Passivsaldo deutlich[75].

So war nur der Wert des Binnenverbrauchs aller textilen Fertigwaren seit dem Ersten Weltkrieg gestiegen, nämlich von 63 RM pro Kopf (1913) auf 124 RM (1928). Der mengenmäßige Verbrauch blieb dagegen im gleichen Zeitraum

---

[71] SCHÜRMANN, S.163ff.
[72] SCHNEIDER, S.92ff.
[73] Kunstseide wurde aus Holz hergestellt, damit war man von den Textilrohstofflieferanten unabhängiger und auf deren saisonale Erntezyklen nicht mehr angewiesen.
[74] SCHNEIDER, S.8.
[75] SCHNEIDER, S.99. SILBERMANN, S.169f.

unverändert bei 11,35 Kg pro Kopf[76]. Insbesondere das geänderte Modebewußtsein ließ den Anteil der Webwaren an der deutschen Produktion zugunsten der Wirkereien und Strickereien spürbar verringern.

Jahrhundertealte Tradition prägte die deutsche Textilproduktion und deshalb ist es schwer, für diese Analyse einen Anfang zu setzen. Von der Jahrhundertwende dominierte bis zum Beginn des Ersten Weltkrieges der Bezug von Baumwolle (Menge), danach folgten Wolle, Flachs, Hanf, Jute und Seide, die allerdings wertmäßig an dritter Stelle rangierte. Bezifferte sich der Wert der deutschen Textilexporte im Jahre 1875 noch auf 315 Mio RM, so war dieser am Vorabend des Weltkrieges (1912) schon auf mehr als eine Milliarde Reichsmark gestiegen. Parallel dazu wuchs auch die Bedeutung der Textilindustrie, als sich 1910 der Exportüberschuß auf 458% der Einfuhr belief (1875: 78%)[77]. Aufgrund der großen Bandbreite der Textilien belieferte Deutschland fast die ganze Welt. OPPEL nennt vor dem Ersten Weltkrieg 60 Staaten[78]. Großbritannien stand dabei mit Abstand an erster Stelle (1910=201 Mio RM), danach folgten die USA mit 110 Mio RM. Innerhalb der deutschen Gesamtausfuhr sank aber der Anteil der Textilien von 1890-1913 von 29,7% auf 15,5%[79]. So konnte die Textilindustrie nicht Schritt halten mit dem rasanten Anstieg des Exports, der vor allem von Maschinen, Steinkohlen und Chemikalien getragen wurde, die alle ihren Anteil im o.a. Zeitraum verdoppeln konnten[80].

In der Produktion überschritt die Textilindustrie ihren Höhepunkt schon 1927; auch die Zahl der Beschäftigten war seit 1928 rückläufig[81], als die Weltwirtschaftskrise die Absatzprobleme der deutschen Textilwirtschaft verstärkte. Allerdings sind die Rückgänge näher zu differenzieren: fiel die Ausfuhr textiler Rohstoffe schon seit 1928 um etwa 60% bis 1931, so wurde der Export der textilen Fertigprodukte nicht so stark beeinträchtigt, die Rückgänge betrugen im gleichen Zeitraum nur 20%. Die Ausfuhr von Produkten aus Baumwolle und Wolle ging stark zurück, während sich diejenige von Kunstseide und Kleidung kurzfristig sogar erhöhen konnte[82], da der Größteil der Baumwollprodukte aus einfachen und gefärbten Stoffen bestand, die im Preis nun in der Weltwirtschaftskrise von ausländischen Konkurrenten unterboten wurden. Schon 1934

---
[76] SCHÜRMANN, S.168.
[77] OPPEL, S.49.
[78] OPPEL, S.51.
[79] KERTESZ, S.41
[80] KERTESZ, S.42.
[81] SCHÜRMANN, S.14.
[82] BERGER-STEINBACH, Anhang, Schaubild I und IV.

erreichte die inländische Textilproduktion wieder den Wert von 1928[83], während die gesamte Industrie erst gegen Ende des folgenden Jahres dieses Niveau überschreiten konnte. Der Grund für das rasche Anwachsen der Textilfertigung waren Arbeitsbeschaffungsmaßnahmen der nationalsozialistischen Regierung, insbesondere die verstärkte Herstellung von Uniformen[84]. Parallel zur Ausweitung der Produktion wuchs auch die Zahl der Beschäftigen an, nachdem die Weltwirtschaftskrise zu einem Schwund von einem Drittel (1925-1933) geführt hatte. Trotz Rationalisierungsmaßnahmen erreichte die deutsche Textilindustrie kurz vor Kriegsausbruch mit einem Minus von 6% fast den gleichen Beschäftigungsstand wie im Jahre 1925. Allerdings nahm die Gesamtzahl der Erwerbstätigen im o.a. Zeitraum um 7% zu[85] und zeigt damit die allgemein gesunkene Bedeutung der Textilindustrie[86].

Meist trug die Textilindustrie - wie im Falle Großbritanniens - den Industrialisierungsprozeß eines Landes, so daß die aufkommende Industrialisierung vieler außereuropäischer Staaten nach 1925 auch deren Textilindustrie rasch wachsen ließ und somit den Einfuhrbedarf an textilien Fertigwaren aus Deutschland verringerte. Aber auch der Ausbau eigener Textilindustrien vieler europäischer Staaten (und auch Japans) während des Ersten Weltkrieges ließ ehemals deutsche Märkte nach 1929 mit Hilfe der Schutzzollpolitik gegen deutsche Absatzbemühungen versperren[87]. Vor allem von Japan erwuchs ernsthafte Konkurrenz, als die Japaner durch Abwertung des Yen auf den asiatischen Märkten eindeutig im Vorteil waren. Hinzu kam, daß sie kostengünstiger produzieren konnten. So lagen die deutschen und britischen Stundenlöhne in der Textilindustrie 1933 bei 50-57 Pfennig, während Japan umgerechnet mit 12 Pfennig (auch Auswirkung der Abwertung) kalkulieren konnte[88].

Hielt sich die deutsche Textilausfuhr bis 1930 / 31 einigermaßen, so waren die nun hohen Zollschranken ab 1931 / 32 für den raschen Rückgang der Exporte verantwortlich. Ebenfalls negativ auf den Absatz wirkte sich die Abwertung des britischen Pfundes aus, da bis dahin Großbritannien der größte Abnehmer deutscher Textilien war. Dazu addierte sich vielfach die verstärkte Erweite-

---

[83] PAUL, S.7.
[84] PAUL, S.7.
[85] GEHLE, S.82.
[86] Über die "declining industry" und den Rückgang des Anteiles der Textilien am Fertigwarenexport auch V. SCHRÖTER, S.31.
[87] SCHÜRMANN, S.214.
[88] PAUL, S.17.

rung der Textilindustrien von ehemaligen Rohstofflieferanten wie z.B. Argentinien[89] und der damit verringerte Einfuhrbedarf textiler Fertigprodukte.

Hauptabnehmer der kunstseidenen Produkte waren die europäischen Staaten[90] Großbritannien, Dänemark, Niederlande, Frankreich und Schweden. Aber auch Nigeria, Australien und Britisch-, Niederländisch-Indien waren unter den wichtigsten Abnehmern zu finden.

---

[89] INSTITUT FÜR WELTWIRTSCHAFT, S.26.
[90] SCHNEIDER, S.94.

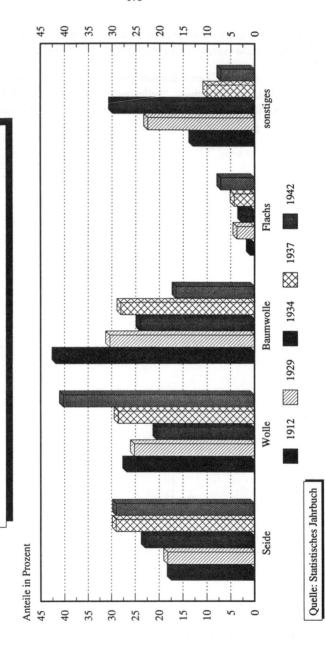

5. Maschinen[91]

Jahr	Menge (Tonnen)	Wert (Mio RM)	RM / Tonne
1912	430.000	595	1385
1929	585.000	1030	1760
1934	219.000	355	1621
1937	417.000	750	1800
1942	247.000	534	2163

Vor dem Ersten Weltkrieg begründete die deutsche Maschinenindustrie ihre führende Stellung auf dem Weltmarkt, als sich ihre Produkte dort ab der Jahrhundertwende immer mehr gegen die Hauptkonkurrenten USA und Großbritannien behaupten konnten. Der große Durchbruch gelang erst kurz vor Ausbruch des Krieges, als im Jahr 1911 Deutschland den größten Maschinenexport der Welt stellte[92].

Nach 1918 konnte die deutsche Maschinenindustrie nur sehr langsam wieder an die herausragende Position der Vorkriegszeit anknüpfen, und die internationale Führung war endgültig an die USA abgegeben worden. Steigender Maschinenverbrauch nach 1918 führte zu erhöhter Nachfrage auf dem Weltmarkt, die sich auch auf Deutschland auswirkte. So trug die gute Konjunktur im eigenen Land zur Binnenmarktorientierung der deutschen Maschinenproduktion bis 1927 bei[93] - die Inlandsaufträge erreichten ihren Höhepunkt[94]. Dies läßt sich auch an der Exportquote ablesen, die 1913 noch 27% betragen hatte und 1927 auf 23% gefallen war. Entscheidend waren die Jahre bis 1927 aber auch insofern, als dabei im deutschen Maschinenbau durch Rationalisierungsmaßnahmen

---

[91] H. JAMES, Deutschland in der Weltwirtschaftskrise 1924-1936. Stuttgart 1988; A. MARX-REINHART, Maschinenausfuhr nach Sowjetrußland. Borna-Leipzig 1930; J.J. PASTOR, Die Ausfuhr des deutschen Maschinenbaus und ihre volkswirtschaftliche Bedeutung. Köln 1937; E. RUNGE, Die deutsche Maschinenindustrie in den Jahren 1924 bis 1933. Ein Beitrag zur Diskussion über die Zukunft der deutschen Handelspolitik und des deutschen Industrieexports. Giessen 1936; V. SCHRÖTER, Die deutsche Industrie auf dem Weltmarkt 1929 bis 1933. Frankfurt / Main u.a. 1984; W. THIEMANN, Der Überseemaschinenhandel. Berlin 1924; G. TÖRBER, Die Industrialisierungstendenzen in den außereuropäischen Ländern in ihrer Wirkung auf den deutschen Maschinenexport. Borna-Leipzig 1931.
[92] TÖRBER, S.54.
[93] PASTOR, S.11.
[94] James sieht den Höhepunkt des investiven Verhaltens der deutschen Maschinenindustrie *"im Herbst 1927"*. James, S.281.

die Produktivität und die internationale Wettbewerbsfähigkeit erhöht wurde. Beträchtlichen Anteil daran hatte der Kapitalimport, der zwischen 1924 und 1928 knapp 30 Milliarden Reichsmark betrug[95]. In den folgenden Jahren bis zur Weltwirtschaftskrise lag dann der Schwerpunkt der deutschen Maschinenindustrie auf der Ausweitung des Exports, der seinen Höhepunkt 1930 / 31 erreichte, als hier die Exportquote auf 56% geklettert war[96]. Im Gegensatz zum Preisverfall der Rohstoffe und Nahrungsmittel konnten die Maschinenpreise ihr Niveau einigermaßen halten (s.o.), was auch dazu führte, daß der Export nach der Krise noch anstieg und mit seinen hohen Überschüssen wesentlich zur Defizitvermeidung beitrug, wie die folgenden Werte verdeutlichen: (Exportüberschuß in Mio RM) 1929 (1260), 1930 (1295), 1931 (1053), 1932 (703)[97]. Innerhalb der Maschinenexporte stieg nun der Anteil von Werkzeug- und Textilmaschinen überproportional an. Durch den Preisverfall textiler Rohstoffe gezwungen, weiteten viele rohstoffexportierende Staaten aus Autarkiegründen die Eigenproduktion an Textilien so sehr aus, daß sich der Investitionsbedarf für Textilmaschinen stark erhöhte. Hier konnte sich Deutschland gegenüber seinem größten Konkurrenten Großbritannien durch modernere Neuentwicklungen durchsetzen[98].

Ein wesentlicher Grund dafür, daß der deutsche Maschinenexport bis 1931 weiter sein hohes Niveau beibehielt, lag an der überproportional ausgeweiteten Ausfuhr in die Sowjetunion, die in den Jahren bis 1932 den Hauptteil (43%) der deutschen Maschinenexporte aufnahm. 50% der nach Rußland eingeführten Maschinen[99] stammten 1931 aus Deutschland. So stieg die deutsche Maschinenausfuhr in die Sowjetunion von 40 Mio RM (1925) auf 112 Mio RM im Krisenjahr, um ihren Höhepunkt dann 1931 mit 315 Mio RM (auf ähnlich hohem Preisniveau) zu finden. Erst 1933 ist der Maschinenexport wertmäßig geringer als derjenige des Jahres 1929; betrachtet man die ausgeführten Mengen, so sind nur geringe Unterschiede festzustellen: 26.000 Tonnen (1929) und 24.000 Tonnen (1933)! Gewissermaßen half somit die Ausfuhr in die Sowjetunion der deutschen Maschinenindustrie, die Schäden der Weltwirtschaftskrise zu begrenzen. Andererseits ergaben sich für Stalin gerade in der Zeit des ersten Fünfjahresplanes (1928-1932) günstige Möglichkeiten, seinen riesigen Maschinenbedarf zu decken, da ihm die deutsche Industrie in der Frage der Kreditfinanzierung sehr

---

[95] RUNGE, S.21.
[96] PASTOR, S.12.
[97] RUNGE, S.41.
[98] So auf dem Gebiet der Wirk-, Näh- , Zuricht- und Stickmaschinen. **ENQUETE II**, S.185f.
[99] RUNGE, S.44.

weit entgegenkam. Gegenüber dem Planjahr 1928 / 29 sollte bis 1932 / 33 der Import von Maschinen um mehr als 230% anwachsen[100].

1934 wirkten sich dann jedoch Kontingentierung und Devisenzwangswirtschaft der wichtigsten europäischen Abnehmerstaaten auf den deutschen Maschinenexport aus und dieser erreichte seinen Tiefpunkt. Mit der Umstellung auf das bilaterale Verrechnungssystem und dem konjunkturellen Aufschwung stieg ab 1935 die Ausfuhr wieder kräftig an und verdoppelte sich bis 1937. Der im Rahmen der Aufrüstungs- und Autarkiepolitik erhöhte Importbedarf an Rohstoffen wurde dabei mit einer intensivierten Fertigwarenausfuhr beglichen, in der auch dem gesteigerten Maschinenexport eine sehr wichtige Rolle zukam.

In der Absatzstruktur der deutschen Maschinenausfuhr konnten keine gravierenden Veränderungen festgestellt werden. Meist waren politische Gründe für Rangverluste ausschlaggebend, als beispielsweise Österreich-Ungarn seine Position als zweitwichtigster Abnehmer des Jahres 1913 nach dem Ersten Weltkrieg verlor, oder wenn sich die Rolle der Sowjetunion als zeitweilig größter Importeur deutscher Maschinen nach dem jeweiligen politischen Verhältnis mit Deutschland richtete. In der Rangliste der wichtigsten Abnehmer sind immer die selben Staaten Europas zu finden: Niederlande[101], Großbritannien, Frankreich, Italien, Tschechoslowakei, Schweiz. Der Austauschhandel mit gleichfalls sehr hoch industrialisierten Staaten hatte also während des gesamten Untersuchungszeitraumes eine größere Bedeutung als der Export in Länder ohne eigene Maschinenerzeugung.

Abnehmende Bedeutung zeigte sich bei Landwirtschafts- und Textilmaschinen, während der Gruppenanteil von Werkzeugmaschinen im Untersuchungszeitraum anstieg. Steigender Maschinenbedarf in vielen außereuropäischen Ländern in den späten zwanziger Jahren ließ auch Deutschland größere Absatzerfolge bei deren Industrialisierungsbemühungen erzielen[102], insbesondere gegenüber seinen Konkurrenten Großbritannien und den Vereinigten Staaten. Dort jedoch nicht bei deren Domänen, denn die britische Maschinenausfuhr stützte sich mehr auf Textilmaschinen und Kraftmaschinen, und die USA hatten bei landwirtschaftlichen Maschinen und Büromaschinen (Schreibmaschinen) einen großen Marktanteil[103].

---

[100] **MARX-REINHART**, S.77.
[101] Der hohe niederländische Import beruhte auf der Funktion der Niederlande als Transithändler.
[102] Über die Wirkungen der außereuropäischen Industrialisierung auf den Weltmaschinenhandel vgl. **TÖRBER**, S.44ff.
[103] **SCHRÖTER**, S.75.

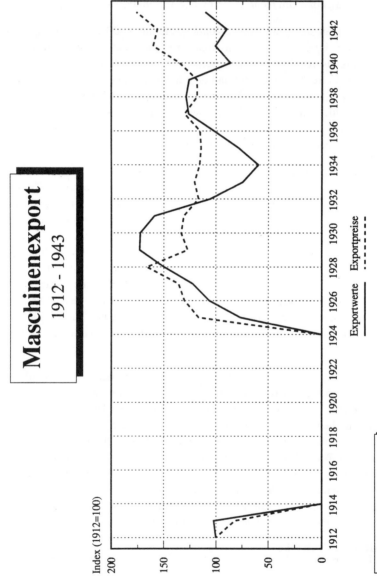

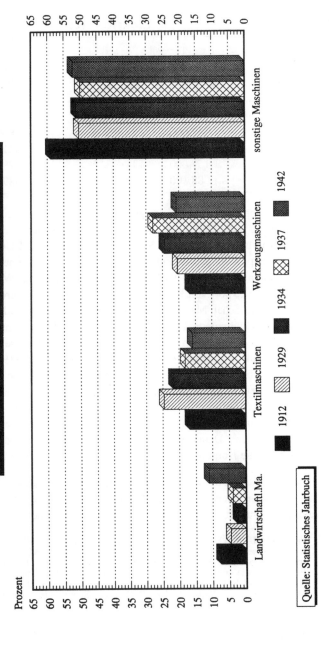

6. Elektrowaren[104]

Jahr	Menge (Tonnen)	Wert (Mio RM)	RM / Tonne
1912	116.000	226	1939
1929	142.000	546	3850
1934	62.000	199	3210
1937	157.000	312	1987
1942	88.100	343	3893

Der Gruppenanteil der Elektrowaren lag nach dem Ersten Weltkrieg konstant bei 6-7% und nahm damit immer den 5. Rang in der Wichtigkeit des Fertigwarenexports ein. Nach dem STATISTISCHEN JAHRBUCH gliedert sich der Elektroexport in die Ausfuhr von elektrischen Maschinen und sonstigen Elektroerzeugnissen. Dabei wird deutlich, daß sowohl vom Wert als auch von der Menge der Export von Elektrowaren um ein Vielfaches größer war als derjenige der elektrischen Maschinen und sich somit der deutsche Elektroexport auf eine breitere Güterpalette stützte. Dabei änderte sich der Schwerpunkt gegenüber 1913 nur wenig, denn 1929 verteilte sich beispielsweise der Elektro-Gesamtexport auf Maschinen (19,5%), Beleuchtungsartikel (19,5%), Telekommunikation (16,7%), Kabel (14,5%)[105]. Überdurchschnittliche Verluste mußten im Glühlampenexport hingenommen werden, da die deutsche Ausfuhr "*1913 mehr als zwei Drittel des gesamten Weltmarktbedarfs an Glühlampen lieferte*"[106] und nach dem Weltkrieg nur noch 25% dieses Marktes abdeckte. Die schwache Position Deutschlands in der internationalen Handelspolitik wirkte sich auch auf die Kontingentierung im Glühlampenvertrag von 1924 aus[107].

Der Aufschwung der wachstumsintensiven Elektrobranche setzte nach 1895 mit einer Intensität ein, die Deutschland bis zum Ausbruch des Ersten Weltkrieges mit einem Anteil von 47% an die Spitze der Welt-Elektroausfuhr

---

[104] W. EBACH, Moderne Fertigungsmethoden der deutschen Elektroindustrie und ihre wirtschaftlichen Auswirkungen. Bottrop 1935; **F. GAPINSKI,** Die Stellung der deutschen Elektroindustrie in der Gegenwart. Berlin 1931; **A. R. GLARDON,** Die deutsche Elektroindustrie und der Absatz ihrer Erzeugnisse in der Nachkriegszeit. Hamburg 1933; **V. SCHRÖTER,** Die deutsche Industrie auf dem Weltmarkt 1929 bis 1933. Frankfurt / Main 1984; **G. JACOB-WENDLER,** Deutsche Elektroindustrie in Lateinamerika. Siemens und AEG (1890-1914), Stuttgart 1982;
[105] **GAPINSKI,** S.86.
[106] **ENQUETE** II, S.192.
[107] **ENQUETE** II, S.193.

brachte[108], gefolgt von Großbritannien und den USA. Nach 1918 hatte die deutsche Elektroindustrie große Probleme, wieder auf dem Weltmarkt in ähnlicher Weise präsent zu sein, denn der Krieg förderte die Entwicklung der heimischen Industrie in den Konkurrenzländern. Zum anderen fehlte das Kapital zum Wiederaufbau, so daß Deutschland seinen Anteil am Welt-Elektroexport nicht mehr halten konnte. 1929 lag dieser bei 27,8%, im Gegensatz zur erstarkten US-Industrie, die ihre Position von 15,7% (1913) auf 26,3% (1929) ausbauen konnte[109]. Zwar stieg in der Krise der deutsche Anteil kurzfristig über 30%, doch 1937 lag er wieder bei 24% (1933: 26%). Deutschland blieb vor den USA weiterhin der größte Elektroexporteur der Welt. Insgesamt gesehen verändert sich die deutsche Stellung am Weltelektromarkt nach dem Ersten Weltkrieg bis 1937 kaum, womit einerseits der Erste Weltkrieg als großer Strukturbruch verantwortlich ist[110], doch aber andererseits auch ersichtlich ist, daß die Weltwirtschaftskrise **nicht** zu einem längerfristigen Wettbewerbsverlust auf dem Weltmarkt führte. Den Höhepunkt erreichte die deutsche Elektroindustrie noch vor dem Ersten Weltkrieg, wenn man den Anteil am Welthandel als Kriterium verwendet. Deutschland beherrschte damals den Welt-Elektromarkt mit einem Marktanteil von fast 50% völlig und mußte sein Monopol danach aufgeben; mit einem Anteil von etwa einem Viertel gliederte sich Deutschland nach 1920 in die nun vielschichtigere Welthandelsstruktur wieder ein.

Obwohl die Sozialabgaben für den Arbeitgeber stärker stiegen als dessen Ausgaben für Löhne, Steuern und Material, konnte die deutsche Elektrowirtschaft weiterhin konkurrenzfähig bleiben. Innerhalb weniger Jahre nach 1925 verbilligten sich viele Elektrogüter: wurde 1925 beispielsweise die elektrische Ausrüstung eines Kraftfahrzeuges noch mit dem Preisindex 100% versehen, so lag dieser 1930 nur noch bei 35%[111]. Ebenso stieg die Rentabilität der deutschen Elektroindustrie bis 1929, danach fiel sie zurück. Insbesondere die preiswerte Massenherstellung von Elektro-Konsumgütern (Radio, Staubsauger etc.) und damit die Öffnung breiter Käuferschichten führte zu einem steigenden Absatz im eigenen Land. Mit technisch hoch entwickelten und dennoch preiswerten Geräten konnte sich Deutschland auch in Europa trotz teilweise hoher Zollschranken durchsetzen, wo die Konkurrenz mit den Niederlanden und den USA groß war[112].

---

[108] **JACOB-WENDLER**, S.11.
[109] **GAPINSKI**, S.81.
[110] So auch bei **ENQUETE** II, S.186 schon eher richtig erkannt.
[111] **EBACH**, S.68.
[112] **SCHRÖTER**, S.78.

Blieben bis 1914 Rußland, Großbritannien und Österreich-Ungarn die wichtigsten Abnehmer, so änderte sich dies nach 1918. Großbritannien war bis zur Weltwirtschaftskrise neben den Niederlanden meist der wichtigste Importeur deutscher Elektrogüter und auch neben den USA der größte Konkurrent im Weltelektrohandel. Allerdings waren die Briten durch den Vorteil der billigen Kohle-Verstromung nicht so sehr wie Deutschland dem Innovationsdruck ausgesetzt, so daß auch der Elektrifizierungsgrad der heimischen Industrie teilweise erheblich hinter dem der deutschen Industrie zurücklag. Nach dem Ersten Weltkrieg konnte Großbritannien "*diese Rückständigkeit*"[113] niemals richtig aufholen, was auch der sinkende britische Anteil an der Welt-Elektroausfuhr belegt. Der Inselstaat nahm meist Rundfunkgeräte, Batterien, Meßgeräte u.ä. auf. Im Zuge der Weltwirtschaftskrise setzten sich der Protektionismus in Großbritannien und die "Buy-British" Tendenz vorläufig durch; erst 1937 war das Land wieder drittwichtigster Importeur (1934: 8.Platz). Nach der Statistik waren die Niederlande meist der wichtigste Abnehmer deutscher Elektrogüter. Doch muß man dabei auch in Betracht ziehen, daß "*die Ausfuhrzahlen gleichzeitig den Wert der Durchfuhr enthalten*"[114].

Im Krisenjahr 1932 taucht die Sowjetunion kurzfristig als der wichtigste Importeur auf, denn in diesem Jahr werden mehr als 20% der deutschen Elektroexporte dorthin geliefert[115]. In den restlichen Jahren liegt die Sowjetunion an fünfter Position der Elektroimporteure. Der 1932 in die Höhe geschnellte Export dorthin ist mit dem Beginn des 2. Fünfjahresplanes am 1.1.1933 in Verbindung zu setzen, denn dieser hatte zum Ziel, die Elektrifizierung des eigenen Landes von 1932 bis 1936 um das Sechsfache zu steigern. Hauptsächlich exportierte Deutschland 1932 die dazu erforderlichen Güter (Elektromaschinen, Meßwandler)[116].

In der Weltwirtschaftskrise konzentrierte sich der deutsche Elektroexport immer mehr auf Europa; Asien und Südamerika verloren überdurchschnittliche Anteile am Geschäft. So erhöhte sich der Anteil Europas von 1929 (77%) in der Krise auf 87% (1932)[117].

Der schwedische Bedarf an Elektrogütern wurde ebenfalls zu einem Großteil von Deutschland gedeckt. GLARDON nennt einen deutschen Anteil an den

---

[113] GLARDON, S.71.
[114] GLARDON, S.72.
[115] EBACH, S.82.
[116] GLARDON, S.76f.
[117] EBACH, S.85.

schwedischen Elektroimporten von "*durchschnittlich stets 64 - 65%*" in der Nachkriegszeit[118]. Aus deutscher Sicht rangierte das Land vor dem Weltkrieg an 7. oder 8. Position, in den Jahren bis zur Krise meist an 5. / 6. Stelle. Erst nach der Krise stieg Schweden in die Gruppe der wichtigsten Abnehmer auf und die Analyse des Jahres 1937 zeigt Schweden als wichtigstes Importland noch vor den Niederlanden.

---

[118] **GLARDON**, S.80.

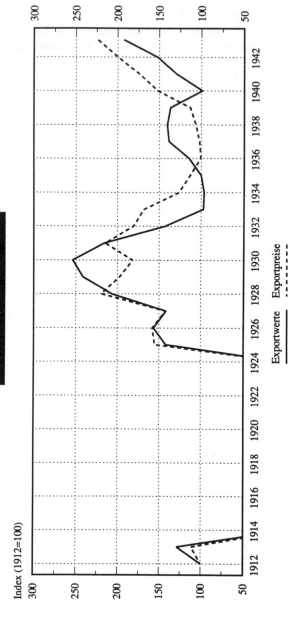

7. Kraftfahrzeuge[119]

Jahr	Menge (Tonnen)	Wert (Mio RM)	RM / Tonne
1912	13.000	72	6615
1929	14.300	62	4343
1934	21.300	59	2756
1937	109.500	206	1882
1942	60.100	248	4123

Der Gruppenanteil von Fahrzeugen verdoppelte sich von 1912 (2,3%) bis 1937 (4,3%). Allerdings drückt diese Tatsache nicht den immensen Aufschwung des Kraftfahrzeugexports aus, der ab 1933 begann und zwei Jahre später seine Intensität verstärkte. Bis zum Ausbruch des Zweiten Weltkrieges wuchs die Ausfuhr auf mehr als das Vierfache der Ausgangsbasis von 1912 an, die erst wieder ab 1935 erreicht werden konnte. Das 1939 folgende "Exportloch" deckt sich vielfach auch mit den Ergebnissen anderer Warengruppen - bis 1942 stagnierte auch deren Konjunktur. Aufgrund der militärischen Erfolge an den damaligen Kriegsschauplätzen sah man sich auch nicht gezwungen, die totale Produktionserweiterung zu proklamieren.

War vor dem Ersten Weltkrieg der Exportüberschuß der bis 1914 mehr arbeits- als kapitalintensiven Branche[120] noch relativ hoch, so wuchs dieser erst nach der Weltwirtschaftskrise wieder an. Mit dem Ende des Ersten Weltkrieges war auch der Verlust angestammter Marktpositionen wie des zaristischen Rußlands und der Doppelmonarchie Österreich-Ungarn verbunden, die beide bis 1914 doch immerhin Absatz für ein Drittel der gesamten Fahrzeugexporte boten. Mangelnde Investitionen in die Produktionsanlagen während des Krieges ver-

---

[119] E. ESSIG, Die Entwicklung der deutschen Automobilindustrie in der Nachkriegszeit und ihre volkswirtschaftlich wichtigsten Probleme. Rosenheim o.J.; **H. JAMES**, Deutschland in der Weltwirtschaftskrise 1924-1936. Stuttgart 1988; **F. KLEMM**, Die Hauptprobleme der deutschen Automobilindustrie in der Nachkriegszeit und der Wettbewerb dieser Industrie mit dem Ausland, insbesondere mit den Vereinigten Staaten von Nordamerika. Marburg 1929; **H. SCHLEUSENER**, Erzeugungs- und Absatzfragen der deutschen Automobilindustrie. Brandenburg 1940; **K. SCHMIDT**, Die deutsche Automobilindustrie und ihre Leistungsfähigkeit auf dem Weltmarkt. Gießen 1927; **R. STISSER**, Die deutsche Kraftfahrzeugindustrie. Ihre Exportprobleme und ihre Wettbewerbslage auf dem Weltmarkt. In: Weltwirtschaftliches Archiv, Bd.48, Jena 1938;

[120] Aber auch in den Zwanziger Jahren war die deutsche Fertigung noch sehr arbeitsintensiv: Benötigte FORD (USA) einem Personalaufwand von 5,75 Manntagen, um ein Fahrzeug zu produzieren, so lagen die Werte von AUDI bei 350, BENZ bei 450 und Daimler bei 1750 Manntagen. **SCHLEUSENER**, S.10.

schlechterten die Konkurrenzsituation nach dem Friedensschluß. Diese verbesserte sich kurzfristig 1920 - 1922 durch die Währungsentwertung und führte zu höheren Exportziffern[121]. Doch die ausländische Konkurrenz drängte weiter auf den deutschen Markt und war hier im Kostenvorteil - nicht zuletzt auch deshalb, weil Deutschland bis 1925 die kontingentierte Einfuhr aufgrund des Versailler Vertrages zollfrei aufnehmen mußte. Liquiditätsprobleme, verursacht durch Nachfragerückgang, zogen zahlreiche Konkurse deutscher Firmen nach sich. Produzierten 1924 noch mehr als 80 verschiedene deutsche Hersteller Fahrzeuge, so war diese Zahl bis 1926 schon auf 30 geschrumpft[122].

Degressive Zölle[123], die bis 1928 gelten sollten, wurden eingeführt, weil man die deutsche Automobilindustrie nach dem Wegfall der handelspolitischen Beschränkungen (1925) in der folgenden Aufbauphase einigermaßen schützen wollte, damit diese die Produktion rationalisieren konnte[124].

Es waren gedrosselte Importe, die etwa seit 1929 die Handelsüberschüsse ansteigen und dann ab 1935 den Fahrzeugbau wieder zu einer Exportbranche werden ließen. Vor allem schwere und teuere Fahrzeuge hatten sich eine Nischenposition auf dem Weltmarkt erkämpft, der sonst von den billigen Kleinfahrzeugen der USA dominiert wurde[125]. Erst ab 1933 begünstigte eine rationellere Serienproduktion die ausreichende internationale Wettbewerbsfähigkeit Deutschlands, da bis dahin hohe Steuersätze und teueres Benzin verbrauchsgünstigere und billigere Fahrzeuge begünstigten[126] (etwa 50% der 1932 exportierten Kfz wiesen ein Hubraumvolumen von 1-1,5 Liter auf) und die Folgen der Weltwirtschaftskrise die Modernisierungsbestrebungen der Jahre 1926-1929 vorläufig wirkungslos machten[127].

Kapital für Modernisierungen zum Zweck der Massenproduktion fehlte nach den Verlusten des Ersten Weltkrieges lange Zeit in Deutschland, wie schon

---

[121] **ESSIG**, S.14. **KLEMM**, S.21f.
[122] **KLEMM**, S.52.
[123] So war vorgesehen, die Zollbelastung von 1925-1928 für leichte Fahrzeuge (bis 2,2 Tonnen Gesamtgewicht) von 250,-RM / 100 Kg auf 75,-RM, für mittelschwere (bis 3,2 Tonnen) von 175,-RM auf 40,-RM und für schwere (über 3,2 Tonnen) zu senken. **ESSIG**, S.60.
[124] Vgl. dazu **ESSIG** und **KLEMM**, die beide in Gliederung und Inhalt große Ähnlichkeiten aufweisen!
[125] **STISSER**, S.146f.
[126] **SCHMIDT**, S.17.
[127] Beispielsweise war 1932 die Produktion (Stückzahl) auf 33% des Wertes von 1928 gefallen. **JAMES**, S.163.

frühzeitig erkannt wurde[128]. Dies ist auch daran ersichtlich, daß die Tochtergesellschaft der amerikanischen Opel AG in Deutschland bis 1934 einen Anteil von 65% an den deutschen Kfz-Exporten hatte. Den Schritt zur kapitalintensiven Fließbandproduktion vollzog man in Deutschland erst nach 1926 mit entsprechend längerer Anlaufzeit, die sich ab 1927 in steigenden Produktionsziffern manifestierte.

Allerdings setzte die Weltwirtschaftskrise gerade zu dem Zeitpunkt ein, als sich die deutsche Fahrzeugindustrie in der Anlaufphase befand, dabei vermehrte Anstrengungen zur Kapitalkumulierung unternommen hatte und als nun große Absatzrückgänge zu Produktionskürzungen führten. Überproduktion, steigende Fixkosten und fehlende Kapitalamortisation blieben nicht aus und zogen Entlassungen und Konkurse nach sich. Der Aufschwung gelang erst wieder nach 1933, als nun die Nationalsozialisten eine stärkere Motorisierung aus wehrwirtschaftlichen Gründen favorisierten und die deutsche Automobilindustrie international wieder wettbewerbsfähig geworden war.

---

[128] So bei **SCHMIDT**, S.18, dessen Studie 1927 zu der Zeit erschien, als man erkannt hatte, daß nur eine Fließbandproduktion wie bei FORD der deutschen Kfz-Industrie das Überleben ermöglichen würde: *"Allerdings erfordert eine solche Umstellung auf rationelle Fabrikationsmethoden überaus große Anlagekapitalien und ihre Durchführung scheitert heute noch vielfach an der Möglichkeit der Geldbeschaffung".*

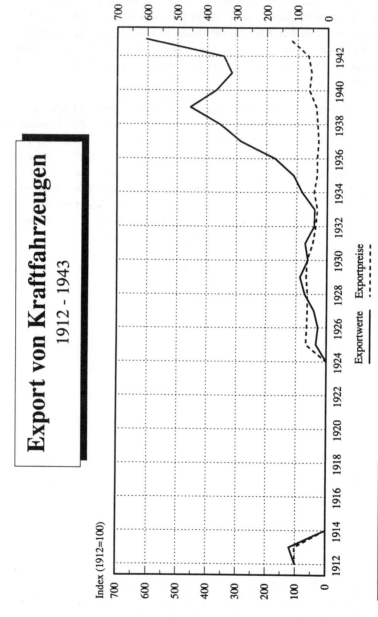

8. Papier und Papierprodukte[129]

wiesen einen ebenfalls konstanten Anteil von 3,8% - 4,4% auf.

Jahr	Menge (Tonnen)	Wert (Mio RM)	RM / Tonne
1912	253.000	159	630
1929[130]	560.000	391	698
1934	290.000	116	400
1937	521.000	182	350
1942	393.700	222	564

Den Höhepunkt in der Ausfuhr erreichte die Papierindustrie im Jahr der Weltwirtschaftskrise. Bei nur geringfügig geänderten Preisen steigerte sich der Export auf mehr als das Doppelte des Vorkriegswertes. Trotz der Weltwirtschaftskrise gingen die Ausfuhrwerte bis 1931 nicht sehr stark zurück, die Mengen dagegen hielten sich auf gleichem Niveau oder erhöhten sich wie 1931 geringfügig, um den Preisverfall wenigstens teilweise auszugleichen. Erst 1932 fiel der Exportwert um mehr als die Hälfte, was weniger auf den - zu diesem Zeitpunkt schon vollzogenen - Preisverfall zurückzuführen ist, sondern vielmehr auf die um die Hälfte geringere Exportmenge. In diesem Fall zerstörte die allerorten ab 1932 eingeführte Devisenbewirtschaftung die Exportanstrengungen der deutschen Papierindustrie! Weiterhin sinkende Exportwerte bis 1937 manifestieren die Änderungen in der Warenstruktur, die sich grob auf folgende Tatbestände zurückführen lassen:

1) Der **Preisverfall** von Papierprodukten aufgrund der **Weltwirtschaftskrise** favorisierte die kostengünstiger produzierenden Massenhersteller und beschleunigte den Prozeß der

2) **Standortverlagerung** zu den Holz-Produzenten[131]. Als Beispiel sei Kanada genannt, welches von 1913-1929 seine Papierproduktion und den Ex-

---

[129] Dazu: **W. DIETERICH**, Westeuropa als Absatzmarkt für die deutsche Papierindustrie. Die Ursachen des Rückgangs der deutschen Papier- und Pappenausfuhr nach Westeuropa und die gegenwärtige Entwicklungstendenz. Würzburg 1934; H. **FEIGL**, Der Außenhandel der deutschen papiererzeugenden Industrie in der Nachkriegszeit (1919-1932). Biberach-Rieß 1933.

[130] Im Analysejahr 1929 wurden Papier und Papierprodukte als Reparationen ausgeführt. Der Wert betrug 27 Mio RM und damit 3,4% der gesamten, in diesem Jahr geleisteten Reparationssachlieferungen. Die o.a. Werte sind von Reparationen bereinigt.

[131] Vgl. auch **DIETERICH**, S.106.

port versechsfachte. Rohstoff-(Holz) in Verbindung mit Energiereichtum (Wasserkraft) und insgesamt niedrigen Produktionskosten (Wegfall der Frachtraten beim Rohstofftransport bis zum Verarbeitungsland) verschafften den Holz-Staaten Standortvorteile auf dem Weltmarkt zu einer Zeit der Depression und des harten Konkurrenzkampfes um wertvolle Devisen.

2) **Autarkiebestrebungen** im Aufbau eigener Papierproduktion der ehemaligen - vornehmlich europäischen - Abnehmerländer durch den Zwang zur Devisenbewirtschaftung ließen die deutschen Absatzchancen bei Massenprodukten in den Jahren nach 1934 rasch sinken. Konkurrenzfähig blieben nur noch lohnintensive Qualitätsprodukte.

Deutlich zeigt sich die Konzentrierung auf Westeuropa als wichtigstem Absatzmarkt für Papiererzeugnisse, da hier meist ein Exportanteil von mehr als 50% erreicht wurde. Auffällig ist der Bedeutungsrückgang von Großbritannien[132] als wichtigem Abnehmerland, das sich nach 1929 durch hohe Zölle abgeschottet hatte. Da dort die nach Deutschland zweitgrößte Papierproduktion Europas in steter Konkurrenz zu Deutschland stand, blieb der größte Teil der von den Briten eingeführten Papiergüter für den Transithandel mit den Kolonien bestimmt. War Deutschland schon bis 1929 Konkurrenz durch stetig wachsende Lieferanteile seitens Kanada in England erwachsen, so konzentrierte sich Großbritannien nach der Krise noch mehr auf seine Dominions Kanada und Neufundland - wobei letzteres seinen Anteil überproportional ausweiten konnte. Zahlungstechnische Probleme (Devisenbewirtschaftung, Sterling-Block) und Kostenvorteile sind als Hauptursachen dafür zu nennen.

---

[132] DIETERICH, S.18, 34, 128 und 159.

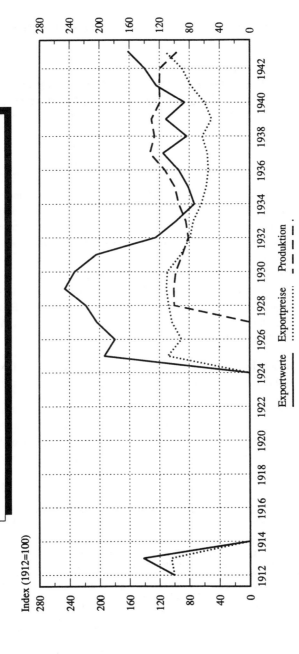

Teil 3: Änderungen in der Regionalstruktur

I. Anteile der einzelnen Kontinente am deutschen Aussenhandel

a) am Import

Wie die Graphik zeigt, schwankte der Anteil der Kontinente nur geringfügig. An dieser Stelle sollte nicht vergessen werden, daß durch die Methodik der einzelnen Stichjahre durchaus kurzfristige Entwicklungen nicht erfasst werden. So reduzierte sich der Anteil Europas am deutschen Nahrungsmittel- und Rohstoffimport nach dem Ersten Weltkrieg, hatte aber 1934 schon wieder einen höheren Stellenwert als 1912 erreicht[1]. Diese Entwicklung findet sich bei Schröter als *"Tendenz zur Enteuropäisierung"*[2], wobei dieses Schlagwort eigentlich gegen Ende der Zwanziger Jahre geprägt wurde und damit die "Enteuropäisierung des Welthandels", respektive der sinkende Anteil Europas am Welthandelsumsatz seit 1900 bezeichnet wurde[3].

Dennoch lassen sich hier eindeutige Aussagen über Strukturänderungen treffen, wenngleich diese nicht gravierend ausfallen:

- **Asien** erhöhte im gesamten Untersuchungszeitraum kontinuierlich seinen Stellenwert an der deutschen Einfuhr, steigende Rohstoff- und Nahrungsmittelimporte waren dafür ausschlaggebend. Dabei reduzierte sich der Anteil Britisch-Indiens zugunsten von China, das seine Handelsbeziehungen mit Deutschland intensivieren konnte.

---

[1] Vgl. dazu **V. SCHRÖTER**, Die deutsche Industrie auf dem Weltmarkt 1929 - 1933. Außenwirtschaftliche Strategien unter dem Druck der Weltwirtschaftskrise. Frankfurt u.a. 1984, S.60ff.

[2] **V. SCHRÖTER**, S.60.

[3] **ENQUETE II**, S.356f; **V. HENTSCHEL**, Zahlen und Anmerkungen zum deutschen Außenhandel zwischen dem Ersten Weltkrieg und der Weltwirtschaftskrise. In: Zeitschrift für Unternehmensgeschichte, Jg. 31, H.2., 1986, S.113-115; **H. KÜHN**, Die Verlagerungen in der deutschen Lebensmittel- und Rohstoffeinfuhr 1933-1938. Berlin 1939, S.10f; **D. PETZINA**, Probleme der weltwirtschaftlichen Entwicklung in der Zwischenkriegszeit. In: H. Kellenbenz (Hrsg.) Weltwirtschaft und währungspolitische Probleme seit dem Ausgang des Mittelalters. Stuttgart 1981, S.175; **W. SCHLOTE**, Zur Frage der Enteuropäisierung des Welthandels. In: Weltwirtschaftliches Archiv, Bd. 37, Jena 1933.

- Nur geringfügige Steigerungen konnte der Import aus **Afrika** verzeichnen; Südafrika und Belgisch-Kongo trugen im wesentlichen dazu bei.

- Nach der Weltwirtschaftskrise reduzierte sich der Stellenwert **Amerikas** an der deutschen Ein- und Ausfuhr. Der Mangel an Devisen ließ die Handelsbeziehungen mit den USA schrumpfen, wie die Werte des Jahres 1934 belegen. Wachsender Austausch mit Argentinien, Brasilien und den kleineren mittelamerikanischen Staaten auf Verrechnungsbasis führten in der Folgezeit 1937 zu einem größeren Gewicht des amerikanischen Kontinents.

- **Europa** trug immer das Hauptgewicht der deutschen Importe. Die Möglichkeiten der unmittelbaren Nahrungsmittel- und Rohstoffeinfuhr wurde von Deutschland immer genutzt. Vielfach beglichen Länder wie die Niederlande, Dänemark, Schweden ihre Fertigwareneinfuhr mit deren heimischen Nahrungsmitteln oder Erzen (Schweden). Dabei zeigte sich allgemein ein wachsender Anteil der skandinavischen Staaten ebenso wie - nach der Weltwirtschaftskrise beginnend - des südosteuropäischen Raumes.

b) am Export

- **Afrika** zeigte nur geringe Ausweitungen des Anteils am deutschen Export.

- Im Gegenzug dazu erwies sich **Asien** als sehr dynamischer Markt für deutsche Produkte, der Kontinent verdoppelte seinen Anteil innerhalb des Berichtszeitraumes.

- im Falle **Amerikas** ist dieselbe Tendenz wie bei den Importen zu beobachten: vor allem die USA schotteten nach der Weltwirtschaftskrise ihren Markt bis 1934/35 gegen ausländische Konkurrenz ab. Zum Ausgleich hatte Deutschland 1937 den Export vor allem mit Mexiko, Peru, Venezuela und Uruguay ausgeweitet, was zum erhöhten amerikanischen Anteil am deutschen Gesamtexport führte.

- **Europa** nahm meist drei Viertel des deutschen Exports auf und bildete damit den Hauptabsatzmarkt für deutsche Produkte. Dabei verlagerte sich dort der Schwerpunkt nach der Weltwirtschaftskrise auf die südosteuropäischen

Staaten, während sich der Stellenwert von westlichen Industriestaaten wie Frankreich und Großbritannien reduzierte. 1937 waren es jedoch eher handelspolitische Gründe, die dazu führten, daß der Stellenwert Europas an der deutschen Ausfuhr gegenüber 1934 beträchtlich gesunken war. Die verstärkte Industrialisierung der asiatischen Staaten nach der Weltwirtschaftskrise und damit ein erhöhter Fertigwarenbedarf war im wesentlichen dafür verantwortlich, daß dieser Kontinent seinen Anteil am deutschen Export ausweiten konnte.

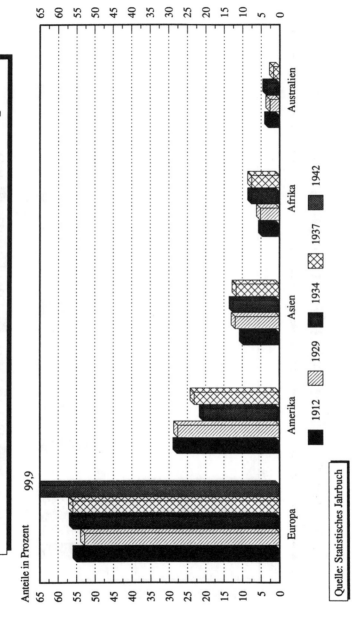

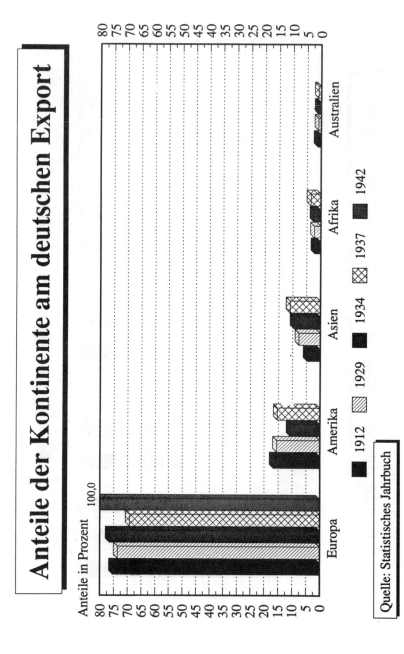

II. Afrika

Der Handel mit Afrika konzentrierte sich im Gegensatz zu Europa meist auf wenige Staaten.

Südafrika und Belgisch Kongo konnten ihren Anteil am deutschen Import aus Afrika ausweiten, währenddessen Ägypten, Algerien und Westafrika ihre Position unter den afrikanischen Ländern nicht behaupten konnten. 1912 und 1929 deckten diese fünf Länder etwa 2/3 des deutschen Importes vom Kontinent Afrika ab, wobei natürlich aufgrund des seinerseits kleinen Anteils Afrikas am Import Deutschlands diese Prozentangaben im direkten Vergleich unter Ausschaltung der Zwischenstufe "Kontinente" noch geringer werden.

Als Absatzmarkt für deutsche Exporte verloren die ehemaligen deutschen Kolonialgebiete überproportional ihre Bedeutung in Afrika, während nach dem Ersten Weltkrieg sich gleichzeitig die Exporte auf Ägypten, Britisch-Westafrika und vor allem Südafrika auf Kosten der Kolonien konzentrierten.

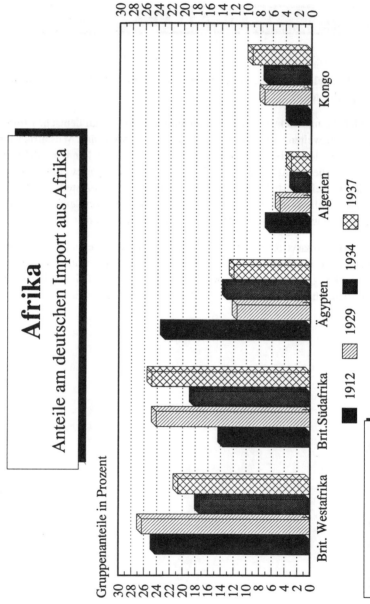

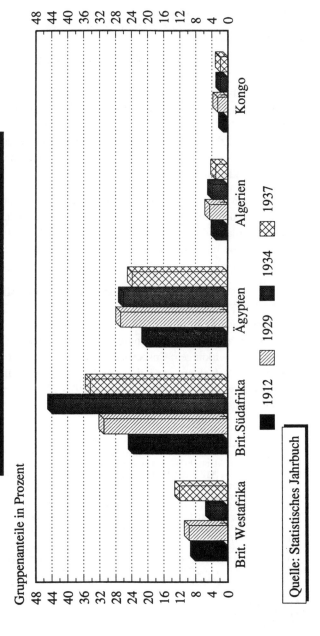

Afrika
Anteile am deutschen Export nach Afrika

Quelle: Statistisches Jahrbuch

1. Südafrika[1]

1.1. Handelsstatistik

Im Vergleich der deutschen und südafrikanischen Außenhandelsstatistiken[2] sind Divergenzen sichtbar[3]. So sind die Unterschiede im Gebietsumfang teilweise beträchtlich. Im Gegensatz zur deutschen Klassifizierung ist nach der südafrikanischen Erhebung Süd- und Nordrhodesien sowie das Nyassaland im Staatsgebiet nicht eingeschlossen. Erklären lassen sich die abweichenden Werte durch andere Deklarationsvorschriften.

Zweitens ist meist nicht - im Gegensatz zum Warenursprungsprinzip nach dem Gesetz[4] - der Herstellungsort, sondern der Verschiffungshafen der jeweiligen Güter für die Länderstatistik Südafrikas ausschlaggebend gewesen. Oft war der Ursprung nicht feststellbar, so daß dann der Verschickungshafen eingesetzt wurde.

1.2. Handelsbilanz / Handelspolitik

Die Zäsur, welche das Jahr 1914 durch abrupte Unterbrechung des Handels hinterließ, ist auch in Südafrika zu spüren. Doch der Weltkrieg hatte auch andere tiefgreifende Auswirkungen, insbesondere *"wesentliche strukturelle Veränderungen in beiden Ländern zur Folge gehabt"*, die auf das bilaterale Verhältnis nach dem Krieg einwirkten[5]. So wurden bis 1925 16,5 Mio £ feindliches, fast ausnahmslos deutsches Vermögen beschlagnahmt.

---

[1] Auf folgende **LITERATUR** sei verwiesen: F. BROWN, A Tabular Guide to the Foreign Trade Statistics of Twenty-one Principal Countries. London 1926; G. MAY, Die Entwicklung des deutsch-britischen Handels seit der Pfundabwertung ab 21.9.1931. Freiburg 1937; A. MERTSCH, Entwicklungsepochen und Entwicklungstendenzen der Handelsbeziehungen zwischen Deutschland und Südafrika. Hamburg 1935; I. KLEIN, Die Handelsbeziehungen zwischen Deutschland und den vier britischen Dominien Kanada, Südafrika, Australien und Neuseeland seit der Beendigung des Weltkrieges. Berlin 1929; K. GERICH, Außenhandel und Außenhandelspolitik der Südafrikanischen Union unter besonderer Berücksichtigung der Wirtschaftsexpansion der Union. Düsseldorf 1937.

[2] ANNUAL STATEMENT OF THE TRADE AND SHIPPING OF SOUTH AFRICA, SOUTHERN AND NORTHERN RHODESIA, AND TERRITORY OF SOUTH-WEST AFRICA (Jährlich) und TRADE OF THE UNION OF SOUTH AFRICA, SOUTHERN AND NORTHERN RHODESIA, AND TERRITORY OF SOUTH-WEST AFRICA (Monatlich)

[3] Ausführlichere Abhandlungen der beiden Statistiken siehe **MERTSCH**, S.44f.

[4] BROWN, S.21 und 30f.

[5] MERTSCH, S.38.

Im südafrikanischen Handel hatte Deutschland meist eine untergeordnete Bedeutung, wie die folgenden Zahlen dokumentieren:

Anteile am Export Südafrikas in % [6]

	DT	GB	USA
1913	8,0	55,7	8,7
1929	6,4	43,0	18,0
1937	6,6	k.A.	k.A.

Anteile am Import Südafrikas in % [7]

	DT	GB	USA
1913	3,2	88,5	0,8
1929	4,5	65,8	1,7
1937	12,4	k.A.	k.A.

Andererseits drängten im I. Weltkrieg Japan und die USA in den südafrikanischen Markt[8] und konnten sich bei fehlender deutscher Konkurrenz wichtige Positionen im südafrikanischen Handel erkämpfen.

Gleichzeitig wuchs die Zahl heimischer Unternehmen durch den gestiegenen Kriegsbedarf auf das Dreifache des Vorkriegsstandes und leistete damit der beschleunigten Industrialisierung des Landes Vorschub, was sich 1925 in den neuen Zolltarifen protektionistischen Charakters ausdrückte: Im Gegensatz zur Vorkriegszeit, als die Zölle mehr noch fiskalischen Zwecken dienten[9], stand jetzt der Schutz der eigenen Industrie im Vordergrund. 1924 markiert der Regierungswechsel auch den Übergang von einer Großbritannien-freundlichen Handelspolitik zu einer Ausrichtung auf mehr nationale Interessen. Mit dem Abbau der bisher Großbritannien gewährten Zollvergünstigungen zielte man auf die Einschränkung des Importes von Industriegütern, die von nun ab selbst produziert werden sollten - was sich in den bis 1932 rasch sinkenden Importen aus dem Königreich manifestiert.

---

[6] STATISTISCHES HANDBUCH DER WELTWIRTSCHAFT, S.335.
[7] STATISTISCHES HANDBUCH DER WELTWIRTSCHAFT, S.335.
[8] Der Import aus den USA vervierfachte sich zwischen 1914 und 1919! MERTSCH, S.40.
[9] So erzielte der Staat 30-40 Prozent seiner Staatseinnahmen aus Zöllen.

Nach dem Weltkrieg gelang es Deutschland nur sehr zögernd, wieder an die Vorkriegszeiten anzuknüpfen. Zwar erleichterte die deutsche Inflation den Export nach Südafrika, doch lag dieser bis 1924 weit unter dem Stand des Jahres 1913. Erst in der zweiten Hälfte der zwanziger Jahre konnte die Weimarer Republik ihren Export gegenüber dem Durchschnitt der Jahre 1920-1924 verdoppeln. Die Weltwirtschaftskrise markierte gleichzeitig auch den Höhepunkt in der Intensität der bilateralen Wirtschaftsbeziehungen. Hierunter fällt auch der Handelsvertrag von 1928[10], der Deutschland die unbedingte Meistbegünstigung zusprach[11].

Konnte sich Südafrika anfangs in der Weltwirtschaftskrise noch mit dem Goldbergbau der Sogwirkung der Krise entziehen, mußte das Land im November 1932 schließlich doch den Goldstandard aufheben. Die Ottawa-Konferenz erbrachte für Großbritannien im Handel mit Südafrika Vorzugszölle in vielen Bereichen, die auch zu Lasten Deutschlands gingen, denn die Einfuhr von Maschinen und Baumwollwaren aus Deutschland schrumpfte bis 1933 erheblich, während auf der anderen Seite der Konkurrent Großbritannien in diesen Warengruppen dazugewinnen konnte.

---

[10] F. HAUSHALTER, Deutschlands Handelsverträge und sein Anteil am Welthandel, Leipzig 1930, S.245f.
[11] HAUSHALTER, S. 247.

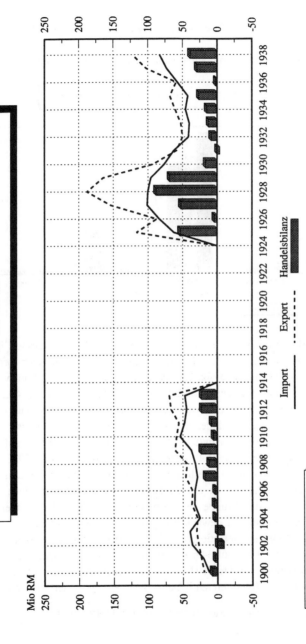

1.3. Export-/Importstruktur

Anteil der Hauptgruppen am deutschen Import aus Südafrika:[12]

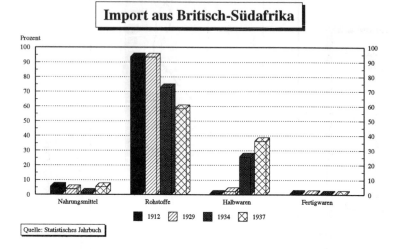

1912 entfielen 2/3 der deutschen Importe auf Wolle, weitere 17 Prozent auf andere Rohstoffe, so daß der Anteil der Lebensmittel noch verschwindend gering war. Hatte die Wolle bei der deutschen Einfuhr 1930 noch einen Anteil von 66 Prozent, fiel dieser 1932 schon auf 50%, 1937 gar auf 40,5 Prozent. In den Nachkriegsjahren erfolgte eine stärkere Akzentuierung auf Lebensmittel, insbesondere Mais stand hier an erster Stelle. Nach der Weltwirtschaftskrise verringerte sich die Lebensmitteleinfuhr von 8,5 Prozent (1930) auf 2,3 Prozent (1933). Mais hatte über 85 Prozent der Lebensmittelimporte (1930) gestellt und wurde 1934 schließlich überhaupt nicht mehr eingeführt. Zwar ist 1937 Mais noch mit 2,5 Prozent an der deutschen Einfuhr beteiligt, doch die stärkere Akzentuierung der Gruppe der Halbwaren ist nicht mehr zu übersehen, denn Kupfer aus Rhodesien gewann überproportional an Bedeutung. Sein Anteil an den deutschen Importen stieg von 1930 an innerhalb von vier Jahren von 2,8 auf 29 Prozent, bis 1937 auf 34,6 Prozent. Chrom- und Manganerze, 1929 noch gar nicht aufgeführt, tauchten 1937 schon mit einem Anteil von etwa 10 Prozent an den deutschen Importen auf. Darin liegt ein gewisser Widerspruch zu den

---

[12] Eigene Berechnungen nach **STATISTISCHES JAHRBUCH**.

Grundsätzen der Rohstoffautarkie des rüstungsbetonten Vierjahresplanes Hitlers. Lange Handelswege und Wegfall der Lieferungen im Kriegsfall sprechen eigentlich gegen die Ausrichtung der Importe auf südafrikanische, mineralische Rohstoffe.

Die Anteile der Hauptgruppen am deutschen Export nach Südafrika:

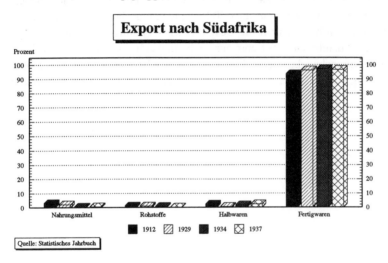

Bei der Exportstruktur zeigt sich die Dominanz der deutschen FERTIGWAREN, deren Anteil bis 1937 zwischen 90 und 97 Prozent pendelte. In der Oberstruktur erfolgte somit keine wesentliche Veränderung. Allerdings gab es folgende Umgruppierungen: Luxusgüter wie Spielzeug und Musikinstrumente verloren an Bedeutung. Ihr Anteil an der Gesamtausfuhr reduzierte sich von 5,9 (1913) auf 1,7 Prozent (1934); 1937 wurden sie überhaupt nicht mehr aufgeführt, obwohl Deutschland einst der Hauptlieferant von Spielzeugen war und etwa "*die Hälfte aller nach Südafrika eingeführten Spielwaren*", sowie 80 Prozent (1926) der Klavierimporte stellte[13].

Verluste erlitten Textilien und Lederwaren, die 1912 noch einen Gruppenanteil von 13 Prozent aufwiesen. Konnten erstere diesen Anteil 1929 aufgrund gestiegener Konkurrenzfähigkeit durch den Preisverfall der Krise

---

[13] KLEIN, S.67.

sogar auf 18 Prozent steigern, so schrumpfte der Anteil der Lederwaren bis 1937 auf 3,4 Prozent.

Unter den aufstrebenden Sektoren waren vor allem die Branchen Fahrzeugexport, Maschinen und Elektroartikel zu finden. Letztere bauten ihre Position mit 5,8 Prozent (1912) auf knappe 8 Prozent (1937) aus. Die Hinwendung zu den Investitionsgütern zeigen auch die Gruppenanteile des Maschinenbaus, der bis zur Weltwirtschaftskrise um 10 Prozent schwankte, dann aber 1934 plötzlich auf über 20 Prozent emporschnellte und diesen Anteil auch weiterhin hielt. Durch die Devisenbewirtschaftung konzentrierte sich die deutsche Ausfuhr auf devisenintensive Fertigwaren vornehmlich der Investitionsgüterbranche, die Südafrika weiter dringend benötigte und deshalb auch bereit war, dafür in ebenso von Deutschland benötigten £-Devisen zu bezahlen.

2. Ägypten[1]

2.1. Handelsstatistik

Differenzen zwischen den deutschen Exportwerten und den ägyptischen Importziffern spricht die STATISTIK DES DEUTSCHEN REICHES an[2]. So weist 1912 die ägyptische Außenhandelsstatistik[3] eine niedrigere Einfuhr als die deutsche Ausfuhr auf. Normalerweise müßten aber die ägyptischen Importe (c.i.f.) höher als die deutschen Exporte (f.o.b. berechnet) sein. Da nicht alle deutschen Güter direkt nach Ägypten ausgeführt wurden, ist es wahrscheinlich, daß dort diese Waren nicht nach dem Warenursprung, sondern nach dem Einfuhrland klassifiziert wurden. Weiterhin lassen sich Differenzen evtl. auch daraus erklären, daß der ägyptische Transithandel nicht gesondert ausgewiesen wurde. Ähnliche Unterschiede sind auch auf der Seite der ägyptischen Exporte / deutschen Importe zu finden. Wertdeklarationen erfolgen nach staatlich festgelegten Importpreisen[4].

2.2. Handelsbilanz / Handelspolitik

Anteile am ägyptischen Import in %[5]

	DT	GB	F	I	USA
1913	5,8	30,5	9,0	5,3	1,9
1929	7,3	21,2	9,9	9,8	5,0
1937	11,1	21,8	4,5	8,6	5,6

---

[1] Auf folgende LITERATUR sei verwiesen: F. BROWN, A Tabular Guide to the Foreign Trade Statistics of Twenty-one Principal Countries. London 1926; **INSTITUT FÜR WELTWIRTSCHAFT KIEL**, Statistische Materialien über den Außenhandel Ägyptens. Kiel 1941; **H. KÜHN**, Die Verlagerung in der deutschen Lebensmittel- und Rohstoffeinfuhr 1933 - 1938; **PH.F. LINDNER**, Über Wirtschaftswandlungen in Ägypten, an Beispielen von Zuckerrohr, Weizen und Baumwolle. Wien 1939; **P.A. LOOSE**, Deutschlands Handelsvertragspolitik der Nachkriegszeit. Marburg 1939; **M. NUSSBAUM**, Grundzüge des Handels und der Handelspolitik des deutschen Imperialismus gegenüber Ägypten vom Beginn des 20.Jahrhunderts bis zur Gegenwart. In: Jahrbuch für Wirtschaftsgeschichte, 1967, III, S.187ff.
[2] **STATISTIK DES DEUTSCHEN REICHES**, Bd.271, S.XIV.8.
[3] ANNUAL STATEMENT OF THE FOREIGN TRADE OF EGYPT (Jährlich) und MONTHLY SUMMARY OF THE FOREIGN TRADE OF EGYPT (Monatlich).
[4] BROWN, S.34.
[5] **STATISTISCHES HANDBUCH**, S.316.

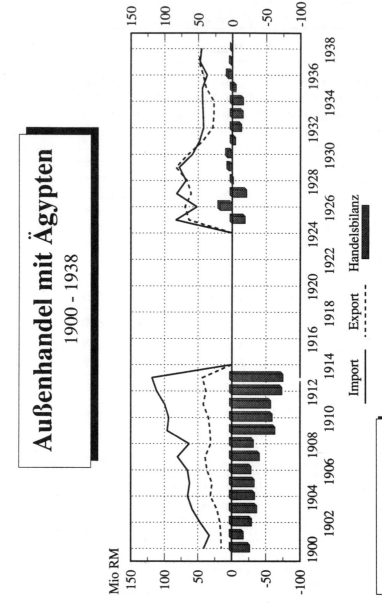

Aufgrund kolonialer Hegemonie beherrschte Großbritannien den Handel mit Ägypten zum größten Teil; danach folgten Frankreich, Deutschland und Italien mit im Verlaufe wechselnden Anteilen, wie obige Tabelle verdeutlicht.

Anteile am ägyptischen Export in %

	DT	GB	F	USA	UdSSR
1913	12,8	43,1	8,8	7,8	7,1
1929	5,9	34,7	12,4	14,2	4,3
1937	8,6	32,2	11,0	4,0	k.A.

Wenngleich Deutschland und Großbritannien bis zur Weltwirtschaftskrise Anteile am ägyptischen Markt zugunsten Frankreichs und der USA verloren, so zeigen die Zahlen von 1937, daß Deutschland danach stark an Boden zurückgewonnen hatte. War es vor dem Ersten Weltkrieg neben Großbritannien der wichtigste Abnehmer ägyptischer Waren, so führte dieser Krieg zum Bruch traditioneller Handelsbeziehungen, die selbst 1929 auf dem Höhepunkt der deutschen Wirtschaft nicht an die Vorkriegswerte anknüpfen konnten. So verdreifachten sich die deutschen Importe seit der Jahrhundertwende bis zum Weltkrieg, währenddessen die Ausfuhr nur mäßig wuchs. Die sich dabei ergebende Scherenbewegung zwischen Ex- und Importen führte zu linear steigenden deutschen Handelsbilanzdefiziten, die 1914 etwa das Doppelte der deutschen Exporte betrugen. Konjunkturelle und ernteabhängige Schwankungen zogen in den Zwanziger Jahren unregelmäßige Handelsbeziehungen nach sich. Fallende Rohstoffpreise im Gefolge der Weltwirtschaftskrise nutzte Deutschland zu vermehrten Baumwollkäufen aus. Ägypten seinerseits reduzierte die Importe aus Deutschland, da sich die Terms of Trade zu seinen Ungunsten verschlechtert hatten. In diesen Jahren von 1931 bis 1935 blieb die Handelsbilanz für Deutschland passiv, erst steigende ägyptische Importe ab 1935 führten zum Saldenausgleich, welcher in etwa bis 1939 die Beziehungen kennzeichnete.

Hauptsächlich exportierte Ägypten Baumwolle, die kontinuierlich einen Anteil von mehr als 80% an der Gesamtausfuhr des Landes aufwies. Besondere klimatische Voraussetzungen wie z.B. Frostfreiheit, förderten den Anbau qualitativ hochwertiger Baumwolle seit 1820[6]. Die ägyptische Baumwollproduktion entwickelte sich sehr rasch ab der Mitte des 19. Jahrhunderts, zumal die sehr hochwertigen Baumwollfasern international gute Absatzchancen vorfanden. Der

---

[6] LINDNER, S.12f.

rasch steigende Weltverbrauch an Baumwolle forcierte auch die Ausweitung des ägyptischen Anbaus. Hauptsächlich exportiert wurde dabei die am Nil beheimatete Sorte *Sakellaridis*, die sich durch "*Langstapeligkeit*"[7] mit einer Faserlänge von bis zu 40 mm auszeichnet. Bis etwa 1934 war Großbritannien der weitaus wichtigste Abnehmer ägyptischer Baumwolle - allerdings mit rückläufigem Anteil an der ägyptischen Baumwollausfuhr seit dem Ende des Ersten Weltkrieges (1918: 67%, 1933: 41%, 1935: 30%)[8].

Aufgrund komplementärer Austauschverhältnisse war die Handelspolitik von Kontinuitäten gekennzeichnet. Der erste Handelsvertrag des Deutschen Reiches datiert vom 19.7.1892[9] mit gegenseitiger Meistbegünstigung und Zollvereinbarungen. Im Jahre 1904 verlängerten[10] beide Staaten diesen Vertrag bis 1934, mit Ergänzungen versehen wurde er am 17.10.1910. Das 1930 auf Basis der unbedingten Meistbegünstigung abgeschlossene Handelsabkommen behielt dann seine Gültigkeit bis zum Ende der bilateralen Handelsbeziehungen[11]

2.3. Export- / Importstruktur

Bei der Aufteilung der deutschen Importe aus Ägypten ergab sich für die vier Obergruppen folgendes Bild:[12]

FERTIGWAREN und HALBPRODUKTE waren in äußerst geringem Maße Gegenstand der deutschen Importe, so daß sich die Untersuchung sinnvoll auf ROHSTOFFE und NAHRUNGSMITTEL beschränken wird.

Aus dem Rahmen der dabei festgestellten Kontinuität fällt das Jahr 1929. Nachberechnungen ergaben für das Stichjahr 1928 ähnliche Werte wie für 1929, so daß man schon von einer sicheren, wenn auch kurzfristigen, Verschiebung in der Struktur sprechen kann. Auffällig sind weiterhin die fast gleichen Gruppenanteile der Rohstoffe in den untersuchten Analysejahren, welche - mit Ausnahme von 1929 - Abweichungen von nur 0,8% aufweisen. Ein Zeichen für Kontinuität und unelastische Nachfrage in der deutschen Einfuhr. Dies zeigt aber auch starre Produktionsstrukturen auf ägyptischer Seite und Stagnation in

---

[7] Im Gegensatz zu Mittel- und Kurzstapeligkeit, welche die jeweilige Faserlänge kennzeichnen.
[8] **LINDNER**, S.24.
[9] **HAUSHALTER**, S.243.
[10] **NUSSBAUM**, S.190.
[11] **LOOSE**, S.38.
[12] Eigene Berechnungen nach **STATISTISCHES JAHRBUCH**.

der industriellen Entwicklung im Laufe des Untersuchungszeitraumes. Die einseitige Abhängigkeit Ägyptens vom Baumwollexport vergrößerte sich eher noch nach der Weltwirtschaftskrise, Ansätze zur Diversifizierung und industriellen Entwicklung waren nicht erkennbar.

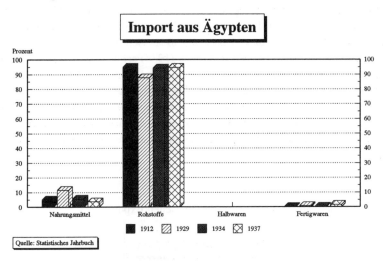

Wie setzen sich nun NAHRUNGS- und LEBENSMITTEL zusammen? Hier sind vor allem Gemüse (Zwiebeln) sowie Pflanzliche Öle und Fette anzutrefffen. Später, 1934 besteht der Nahrungsmittelimport nur noch aus Gemüse - eine Tatsache, welche auch für 1937 zutreffend ist.

Verantwortlich für die großen Unterschiede im Anteil der Nahrungsmittel von 1929 und 1934 muß die Weltwirtschaftskrise gemacht werden. Bedingt durch den immensen Preisverfall der Baumwolle reduzierten sich die daraus erzielten Erträge - die ägyptische Handelsbilanz war 1931 und 1932 negativ, so daß ab 1932 die Einfuhren von Nahrungsmitteln deutlich gekürzt wurden, währenddessen die eigene Ausfuhr dieser Produkte forciert wurde[13].

Konzentration auf wenige Güter hier in der Nahrungsmittelgruppe ist auch bei den ROHSTOFFEN festzustellen:

Wenngleich auch Baumwolle immer den Hauptanteil in dieser Gruppe stellte, so ist doch nicht zu verkennen, daß die Vielfalt, welche noch vor der

---

[13] Um etwa ein Drittel erhöhte sich die Nahrungsmittelausfuhr 1930 - 1932.

Wirtschaftskrise das Bild dieser Gruppe bestimmte, danach nicht mehr anzutreffen ist. Baumwolle hatte zwar 1929 schon einen Anteil von 85%, aber die übrigen 15% setzten sich aus Ölfrüchten, Ölkuchen, Harz, Manganerzen und Kupfer zusammen. In den Jahren 1934 und 1937 wurde dagegen fast nur noch Baumwolle importiert. Ägypten verdoppelte bei fallenden Preisen seine Absatzmenge nach Deutschland, während die USA gleichzeitig ihre Rolle als Baumwollieferant Deutschlands einbüßten. Deren Anteil an den deutschen Baumwollimporten fiel von ca. 76% (1929)[14] über 56% (1934) schließlich auf 28% (1937). Ägypten konnte im gleichen Zeitraum seinen Anteil von 5% auf 16% ausbauen. Während die Baumwollkäufe Großbritanniens in Ägypten sich absolut seit 1926 verringerten[15], baute Deutschland seine Position in Ägypten aus. Denn die Baumwollkäufe in den USA mußten in knappen Devisen bezahlt werden, die Importe aus Ägypten konnten dagegen über gegenseitige Verrechnung beglichen werden.

Im Vergleich dazu die Struktur der deutschen Exporte:

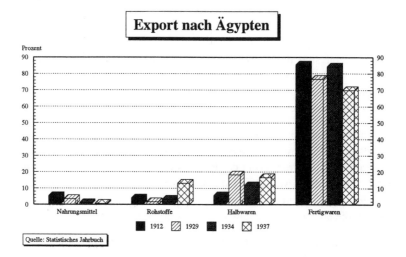

---

[14] KÜHN, S.63f.
[15] Trotzdem blieb Großbritannien der wichtigste Abnehmer ägyptischer Rohbaumwolle auch 1937. **INSTITUT FÜR WELTWIRTSCHAFT**, S.121.

Aus der Betrachtung der o.a. Graphik werden folgende Strukturwandlungen deutlich:

1) Der Anteil der Nahrungs- und Lebensmittel fiel nach dem Weltkrieg rasch auf Bedeutungslosigkeit herab. Getreide und Bier[16] waren hier die Exportgüter.

2) Im wesentlichen bestand die Obergruppe Rohstoffe aus Steinkohle - der immense Anstieg 1937 im Vergleich zu 1934 ist vor allem auf den verstärkten Export dieser Ware zurückzuführen[17].

3) Wie oben schon angeführt, erhöhte sich der Anteil der Halbwaren nach dem Ersten Weltkrieg beträchtlich: 1929 hatte sich dieser gegenüber den Vorkriegswerten verdreifacht und blieb - von 1934 abgesehen - in etwa auf diesem Niveau. Hierbei handelte es sich ausschließlich um chemische Halbprodukte, wie z.B. Stickstoffdünger. Der erhöhte Bedarf an Dünger zeigt die verstärkten Produktivitätssteigerungen in der ägyptischen Landwirtschaft nach der Weltwirtschaftskrise, insbesondere als Deutschland an Ägypten über dem Weltpreisniveau liegende Baumwollpreise zahlte, um sich den Absatzmarkt für seine Chemie in den Krisenjahren zu sichern.

4) Das Spektrum der deutschen Fertigwarenausfuhr war im Vergleich dazu sehr groß - es reichte von Textilien, Farben, Porzellan-, Glas-, Papier- und Eisenwaren bis zu Elektroprodukten, Musikinstrumenten und Fahrzeugen. Ohne allzusehr ins Detail zu gehen, lassen sich Strukturwandlungen in dieser Obergruppe recht deutlich erkennen. Erstens verringerte sich das erwähnte Spektrum der gelieferten Waren, und zweitens läßt sich aussagen, daß Konsumgüter Anteilsverluste aufwiesen, Investitionsgüter dagegen an Boden gewannen. So ging der Textilexport drastisch zurück, was daran lag, daß Ägypten nach der Krise hohe Importzölle einführte, um die eigene aufblühende Industrie zu schützen[18]. Musikinstrumente, Glas- und Tonprodukte waren 1934 in der Exportstruktur gänzlich verschwunden. Dafür reduzierte sich die Zusammensetzung der Obergruppe bis 1937 auf Eisenwaren, Papier, Kraftfahrzeuge, Elektroartikel, Erzeug-

---

[16] Allerdings kam dem deutschen Bier auf dem ägyptischen Markt nur eine Nebenrolle zu, denn beispielsweise 1937 stellte Großbritannien mehr als 71% der Bierimporte. **INSTITUT FÜR WELTWIRTSCHAFT, S.25.**
[17] Deutscher Anteil bei der ägyptischen Steinkohleeinfuhr 1937: 22%. **INSTITUT FÜR WELTWIRTSCHAFT, S.39.**
[18] **NUSSBAUM, S. 198.**

nisse der Feinmechanik, Optik und Pharmazie sowie Kupferwaren und Eisenbahnobermaterial (Schienen). Aufgrund fehlender Montanindustrie war der Importanteil von Eisenprodukten jeglicher Art aus Deutschland immer recht beständig hoch.

III. Amerika

a) Importanteile

Nach dem Ersten Weltkrieg erfolgte eine kurzfristige Hinwendung zu Kanada, welches 1929 einen Anteil von 8,1 Prozent innehatte, jedoch aber im Zuge der Weltwirtschaftskrise und Devisenbewirtschaftung wieder stark an Bedeutung als Importland verlor (Prozentualer Anteil 1937: 3,8 Prozent).

Dominierten die USA noch vor dem Ersten Weltkrieg in der deutschen Einfuhr, so fiel deren Anteil vor allem nach der Weltwirtschaftskrise spürbar bis 1937. Verantwortlich dafür sind die wachsenden Handelsbeziehungen Deutschlands zu Mexiko, Peru, Venezuela und Uruguay aus Devisengründen.

Mexiko, das 1929 noch mit 2,5 Prozent in Amerika vertreten war, konnte seine Position auf dem Kontinent bis 1937 auf 5 Prozent verbessern. Weiter tauchten nach der Weltwirtschaftskrise Peru, Kolumbien und Niederländisch-Amerika als Markt für deutsche Importe auf, die zusammen immerhin einen Anteil von 11,5 Prozent besaßen.

b) Exportanteile

Auffällig bei der Exportstruktur ist vor allem die verstärkte Bedeutung mittel- und südamerikanischer Staaten als Folge der Weltwirtschaftskrise und Devisenbewirtschaftung. So nehmen 1937 plötzlich Staaten wie Venezuela, Peru und Kolumbien 3,6 bis 4,6 Prozent, Mexiko gar 7,1 Prozent der deutschen Ausfuhr nach Amerika ab.

Insbesondere die USA konnten nach der Weltwirtschaftskrise nicht mehr im gleichen Maße als Absatzmarkt für deutsche Produkte gelten. Nach 1930 führte Protektionismus in Form von Kontingentierungen und rigiden Zollbestimmungen dazu, daß die Vereinigten Staaten ihren Binnenmarkt abschotteten.

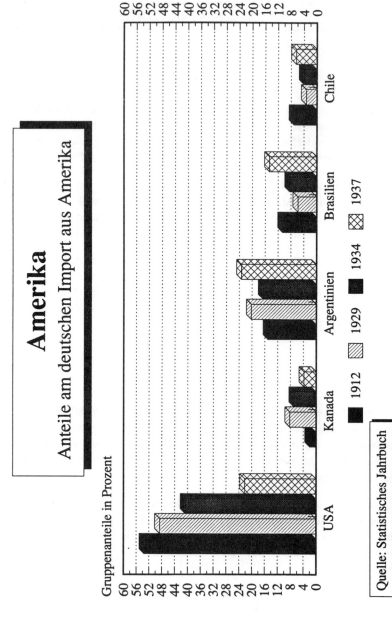

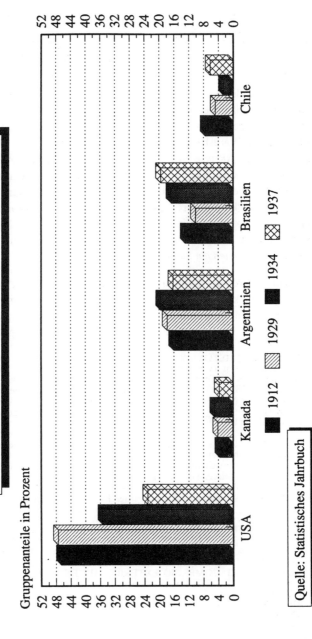

1. Argentinien[1]

1.1. Handelsstatistik

Beim Vergleich der argentinischen Statistik[2] mit der deutschen stellt man auch hier Ungenauigkeiten auf der argentinischen Seite fest, welche daraus resultieren, daß deren Zollämter häufig den Verschickungshafen als das Herkunftsland der Ware betrachteten. TRUMMEL stützte sich deshalb in seiner chronologischen Analyse auf die in dieser Hinsicht exakte deutsche Reichsstatistik[3]. Größere Genauigkeit soll die argentinische Exportstatistik aufweisen, da nach den Angaben von HEUER und BROWN hier nach dem *"endgültigen Bestimmungsland"* klassifiziert wurde, *"soweit ... die Unterlagen dazu vorliegen"*[4]. Damit steht dieser jedoch im krassen Gegensatz zu KNOPPEK, der seinerseits der Meinung ist, deutsche Produkte via Niederlande und Belgien würden *"dem zur Durchfuhr dienenden Staat"* angerechnet[5].

Häufig werde auch Getreide *"auf Order"* ohne Angabe des Käufers nach Europa verschickt, so daß diese Exporte aufgrund der argentinischen Statistik nicht die wahren Verhältnisse widerspiegeln[6], wie das Beispiel der deutschen Weizen-Einfuhr im Jahre 1929 verdeutlicht: Während Argentinien hier eine

---

[1] Auf folgende **LITERATUR** sei verwiesen: F. BROWN, A Tabular Guide to the Foreign Trade Statistics of Twenty-one Principal Countries. London 1926; M. DOMEIER, Die Wandlungen in den Grundlagen der deutschen Ausfuhr nach Südamerika seit 1920. Köln 1925; W. ECKARDT, Der deutsche Handel mit Argentinien unter besonderer Berücksichtigung der Nachkriegszeit. Posen 1926; -F. FESENMEYER, Ursachen und Gründe der Wandlungen im Export deutscher Eisen- und Stahlwaren nach Südamerika. Köln 1933; **INSTITUT FÜR WELTWIRTSCHAFT KIEL**, Die Textilindustrie Argentiniens. Kiel 1939; H. HEUER, Argentinien als Fleisch- und Getreidelieferant auf dem Weltmarkt in der Nachkriegszeit. Köln 1932; K. KANAPIN, Die deutsch - argentinischen Handelsbeziehungen von 1871 bis 1914 unter besonderer Berücksichtigung der Handels- und Wirtschaftsbeziehungen und der Auswanderungspolitik. Berlin 1968; H. KNOPPEK, Deutschlands Maschinenausfuhr im Wettbewerb auf dem argentinischen Markt und die Aussichten zur Absatzsteigerung. Hamburg 1937; H. LUFT, Argentiniens Nachkriegsentwicklung und das auswärtige Kapital. In: Weltwirtschaftliches Archiv, 24, 1926, S.206* - 213*; W. PADE, Die Handelsbeziehungen des deutschen Imperialismus zu Argentinien (1918-1939). In: Jahrbuch für Wirtschaftsgeschichte, 1977, III, S.47ff; - H.J. TRUMMEL, Die Entwicklung der deutsch-argentinischen Handelsbeziehungen im Wandel der letzten 25 Jahre (1913-1937). Würzburg 1938; G.J. WENDLER, Deutsche Elektroindustrie in Lateinamerika. Siemens und AEG. Wiesbaden 1982.
[2] ANNUARIO DEL COMERCIO EXTERIOR DE LA REPUBLICA ARGENTINA (Jährlich) und EL COMERCIO EXTERIOR ARGENTINO Y ESTADISTICAS ECONOMICAS RETROSPECTIVAS (Monatlich).
[3] TRUMMEL, S. 23.
[4] BROWN, S.18f und 30f.
[5] KNOPPEK, S.6.
[6] HEUER, S.41f.

Ausfuhr von 385.000 Tonnen nach Deutschland angibt, weisen die deutschen Zahlen eine Importmenge von 967.000 Tonnen auf[7]. Dies liegt an der unterschiedlichen Wertberechnung in der argentinischen Importstatistik[8], die sog. *Tarifwerte* und *Realwerte* unterscheidet[9]. Bei ersteren handelt es sich um Schätzwerte nach einer Zollgrundlage von 1906, die Schätzwerte wurden nach dem Ersten Weltkrieg mit 20%-60% igem Aufschlag versehen. Realwerte werden für diejenigen Waren genannt, für die es aufgrund von langjährigen Preisbeobachtungen genauere Werte gab[10]. Die Abweichungen zwischen beiden Wertberechnungen lagen oft bei mehr als 40%!

1.2. Handelsbilanz / Handelspolitik

Im Handel konnte sich Deutschland neben dem Hauptkonkurrenten Großbritannien immer einen Platz unter den drei wichtigsten Partnern Argentiniens sichern, wie die

Übersicht der Anteile am Import Argentiniens (in Prozent) zeigt:[11]

	DT	GB	USA	I	F
1913	16,9	31,1	14,7	8,1	9,0
1929	11,5	17,6	26,4	8,8	6,1
1937	15,5	20,0	k.A.	k.A.	k.A.

Anteile am argentinischen Export:

	Brasilien	DT	GB	USA	NL	F
1913	5,0	12,0	24,9	4,7	4,7	7,8
1929	3,9	10,0	32,2	9,8	9,6	7,1
1937	k.A.	12,3	38,0	k.A.	k.A.	k.A.

---

[7] HEUER, Tabelle 18, S.42a. Daß es sich bei diesen Disparitäten nicht um eine Ausnahme handelt, ist daraus ersichtlich, daß zwischen 1920 und 1929 nicht einmal grobe Übereinstimmungen in den Statistiken vorhanden sind.
[8] BROWN, S.30.
[9] KNOPPEK, S.5f.
[10] KNOPPEK, S.6.
[11] STATISTISCHES HANDBUCH, S.414, eigene Berechnungen.

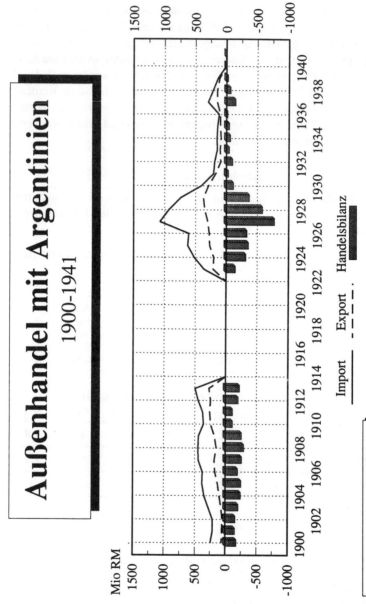

Argentinien als erstes der drei sog. ABC-Staaten stand neben Brasilien und Chile immer im Mittelpunkt deutschen Interesses an Südamerika. Dieses stammte aus der Wilhelminischen Zeit, als Lateinamerika beliebtes Ziel deutscher Direktinvestitionen aller Branchen wurde: Deutsche Überseebank, Deutsche Südamerikanische Bank, Krupp, Mannesmann, Klöckner, AEG, Siemens, Bayer und viele berühmte Reedereien[12].

Bis zum Ausbruch des Ersten Weltkrieges steigende Import- und Exportzahlen im Handel mit Argentinien kann man als Signum für gleichsam wachsendes Interesse am südamerikanischen Kontinent betrachten. Dieses manifestierte sich auch in der Gründung des *Deutsch-Argentinischen Centralverbandes* zur Förderung der wirtschaftlichen Interessen im Jahre 1909 und des deutschen Wirtschaftsverbandes für Süd- und Mittelamerika 1915[13]. Lange nach dem Ersten Weltkrieg blieb der Handelsvertrag aus dem Jahre 1857 noch in Kraft.

1914 unterbrach der Weltkrieg die Handelsverbindungen und schnitt die bislang positive Entwicklung des bilateralen Handels ab; die USA füllten das entstandene Handelsvakuum bis Kriegsende, dann verteuerte der steigende Dollar die amerikanischen Exporte so sehr, daß Deutschland mit seiner nun verfallenden Nachkriegsvaluta Dumpingexporte möglich waren[14]. Innerhalb weniger Jahre nahm der deutsch-argentinische Handel einen raschen Aufschwung - auch die Aufnahme "*harmonischer* (politischer) *Beziehungen*"[15] half mit, an die alten Traditionen anzuknüpfen. 1927-1929 erlebte der Handel seine Blütezeit - Argentinien wurde zum "*zweitwichtigsten Bezugsland*" von Weizen und 1927 sogar zum wichtigsten von Gefrierfleisch[16].

Im September 1930 putschte das Militär und von nun ab regierte eine Militärjunta das Land. Fallende Rohstoffpreise im Gefolge der Weltwirtschaftskrise ließen die argentinischen Exporte ins Bodenlose stürzen und die Handelsbilanz war plötzlich negativ. 1931 führte Argentinien als Ausweg die Devisenbewirtschaftung ein. Wenngleich sich der britische Anteil am argentinischen Handel vergrößerte - Argentinien schätzte die engere Bindung an Großbritannien, um weiterhin Zugang zum Weltmarkt zu haben - so begannen sich im deutsch-argentinischen Verhältnis Strukturwandlungen abzuzeichnen, die sich deutscherseits unter anderem in der Hinwendung zum kleinen Wirtschaftspartner manife-

---

[12] PADE, S.48.
[13] PADE, S.49f.
[14] TRUMMEL, S. 31f.
[15] EBEL, S. 39.
[16] PADE, S. 56. EBEL, S.44.

stierten. Bilateralismus - das Schlagwort der Periode der Devisenbewirtschaftung - prägte auch den deutschen Austausch mit Argentinien ab 1934, als nun auch ein Verrechnungsabkommen paraphiert wurde[17]. Obwohl der deutsche Schwerpunkt *"auf Wiederankurbelung des während der Weltwirtschaftskrise stark geschrumpften"* Warenverkehrs lag[18], kam der Handel bis zum Ausbruch des Zweiten Weltkrieges nicht so in Gang wie gewünscht. Zum gewissen Teil lag dies auch an den Differenzen in den beiden Handelsstatistiken, die immer wieder zu Kontroversen bei den Vertragsverhandlungen führten[19].

Ab 1937 stiegen die deutschen Importe aus Argentinien wieder an, was daran lag, daß sich die argentinische Position gegenüber Großbritannien seit 1936 verschlechtert hatte und Deutschland seine Vorräte mit argentinischem Getreide aufstockte.

Ebenso fällt auf, daß die deutsche Austauschbilanz mit Argentinien grundsätzlich negativ war - eine Tatsache, die sich über alle Konjunkturschwankungen und Wirtschaftszyklen nicht veränderte. Korrelierten vor 1914 Ex- und Import positiv, so öffnete sich nach 1922 die Schere zu Lasten der deutschen Exporte, und die Bilanzdefizite stiegen rasch an. Die gute Ernte 1924 in Argentinien ließ auch deren Exporte kräftig steigen, die Währung stabilisierte sich und bot somit ausreichende Grundlagen für einen Handelsaufschwung in den folgenden Jahren. Als Neuheit erschien argentinisches Gefrierfleisch auf der deutschen Einfuhrliste, welches sich sofort mit einem Drittel an der deutschen Fleischeinfuhr beteiligte und damit der Hauptlieferant von Fleisch wurde.

Den Höhepunkt im deutsch-argentinischen Handel bildete das Jahr 1929, als die Pesoaufwertung in Argentinien zu handelspolitischen Kontroversen führte. Ein Jahr später waren die deutschen Importe schon rückläufig und der Druck auf die argentinische Landwirtschaft nahm zu. Fallende Preise, vor allem bei den argentinischen Hauptausfuhrprodukten, ließen die Absatzschwierigkeiten 1929 schon vorausahnen. Die sich anschließende Wirtschaftskrise führte in Argentinien zum Rückgang der Exporte nach Deutschland auf ein Niveau, wie es zuletzt zur Jahrhundertwende bestanden hatte. Sinkende Wechselkurse verursachten schließlich den Abfluß von Golddevisen aus Argentinien, welches dann am 16.12.1929 mit Aussetzung der Goldkonvertibilität antworten mußte.

---

[17] EBEL, S. 106.
[18] EBEL, S. 429.
[19] KNOPPEK, S.18.

Weiterhin änderte sich auch die Austauschbilanz für das südamerikanische Land erheblich, denn bis 1939 waren die Ausfuhrerlöse für Argentinien äußerst gering. Aus deutscher Sicht blieb die Bilanz trotz des Neuen Planes passiv - wenngleich auch nur in bescheidenem Rahmen. Steigende Weltmarktpreise für Rohstoffe und Lebensmittel brachten ab 1936 Argentinien auch den konjunkturellen Aufstieg und steigende Exportziffern. 1936 lief der britisch-argentinische Rocca-Vertrag aus und Argentinien mußte nach neuen Verhandlungen in einem Handelsvertrag den zollfreien Import britischer Kohle, seinerseits Zollbelastungen bei der Ausfuhr von Fleisch nach Großbritannien (aber auch Absatzsicherung dieser Fleischkontigente) und britisches Entgegenkommen bei der Schuldenbedienung als Preis für die weiterhin sehr enge wirtschaftliche Bindung hinnehmen[20].

1.3. Export- / Importstruktur

Grundlage der Analyse ist die Struktur der deutschen Importe:[21]

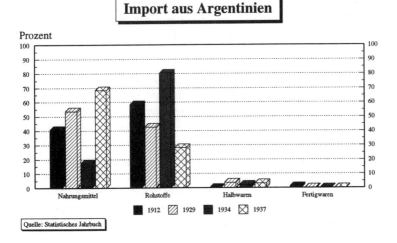

---

[20] TRUMMEL, S.170f. KNOPPEK, S.19.
[21] Eigene Berechnungen nach **STATISTISCHES JAHRBUCH** 1929 und 1934 blieben Ölfrüchte, Ölkuchen, nichtölhaltige Sämereien sowie Därme, Magen der Gruppe der ROHSTOFFE zugeordnet. Aufgrund der 1936 erfolgten Neugliederung der Statistik wurden diese Waren in die Gruppe NAHRUNGS-und GENUßMITTEL überführt. Die Werte des Jahres 1937 sind deshalb nach den alten Bestimmungen berechnet worden!

Da sich im wesentlichen die deutsche Einfuhr auf Rohstoffe und die Gruppe Nahrungs-, Genußmittel beschränkte, konzentrierte sich die Strukturanalyse auf diese beiden auch am wichtigsten Obergruppen.

Beim Import spielten Ölfrüchte meist eine sehr große wertmäßige Rolle. Durch die Neuordnung der Statistik ab 1936 wurden u.a. auch Ölfrüchte von der Oberkategorie der Rohstoffe in die der Nahrungsmittel überführt. Aus Gründen der Vergleichbarkeit mit den Werten der Analysen von 1912, 1929 und 1934, wurden diese betreffenden Ölfrüchte im Vergleichsjahr 1937 wieder in die Gruppe der Rohstoffe zurückgerechnet, so daß die zeitliche und sachliche Kontinuität damit wieder gewährleistet war. Obige Strukturzahlen sind dementsprechend bereinigte Ziffern.

Die teilweise im Laufe von Jahrzehnten sehr elastische Nachfrage nach NAHRUNGSMITTELN und das Problem der Ernteabhängigkeit erklärt auch die Schwankungen des Anteils am Gesamtimport von 40 - 68%. Mehr als die Hälfte dieser Gruppe bestand vor dem Ersten Weltkrieg aus Weizen (51%), danach folgten Mais (33%) und Hafer (11%). Eindeutig lag hier der Schwerpunkt auf Getreide und Futtermittel - insbesondere was den Mais anbelangt, so stellte Argentinien damals mehr als 60% der deutschen Maisimporte und war damit dessen Hauptlieferant.

Auch in bezug auf den Weizen konnte das südamerikanische Land mit einem Anteil von rund 18% der deutschen Importe eine gute Ausgangsposition behaupten. 1929 blieb der Anteil des Weizens an der Gruppe unverändert bei 49,9% - wenngleich auch die Umsätze im Vergleich zu 1912 gestiegen waren. Mais verlor an Bedeutung bei einem Anteil von nun 18%, auch der Anteil von Gefrierfleisch ging zurück auf 10,7% (1925: 32%). Argentinien lieferte fast eine Million Tonnen an Weizen und stellte damit 45% der deutschen Weizenimporte! Fast jährlich wechselnde Länderpräferenzen in der Rangfolge bei Weizen sind symptomatisch für die Abhängigkeit von Erntezyklen dieses Produktes. So schnellte Kanada 1928 mit 43% an die Spitze der deutschen Weizenlieferanten, verwies Argentinien mit 30% - wenn auch nur kurzfristig - auf den 2.Platz.

1934 war der Anteil der Nahrungsmittel auf 17% gerutscht - derjenige der Rohstoffe auf weit über 80% geklettert. Wenn man die Anteile im gesamten Zeitraum betrachtet, so stellt man 1934 als Abweichung von der Kontinuität fest. Hier zeigen die importierten Mengen an Weizen, welche auf knapp 5% der Ausgangsbasis 1929 gefallen waren, den Abstieg dieser Ware in die Bedeutungslosigkeit auf der deutschen Importliste. Kanada stellte nun über 60% der deutschen Weizeneinfuhr, Argentinien mußte sich mit 6% begnügen. Dafür stieg der Maisanteil auf über 50% sowohl in der Gruppe Nahrungsmittel als auch bei den gesamten deutschen Maisimporten.

Fleisch erschien dafür 1934 überhaupt nicht in der Einfuhrstatistik. Da aus Argentinien fast nur Gefrierfleisch eingeführt wurde, wurde das Land besonders schwer von den Maßnahmen der deutschen Gefrierfleischimportbegrenzung betroffen. Steigende Eigenfleischversorgung durch steigende Produktion ließ Gefrierfleischimporte nicht mehr zu, so daß 1928 die Kontingentsmenge des Jahres 1924 zur Obergrenze genommen wurde. Ab 1930 fand de facto kein Gefrierfleischimport mehr statt, als ab 1.10.1930 dieser mit hohen Zollsätzen belegt wurde[22].

1937 hatte sich der Anteil der Obergruppe NAHRUNG wieder auf fast 70% steigern können, was ganz einfach anhand der großen Maisimporte zu erklären ist. Argentinien fungierte mit über 65% als Mais-Hauptlieferant Deutschlands und hielt seine Position innerhalb der Gruppe Nahrungsmittel mit 56%. Bei Weizen konnte man steigendes Interesse am Bezug feststellen - sein Gruppenanteil war jetzt von 13,5% (1934) auf 30% gestiegen und verdrängte Kanada wieder als Hauptlieferant mit einem Anteil von 39% (Kanada: 6,3%)[23].

Die wichtigsten ROHSTOFFE (Gruppenanteil in Prozent).

Jahr / Produkt	Wolle	Häute	Ölfrüchte
1912	34	22	21
1929	36	17	27
1934	26	28	32
1937	30	32	33

Innerhalb dieser Gruppe dominierte 1912 der Bezug von Wolle[24], Häuten und Ölfrüchten. Zusammengenommen bildeten diese drei Güter immer mindestens drei Viertel des Gruppenimportes. Auch nach dem Ersten Weltkrieg änderte sich dieses Bild 1929 nur unwesentlich; Kleie, Hölzer, Pelzfelle und

---

[22] **D. WOTTAWA**, Protektionismus im Aussenhandel Deutschlands mit Vieh und Fleisch zwischen Reichsgründung und Beginn des 2.Weltkrieges. Frankfurt / Bern / New York 1985, S.76f. **HEUER**, S.51, 55f.
[23] Berechnungen nach **STATISTISCHES JAHRBUCH**.
[24] Baumwolle ist nicht herausgerechnet worden und verfälscht auch die Gesamtaussage nicht, da deren Anteil sehr gering war.

Därme rundeten meist den deutschen Rohstoffimport ab. 1934 stieg der Anteil der Häute auf 28% stark an, Ölfrüchte und Wolle verloren kurzfristig an Position. Vier Jahre später ist schon eine Konzentration in der Gruppe festzustellen mit zusammen mehr als 95% Gruppenanteil im Vergleich zu 73,9% (1934). Der Rest setzte sich meist aus einigen kleineren Positionen zusammen, die aber in der Anzahl stark reduziert waren.

Zum Vergleich die Struktur der deutschen Exporte:

Das Bild der Exportstruktur zeigt eine recht eindeutige Tendenz für Fertigwaren, die mit meist mehr als 90% den gesamten Export stellten. Deshalb wird an dieser Stelle auf die restlichen Gruppen nur sehr kurz eingegangen.

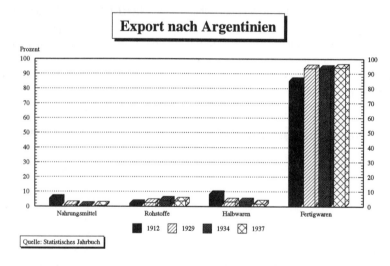

Deutsche NAHRUNGS- und LEBENSMITTEL hatten nur bis zum Ersten Weltkrieg mit 5,2% Anteil einen - wenngleich kleinen - Stellenwert, danach sank dieser auf weniger als 1% und verharrte in dieser Bedeutungslosigkeit. Im wesentlichen handelte es sich hierbei um Zucker. Zu den ROHSTOFFEN und HALBWAREN sei an dieser Stelle anzumerken, daß sich der Export dieser Gruppen auf Zement, Zellstoff und Steinkohle beschränkte. Aber auch hier ist eine Konzentration auf immer weniger Güter festzustellen: 1934 war Zement schon weggefallen, 1937 taucht nur noch allein Steinkohle in der Statistik auf.

Im Gegensatz zu dieser Konzentration auf wenige, wichtig erscheinende Waren steht die Gruppe der FERTIGWAREN, welche sich vor dem Weltkrieg aus vielen kleinen Einzelposten zusammensetzte. Aber gerade die Vielfalt der Fertigwaren erschwerte in diesem Fall eine Akzentsetzung - 1929 listete das STATISTISCHE JAHRBUCH mehr als 34 verschiedene Produkte auf! Eisenwaren, Textilien und Elektroartikel lassen sich da noch als größere Gruppierungen zusammenfassen. Textilien verloren jedoch stark an Bedeutung, als Argentinien nach der Weltwirtschaftskrise seine heimische Textilindustrie ausbaute und sich der Einfuhrbedarf von textilen Fertigwaren zugunsten von Textilrohstoffen verringerte[25]. Stellte Deutschland vor der Weltwirtschaftskrise noch 6,9% der argentinischen Textilimporte, so war die Ausfuhr 1936/37 mit einem Anteil von 2,5% bedeutungslos geworden[26].

Das Schwergewicht der deutschen Fertigwarenausfuhr verlagerte sich nach der Krise auf Eisenwaren, Maschinen und Chemikalien - die Industrialisierung stand dabei nach 1930 im Vordergrund der argentinischen Wirtschaftspolitik. Eine mangelhafte Rohstoffbasis verhinderte die Entwicklung einer eigenständigen Montanindustrie, so daß gerade Eisenwaren[27] aller Art auf dem argentinischen Markt immer willkommen waren. Vor Kriegsausbruch lieferte das Deutsche Reich 25% aller argentinischen Schienenimporte, bei der Lokomotiveneinfuhr führte der seit der Jahrhundertwende steigende Anteil Deutschlands mit 42,5% an die Spitze - gegenüber 41,2%, mit welchen sich Großbritannien begnügen mußte[28]. Im Vergleich zu 1912 blieben im wesentlichen die Anteile der Waren innerhalb der Gruppe unverändert: Eisenwaren bildeten den größten Anteil mit 15-17%, Elektrogüter[29] schwankten um 7%, Maschinen, Papierwaren und Textilien waren ebenfalls bei 7% zu finden. Die restlichen Anteile zerstreuten sich auf viele Einzelposten wie z.B. Musikinstrumente, Uhren, Spielzeug, Schiffe, Leder, Schuhe, Möbel, Farben, Kautschuk-, Glas-, Porzellan- und Kupferwaren etc., die für sich genommen relativ unbedeutend waren, aber in der Summation doch mehr als 50% des Gruppenanteils bildeten.

---

[25] INSTITUT FÜR WELTWIRTSCHAFT, S.26.
[26] INSTITUT FÜR WELTWIRTSCHAFT, S.27.
[27] Der umfangreichen Definition aus der Statistik schließt sich auch **FESENMEYER**, S.2 an. Hier umfassen die Eisenwaren Röhren, Walzen, Stab- und Formeisen, Blech, Draht, Eisenbahnobermaterial, Kessel, Maschinenzubehör, Messerschmiedewaren, Werkzeuge, landwirtschaftliche Geräte. Nun näher auf Verschiebungen innerhalb dieser Warengruppierung einzugehen, ist in dieser Untersuchung nicht vorgesehen, sodaß diesbezüglich auf **FESENMEYER** zu verweisen ist.
[28] **TRUMMEL**, S.27ff.
[29] Argentinien stand 1913 immerhin an fünfter Stelle im deutschen Elektroexport, an erster Stelle der Bezugsländer in Übersee. Vgl. **WENDLER**, Tab.1 und S.67f.

Schon 1934 nach der Wirtschaftskrise ist die Tendenz zur Konzentration nicht zu übersehen, wenn man die Gruppenanteile betrachtet: Elektro steigt auf 9,3%, Maschinen auf 12%, Eisenwaren sprangen auf 25%, Chemie auf 15,3% - nur Textilien lagen bei 6,8% unverändert zurück, und Papierwaren mußten Verluste hinnehmen (5,6%). Nun bildeten diese Warengruppierungen schon gut drei Viertel der deutschen Fertigwarenausfuhr. Die Vielfalt der anderen Waren blieb zwar erhalten, doch sanken deren Handelsanteile oft gewaltig. Bei den Elektrogütern konnten Elektromotoren und Generatoren eine führende Position im argentinischen Import gegenüber den Mitkonkurrenten USA und Großbritannien behaupten[30].

1937 setzten sich Eisenwaren endgültig mit 34,7% Gruppenanteil durch, danach folgten Maschinen (21,2%), chemische und pharmazeutische Güter (16,0%). Es erfolgte also eindeutig nach der Weltwirtschaftskrise eine Präferenzaussage für Investitionsgüter und Eisenwaren, innerhalb letzterer schon FESENMEYER 1933 eine *"Verschiebung...zugunsten der Qualitätserzeugnisse"* feststellte[31]. Auf dem argentinischen Maschinenmarkt mußte sich Deutschland gegen seine größten und marktbeherrschenden Konkurrenten, Großbritannien und die USA, behaupten. Steigende Gruppenanteile der Maschinen innerhalb der Fertigwarenausfuhr zeigen, daß ab 1934 (Verrechnungsabkommen!) deutsche Maschinen ihre Absatzchancen in Argentinien verbessern konnten. So waren es vor allem Textilmaschinen, die bis 1934 nachgefragt wurden. Dies lag auch daran, daß dort der Preisverfall nach 1929 am größten war[32]. Nach 1935 verlegte sich die Nachfrage mehr auf Metallbearbeitungsmaschinen und Kraftmaschinen (Dieselmotoren), die aufgrund ihres günstigen Verbrauchs und ihrer Solidität bestellt wurden. Konjektureller Aufschwung und verstärkte Industrialisierungsbemühungen in Argentinien ließen den Export deutscher Maschinen und vor allem Eisenwaren ab 1934 ebenso wieder ansteigen wie den der Elektrogüter.

---

[30] **KNOPPEK**, S.34.
[31] **FESENMEYER**. S.17.
[32] **KNOPPEK**, S.41.

2. Brasilien[1]

2.1. Handelsstatistik

Brasilien kategorisierte seine Außenhandelsstatistik[2] nach dem Einkaufs- und Verkaufsland[3], was dementsprechend zu großen Ungenauigkeiten in der Abrechnung mit Deutschland führte, denn ein Großteil der deutschen Güter wurde auf dem Transitwege über andere Häfen verschifft. Der Wert der gehandelten Waren wurde beim Zoll deklariert, wobei noch das Problem des Wechselkurses auftauchte, da die brasilianische Statistik ihre Milreis-Angaben in englische Pfund Sterling umrechnete und diese mit den Reichsmarkzahlen vergleichbar gemacht werden mußten. Daneben untergliederte die brasilianische Statistik den Handel in Konjunkturperioden, die überwiegend parallel mit dem deutschen Handel in der Graphik laufen: 1903-08, 1909-13, 1919-22, 1923-29, 1930-34, 1935-39[4]. Der Generalhandel umfaßte nur Importe, der Spezialhandel dagegen die Exporte[5].

2.2. Handelsbilanz / Handelspolitik

Nicht übersehen werden sollte das Vordringen des Hauptkonkurrenten USA in Brasilien, welches man schon fast als antagonistisch zu Deutschland betrachten kann, denn der Positionsverlust Deutschlands im Ersten Weltkrieg schuf erst das Vakuum, in das die USA förmlich "hineingesaugt" wurden und infolgedessen sie auch 1929 den brasilianischen Export beherrschten. Erst die gegenläufige Bewegung nach der Weltwirtschaftskrise verzeichnete dann 1937 gesunkene Anteile der USA zugunsten des III. Reiches.

---

[1] Auf folgende LITERATUR sei verwiesen: **F. BROWN**, A Tabular Guide to the Foreign Trade Statistics of Twenty-one Principal Countries. London 1926; **M. DOMEIER**, Die Wandlungen in den Grundlagen der deutschen Ausfuhr nach Südamerika seit 1920. Köln 1925; **E. EBERT**, Brasiliens Außenhandel mit Berücksichtigung der Produktion und seiner wirtschaftlichen und kulturellen Beziehungen zu Deutschland. o.O. 1943; **F. FESENMEYER**, Ursachen und Gründe der Wandlungen im Export deutscher Eisen- und Stahlwaren nach Südamerika. Köln 1933; **F. HAUSHALTER**, Deutschlands Handelsverträge und sein Anteil am Welthandel. Leipzig 1930; **INSTITUT FÜR WELTWIRTSCHAFT KIEL**, Statistische Zusammenstellung: Die Ausfuhr von Brasilien. Kiel 1942; **R. NESCHKES**, Das Problem der deutschen Baumwollversorgung. Berlin 1937; **G.WENDLER**, Deutsche Elektroindustrie in Lateinamerika. Siemens und AEG (1890-1914), Stuttgart 1982; **K.WYNEKEN**, Die Entwicklung der Handelsbeziehungen zwischen Deutschland und Brasilien, Köln 1958;
[2] COMMERCIO EXTERIOR DO BRASIL (Jährlich und monatlich)
[3] **WYNEKEN**, S. 142ff. **BROWN**, S.18f und 28f.
[4] **WYNEKEN**, S.151.
[5] **BROWN**, S.19.

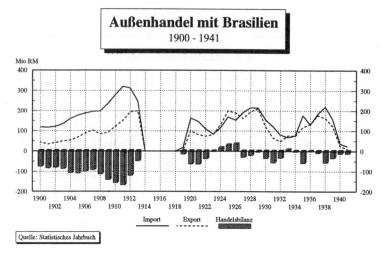

An diesen Zahlen ist zu bemerken, daß Deutschland gerade in einer Phase der guten Außenwirtschaftskonjunktur (1928/29 wies Deutschland, gemessen an absoluten Werten, die höchsten Import- und Exportziffern auf!) den Tiefstand im prozentualen Anteil am brasilianischen Handel aufwies.

Im Handel mit Brasilien rangierte Deutschland meist unter den ersten drei Geschäftspartnern:

Anteile am brasilianischen Import in %[6]

	Argentinien	DT	GB	USA	F
1913	7,4	17,4	24,4	15,8	9,1
1929	11,0	12,7	19,1	30,1	5,3
1937	13,9	23,9	12,1	20,0	2,4
1941	11,2	1,8	5,7	60,3	0,0

Dies verdeutlicht, daß trotz Exportoffensive und Anstieg der Außenhandelsumsätze Deutschland seine ursprüngliche (1913) Position auf dem brasilianischen Markt nicht mehr erlangen konnte. Erst unter der Ägide des NEUEN PLANES und nach der Weltwirtschaftskrise gelang Deutschland wieder eine erhebliche Positionsverbesserung.

Anteile am brasilianischen Export in %

---

[6] **STATISTISCHES HANDBUCH**, S.426 und eigene Berechnungen nach **STATISTISCHES JAHRBUCH**.

	DT	GB	USA	NL	F
1913	14,0	13,1	32,2	7,3	12,2
1929	8,8	6,5	42,2	5,0	5,0
1937	17,1	8,9	36,1	3,3	6,4
1941	1,2	12,2	56,9	0,0	0,0

Ausgangspunkt der handelspolitischen Betrachtungen ist der Vertrag aus dem Jahre 1887, der allerdings 1897 nicht mehr wie geplant verlängert wurde[7]. Die Graphik zeigt die ab 1900 kräftig ansteigenden Umsätze im deutsch-brasilianischen Handel. Ebenso rasch kletterte der deutsche Anteil am brasilianischen Import bis 1913[8]. Von der Attraktivität Brasiliens in Deutschland zeugt auch das große Gewicht der deutschen Kolonisten und deren Kapital in Brasilien, welches um die Jahrhundertwende auf 400-420 Mio RM geschätzt wurde[9] und sich vornehmlich auf Handel und Banken konzentriert hatte. Konjunkturabschwächung und Rezession in Europa führten 1908 zum kurzfristigen Rückgang deutscher Exportwaren, insbesondere wirkte sich 1907 auch die brasilianische Zollerhöhung auf Importwaren deutlich aus. Der steigende Wechselkurs führte zu dementsprechend erhöhten Importen, so daß Brasilien gezwungen war, aus protektionistischen Gründen seine Zölle kräftig zu erhöhen. Hinzu kam, daß ein Teil dieser Zölle in Gold bezahlt werden mußte. Hauptsächlich der Export deutscher Eisenwaren[10] war von dieser Maßnahme betroffen. In den folgenden Jahren bis zum Ausbruch des Ersten Weltkrieges intensivierte sich der Handel mit Brasilien - Auswirkungen der brasilianischen Industrialisierung - die deutschen Exporte stiegen dabei schneller als in den Jahren bis 1909, wie die Graphik veranschaulicht. Brasilien reduzierte wieder seine Importzölle vornehmlich im Bereich der Investitionsgüter und kurbelte damit die deutschen Exporte an. Die Defizite in der deutschen Handelsbilanz stiegen seit 1900 kontinuierlich an, allerdings vergrößerten sich diese zwischen 1908 und 1911 immer mehr. Erst mit dem Fallen der Kautschuk- (1911) und Kaffeepreise (1913) gingen auch die deutschen Importe wertmäßig zurück und für Brasilien schlug sich der Preisverfall in einer bis 1920 negativen Handelsbilanz nieder[11]. Mit dem Eintritt Brasiliens in das Lager der Kriegsgegner Deutschlands brachen auch die alten Handelsbeziehungen entzwei, wie WYNEKEN resümiert: "*Es begann damit praktisch ein völlig neuer Abschnitt in den deutsch-brasilianischen Handels- und*

---

[7] HAUSHALTER, S.198.
[8] WYNEKEN, S.71.
[9] Im folgenden WYNEKEN, S.74f.
[10] WYNEKEN, S. 81f.
[11] EBERT, S.184.

Wirtschaftsbeziehungen, die nach Kriegsende...neu aufgebaut werden mußten"[12]. Neben der Beschlagnahmung deutscher Schiffe brachten die Kriegshandlungen auch andere Nachteile für Deutschland mit sich: so sprangen die USA für Deutschland als Abnehmer brasilianischer Waren ein - (1919 betrug deren Importanteil schon über 40%); Japan drängte als neuer Handelspartner auf den brasilianischen Markt. Der Kurvenverlauf der Handelsumsätze nach 1920 zeigt ein unregelmäßiges Bild. Zwar korrelierten Exporte und Importe positiv, doch folgten beide dem jeweiligen Konjunkturverlauf. Weiterhin defizitär blieb die deutsche Handelsbilanz mit geringen Ausnahmen (1924-1926, 1933, 1936 und 1941).

Deutsche Produkte waren weiterhin in Brasilien sehr gefragt, so daß schon bald wieder Handelsbeziehungen aufgenommen wurden. Vor allem der Export deutscher Investitionsgüter kam voran, wenngleich auch die Zahlungsbilanz Brasiliens von den Weltrohstoffpreisen und dem Wechselkurs abhängig blieb. Stiegen die Kautschukpreise bis 1926 an, um danach wieder stark zurückzugehen, so kletterten auf der anderen Seite die Tabakpreise ab 1928, nachdem sie 1926 deutlich gefallen waren[13]. Was allerdings die Umsatz-Abschwächung 1923/24 betrifft, so war diese eindeutig auf den Verfall der deutschen Währung in jener Zeit zurückzuführen. Von der Weltwirtschaftskrise wurde Brasilien sehr hart getroffen. Bis dahin besaß das Land die größten Weltvorräte[14] an Kaffee, welche in Verbindung mit der 1929 so ertragreichen Ernte diese einseitige Abhängigkeit nicht verringerten. Es mußten sogar riesige Mengen Kaffee vernichtet werden, um einem Preisverfall durch Überangebot entgegenzutreten. In der Folgezeit strukturierte Brasilien auf den Baumwollanbau um, in der Hoffnung, langfristig die Abhängigkeit von der Monokultur zu reduzieren. Innerhalb weniger Jahre avancierte das Land dann auch zum viertgrößten Baumwollproduzenten der Welt! Rückgehende Umsätze bei nur unwesentlich geringeren Mengen aufgrund des Preisverfalls zeichnen die Jahre nach der Weltwirtschaftskrise aus. Bilateralisierte Handelsbeziehungen und Devisenbewirtschaftung führten zur "progressiven" Ausweitung des deutschen Handels[15]; die USA und Großbritannien wurden auf dem brasilianischen Markt als ernsthafte Konkurrenten ausgeschaltet. Mit Hilfe der ASKI konnte das III.Reich auch wesentlich höhere Baumwollpreise als die anderen Abnehmer, wie z.B. die USA, zahlen und auf diesem Wege die Bindung mit Brasilien intensivieren. (Ab 1934 lief der

---

[12] **WYNEKEN**, S.92.
[13] **WYNEKEN**, S. 108.
[14] So befanden sich vor der Krise 63% der Weltkaffeevorräte in brasilianischem Besitz! **WYNEKEN**, S. 111.
[15] **WYNEKEN**, S.117f.

Zahlungsverkehr über diese Ausländersonderkonten bei den deutschen Überseebanken[16]). Zwar wurden die brasilianischen Exporte im Handelsabkommen vom 6.6.1936 kontingentiert[17], doch stiegen die deutschen Importe bis 1939 weiter an. Im Gegenzug sorgte das III.Reich für den Aufschwung der brasilianischen Baumwollindustrie, deren Hauptabnehmer es inzwischen geworden war. EBERT sieht in der Kontinuität dieser deutschen Importe eine *"Verringerung der Konjunkturschwankungen im brasilianischen Wirtschaftsleben infolge der gleichmäßigen Abnahme brasilianischer Erzeugnisse"*[18]. Aufgrund der Kriegsverhältnisse stellte Deutschland 1942 den Handel schließlich ganz ein.

2.3. Export- / Importstruktur

Komplementäre Austauschverhältnisse kennzeichnen den brasilianischen Handel mit Deutschland, also den Tausch von deutschen Fertigwaren gegen brasilianische Agrarprodukte. Deshalb wird sich die Analyse der Importstruktur vornehmlich auf die beiden Bereiche ROHSTOFFE und NAHRUNGS-, LEBENSMITTEL konzentrieren.

Auf dem Sektor NAHRUNGS- und GENUßMITTEL schwankt der Anteil am Gesamtimport zwischen 61% und 67% - nur 1937 dokumentiert der Rückgang auf 34% den Wandel in der Struktur. 1912 bestand die Einfuhr aus Kaffee mit einem Gruppenanteil von 94% neben Kakao mit 4,8%. Nur Kaffee allein stellte immerhin 58% der gesamten deutschen Importe aus Brasilien! Den hohen Stellenwert Brasiliens im deutschen Kaffeebezug verdeutlicht auch die Tatsache, daß vor dem Ersten Weltkrieg 72% des deutschen Kaffeeimportes aus Brasilien stammten. Schon 1929 zeigte der anteilige Rückgang des Kaffees erste Diversifizierungsansätze unter den Genußmitteln. Jetzt hatte die Kaffeebohne nur noch einen Gruppenanteil von 86%, dennoch stellte sie weiterhin 58% der deutschen Gesamtimporte.

Die folgenden Zahlen veranschaulichen die Wandlungen in der deutschen Importstruktur:[19]

---

[16] Dabei handelte es sich um folgende Institute: Banco Germanico do America do Sul, Deutsch-südamerikanische Bank AG Berlin Hamburg, Banco Alemano-Transatlantico RIO, Deutsche Überseebank, Banco do Brasil Rio, Deutsche Reichsbank, Deutsche Bank Hamburg, Dresdner Bank Hamburg. EBERT, S.82f.
[17] EBERT, S.86.
[18] EBERT, S. 89.
[19] Eigene Berechnungen nach **STATISTISCHES JAHRBUCH** 1912, 1929 und 1934 blieben Ölfrüchte, Ölkuchen, nichtölhaltige Sämereien sowie Därme, Magen der Gruppe der ROHSTOFFE zugeordnet. Nach der 1936 erfolgten Neugliederung der Statistik wurden diese Waren in die Gruppe NAHRUNGS- und GENUßMITTEL überführt. Die Werte des Jahres 1937 sind jedoch nach den alten Bestimmungen berechnet worden, um die Vergleichbarkeit in der Statistik zu erhalten.

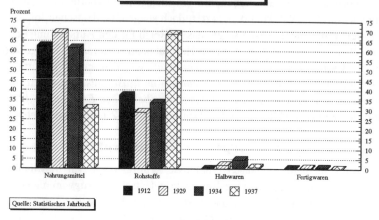

Quelle: Statistisches Jahrbuch

Die restlichen Anteile entfielen auf Kakao (5,4%) und in geringen Mengen auf Weizen, Obst und Fleischwaren. Doch täuscht der weiterhin hohe Stellenwert des Kaffees in der Einfuhr aus Brasilien nicht über den Bedeutungsverlust am deutschen Kaffeeimport hinweg. Denn nun stellte Brasilien nur noch 32% der deutschen Kaffeebezüge - im Gegensatz zu den 72% der Vorkriegszeit eine Reduzierung um die Hälfte. Zwar stieg nach der Wirtschaftskrise der Gruppenanteil der Kaffeebohnen wieder auf 91%, doch stagnierten diese mit 36% Anteil an der deutschen Einfuhr von Kaffee. 1937 lag weiterhin dieser Gruppenanteil bei 86%, allerdings zeigte der Rückgang des Kaffeeanteiles auf 25% der deutschen Importe aus Brasilien die Wandlung der Importstruktur, in der nun die ROHSTOFFE - hauptsächlich Baumwolle - vorherrschten. Brasilien stellte weiterhin 32% der deutschen Kaffeebezüge.

Im Vergleich dazu schwankte der Anteil der Obergruppe ROHSTOFFE bis 1934 zwischen 32 und 38% - erst 1937 hatte sich die Struktur gewandelt. Auch in dieser Kategorie bildeten wenige Güter den größten Anteil. Dabei handelte es sich 1912 um Kautschuk mit einem Gruppenanteil von 53%, Rindshäute (23%) und Tabak (10%). Etwa ein Drittel der deutschen Kautschukbezüge kam aus Brasilien, das gerade ab 1900 seinen Kautschukexport nach Deutschland bis 1914 um das Zehnfache steigern konnte. 15 Jahre später zeigte sich der Bruch mit der Vorkriegsstruktur auch hier: Kautschuk wies nun einen Gruppenanteil von 11% auf, auch im Gesamtkautschukimport Deutschlands mußte es seine Spitzenposition abgeben, denn der vormalige Anteil von 32% (1912) fiel auf

7,2%. Rindshäute und Tabak vergrößerten ihren Gruppenanteil auf 29% und 22%. Untersucht man die Struktur 1934, so stellt man fest, daß Kautschuk noch mehr an Bedeutung verloren hat - sowohl im Gesamtimport Deutschlands (3,9%) als auch im Gruppenanteil, denn letzterer betrug nur noch 3,9%. Rindshäute konnten ihren Anteil auf 31,5% ausweiten, Tabak stagnierte bei 19,3% und Baumwolle stieg von 1,7% (1929) auf inzwischen 24,8%, wenngleich auch der Anteil am deutschen Gesamtimport mit 2,8% vorläufig noch als gering zu bewerten ist. Vier Jahre später hat sich der Strukturwandel schon vollzogen, so daß Baumwolle in der Gruppe mit einem Anteil von 51,2% dominiert, danach folgen Rindshäute (19%), Tabak (7,8%) und Kautschuk mit 6,7%. Neben den Vereinigten Staaten war nun Brasilien der größte Lieferant von Baumwolle - 24% der deutschen Baumwollimporte stammten von dort (zum Vergleich: USA 27,3%). Der Preisverfall bei Kaffee nach der Weltwirtschaft zwang Brasilien zur Diversifikation seiner Monokultur. Innerhalb weniger Jahre gelang es, sich eine weitere Exportmöglichkeit zu verschaffen und die Baumwollproduktion von knapp 100.000 Tonnen (1932) auf 400.000 Tonnen zu erhöhen[20]. Da der Handel mit brasilianischer Baumwolle über bilaterale Verrechnung getätigt werden konnte, wurde der südamerikanische Partner zum größten Baumwollieferanten Deutschlands. Die Untersuchung des deutschen Exportes zeigt, daß sich im Laufe des Betrachtungszeitraumes nur geringfügige Strukturverschiebungen ergeben haben, die aber im wesentlichen die Kernaussage - Fertigwaren tragen den Export - nicht beeinflußt haben. Die deutschen NAHRUNGSMITTELexporte bestanden vor dem Ersten Weltkrieg hauptsächlich aus Reis und Malz. In den folgenden Jahren nach 1929 war diese Ausfuhr so gering, daß sie nicht mehr im STATISTISCHEN JAHRBUCH nachzuweisen war.

Im folgenden sollen ROHSTOFFE und HALBWAREN untersucht werden, die im Untersuchungszeitraum ihre Position leicht ausbauen konnten[21].

Charakteristisch blieb hier der Export von Zement - er bildete das "Rückgrat" der Gruppenausfuhr bis zur Weltwirtschaftskrise. Anschließend setzte sich Steinkohle durch, die neben der englischen die größten Kontingente in der brasilianischen Kohleeinfuhr stellte. Zusätzlich lieferte Deutschland auch Zellstoff, chemische Halbwaren und Eisenhalbzeug.

---

[20] NESCHKES, S.31.
[21] Gerade weil dieser Anteil so gering war, ist es dementsprechend schwer, Strukturwandlungen innerhalb dieser Gruppe zu konstatieren, so daß beide zusammengefaßt werden.

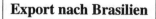

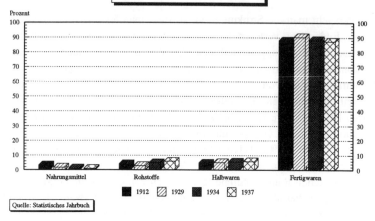

Quelle: Statistisches Jahrbuch

Der hohe Anteil der FERTIGWAREN am deutschen Export korrespondiert ebenso mit der großen Bandbreite dieser Warengruppe. Als die stärkste Produktgruppe konnte man bis 1929 Eisenwaren betrachten, danach folgten Maschinen, Elektro- und chemische Waren. Bei geringem Gruppenanteil hatten die restlichen Exportgüter zusammengefaßt einen beträchtlichen Stellenwert: Leder, Textilien, Möbel, Holzwaren, Papier und Papierwaren, Ton- und Pozellanwaren, Glasprodukte, Uhren, Musikinstrumente, Spielzeug u.v.m. Ferner konzentrierte sich der brasilianische Bezug deutscher Fertigwaren nach der Wirtschaftskrise schon mehr auf Eisenwaren (28,7%), chemische und pharmazeutische Güter (23,4%) sowie Maschinen (16,7%) und Elektroartikel (3,3%). 1937 zeigt die Struktur schon die Fortsetzung dieses Trends an. Eisenwaren führten weiter die Gruppe mit 32,6% an; es folgten Maschinen (19,4%), chemische und pharmazeutische Produkte (15,3%) - Elektrowaren stiegen nur unwesentlich auf 5,6%. Es läßt sich also auch hier nach 1930 eine höhere Präferenz für den Import von Investitionsgütern erkennen.

3. Chile[1]

3.1. Handelsbilanz / Handelspolitik

Der deutsche Anteil am chilenischen Außenhandel gliederte sich wie folgt auf:[2]

Anteile am chilenischen Import in %

	DT	USA	GB
1913	24,6	16,7	29,6
1929	15,5	32,2	17,7
1937	26,0	k.A.	k.A.

Anteile am chilenischen Export in %

	DT	USA	GB
1913	21,3	21,0	38,4
1929	8,6	25,4	13,8
1937	9,4	33,2	34,8

Nahmen die USA und Großbritannien zusammen etwa 2/3 des chilenischen Exports ab, so hatte Deutschland beim Import eine günstigere Ausgangsposition. Eindeutig lag hier der Tiefpunkt in den zwanziger Jahren; erst nach der Weltwirtschaftskrise erreichte Deutschland wieder den Stellenwert, welchen es vor 1914 beanspruchen konnte.

Handelsvertragsvereinbarungen seitens Chile waren lange Zeit auch für Großbritannien und die USA unbekannt. Der erste für Deutschland wichtige Vertrag datiert aus dem Jahr 1862, als Preußen und Chile auf dem Grundsatz der unbedingten Meistbegünstigung ihren Warenaustausch regelten. Mit dem Kriegsausbruch fand dieser Handelsvertrag 1914 keine Anwendung mehr und unterbrach eine lange Zeit der Kontinuität.

---

[1] Auf folgende **LITERATUR** sei verwiesen: M. DOMEIER, Die Wandlungen in den Grundlagen der deutschen Ausfuhr nach Südamerika seit 1920. Köln 1925; F. FESENMEYER, Ursachen und Gründe der Wandlungen im Export deutscher Eisen- und Stahlwaren nach Südamerika. Köln 1933; W. HÄUSSLER, Der Export der deutschen chemischen Industrie nach dem Kriege. Köln 1938; G. WENDLER, Deutsche Elektroindustrie in Lateinamerika. Siemens und AEG. (1890-1914), Stuttgart 1982.

[2] **STATISTISCHES HANDBUCH**, S.432 und eigene Berechnungen nach **STATISTISCHES JAHRBUCH**.

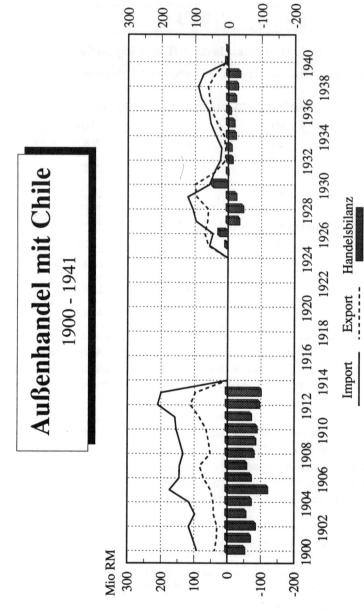

Bis zur Weltwirtschaftskrise gestaltete diese unbedingte Meistbegünstigung weiterhin den Handel in positiver Weise[3]. Erst am 24.10.1931 kündigte Chile den Vertrag, veranlaßt durch die hohen Stickstoffzölle in Deutschland. Nur wenige Monate später einigten sich dann aber beide Parteien im Handelsvertrag vom 22.12.1931 - die deutsche Einfuhr von Chilesalpeter war nun zollfrei, und Chile gewährte im Gegenzug die unbedingte Meistbegünstigung[4]. Doch aufkommender Bilateralismus und Devisenbewirtschaftung zwangen die Anpassung der Handelsvertragspolitik an die wirtschaftlichen Realitäten. So diente das Handels- und Zahlungsabkommen am 22.1.1934 dazu, eingefrorene deutscher Guthaben in Chile wieder zu verwenden; das Abkommen vom 3.9.1934 definierte die Meistbegünstigungspolitik näher, und der Vertrag vom 26.12.1934 enthielt eine Sonderregelung über Chilesalpeter, welche die chilenischen Exportkontingente steigerte[5]. Verschiedene Verrechnungsabkommen schlossen sich im Laufe der nächsten Jahre an.

Die deutsche Handelsbilanz blieb immer passiv - von wenigen Ausnahmen abgesehen, so 1925, 1926, 1930, 1949 und 1941. Dennoch kann man den Strukturbruch deutlich erkennen, welchen der Erste Weltkrieg hinterließ: Bis 1914 war der deutsche Handel stark defizitär mit Summen zwischen 50 und 100 Mio RM, Ex- und Importe korrelierten weitgehend positiv. Zwar blieb der Handel nicht von konjunkturellen Einbrüchen verschont, doch war die Tendenz eindeutig progressiv. Im Gegensatz dazu steht der Kurvenverlauf der Zwanziger Jahre: Exporte und Importe laufen zeitverschoben, korrelieren negativ und erst ab 1930 wieder positiv. Den Tiefpunkt erreicht der bilaterale Handel um 1934 - ein Jahr später ist der Aufwärtstrend nicht mehr zu übersehen, der dann mit Ausbruch des Zweiten Weltkrieges erneut unterbunden wurde.

3.2. Export- / Importstruktur

Steigende Anteile der NAHRUNGSMITTEL und ROHSTOFFE, fallende der FERTIG- und HALBWAREN zeichnen diese Struktur aus. Insbesondere die im Berichtszeitraum unterschiedliche Zuordnung des Chilesalpeters (Salpetersaueres Natron) - zeitweise zu Rohstoffen und dann wieder zu Halbwaren - erforderte komplizierte Neuberechnungen, um die Einheitlichkeit der Oberkategorien zu gewährleisten. Das Übergewicht der Halbwaren ist allein auf

---

[3] HAUSHALTER, S.202.
[4] LOOSE, S.33ff.
[5] LOOSE, S. 64f.

Chilesalpeter zurückzuführen, der selbst 85% der gesamten Importe stellte. Mit dem Bedeutungsverlust dieses Düngemittels durch Syntheseverfahren korreliert auch der dementsprechend sinkende Gruppenanteil.

Auffällig ist der Bedeutungsgewinn der Gruppe NAHRUNGSMITTEL, deren Gesamtanteil von knapp 2% auf über 20% angewachsen ist. Importierte Deutschland vor dem Ersten Weltkrieg überwiegend noch Beeren und Honig, so gestaltete sich der Nahrungsmittelimport 1929 schon differenzierter: Gerste, Hafer und vor allem Hülsenfrüchte (Bohnen, Erbsen, Linsen) waren nun auf der Lieferliste zu finden. Mit größerer Produktvielfalt stieg naturgemäß auch der Gruppenanteil, bis er 1934 auf knapp 8% angewachsen war. 1937 hatten sich die Hülsenfrüchte in der Kategorie durchgesetzt (48% Gruppenanteil); daneben exportierte Chile noch Därme, Hafer, Obst und Wein in kleinen Mengen.

Im folgenden die Struktur der deutschen Importe aus Chile:[6]

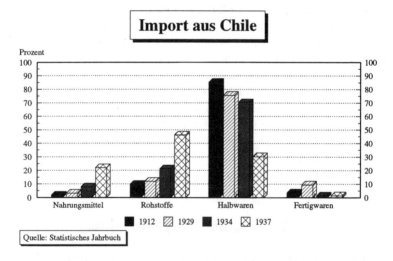

Relativ rasch läßt sich die Struktur der HALBWAREN näher aufschlüsseln. 1912 bestand diese nur aus Chilesalpeter, welcher mit 810.000 Tonnen 99,8% der deutschen Gesamt-Chilesalpetereinfuhr stellte. Mit zunehmender Eigenherstellung dieses Stickstoffdüngers nach der Substitution im Ersten Weltkrieg verlor der chilenische rasch an Bedeutung; die hohen Stickstoffzölle in Deutschland nach dem Krieg schützten die eigene Industrie in der Wachstums-

---

[6] Eigene Berechnungen nach **STATISTISCHES JAHRBUCH**.

phase. Wenngleich auch Deutschland diese Zollsätze revidieren mußte, so erlangte der Chilesalpeterimport nie wieder die gleiche Position wie vor dem Ersten Weltkrieg - die Einfuhr schwankte dabei um 100.000 - 130.000 Tonnen. Fallende Preise[7] nach der Weltwirtschaftskrise um mehr als 50% bis 1937 erschwerten dem Dünger zusätzlich den Zugang zum deutschen Markt. Hier markiert auch der Erste Weltkrieg den Wandel in der Struktur der Halbwaren, denn schon 1925 hatte der wertmäßige Bezug von Kupfer denjenigen des Chilesalpeters überholt. Fortan änderte sich an dieser Zusammensetzung der Gruppe wenig, denn Kupfer setzte sich weiterhin mit 63% Gruppenanteil (1929) durch. Zwar schwankten die anteiligen Werte bis 1937, doch Kupfer und Chilesalpeter bildeten meist mehr als 90% dieser Importe.

ROHSTOFFE erfuhren im Untersuchungszeitraum einen immensen Aufwärtstrend, der schließlich dazu führte, daß sie 1937 den größten Gruppenanteil besaßen. Änderungen in der Zusammensetzung gab es dabei kaum - die Gruppe bestand meist aus Erzen und Fellen, Häuten, Wolle und Kleie. Änderungen in der Verteilung gab es hinsichtlich der Gewichtung dieser Waren, denn hier war es Wolle, welche 1937 zu Lasten der restlichen Güter den Hauptanteil stellte (68%) - Chile galt immerhin als viertgrößter deutscher Lieferant von Wolle.

---

[7] 1929 wurde die Tonne Chilesalpeter zu 197 RM, 1934 zu 122 RM und 1937 zu 94 RM importiert.

Im Unterschied dazu die Exportstruktur:

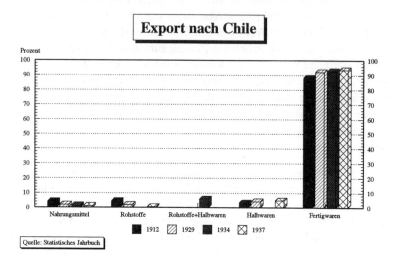

Geringfügig steigende Anteile auf Seiten der Fertigwaren, fallende dagegen bei den restlichen Obergruppen weist die Exportstruktur im Untersuchungszeitraum auf.

Setzte sich die Gruppe NAHRUNGSMITTEL 1912 noch überwiegend aus Zucker und Reis zusammen, so findet man in der Statistik 1929 nur noch Reis - nach der Krise erfolgt überhaupt keine nähere Aufgliederung der Nahrungsmittel mehr.

Ähnliche Probleme ergaben sich auch bei den ROHSTOFFEN und HALBWAREN. Deren Zusammensetzung ließ sich auf Zement, Koks und Garn sicher zurückführen - die mangelhafte Statistik beschränkte sich nur auf die Nennung dieser Waren.

Bei den FERTIGWAREN ist die Dokumentation schon ausführlicher. Von der allgemeinen Produktvielfalt in dieser Gruppe ausgehend, kommen deutliche Schwerpunkte zutage: 1912 stellten Munitionsbedarf im weitesten Sinne[8] und Güter für den Eisenbahnbau[9] immerhin mehr als 11% der Gesamtimporte Chiles. Auch Textilien und Eisenwaren prägten noch vor dem Kriegsausbruch

---

[8] Schießpulver, Patronen, Dynamit.
[9] Lokomotiven, Güterwagen, Eisenbahnschwellen.

1914 die deutsche Exportstruktur. 1929 lagen Textilien bei einem Gruppenanteil von 10,8%, Eisenwaren bei 24,5%. Danach folgten Maschinen (4,5%) und Elektrogüter (4,3%). Die restlichen Exporte verteilten sich auf Produkte wie Pelze, Möbel, Papierwaren, Glas- und Glaswaren, Ton- und Porzellanwaren, Chemikalien.

Als im Jahre 1934 die bilateralen Handelsbeziehungen am Tiefpunkt lagen, exportierte das deutsche Reich nur Waren im Werte von knapp 11 Mio RM nach Chile. Etwa ein Drittel bildeten Chemikalien[10], weitere 30% Eisenwaren. Ein zusätzlicher Mangel liegt darin, daß die verbleibenden 37% im STATISTISCHEN JAHRBUCH nicht erfaßt sind, wodurch auch die restliche Zusammensetzung somit unbekannt bleibt.

1937 ist die Auflistung im STATISTISCHEN JAHRBUCH schon umfangreicher. Eisenwaren führen die Gruppe mit einem Anteil von 18,4% an, chemische und pharmazeutische Produkte sind bei 14,4% zu finden, Textilien folgen mit 12,1%. Maschinen und Elektrowaren scheinen bei den Fertigwaren keine große Rolle gespielt zu haben, denn deren Gruppenanteil lag bei 5-8%. Insgesamt konzentriert sich zwar der chilenische Import aus Deutschland nach der Weltwirtschaftskrise mehr und mehr auf Investitionsgüter, doch auch Konsumgüter wie Textilien wurden nach 1934 wieder in größerem Maße importiert.

---

[10] Seit der Weltwirtschaftskrise war der deutsche Anteil an der chilenischen Chemieeinfuhr ständig auf Kosten der USA gestiegen. HÄUSSLER, S.167.

4. Kanada[1]

4.1. Handelsstatistik

Die kanadische Statistik[2] weist zum Teil sehr große Unterschiede in den Außenhandelsziffern auf. So endet beispielsweise das kanadische Steuerjahr am 31. März. Doch gravierender wirkt sich die direkte Registrierung aus, welche nicht nach dem Warenursprung, sondern nach dem Verschiffungshafen klassifizierte[3]. So differieren vor allem die kanadischen Exporte sehr stark von den deutschen Zahlen mit Abweichungen von 100-280%! In den Jahren 1924-1931 wurden mehr als 20 Prozent der deutschen Importe aus Kanada über die USA verschifft.

Der Generalhandel veröffentlichte keine Importangaben, so daß der Spezialhandel (ohne Veredelungsverkehr, Transit und Zollausschlußhandel) die einzige Grundlage bietet[4]. Auch das Wertberechnungssystem zeigte in der Verwendung verschiedener Marktpreise Unzulänglichkeiten auf[5]. SCHÄFER stützt sich daher mehr auf das Statistische Jahrbuch und nur teilweise auf die kanadische Statistik[6].

---

[1] Auf folgende LITERATUR sei verwiesen: **F. BROWN**, A Tabular Guide to the Foreign Trade Statistics of Twenty-one Principal Countries. London 1926; **I. KLEIN**, Die Handelsbeziehungen zwischen Deutschland und den vier britischen Dominien Kanada, Südafrika, Australien und Neuseeland seit der Beendigung des Weltkrieges. Berlin 1929; **H. LAUREYS**, The Foreign Trade of Canada. Toronto 1929; **G. MAY**, Die Entwicklung des deutsch - britischen Handels seit der Pfundabwertung ab 21.9.1931. Freiburg 1937; **J. NEISSER**, Deutschland und Kanada. Berlin 1909; **H. SCHÄFER**, Die deutsch-kanadischen Wirtschaftsbeziehungen seit der Beendigung des Weltkrieges unter besonderer Berücksichtigung der kanadischen Wirtschaftsentwicklung. Euskirchen 1934.

[2] ANNUAL (MONTHLY) REPORT OF THE TRADE OF CANADA (Jährlich und Monatlich).

[3] NEISSER, S.71. BROWN, S.23.

[4] BROWN, S.23.

[5] BROWN, S.32.

[6] Vor allem bei der Darstellung der binnenwirtschaftlichen Verhältnisse sowie des kanadischen Exportes. SCHÄFER, S.3. Vgl. THE CANADA YEARBOOK. The official statistical annal of the resources, history, institutions and social and economic conditions of the Dominion. Dominion Bureau of Statistics, Ottawa 1910 - 1932.

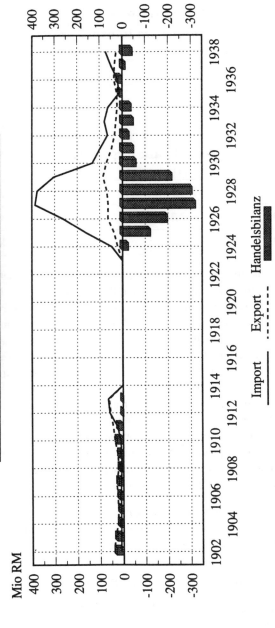

4.2. Handelsbilanz / Handelspolitik

Anteile am Import Kanadas in %[7]

	DT	GB	USA
1913	2,4	21,4	61,0
1929	1,7	15,2	67,9
1937	1,5	38,0	k.A.

Anteile am Export Kanadas in %[8]

	DT	GB	USA
1913	0,9	49,9	37,9
1929	2,3	25,2	46,0
1937	1,2	k.A.	k.A.

Wie die obigen Zahlen sehr deutlich belegen, besaß Deutschland einen äußerst geringen prozentualen Anteil am Handel Kanadas. Der Nachbar USA dominierte eindeutig bei den Einfuhren und konnte dabei seine Position nach 1913 zu Lasten Großbritanniens ausbauen. Lieferte Kanada vor dem Ersten Weltkrieg noch fast die Hälfte seiner ausgeführten Waren nach Großbritannien, so erfolgte nach dem Krieg eine Umlenkung des Exportstromes in die Vereinigten Staaten. Deutschland rangierte anfangs bei den Importen auf dem dritten, 1929 hinter Frankreich auf dem vierten Platz. Großbritannien und die USA blieben auch die Hauptinvestoren in Kanada. Nach verschiedenen Schätzungen besaß das englische Mutterland 1913 Anlagen im Werte von 2,5 Mrd kanadischer Dollar, diejenigen der USA beliefen sich auf ungefähr 650 Mio. Doch schon 1930 hatte sich das Verhältnis umgekehrt: Nun waren die USA Hauptgläubiger mit Direkt- und Portfolioinvestitionen von ca. 3,7 Mrd kanadischer Dollar, während das Kapital Großbritanniens auf 2,2 Mrd geschrumpft war[9].

Erste handelsvertragliche Bindungen lassen sich bis in das Jahr 1910 zurückverfolgen, als nach dem Zollkrieg (1903-1910) Kanada die hohen Zuschläge auf den Generaltarif für deutsche Waren von mehr als 33 Prozent zurücknahm

---

[7] Berechnungen nach STATISTISCHES HANDBUCH, S.452 und STATISTISCHES JAHRBUCH.
[8] Berechnungen nach STATISTISCHES HANDBUCH, S.452 und STATISTISCHES JAHRBUCH.
[9] SCHÄFER, S.74.

und im Gegenzug die Meistbegünstigung eingeräumt bekam[10]. In dieser ersten Phase bis zum Ausbruch des Ersten Weltkrieges konnte Deutschland einen permanenten Aktivsaldo in der Handelsbilanz für sich verbuchen. Die Beendigung des Zollkrieges wirkte als Initialzündung und im folgenden stiegen die deutschen Importe so rasch auf das Sechsfache (1910-1913) an, daß die ebenfalls steigenden Exporte nicht mehr für eine aktive Bilanz ausreichten.

Der Weltkrieg unterbrach einerseits die steigenden Handelsumsätze, förderte andererseits die Industrialisierung Kanadas durch aktive Kriegsteilnahme. Dabei war es hauptsächlich die Eisen- und Stahlindustrie, die einen ungeheuren Aufschwung im Dienste der Rüstungsproduktion erlebte.

Nach dem Kriegsende knüpfte Deutschland die Handelsbeziehungen durch sehr hohe Importe wieder an. Wie die Graphik zeigt, kehrte sich die Handelsbilanz um: Große Disparitäten zwischen Im- und Export ließen die deutschen Defizite stark anwachsen und kennzeichnen den neuen Stellenwert Kanadas als NAHRUNGSMITTELlieferant im weitesten Sinne. In der Folgezeit bis 1938 blieb es bei diesen Importüberschüssen, die Ausfluß großer Nahrungsmitteleinfuhren waren. Jene rasant gestiegenen Importe erlebten einen ebenso starken Fall durch die Weltwirtschaftskrise und den allgemeinen Agrarprotektionismus in Deutschland. Dabei traf es das Hauptexportgut Kanadas - den Weizen - sehr hart. Handelsvertragliche Vereinbarungen konnten erst 1932 nach längeren Bemühungen getroffen werden. In der Zwischenzeit war Deutschland weiterhin dem kanadischen Generaltarif unterworfen, was sicherlich Großbritannien in der Konkurrenz begünstigte und die nur langsam steigenden deutschen Exporte erklärt.

Kanadische allgemeine Zollsenkungen bewirkten 1928 kurzfristig erhöhte Chancen für die deutsche Ausfuhr, welche aber aufgrund der Weltwirtschaftskrise nicht voll genutzt werden konnten[11]. Im Zuge der Weltwirtschaftskrise und der Devisenbewirtschaftung erreichten die bilateralen Handelsbeziehungen dann 1935/36 ihren Tiefpunkt. Steigende Importe aus Kanada ab 1936 dokumentieren das erneute Interesse des III. Reiches an den kanadischen Rohstoffen.

---

10 KLEIN, S.2. Neben den Sätzen des Generaltarifs gabe es noch einen Vorzugstarif, der britischen Waren teils stark verminderte Zollsätze zugestand.
11 SCHÄFER, S.98.

4.3.. Export- / Importstruktur

Die deutschen Importe gliedern sich wie folgt auf:[12]

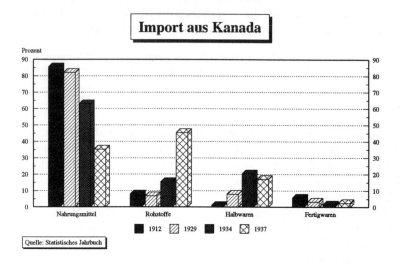

Hauptimportgut aus Kanada war dessen Getreide. Nahm Kanada vor dem Ersten Weltkrieg noch die vierte Position unter den Weizenlieferanten Deutschlands ein, so konnte das Land 1929 an die zweite Stelle nach Argentinien treten[13]. Hohe Qualität in Verbindung mit einem fast konkurrenzlos günstigen Weltmarktpreis sprachen für die großen Weizenimporte aus Kanada. Ebenfalls die zweite Stelle nahm Kanada als Roggen- und Gerstelieferant ein. Im wesentlichen änderte sich an dieser Struktur nur die gewachsene Bedeutung Kanadas als Erz- und Metallexporteur. Nickelerze und Kupfer hatten so nach dem Vierjahresplan einen Anteil von einem Drittel an den Gesamtimporten, bei bis 1939 insgesamt steigender Tendenz. Man gerät leicht in Versuchung, dies mehr der Aufrüstungspolitik Hitlers und dessen Vierjahresplan zuzuschreiben, doch wenn man den Import 1934 genauer untersucht, so ist nicht zu übersehen, daß schon zu diesem Zeitpunkt Erze und Metalle einen Anteil von knapp 30% an den Gesamtimporten hatten und sich dieser nur unwesentlich auf 34% nach dem Vierjahresplan (1937) erhöhte, in laufenden Preisen sogar verringerte. Steine und Erden sowie Tierfett und Tran rundeten schließlich die deutsche Einfuhrliste

---

[12] Eigene Berechnungen nach **STATISTISCHES JAHRBUCH**.
[13] **KLEIN**, S.93.

ab. 1937 waren noch zusätzlich Wolle, Obst und Holz unter den Importen zu finden.

Im Vergleich dazu die Struktur der deutschen Exporte nach Kanada:

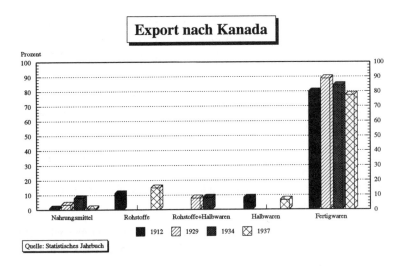

Die deutsche FERTIGWARENausfuhr umfaßte ein recht großes Spektrum, das sich nach 1929 aber - bedingt durch starke Umsatzrückgänge - sehr verengte. Dieser Rückgang in der deutschen Ausfuhr (Werte in laufenden Preisen) verursachte nicht einen direkt proportionalen Schwund aller Waren, sondern führte dazu, daß einige wenige Produkte durch den unverändert hohen Exportwert einen höheren Stellenwert erhielten, dafür aber der Export anderer Waren gänzlich wegfiel oder so bedeutungslos wurde, daß er nicht mehr im STATISTISCHEN JAHRBUCH auftauchte. Betrug der deutsche Export 1929 noch 85 Millionen Reichsmark, so war er schon fünf Jahre später auf ein Viertel dieses Wertes geschrumpft. Eisen- und Kupferwaren, Ton- und Porzellanwaren, Felle, Textilien, Musikinstrumente und Uhren waren nach der Weltwirtschaftskrise nun von der Ausfuhrliste verschwunden. Wieder einmal zeigte sich, daß die Weltwirtschaftskrise den Handel mit Konsumgütern rigoros beschnitt und zu einem großen Teil nur noch der Export von notwendigen Investitionsgütern durchgeführt wurde. So ist es nicht verwunderlich, daß sich auf der kanadischen Orderliste 1934 keine Textilmaschinen mehr befanden.

Der Export von Spielzeug hielt sich zwar noch bis 1934, doch hatte er mit einem Umsatzrückgang von mehr als drei Viertel seit seinem Höhepunkt im Jahr 1929 (4,4 Mio RM) seine Bedeutung verloren. Bei der kanadischen Spielzeugeinfuhr besaß Deutschland 1912 auf dem kanadischen Markt neben den USA die führende Stellung, die sie dann nach dem Krieg schon 1925 - wenn auch nur bis zur Wirtschaftskrise - wieder zurückgewinnen konnte[14].

Produkte der chemischen Industrie blieben in Kanada sehr gefragt. Insbesondere die Chemie konnte ihren Absatz von 1913-1927 überproportional steigern. Gerade nach der Wirtschaftskrise bauten chemische und pharmazeutische Waren ihren Anteil auf 28% des deutschen Gesamtexportes aus.

Was den NAHRUNGSMITTELexport anbelangt, so ist dieser mit Ausnahme des Jahres 1934 bedeutungslos. Die Analyse zeigt, daß es sich hierbei um die sporadische Ausfuhr von pflanzlichen Ölen und Fetten handelte.

Der ROHSTOFFexport war meistens so gering, daß er nur selten aufgeschlüsselt werden konnte. Eindeutige Schwerpunkte lassen sich nicht eruieren, denn 1929 sind nur unbearbeitete Pelzfelle, 1937 Steinkohlen und 1912 wiederum Felle aufgelistet.

Aber auch die HALBWAREN sind aufgrund geringer Größe sehr schwer zu analysieren; es läßt sich aber aussagen, daß diese meist aus Chemikalien - wie z.B. Chlorkalium - bestanden.

---

[14] KLEIN, S.62.

5. U S A[1]

5.1. Handelsstatistik

Die amerikanische Außenhandelsstatistik[2] verwendete bei der Zuordnung des Handels das Verschickungs- und Empfangsland. Sie unterteilte die Handels-

---

[1] Auf folgende LITERATUR sei verwiesen: ALIEN PROPERTY CUSTODIAN REPORT (APC), Berlin 1919; L. BEUTIN, Bremen und Amerika. Zur Geschichte der Weltwirtschaft und der Beziehungen Deutschlands zu den USA 1784-1933. Bremen 1953; F. BROWN, A Tabular Guide to the Foreign Trade Statistics of Twenty-one Principal Countries. London 1926; H. COLLINGS, The Foreign Trade of the United States from 1914 to 1924. In: Weltwirtschaftliches Archiv, 23, S.69*ff; M. EHRHARDT, Deutschlands Beziehungen zu Großbritannien, den Vereinigten Staaten und Frankreich vom Mai 1930 bis Juni 1932. Hamburg 1950; W. ESTLER, Die Importpolitik im Rahmen der amerikanischen Wirtschaftspolitik unter dem Einfluß des republikanisch-demokratischen Führungswechsels zwischen beiden Weltkriegen. Mannheim 1967; D. GESCHER, Die Vereinigten Staaten und die Reparationen 1920-1924. Bonn 1956; A. HIRSCHMANN, National Power and the Structure of Foreign Trade. Berkley-Los Angeles 1945; H. HITSCHFELD, Die Kapital- und Handelsbeziehungen zwischen Deutschland und den USA 1924-1927. Leipzig 1930; -C. HOLTFRERICH, Amerikanischer Kapitalexport und Wiederaufbau der deutschen Wirtschaft 1919 im Vergleich zu 1924-1929. 1977; T. KABISCH, Deutsches Kapital in den USA. Stuttgart 1982; W. KASTL, Die US-Zollpolitik im Rahmen der politischen und wirtschaftlichen Entwicklung der USA 1789-1955. Backnang 1957; H. KERZ, Die Handelspolitik der USA von Hamilton bis zum Ausbruch des Zweiten Weltkrieges unter besonderer Berücksichtigung ihrer Wirtschaftsbeziehungen zu Deutschland. Köln 1948; -M. KNAPP, Die USA 1918-1945. Deutsch - amerikanische Beziehungen zwischen Rivalität und Freundschaft. München 1978; H. LEVY, Die europäische Verflechtung des amerikanischen Außenhandels. In: Weltwirtschaftliches Archiv, 37, 1933, S.164-192; W. LINK, Die amerikanische Stabilisierungspolitik in Deutschland 1921-1932. Düsseldorf 1970; S. MAHLIN, Die Außenhandelspolitik der Vereinigten Staaten von Amerika 1929 bis 1936. Berlin 1937; J. PFITZNER, Beiträge zur Lage der chemischen, insbesondere der Farbstoffindustrie in den USA. In: Kriegswirtschaftliche Untersuchungen aus dem Institut für Seeverkehr und Weltwirtschaft Kiel, 7, 1916; R. POMMERIN, Der Kaiser und Amerika. Die USA in der Politik der Reichsleitung 1890-1917. Köln 1986; L. PRAGER, Die Handelsbeziehungen des Deutschen Reiches mit den USA bis 1914 (1924). Weimar 1926; P. SCHÄFER, Die Beziehungen zwischen Deutschland und den Vereinigten Staaten von 1933 bis 1939 unter besonderer Berücksichtigung der handelsspezifischen Beziehungen und der Boykottbewegung in den USA. Berlin 1960; C. SCHIMMELBUSCH, Die Handelsbeziehungen zwischen Deutschland und den USA. Heidelberg 1910; G. SCHMÖLDERS, Die Konjunkturpolitik der Vereinigten Staaten. Würzburg 1933; H.-J. SCHRÖDER, Deutschland und die Vereinigten Staaten 1933-1939. Wirtschaft und Politik in der Entwicklung des deutsch-amerikanischen Gegensatzes. Wiesbaden 1970; R. SOLOMON, Die Handelsbeziehungen zwischen Deutschland und den Vereinigten Staaten von Amerika von 1871 bis 1937. Köln 1949; H. VOIGT, Die Handels- und Freundschaftsverträge zwischen Deutschland und den USA. Leipzig 1937; H. WAGEMANN, Die Einfuhrzollpolitik der USA seit Beginn des 20.Jahrhunderts und die deutsche Teerfarbenindustrie. Mainz 1967.

[2] FOREIGN COMMERCE AND NAVIGATION OF THE UNITED STATES FOR THE CALENDAR YEAR (Jährlich) und MONTHLY SUMMARY OF THE FOREIGN COMMERCE OF THE UNITED STATES (Monatlich).

ströme in Generalhandel[3] und Spezialhandel. Bei der Deklaration der Importe wurden die Werte akzeptiert, solange sie nicht im krassen Gegensatz zu dem Marktpreis des Exportlandes, dem sog. *"Foreign value"*[4] standen[5]. Dieser *Foreign value* fand die meiste Verwendung bei der Ermittlung des Wertzolles. Danach hatte auch der *United States value* bei der Verzollung eine gewisse Bedeutung[6], wenn der *Foreign value* nicht anwendbar war.

5.2. Handelsbilanz / Handelspolitik

Hielten die Vereinigten Staaten im deutschen Außenhandel meist den ersten Platz in den Importen besetzt, so waren sie auch als Absatzland deutscher Produkte von immenser Wichtigkeit, denn der größte Binnenmarkt der Welt bot immer recht vielfältige Chancen. Aus amerikanischer Sicht mußten die Verhältnisse etwas anders gewichtet werden, wie die folgende Tabelle veranschaulicht:

Anteile am Import der USA in %[7]

	Argentinien	DT	GB	Kanada	F	Kuba
1913	5,5	10,3	15,2	7,9	7,7	7,4
1929	9,8	5,8	7,5	11,4	3,9	4,7
1937	k.A.	3,8	k.A.	k.A.	k.A.	k.A.

---

[3] Bei den Exporten plus *"Domestic and foreign merchandise"*, bei den Importen ohne Transit, jedoch mit Veredelungshandel und Zollausschlüssen.

[4] So definierte die Section 402 der Tariff Act of 1930 den Foreign value als *"the market value or price of the product, packed for shipment in the foreign country"*. Zit. nach **UNITED STATES TARIFF COMMISSION**, Methods of valuation. Washington 1933, S.2.

[5] **BROWN**, S.26.

[6] So definierte die Section 402 der Tariff Act of 1930 den *United States value* als *"the wholesale price in the United States of the imported merchandise, less deduction for the import duty and transportation and other charges, and certain allowances specified in section 402 (e) of the tariff act, such as commissions or profits and general expenses not exceeding specified percentages"*. Zit. nach **UNITED STATES TARIFF COMMISSION**, Methods of valuation. Washington 1933, S.2.

[7] **STATISTISCHES HANDBUCH**, S.496 sowie eigene Berechnungen nach **STATISTISCHES JAHRBUCH**.

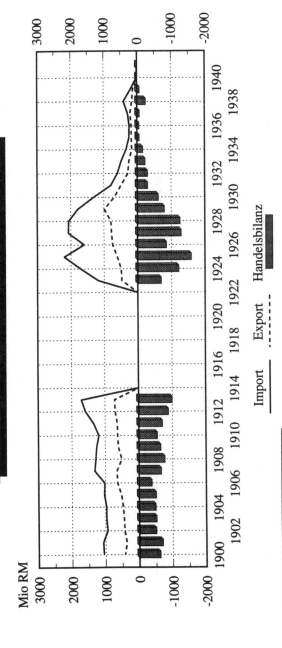

Anteile am Export der USA in %

	DT	GB	Kanada	F	Japan
1913	14,2	23,8	16,2	6,2	2,5
1929	7,8	16,2	18,1	5,0	4,9
1937	3,7	k.A.	k.A.	k.A.	k.A.

Wenn man beide Übersichten ins Auge faßt, so fällt der stark rückläufige Anteil Deutschlands am amerikanischen Außenhandel auf. Gleichzeitig verloren auch andere europäische Länder wie Großbritannien und Frankreich hier an Bedeutung, während der nordamerikanische Raum mit Kanada sowie der pazifische mit Japan überproportional an den Handelsanteilen profitierte - Fakten, die mit dem Prozeß in der Makrostruktur völlig parallel laufen. So stieg der Anteil Asiens an den amerikanischen Importen von 17% auf 29% (1913-1929) während im gleichen Zeitraum der europäische eine Verringerung von 48% auf 30% hinnehmen mußte.

Auch in der Absatzstruktur der USA ergaben sich ähnliche Wandlungen, Europa verlor seine herausragende Rolle als Absatzmarkt amerikanischer Erzeugnisse, sein Anteil fiel von 60,4% auf 44,7% (1913-1929) - derjenige Asiens aber verdoppelte sich in diesem Zeitraum von 6,2% auf 12,3%!

Bei der Betrachtung der Handelsbilanz fällt sofort der permanente deutsche Passivsaldo auf. Nach Ansicht von PRAGER sind insbesondere die hohen US-Zölle für die geringe deutsche Ausfuhr verantwortlich zu machen. Denn Gegenzölle wären schlecht zu verantworten, da Deutschland auf die Hauptimportgüter aus den USA wie z.B. Baumwolle, Kupfer und Nahrungsmittel angewiesen blieb[8].

Folgten vor dem Ersten Weltkrieg die Kurven noch den konjunkturellen Perioden (Rezession 1907/08), so erreichten die deutschen Importe schon vor der Krise, nämlich 1928, ihren Höhepunkt, nachdem sie 1926 empfindlich zurückgegangen waren. Konnte man bei vielen anderen Ländern ab 1935 eine Gegenbewegung zur Rezession der Weltwirtschaftskrise beobachten, so fielen die Umsatzkurven ab 1928 (deutsche Exporte ein Jahr später) bis zum Ende der deutsch-amerikanischen Handelsbeziehungen 1940/41 kontinuierlich ab. Denn die Devisenarmut des Deutschen Reiches zwang die Regierung dazu, Passivsalden nur noch im Rahmen der Verrechnung entstehen zu lassen.

---

[8] PRAGER, S.38ff.

Bot der riesige amerikanische Binnenmarkt vielversprechende Absatzchancen für Deutschland, so schützten die USA ihre heimische Industrie häufig mit protektionistischen Gesetzen, die wiederum in direkter Relation zur Binnenkonjunktur standen. Waren noch am Ende des Bürgerkrieges fiskalische Motive in der Zollpolitik entscheidend, so gingen die USA ab 1883 mit ihrem Zollgesetz zur protektionistischen Phase über und erhöhten die durchschnittliche Zollbelastung im Zuge des *Mc-Kinley-Tarifes* 1890. Der Import von Zucker blieb aber weiterhin von Abgaben befreit[9]. Kurze Zeit später folgte der *Wilson-Forman-Tarif* von 1894, welcher zwar eine geringe Senkung der allgemeinen Zollsätze brachte, jedoch nun Zucker mit einem 40 prozentigen Wertzoll belegte. Der *Dingley-Tarif* von 1897 wiederum ließ das Pendel in Richtung Protektionismus ausschlagen und erhöhte die Zollbelastung.

Am 10.7.1900 schloßen die USA und Deutschland ein Abkommen auf Gegenseitigkeit ab, in welchem aber die USA ihre starke Position dazu verwenden konnten, mehr Vorteile zu erlangen. Denn die amerikanischen Ausfuhren waren meistbegünstigt, während den deutschen Exportwaren, insbesondere den Industriegütern, nur geringe Vergünstigungen entgegenstanden. Nach der Neuordnung ihrer Zölle 1906 kündigten die Deutschen auch den alten Handelsvertrag. Anschließende Verhandlungen führten im Mai 1907 zum Abschluß eines für Deutschland positiveren Vertrages[10].

Im Jahre 1909 brachte der *Payne-Aldrich-Tarif* zwar die Senkung der Zollsätze, doch auch die Abkehr vom Prinzip der Gegenseitigkeit[11] sowie die Unterteilung in Maximal- und Minimaltarif. Es galt automatisch der Maximaltarif und dies erlaubte den USA, damit Druck auf die Verhandlungen auszuüben. Denn der Präsident konnte bei wohlwollender Haltung ausnahmsweise auch den Minimaltarif in Geltung bringen[12]. Im Zuge des neuen Tarifs kündigten die USA den alten Handelsvertrag. Um in den Genuß des Minimaltarifs zu gelangen, mußte Deutschland "*den gesamten Vertragszoll hingeben*"[13] - es war fast unmöglich, sich gegen die USA durchzusetzen.

1913 kündigte der *Underwood-Tarif* eine spürbare Reduktion der deutschen Zollbelastung bei für den Export so wichtigen Waren wie Textilien, Chemie und Maschinen an. Durchschnittlich wurden die Zölle um 2/3 gekürzt -

---
[9] Zur amerikanischen Handelspolitik vgl. im folgenden **KASTL**, S.70f; **MAHLIN**, S.11ff; **PRAGER**, S.14ff.
[10] **VOIGT**, S.61.
[11] **KASTL**, S.88.
[12] **PRAGER**, S.47f.
[13] **VOIGT**, S.62.

vieles war nun zollfrei, der Maximaltarif galt nicht mehr. Der Importzoll für deutsche Teerfarbstoffe von 30% blieb aber bestehen[14].

Als mit der deutschen Kriegserklärung am 6.4.1917 nun endgültig die letzten Verträge außer Kraft gesetzt wurden, folgte die Sequestrierung des deutschen Vermögens in den USA zu Händen des *Alien Property Custodian*. Besonders hart traf dies die deutschen Direktinvestitionen. Denn die Entschädigungsfrage wurde erst recht spät - nämlich 1928 - gelöst und zu diesem Zeitpunkt war schon ein großer Teil des deutschen Eigentums auf dem amerikanischen Markt veräußert, so auch viele der deutschen Patente, insbesondere der chemischen Industrie, deren Weltmonopol in organischer Chemie damit gebrochen wurde[15]. Aber auch in anderen wichtigen Wirtschaftssektoren wurde die marktbeherrschende Position der Deutschen zerstört. So entstammten beispielsweise mindestens 50% der in den USA produzierten Magnetzünder der *Bosch Magneto Company* und *Eisenmann Magnete Company*, die sich zu 100% und 75% in deutschem Besitz befanden[16]. Bis zur Beschlagnahme kontrollierten die Deutschen 30% des Zuckergeschäftes auf Hawaii, währenddessen sie gleichzeitig auch im philippinischen Tabakhandel stark engagiert waren[17].

Durch die Konfiskation der amerikanischen Tochtergesellschaft *American Metall Company* fehlte der deutschen Metallindustrie, die vor dem Weltkrieg den Zinkhandel Europas und Australiens kontrollierte, ein wichtiges Bindeglied in der weltweiten Handelskette. Die amerikanische Tochter besaß viele bedeutende Beteiligungen in Südamerika und Mexico, welche nun eingezogen wurden. Schätzungen für das gesamte in den USA vor dem Ersten Weltkrieg investierte deutsche Kapital sprechen von 3-4 Mrd. RM[18].

Nach dem Kriege brachte das Zollnotstandsgesetz von 1921 einschneidende Neuerungen und auch wieder Protektionismus mit sich, als die Zölle auf Agrarprodukte stark erhöht wurden. Ein Jahr später zog der *Fordney-McCumber-Tarif* die Protektionismusschraube weiter an, als er nun Industrie- und Erz-

---

[14] WAGEMANN, S.10.
[15] Eine detailliertere Darstellung der einzelnen sequestrierten Firmen ist bei **ALIEN PROPERTY CUSTODIAN REPORT**, Berlin 1919 zu finden. Vgl. ebenso **KABISCH; H. DAVID**, Das deutsche Auslandskapital und seine Wiederherstellung nach dem Kriege. In: Weltwirtschaftliches Archiv, 14, 1919; G. **ROOS**, Zur Konfiskation deutscher Auslandsvermögen. Stuttgart 1956; W. **LOEWENFELD**, Die Beschlagnahme, Liquidation und Freigabe deutschen Vermögens im Auslande. Berlin 1929.
[16] **ALIEN PROPERTY CUSTODIAN REPORT**, S.86
[17] Neben dem Tabakgeschäft handelten sie auch mit Pflanzenöl und Kautschuk. Der **APC-REPORT** (S.126f) schätzt die beschlagnahmten Vermögen auf mindestens 12,38 Mio $.
[18] So z.B. **DAVID**, S.48.

zölle anhob. Mit Hilfe der beschlagnahmten deutschen Patente versuchte sich gerade die amerikanische Chemie eine eigene Produktion aufzubauen und so betrafen die Importrestriktionen vornehmlich die deutsche Farbenindustrie, deren Einfuhr von 1922-1924 mit einem Wertzoll von 60%, danach bis zum Zweiten Weltkrieg mit 45% belegt wurde[19]. In diese Zeit fällt auch der Handelsvertrag aus dem Jahre 1923, der allerdings erst 1925 in Kraft trat[20]. Neu war für Deutschland die Zusicherung der unbedingten Meistbegünstigung, denn bis dahin galt in allen mit den USA abgeschlossenen Verträgen nur die bedingte Meistbegünstigung.

1930 reagierte die Regierung auf die Absatzprobleme der amerikanischen Farmer mit dem sog. *Hawley-Smoot-Tarif*. Die Weltwirtschaftskrise verstärkte deren Exportprobleme und nun schotteten die USA ihre Wirtschaft endgültig ab[21].

Vier Jahre später wurde die *Reciprocal Trade Agreements Act* verabschiedet, welcher den protektionistischen Einfluß spürbar reduzierte; der Präsident konnte nun eigenmächtig Zölle senken[22]. Im gleichen Jahr kündigte Deutschland den alten Handelsvertrag von 1923, ein neuer, modifizierter wurde im August 1935 abgeschlossen[23], allerdings ohne die bis dahin Deutschland zugestandene unbedingte Meistbegünstigung. Als Deutschland im Rahmen des Clearing die lateinamerikanischen Staaten durch bilaterale Verrechnungsabkommen immer mehr an sich band, geschah dies vor allem zu Lasten der USA. In der Folgezeit (ab 1935) beherrschte nun ein gespanntes Klima die handelspolitischen Beziehungen der USA mit Deutschland bis zum Kriegsausbruch[24].

---

[19] **WAGEMANN**, S.14.
[20] **VOIGT**, S.86f.
[21] **KASTL**, S.110ff, **MAHLIN**, S.27ff,
[22] **MAHLIN**, S.46.
[23] **VOIGT**, S.93.
[24] **JUNKER**, S.100ff.

5.3. Export- / Importstruktur

In der folgenden Übersicht die Struktur der deutschen Importe:[25]

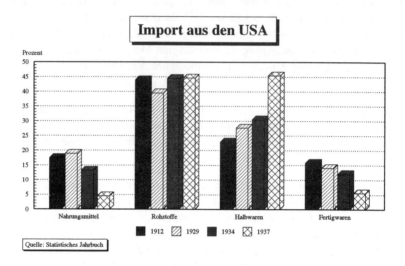

Auf den ersten Blick fallen folgende Änderungen auf: einerseits der degressive Anteil der Gruppen FERTIGWAREN und NAHRUNGSMITTEL am Gesamtimport, andererseits die progressive Ausweitung des Gruppenanteils der HALBWAREN. Manchmal gering erscheinende prozentuale Anteile dürfen darüber nicht hinwegtäuschen, daß die USA wertmäßig meist an der Spitze der deutschen Importe standen und dementsprechend auch kleine Anteile einen hohen Stellenwert innerhalb der deutschen Importe beinhalten können. Beispielsweise ist auf den ersten Blick ein Gruppenanteil der Kraftfahrzeuge von 12% (=30 Mio RM) an der Fertigwareneinfuhr nicht sonderlich hoch, wenngleich doch diese mit 30 Mio RM gut 51% der gesamten deutschen Fahrzeugimporte bildeten.

Was die NAHRUNGS- und GENUßMITTELimporte anbelangt, so ist zu konstatieren, daß die USA ihre Bedeutung als Lieferant für Deutschland erst in den Jahren ab 1930 verloren haben. Dieser Gruppenanteil blieb bis zur Weltwirtschaftskrise relativ konstant und korrespondiert danach mit den allgemeinen Verlagerungstendenzen der Nahrungsmitteleinfuhr im Zuge des NEUEN PLA-

---

[25] Eigene Berechnungen nach **STATISTISCHES JAHRBUCH**.

NES[26]. 1912 setzten sich die Nahrungsmittelimporte hauptsächlich aus Schweineschmalz (38,9%), Weizen (28,8%), Mais (6%), Kleie (7,8%) und Obst zu 14,5% Gruppenanteil zusammen.

Beim Schweineschmalz waren die USA der größte Lieferant - 95% der deutschen Importe kamen aus den Vereinigten Staaten. Große Zuwächse konnte auch der Weizenimport verbuchen - zwischen 1912 und 1913 verdoppelte er sich - von 78 Mio RM auf 164 Mio RM und die USA stiegen damit vom drittgrößten zum größten Weizenlieferanten des Deutschen Reiches vor dem Ersten Weltkrieg auf.

1929 hatten sich schon Veränderungen in der Zusammensetzung der Gruppe ergeben: Der Anteil des Weizen fiel in diesem Jahr auf 15% - was mit Sicherheit auf Ernteschwankungen zurückzuführen war, denn 1928 betrug dieser noch 25%. Daneben hielt Schmalz seine Position mit einem Anteil von 35% und stellte weiterhin fast 90% der deutschen Schmalzeinfuhr! Das Obst konnte seinen Anteil auf 21% ausbauen; Mais und Gerste schwankten zwischen 7,3% und 9,2%.

Betrachtet man die Zusammensetzung im Jahr 1934, so sieht man deutlich die Wirkung der Weltwirtschaftskrise. Die importierte Weizenmenge ist um 93% gegenüber 1929 gefallen, der Gruppenanteil auf 2,7% gefallen, die USA zum 6.wichtigsten Weizenlieferanten Deutschlands herabgesunken. Spätestens zu diesem Zeitpunkt ist ersichtlich, daß der Weizenimport einer totalen Wandlung unterzogen wurde und nun Kanada neben Argentinien der größte Lieferant geworden war. Das Schmalz verbuchte einen reduzierten Gruppenanteil von 18,3% und stellte damit immerhin noch etwas mehr als die Hälfte der deutschen Schmalzimporte. Als einziges Produkt konnte das Obst seinen Anteil erheblich ausweiten - mit einem Gruppenanteil von mehr als 67% prägte es die Nahrungsmitteleinfuhr und stellte gleichzeitig ein Drittel der deutschen Obstimporte.

Drei Jahre später war der Nahrungsmittelimport wertmäßig weiter auf jetzt 13 Mio RM gesunken und damit so gut wie bedeutungslos geworden. Wenn man bedenkt, daß dieser auf seinem Höhepunkt knapp 500 Mio RM (1928) betrug, so zeigt dieser Rückgang um 98% den Strukturbruch doch deutlich auf. Weizen wies noch einen Gruppenanteil von 24,4%, Obst von 22,1% auf - was aber in Verbindung mit den geringen Werten (weniger als 2 Mio RM) gesehen

---

26 Vgl. dazu: **H. KÜHN**, Verlagerungen in der deutschen Lebensmittel- und Rohstoffeinfuhr 1933-1938. Berlin 1939.

werden muß. Schmalz ist inzwischen ganz von der Importliste verschwunden - der Bezug aus den USA schrumpfte von 1928 bis 1937 um 99%[27].

Einen ebenso großen Bedeutungsverlust wies auch der Import von amerikanischen FERTIGWAREN im Untersuchungszeitraum auf. Im Gegensatz zu den Nahrungsmitteln fand dieser Verlust aber in der Zeit nach 1934 statt, was verdeutlicht, daß der Fertigwarenimport von den Auswirkungen der Weltwirtschaft nicht so stark betroffen war. Diese Importe setzten sich meist aus einer Vielzahl verschiedener Warentypen zusammen, so daß an dieser Stelle nur die wichtigsten aufgeführt werden sollten.

1912 waren Maschinen mit einem Anteil von 11,1% nach Chemikalien (14,7%) am wichtigsten. Wiesen Schreibmaschinen und Registrierkassen nur einen geringen Anteil von 3,1% auf, so stellten sie aber fast 100% der deutschen Importe dieser Kategorie und waren damit unabdingbar. Die Einfuhr von Fahrzeugen und Eisenwaren muß man als noch bedeutungslos bewerten, da diese unter einem Prozent lag.

1929 zeigte die Zusammensetzung folgende Gruppenanteile: Fahrzeuge 14,8%, Kautschukwaren (vor allem Autoreifen) 5,2%, Maschinen 16,1%, Elektrogüter 8,5%, Eisenwaren 9,8%, feinmechanische und optische Erzeugnisse - um nur die wichtigsten zu nennen. Bei den Kautschukprodukten konnten die USA die Position des größten Lieferanten behaupten - gut ein Drittel der deutschen Importe stammten aus den Vereinigten Staaten. Ähnlich wichtig waren die USA inzwischen auf dem Kraftfahrzeugsektor geworden, denn hier lieferten sie mehr als 50% der deutschen Einfuhr. 1934 hatten sich doch die Anteile verschoben, denn nun führten chemische Produkte die Gruppe mit 24,2% an. Danach folgten Maschinen (12,1%), Wachswaren (11,3%), Fahrzeuge (10%), Eisenwaren (6%) feinmechanische Erzeugnisse (5,3%), Elektrogüter (3,5%) und Kautschukwaren mit 3,5%.

1937 führt das STATISTISCHE JAHRBUCH leider nur die Hälfte der importierten Fertigwaren aus den USA auf. Genannt sind hier chemische Produkte (41,1%) und Fahrzeuge mit 9,7%, sowie Spielfilme mit ebenfalls knapp 10%.

Im folgenden soll nun die Zusammensetzung der Gruppe der ROHSTOFFE näher untersucht werden. Die oben angeführte Tabelle läßt erkennen, daß sich deren Anteil zwischen 1912 und 1937 nur geringfügig verändert hat.

---

[27] KÜHN, S.34f.

1912 dominierte Baumwolle in dieser Gruppe mit einem Anteil von 68%. Gleichzeitig blieben die USA der größte Baumwollieferant Deutschlands indem sie 84% der Importe stellten.

1929 baute die Baumwolle ihren Anteil auf 87,6% aus - allerdings fiel ihr Anteil an der deutschen Baumwolleinfuhr auf 76%. Felle in rohem Zustand machten etwa 5% der Rohstoffimporte aus, Rohtabak 2%.

1934 hatte sich trotz Weltwirtschaftskrise nur der Wert der Rohstoffimporte, jedoch nicht der Anteil der einzelnen Waren darin verändert. Baumwolle lag also weiterhin bei 88,4% Gruppenanteil, Felle bei 5% und Rohtabak bei 2,4%.

Erst in den Jahren bis 1937 machten sich die Veränderungen in der Struktur deutlich bemerkbar: Der Anteil der Baumwolle war auf 60% zurückgefallen und Rohtabak auf 3,3% gestiegen. Neu tauchten Erze mit 11% sowie Rohstoffe für chemische Erzeugnisse (9,6%) auf. Mit der 1936 erfolgten Umgliederung der Statistik wurde *Mineralöl* (Rohstoffe und Halbwaren) genauer untergliedert, nämlich in *Erdöl, roh* (Rohstoffe) und *Kraftstoffe, Schmieröle* (Halbwaren).

Bei den HALBWAREN konzentrierte sich der Handel 1912 und 1929 auf wenige Güter wie *Kupfer* (77,4% und 35%), *Mineralöl* (32%) und *Schnittholz* (8,3%) - um nur die wichtigsten zu nennen. Diese wenigen waren aber für die deutsche Volkswirtschaft von großer Bedeutung, denn 1929 entstammten 47% der Mineralöl- und 43% der Kupfereinfuhren aus den Vereinigten Staaten!

1934 waren die Anteile von Kupfer (30,1%) und Mineralölen (31%) leicht gesunken. Ebenfalls rückgängig wurde ihr Anteil an der deutschen Gesamteinfuhr dieser Güter, der sich auf 22% (Mineralöl) und 31% (Kupfer) bezifferte. 1937 hatte sich das Gewicht in der Gruppe zu den Kraftstoffen (46,8%) verlagert, Kupfer schwankte um 28%. Einen Anstieg verzeichnete der Stellenwert der amerikanischen Kraftstoffe am deutschen Import dieses Produktes auf nun 31%, während derjenige des Kupfers relativ unverändert blieb.

In der Gegenüberstellung die deutsche Exportstruktur:

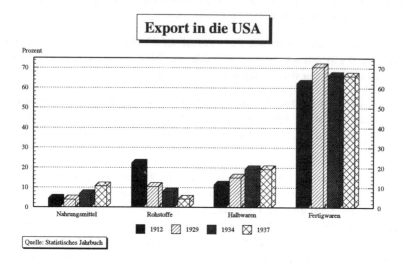

Quelle: Statistisches Jahrbuch

Steigende Anteile der NAHRUNGS- und GENUßMITTEL, auf der anderen Seite fallende in der Gruppe der ROHSTOFFE zu Gunsten der HALBWAREN sind auf den ersten Blick zu erkennen.

In der Gruppe der NAHRUNGS- und GENUßMITTEL können vor dem Ersten Weltkrieg keine eindeutigen Schwerpunkte festgestellt werden, wie die Anteile belegen: Luzerne (16%), Hopfen (15%), Blumen (14,3%), Zucker (12%) und Wein mit 11,3%. 1929 sind wesentliche Strukturänderungen sichtbar, denn nun stellen pflanzl. Öle 69,3% des Gruppenexports neben Därmen (5,4%). Hopfen wird nach der Statistik nicht mehr ausgeführt - erst 1934 erscheint dieser mit einem Anteil von 30,4% neben Wein und Most (34,5%). Doch 1937 ähnelt die Struktur derjenigen aus dem Jahre 1929. Pflanzl. Öle rangieren mit 57,7% auf dem ersten Platz. Die nächstgrößeren Produkte sind Wein (8,6%) und Hopfen (6,3%).

In der Gruppe der ROHSTOFFE bestimmten bis einschließlich 1929 Felle den Export. So besaßen Pelzfelle einen Anteil von 12,5%, Kalbfelle folgten mit 14,7% und Hasenfelle mit 4,2% - also insgesamt 31,4% und damit gut ein Drittel. Der Wert belief sich auf 48 Mio RM und 1929 lag dieser bei knapp 80 Mio RM, der Gruppenanteil der Felle bei 31,7% (zusammengefaßte Gruppen R.und H.). 1912 ist auch noch der Export deutscher Kalirohsalze mit einem Anteil von

11,5% erwähnenswert, der sich 1929 optisch halbiert hatte, im Wert in etwa gleich geblieben ist. Der Export von Steinkohlenteer (5,9%) und Metallen (4,3%) war anteilsmäßig unbedeutend. Chemische Rohstoffe erlangten ein immer größeres Gewicht bei der Rohstoff- und auch bei der Halbwarenausfuhr. Schon 1934 zeichnete sich ein leichtes Übergewicht dieser Produkte in den jeweiligen Gruppen ab: 16% chemische Rohstoffe und 3,6% Kalirohsalze. Daneben hielten Zellstoffe einen Anteil von 18,9%. Die Analyse des Jahres 1937 zeigt den verstärkten Trend zur Chemie: Kalirohsalze liegen nun mit 22,2% weit vorne; weitere chemische Rohstoffe wurden mit 12,2% verbucht.

Viel deutlicher zeigt sich das Übergewicht der Chemie, wenn die Halbwaren 1912 und 1937 nicht mit den Rohstoffen zusammengefaßt sind. So wies Chlorkalium einen Anteil von 34,5% auf und deckte damit 64% des deutschen Chlorkaliumexportes ab. Selbst der - auf den ersten Blick gering erscheinende - Anteil von schwefelsaurem Kali (7,6%) zeigt bei näherer Betrachtung, daß die USA 41% des deutschen Gesamtexportes abnahmen. Weitere Bedeutung in der Gruppe hatte Kautschuk mit 26% Gruppenanteil. 1937 blieben die chemische Produkte nicht näher spezifiziert - chemische Halbwaren erlangten hier mit einem Gruppenanteil von 61,8% herausragende Bedeutung. Danach folgten Zellstoffe (17,5%) und technische Fette (7,3%), so daß sich der deutsche Export zu 86,6% auf diese drei Kategorien konzentrierte.

Ähnliche Resultate - was den Bedeutungszuwachs der Chemie anbelangt - sind in der Analyse der Fertigwaren zu erkennen:

1912 waren es noch Textilien, die mit einem Anteil von 24,8% die Hauptexportkategorie bildeten. Chemie folgte mit 12,5%, Leder mit 8,1%, Spielzeug mit 6,5%. Der Export von deutschen Maschinen und Eisenwaren wies eine geringe Bedeutung auf (2,8% und 4,3%). Gerade der vergleichsweise hohe Anteil von Spielzeug zeigt hier eine Sonderentwicklung in der deutschen Fertigwarenausfuhr auf, denn Großbritannien und die USA blieben im Untersuchungszeitraum die größten Importeure deutschen Spielzeugs. Rangierten die USA 1912 noch vor dem Inselstaat, so änderte sich nach 1920 die amerikanische Nachfragestruktur durch ausgeweitete Eigenproduktion dahingehend, daß Großbritannien nun Hauptabnehmer wurde.

1929 zeigt sich, daß die Chemie zu Lasten von Textilien (15,5%) ihren Anteil auf 16,1% ausweiten konnte. Ebenfalls verbesserten sich Maschinen auf 6,3%, Eisenwaren auf 8,6% und Lederprodukte auf 10,6%. Bei insgesamt wertmäßig 50% höherer Fertigwarenausfuhr konnte der Export von Spielzeugprodukten nicht im gleichen Maße ausgeweitet werden und ihr Anteil wurde auf 3,1% halbiert[28].

Wenige Jahre später liegt im Untersuchungsjahr 1934 der Anteil der Chemie bei 30,4% - er hatte sich also innerhalb von fünf Jahren verdoppelt. Aber auch Eisenwaren wiesen große Steigerungsraten auf - ihr Anteil wuchs von 8,6% (1929) auf 14,8% (1934). Im gleichen Maße reduzierte sich der Stellenwert der Textilien, der nun 11,5% des Fertigwarenexports für sich beanspruchen konnte. Papierwaren stagnierten bei einem Anteil von 4,7%, Spielzeug bei 3,3%, Maschinen bei 5,7% währenddessen sich Lederwaren auf 5,9% verringerten.

1937 hatte die Chemie trotz Anteilsverlusten mit 22,6% einen immer noch herausragenden Stellenwert, wenn man bedenkt, daß diese in den Gruppen Rohstoffe und Halbwaren noch überproportional vertreten war. Zusammengenommen bestand der deutsche Gesamtexport zu 29% aus dem Bereich Chemie[29]. Außerdem zeigt die Analyse doch mehr die Konzentration auf Investitionsgüter wie z.B. Maschinen, die ihren Anteil gut verdoppeln konnten (12,4%) oder feinmechanische und optische Erzeugnisse, deren Anteil sich von 2,2% (1934) auf 10,3% mehr als vervierfacht hatte. In diesem Jahr stagnierte der Anteil von Eisenwaren (14,1%), Kinderspielzeug (3,7%); Papierwaren (5,9%) konnten leichte Gewinne verbuchen.

---

[28] Deren Anteil an der deutschen Gesamt- Spielwarenausfuhr lag nun bei 18%.
[29] Vgl. H. LOHMANN, Strukturwandlungen im Außenhandel der deutschen chemischen Industrie seit 1913. Berlin 1938, S.76ff.

IV. Europa

a) Importanteil

- Eindeutig steigende Anteile am deutschen Import verzeichnen Bulgarien und Italien. Devisenmangel und die Möglichkeit der Verrechnung des bilateralen Handels sind im Falle Bulgariens dafür nach der Weltwirtschaftskrise ausschlaggebend; die enge politische Bindung des III. Reiches zu Mussolini erklärt den Trend Italiens.
- Erhöhte Erzeinfuhr für die deutsche Rüstung führten 1937 zum Anstieg des schwedischen Gruppenanteils.
- Devisenmangel war dafür ausschlaggebend, daß sich der Stellenwert Frankreichs und Großbritannien nach der Weltwirtschaftskrise drastisch verringerte. Ausnahme dazu bildet Frankreich während der deutschen Besetzung, das dabei als Lieferant von Fertigwaren für die Rüstungsproduktion immensen Stellenwert bekam.
- Eher politische Ursachen, insbesondere die Machtübernahme der Bolschewisten und der Sturz des mit Deutschland wirtschaftlich eng verbundenen Zarenreiches, führten zum Bedeutungsverlust der Sowjetunion als Einkaufsland für Deutschland. Beruhte der hohe Anteil der Sowjetunion, respektive des Zarenreiches, vor dem Ersten Weltkrieg auf dem Bezug von Nahrungsmitteln, so ist auch die gewandelte Importstruktur nach dem Krieg für den reduzierten Anteil verantwortlich.
- Einen relativ unveränderten Anteil zeichnen die Importe aus Belgien, Dänemark und der Schweiz aus.

b) Exportanteil

- Als fast identisch mit dem Trend des Imports kann die Exportstruktur bezeichnet werden. Die bei den o.g. Ländern konstatierten Tendenzen treten hier bei allen Staaten in der gleichen Weise auf.

Auffällig ist dabei der große Bedeutungsverlust der Sowjetunion, respektive des Zarenreiches, als Absatzland für deutsche Produkte nach dem Ersten Weltkrieg, respektive der Machtübernahme der Bolschewisten. Dennoch ließen politische Sondereinflüsse nach der Weltwirtschaftskrise kurzfristig den sowjetischen Anteil an den deutschen Exporten nach Europa 1932 auf mehr als 13% klettern. Die sowjetischen Importe blieben aber immer von der eigenen Zahlungsfähigkeit und dem kreditären Verhalten der Deutschen abhängig.

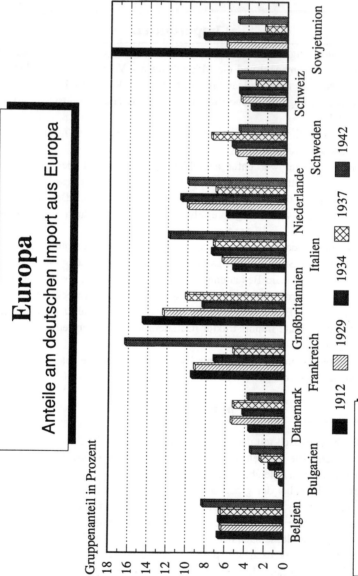

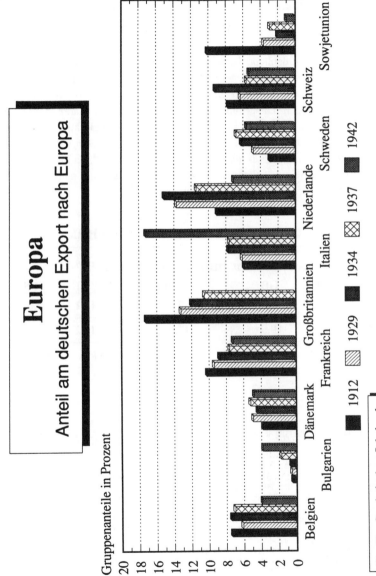

1. Belgien[1]

1.1. Handelsstatistik

Die belgische Außenhandelsstatistik BULLETIN MENSUEL DU COMMERCE SPECIAL[2] wies den Generalhandel seit 1912 nicht mehr aus, der Spezialhandel schloß den Transitverkehr nicht ein, jedoch die zeitlich begrenzte Einfuhr auf Niederlagen. Dabei führt sie die aufgenommenen Waren nicht nach dem Ursprungsland auf, sondern klassifiziert sie nach ihrem Herkunftsland[3]. So weist die belgische Statistik für das Jahr 1913 "*mehr als das Doppelte der deutschen Einfuhrwerte im Spezial- und Gesamteigenhandel*" aus[4], da hier der deutsche Transit durch Belgien inbegriffen ist. Ab 1928 erfaßte die deutsche Statistik unter Belgien auch den Außenhandel Luxemburgs[5].

1.2. Handelsbilanz / Handelspolitik

Anteile am Import Belgiens in %[6]

	DT	GB	Schweden	F	USA
1913	16,3	13,5	7,6	11,1	9,0
1929	13,8	19,5	11,6	11,2	9,6
1937	11,4	k.A.	k.A.	k.A.	k.A.

---

[1] Auf folgende LITERATUR sei verwiesen: F. BROWN, A Tabular Guide to the Foreign Trade Statistics of Twenty-one Principal Countries. London 1926; H.O. EHM, Die deutsch-belgischen Handelsbeziehungen von 1871 bis 1914. Köln 1937; L. DECHESNE, Der belgische Außenhandel seit dem Kriege. In: Weltwirtschaftliches Archiv, 29, 1929, S.306*-319*; C. JACQUART, Le commerce extérieur de la Belgique avant et après la guerre. Bruxelles 1922; J. JUSSIANT, L'évolution du commerce de la Belgique de 1926 à 1937. Paris 1939; P. KLEFISCH, Das Dritte Reich und Belgien 1933-1939. Frankfurt 1988.

[2] Dabei handelt es sich um monatliche Nachweise, im Gegensatz zur jährlichen Statistik TABLEAU ANNUEL DU COMMERCE AVEC LES PAYS ETRANGERS.

[3] BROWN, S.12f und 26f.

[4] STATISTIK DES DEUTSCHEN REICHES, Bd.271 / I, I.2.

[5] Vgl. H. LOHMANN, Strukturwandlungen im Außenhandel der deutschen chemischen Industrie seit 1913. Berlin 1938, S.65f.

[6] STATISTISCHES HANDBUCH, S.41; eigene Berechnungen nach STATISTISCHES JAHRBUCH.

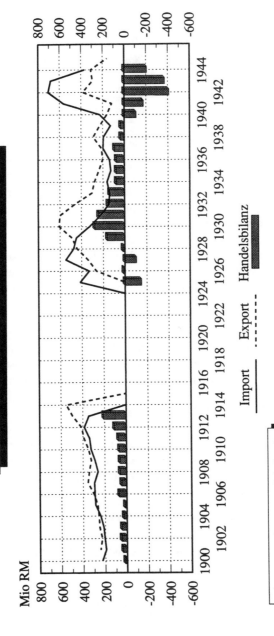

Anteile am Export Belgiens in %

	DT	F	GB	NL	USA
1913	25,9	18,4	14,1	8,8	2,9
1929	11,9	12,6	18,2	12,7	6,8
1937	11,1	k.A.	k.A.	k.A.	k.A.

Wie aus obenstehender Tabelle ersichtlich ist, besaß Deutschland neben den Anliegerstaaten Frankreich und Niederlande eine große Bedeutung. War 1913 der deutsche Anteil an den Exporten noch doppelt so groß wie derjenige der Importe, so hatten sich diese beiden Größen im Laufe der nächsten 25 Jahre fast angeglichen. Die hohen Exportquoten Belgiens sind einerseits ein Indiz für die weiterverarbeitende Industrie des Landes, welche sehr auf den Export angewiesen war, andererseits deuten diese Werte auf die geringe Aufnahmefähigkeit des Binnenmarktes hin. Im Jahre 1925 wurden beispielsweise 16 % der Kohle-, 54 % der Metall-, 87 % der Spiegel-, 90 % der Glas- und schließlich 45 % der chemischen Produktion exportiert[7]. Trotzdem schloß der belgische Außenhandel größtenteils mit einem Passivsaldo ab[8].

Wenngleich vor dem Ersten Weltkrieg Tarifvereinbarungen, wie z.B. im Handelsvertrag von 1891 - ergänzt 1904 - die Handelspolitik bestimmten, so mußte Deutschland danach bis 1925 die bedingte Meistbegünstigung akzeptieren. Zölle besaßen im grundsätzlich freihändlerischen Belgien bis 1914 eine geringe fiskalische und schon gar keinen protektionistischen Zweck. Mit der Zollreform von 1924 wurden erstmals Minimal- und Maximalzölle eingeführt und damit der zollpolitische Handlungsspielraum wesentlich erweitert. Im Handelsverkehr mit der Weimarer Republik galt meist der Minimaltarif. 1922 trat die Zollunion mit Luxemburg in Kraft. Am 4.4.1925 unterzeichneten schließlich Belgien und Deutschland ein Handelsabkommen auf Basis der gegenseitigen Meistbegünstigung[9].

Mit Ausnahme der Jahre 1925 - 1928 und seit der deutschen Besetzung im Jahre 1940 war die Handelsbilanz für Deutschland aktiv. Einen Großteil der importierten Rohstoffe und Halbwaren veredelte Belgien für den Export weiter.

---

[7] DECHESNE, S.306. Vgl. ebenso **JUSSIANT**, S.22f.
[8] Hierbei sind mehrere Abschnitte zu unterscheiden. So lag das Defizit nach dem Ersten Weltkrieg bis etwa 1925 noch sehr hoch - die Werte bewegten sich von 21-56, ausgedrückt in Prozent der Importe. **JUSSIANT**, S.48.
[9] **HAUSHALTER**, S.54f.

Mit Beginn der Weltwirtschaftskrise gestaltete sich das Verhältnis zu Deutschland zunehmend schwieriger. Kohle, das Hauptimportgut Belgiens aus Deutschland, stand 1931 wieder im Blickpunkt des Interesses. Deutsche und britische Kohle waren seit jeher die Konkurrenten in Europa - Berührungen ließen sich daher nicht vermeiden. 1931 verschafften sich die Briten durch die Pfundabwertung einen großen Vorteil. Im Zuge der Autarkiepolitik reduzierte Hitler seine Nahrungsmittelimporte aus Belgien, so daß der beiderseitige Austausch 1935 seinen Tiefstand erreichte.

Bedingt durch Absatzschwierigkeiten in Großbritannien und Frankreich[10], zeigte Belgien *"Bereitschaft zu weitgehenden Konzessionen zwecks Sicherung des deutschen Absatzmarktes für belgische Produkte"*[11] und hatte den NEUEN PLAN weitgehend akzeptiert, als es am 5.9.1934 das Verrechnungsabkommen mit dem III.Reich schloß. Als Göring den Vierjahresplan verkündete, stieg Belgien wieder in der handelspolitischen Gunst Deutschlands, denn jetzt wurden die Erze plötzlich wichtig, welche es im Kongo in reichem Ausmaß besaß.

Mit Beginn der Besetzung im Jahre 1940 wandelte sich auch die Struktur des Handels. Hitler stellte die hoch entwickelte weiterverarbeitende Industrie in seine Dienste, und bis zum Kriegsende hatte Belgien als Lieferant für Rüstungsgüter zu dienen. Deutsche Auftragsverlagerungen bestimmten das Bild der belgischen Industrie, worauf der plötzlich auf das Dreifache emporgeschnellte Anteil der Fertigwaren an den deutschen Importen allzu deutlich hinweist.

1.3. Export- / Importstruktur

Die deutschen Importe aus Belgien gliederten sich wie folgt auf:[12]

Wie die Übersicht zeigt, importierte Deutschland vor allem Rohstoffe, Halbwaren und Fertigwaren. 1942 hatte sich das Gewicht zu den Fertigwaren verlagert, da Belgiens Industrie vollständig von deutschen Rüstungsaufträgen vereinnahmt wurde.

---

[10] Der Zusammenschluß zu einem einheitlichen Währungsgebiet sollte den Handel erleichtern.
[11] KLEFISCH, S.325.
[12] Eigene Berechnungen nach **STATISTISCHES JAHRBUCH**, sowie (1943) nach **PA / HANDAKTE WALDERN**.

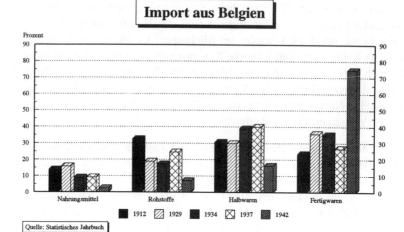

Bei der Analyse der NAHRUNGS- und GENUßMITTEL ergibt sich folgendes Bild:

1912 stellten Pferde[13,14] einen Gruppenanteil von 48,6%, danach folgten Kartoffeln mit 18,6%. Verschiebungen in der Nahrungsmittelstruktur lassen sich 1929 deutlich erkennen: Nun setzte sich fast die Hälfte - nämlich 47,7% - der Nahrungsmitteleinfuhr aus Eiern zusammen. Kartoffeln lagen bei einem Anteil von 9%, Pferde bei 5,5% und Obst bei 7,8%. Trotz des gesunkenen Anteils der Pferde in der Gruppe besaßen diese einen unverändert hohen Stellenwert im deutschen Gesamtimport, da aus Belgien weiterhin etwa 30% der Pferdeeinfuhr stammten. Im Untersuchungsjahr 1937 dominierten weiterhin Eier mit 25,5%, Pferde lagen bei 14,4%. Neu im Kontingent war Fleisch, das im Zuge der Autarkiebestrebungen für Deutschland wichtig wurde.

1942 liegen sonstige pflanzliche Nahrungsmittel an der Spitze, die in der Quelle nicht näher aufgeschlüsselt sind. Mit einem Anteil von 16,3% schließt sich Gemüse an, danach folgen Tabakerzeugnisse (11,9%), Grünfutter (8,7%) und Fleisch (5,8%).

---

[13] Hierbei handelte es sich um schwere Arbeitspferde (Stuten). Belgien lieferte vor dem Weltkrieg etwas mehr als ein Drittel der Einfuhr an schweren Arbeitspferden.
[14] Der Import der belgischen hochwertigen Pferde wurde 1902 durch Senkung der Zölle von 90-360 RM auf 50-75 RM wirksam gefördert.

Die Struktur der Gruppe der ROHSTOFFE sieht im Laufe des Berichtszeitraumes folgendermaßen aus:

1912 ist es vor allem Wolle, die mit einem Gruppenanteil von mehr als einem Drittel den ersten Platz einnimmt. Schlacken von Erzen folgen mit 8,8% und viele Einzelposten, wie z.B. Steinkohle (4,2%). Das Jahr 1929 fällt insofern aus dem Rahmen, als eine Aufgliederung der Rohstoffe und Halbwaren den direkten Vergleich nicht zuläßt. Deshalb ist hier nur soweit festzustellen, daß Wolle (26,7%) und Metalle (29,1% - hauptsächlich Kupfer) sowie in zweiter Linie Thomasphosphatmehl (12,7%) den Import der zusammengefaßten Gruppe bestimmten. Der Anteil der Wolle blieb auch 1937 in etwa mit 31,8% konstant, währenddessen Erze mit 14,8% einen großen Zuwachs verzeichnen konnten. Im Jahr 1942 konzentrierte sich der Import auf Steinkohle mit 38,9% Gruppenanteil. Flachs (15,9%), Steine und Erden (13,4%) sowie Wolle (11,5%) hatten ähnlich große Anteile.

Bei den HALBWAREN zeigt sich daß, dabei der Schwerpunkt eindeutig auf Metallen lag, danach folgten Koks und Thomasphosphatmehl[15].

Zuletzt sollte noch die FERTIGWARENstruktur näher untersucht werden. 1912 sind Garne mit 35,3% führend in der Gruppe. Ansonsten bilden den Rest eine Vielzahl kleinerer Waren wie z.B. Pelze (4,4%), PKW (2,3%), Eisenbahnwaggons (2,3%), Maschinen (4,6%) u.v.a. Im Jahr der Weltwirtschaftskrise behaupteten sich Garne mit 33,2%, Eisenwaren (17,1%) und Lederwaren (22,2%) hatten an Bedeutung gewonnen. Doch wenige Jahre später hatte sich die Fertigwarenstruktur geändert, als 1937 der Import von Stab-und Formeisen mit 40% Anteil die Führung übernahm. Lederprodukte blieben in etwa unverändert bei 24,9%, während chemische Fertigwaren bei 9,6% rangierten.

Im Jahr 1942 setzte sich die Gruppe zu 22,3% aus Eisenwaren[16], zu 19% aus Textilien, zu 9,6% aus Maschinen, zu 3,6% aus Fahrzeugen sowie zu 7,1% aus Elektrogütern zusammen.

---

[15] Bei letzterem war die deutsche Importabhängigkeit immer recht hoch gewesen: So waren 1912 71%, 1929 53% und 1937 85% des deutschen Bezugs belgischer Provenienz!
[16] Inklusive Röhren, Stab- und Formeisen.

Im Vergleich dazu die Struktur der deutschen Ausfuhr:

Ähnlich wie in der Importstruktur erstreckte sich hier der Handel auf Rohstoffe, Halbwaren und Fertigwaren und kennzeichnet intraindustrielle Austauschstrukturen. Wobei sich der höhere Entwicklungsgrad der deutschen Industrie darin manifestiert, daß Exportanteil der Fertigwaren größer ist als der Importanteil.

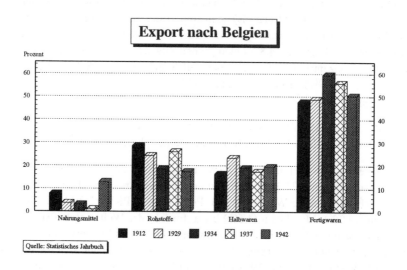

Die Strukturanalyse zeigt bei den NAHRUNGS- und GENUßMITTELN folgendes Bild:

Im ersten Untersuchungsjahr - 1912 - konzentrierte sich der deutsche Export eindeutig auf Getreide, bei dem Roggen mit einem Gruppenanteil von 25,3% das Hauptexportgut blieb. Danach folgten Hopfen (15,0%), Weizen (12,1%), Hafer (12,0%) und Bier (8,6%). 1929 hatte der Roggen (12,3%) seine Position eingebüßt, was mit dem Verlust der Anbaugebiete im Osten nach dem Vertrag von Versailles zusammenhing. Nun war es der Hafer, der mit einem Anteil von 26,6% die Gruppe anführte. Weizen lag bei einem Anteil von 9,1% und Bier bei 5,8%. 1937 war der Nahrungsmittelexport mit 3 Mio RM so gering, daß er in der Statistik überhaupt nicht mehr näher erläutert wurde.

Eindeutig läßt sich bei den ROHSTOFFEN der Schwerpunkt auf Steinkohle festlegen: 1912 beanspruchte diese 57,0% des Gruppenexportes, 1929 waren es 34,4% der zusammengefaßten Gruppen, und 1937 bestand der deutsche Rohstoffexport fast gänzlich aus Steinkohle (81,5%). Salz und Braunkohlen waren in diesem Jahr mit max. 5% vertreten.

Bei den HALBWAREN sind es Koks und Metalle, die in allen Untersuchungsjahren mit einem größeren Anteil vertreten sind. Lag 1912 der Schwerpunkt noch auf Metallen (39,1%), so waren diese 1937 größenmäßig nicht mehr feststellbar. Im Gegenzug dazu konnte Koks die Position verbessern, denn der Anteil stieg von 19,5% (1912) auf 79,6% (1937). Im Jahr 1937 waren auch chem. Halbwaren mit einem Anteil von 5,1% erwähnenswert.

Naturgemäß splittert sich die FERTIGWARENausfuhr in viele Einzelprodukte und -produktkategorien auf.

Im Bereich der chemischen Industrie erfolgte der Austausch in ergänzender Weise. Die belgische Chemie hatte sich mehr auf die Massenherstellung konzentriert, da das diesbezügliche Know-How 1912 noch nicht so weit wie in Deutschland entwickelt war. Dieses importierte dabei vor dem Ersten Weltkrieg u.a. Schwefelsäure, Kalk und nahm fast die Hälfte der belgischen Exporte an Thomasphosphatmehl[17] ab. Differenzierter wird es bei den deutschen chemischen Exporten, die sich in eine Vielzahl spezifischer Einzelprodukte aufteilen: schwefelsaures Ammoniak, Teerfarben, Ätzkali, Chlorkalium u.v.a.

1912 führten Maschinen die Gruppe an, deren Anteil bei 13,1% lag. Eisenwaren kamen auf knapp 9% und Textilien auf 4,7%. Der Anteil der restlichen Waren ist unterhalb von 3% einzuordnen.

1929 schwankten mit Ausnahme von Eisenwaren (10,7%) die Anteile der meisten Waren zwischen 6% und 7%: Textilien 7,7%, Maschinen 7,4%, Papierprodukte 6,4%, Elektrowaren 6,2%. Chemikalien notierten mit 5,6% und Pelze mit 3,7%.

Untersucht man die Struktur acht Jahre nach der Weltwirtschaftskrise, so kann man aus den Gruppenanteilen schon Präferenzen für Investitionsgüter ablesen: Maschinen (16,5%), Eisenwaren (16,4%), Chemikalien (11,5%)[18], Elektro-

---

[17] EHM, S.33.
[18] Vgl. H. LOHMANN, Strukturwandlungen im Außenhandel der deutschen chemischen Industrie seit 1913. Berlin 1938, S.102ff.

güter (7,9%), Textilien (7,8%), Papierwaren (5,0%), während der Pelzexport mit 0,9% bedeutungslos geworden war.

Daran schließt sich auch die Struktur des Jahres 1942 an, die ähnliche Gruppenanteile aufweist.

2. Bulgarien[1]

2.1. Handelsstatistik[2]

Schon vor dem Ersten Weltkrieg wurden die Waren nur nach dem Export- und Importland klassifiziert[3], was der bulgarischen Statistik in dieser Hinsicht eine geringe Genauigkeit verleiht, wenn man sieht, daß Deutschland schon zu diesem Zeitpunkt den Transit erfaßt hatte und das Warenursprungsland als Grundlage der Außenhandelsstatistik verwendete. Nichtsdestoweniger war die bulgarische Statistik mit weiteren, nicht unerheblichen Mängeln behaftet[4]: Vor allem der Transitverkehr blieb in Bulgarien unerfaßt.

Dann war der bulgarische Spezialhandel nicht so aufgegliedert wie der deutsche und fand keine grundsätzliche Ergänzung im Generalhandel. Nicht das Ursprungsland der Ware, sondern das Export- und Importland galt als Ausgang für die statistische Zuordnung. Somit ergaben sich teilweise erhebliche Differenzen im statistischen Vergleich, die von ca. 5% - 600% reichten[5]. Doch nicht nur der fehlende Transithandel ist für diese Abweichungen verantwortlich, auch Unterschiede in der Wertdeklaration bei den Im- und Exporten Bulgariens verstärken diese Differenzen. So wurde beispielsweise die Tabakausfuhr meist als zu gering angeben, weil die bulgarischen Exporteure am Ausfuhrzoll sparen wollten[6]. Sämtliche Außenhandelsgüter wurden in Bulgarien in 27 Warengruppen mit 781 Unterklassen eingeordnet. Bei der Importwertdeklaration galt ab 1898 C.I.F.

---

[1] Auf folgende **LITERATUR** sei verwiesen: **W. GECK**, Bulgarien als Absatzgebiet für die deutsche Maschinenindustrie unter besonderer Berücksichtigung von Verbrennungsmaschinen. Köln 1925; **E. HOFFMANN**, Die deutsch-bulgarischen Handelsbeziehungen mit besonderer Berücksichtigung der Nachkriegszeit. Würzburg 1936; **P. KONSTANTINOFF**, Der Außenhandel Bulgariens mit besonderer Berücksichtigung des Exports. Zürich/Leipzig 1914; **M. LUDEWIG**, Die Entwicklung des bulgarischen Güteraustausches nach dem Kriege. Leipzig 1933.

[2] Einige der wichtigsten bulgarischen Statistiken: **STATISTIQUE DU ROYAUME DE BULGARIE AVEC LES PAYS ETRANGERES; BULLETIN MENSUEL DE STATISTIQUE DE LA DIRECTION GENERALE DE LA STATISTIQUE DU ROYAUME DE BULGARIE, ANNUAIRE STATISTIQUE**.

[3] **KONSTANTINOFF**, S.85. Zur Statistik vgl. ebenso **STATISTIK DES DEUTSCHEN REICHES, BD.271 / I, VII.1.**

[4] **GECK**, S.57.

[5] Eigene Berechnungen nach **LUDEWIG**, S.78.

[6] **HOFFMANN**, S.79.

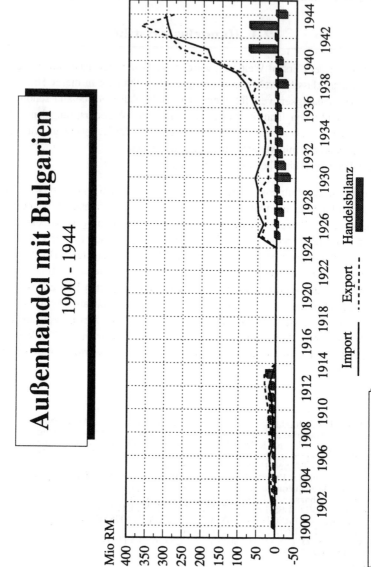

2.2. Handelsbilanz / Handelspolitik

Im Handel mit Bulgarien konnte Deutschland im Laufe der Zeit - auch nach den schweren Einbußen des Ersten Weltkrieges - seine führende Position behaupten. Dabei hatten die Staaten folgende

prozentuale **Anteile am bulgarischen Import:**[7]

	DT	Ö	GB	F
1913	19,6	29,1	9,0	6,9
1929	22,2	7,6	8,9	8,2
1933	38,2	6,2	6,9	4,4
1937	58,6	k.A.	k.A.	k.A.

Im Vergleich dazu die **Anteile am bulgarischen Export in %:**

	DT	Ö	GB	F	Belgien
1913	18,3	15,1	8,5	5,4	16,1
1929	29,9	12,6	1,6	5,1	4,6
1933	36,0	9,1	1,8	3,3	8,4
1937	43,1	k.A.	k.A.	k.A.	k.A.

Wenn man die obigen Zahlen betrachtet, so ist der Trend im Handel mit Deutschland eindeutig und der Wandel klar erkennbar: Es gelang Deutschland innerhalb von 25 Jahren, seinen Anteil am bulgarischen Außenhandel so weit auszubauen, daß man eigentlich schon von einer Monopolstellung und einer für Bulgarien daraus resultierenden Abhängigkeit sprechen kann. Deutschland entschied die Rivalität mit Frankreich und Großbritannien auf dem Balkan für sich - eine Entwicklung, die allerdings nicht erst in den Zeiten des III. Reiches seinen Ursprung hatte, sondern schon in der zweiten Hälfte der Zwanziger Jahre begann. Den letzten Sprung zum Monopol schafften allerdings die Nationalsozialisten im Zweiten Weltkrieg, als unter dem Diktat der Großraumwirtschaft jeglicher Handel in Europa kontrolliert wurde. Auch nach der Weltwirtschaftskrise

---

[7] STATISTISCHES HANDBUCH, S.54.

konnte Deutschland seinen Anteil ausweiten, was größtenteils an der Devisenknappheit der Bulgaren und dem daraus resultierenden Angewiesensein auf bilaterales Clearing mit Deutschland lag.

Erstaunlich ist mehr der unverändert hohe Anteil Österreichs an den bulgarischen Exporten, wenn man bedenkt, daß die Zahlen von 1913 Österreich-Ungarn umfaßten, währenddessen es sich bei den übrigen Werten um den kleineren Wirtschaftsraum Österreich handelte. Was im Gegensatz dazu die Importe von dort anbelangt, so ist durch den immensen Rückgang dieses Anteils ersichtlich, daß vor dem Ersten Weltkrieg der weitaus höhere Teil eben jener Importe wohl aus Ungarn stammen mußte.

Interessant ist auch die Analyse der Handelsbilanz. Wie die Graphik veranschaulicht, stiegen die Umsätze bis zum Ersten Weltkrieg leicht an mit bis 1907 ausgeglichener Bilanz. In den folgenden Jahren nach 1908 erhöhten sich die deutschen Exporte geringfügig, so daß bei sinkenden Importen die Handelsbilanz für Deutschland nun aktiv wurde - wenngleich auch in bescheidenem Rahmen. In der Zeit bis 1905 wandelte sich auch die bulgarische Zollpolitik, die sich nunmehr schutzzöllnerischen Aspekten zuwandte, was an der Erhöhung der Importzölle von 8% auf 15% zu sehen ist[8].

Der erste Handelsvertrag mit Deutschland stammt aus dem Jahre 1906, welcher weiterhin die schon 1896 zugestandene gegenseitige Meistbegünstigung beibehielt, aber deutsche Exportwaren wie Maschinen und Metallwaren begünstigte. Diese Bevorzugung erklärt den Aufschwung der deutschen Exporte in den folgenden Jahren bis zum Ersten Weltkrieg. Kontinuität bestimmte die Handelspolitik der beiden Staaten; der Handelsvertrag wurde nur mit geringfügigen Änderungen 1911 bis 1917 verlängert.

Im Ersten Weltkrieg stand Bulgarien auf der Seite der Mittelmächte[9] und mußte nach Kriegsende ebenso wie Deutschland die Versailler Bestimmungen akzeptieren. Ab 1925 waren durch den Wegfall der Versailler Bindungen zwar die Möglichkeiten für neue handelspolitische Vereinbarungen gegeben, doch dauerte es noch einige Jahre, bis 1932 ein Handelsvertrag unterzeichnet wurde. Allerdings konnte die gegenseitige Meistbegünstigung in dieser vertragslosen Zeit für die unproblematische Abwicklung des Handels verantwortlich gemacht

---

[8] HOFFMANN, S.1f.
[9] Im Freundschafts- und Beistandspakt vom 6.9.1915 trat Bulgarien in das Lager der Mittelmächte über, nachdem die Annektion Serbiens und Mazedoniens dafür zugesichert wurde.

werden. 1925 erfolgte schließlich die Gründung der deutsch-bulgarischen Handelskammer in Berlin mit einer Filiale in Sofia und erleichterte von da an die wirtschaftlichen Kontakte.

Der Handelsvertrag von 1932 markiert eine engere Bindung der beiden Signatarstaaten in den nächsten Jahren. Denn einerseits traf die Weltwirtschaftskrise Bulgarien als Agrarexporteur durch den Preisverfall der Rohstoffe besonders hart, andererseits war es aber weiterhin auf den Export von Getreide angewiesen, um Devisen in die Staatskasse fließen zu lassen. Deutschland wiederum mußte sinkende Exporte nach Bulgarien aufgrund dortigen Devisenmangels befürchten, so daß beide Staaten sich in dem Vertragswerk von 1932 weitgehende Zugeständnisse machten. Deutschland räumte Bulgarien Zollermäßigungen auf seine Hauptexportgüter Weizen, Gerste und Mais ein[10] und erhielt im Gegenzug Präferenzen beim Export von Fertigwaren zugestanden. Im gleichen Jahr schlossen die Reichsbank und die bulgarische Nationalbank ein Verrechnungsabkommen, wodurch nun auch die Nachteile der Devisenbewirtschaftung auf beiden Seiten ausgeschlossen werden konnten.

Mit der Änderung der politischen Verhältnisse in Deutschland begann ab 1934 (NEUER PLAN!) eine Umorientierung hin zu den Balkanländern und so ist seit diesem Zeitpunkt ein deutlicher Anstieg der Handelsumsätze mit Bulgarien nicht zu übersehen. Innerhalb weniger Jahre wuchsen die Umsätze bis 1938 um 200%, bis zum Höhepunkt der bilateralen Handelsbeziehungen 1943 verzehnfachten sich die deutschen Exporte sogar.

2.3. Export- / Importstruktur

Im wesentlichen blieb die Struktur des komplementären Handels zwischen beiden Staaten im Laufe des Untersuchungszeitraumes gleich; Bulgarien lieferte agrarische Güter und empfing dafür zum größten Teil FERTIGWAREN.

Die Struktur der deutschen Importe aus Bulgarien gestaltete sich wie folgt:[11]

---

[10] HOFFMANN, S.10. Die Zölle reduzierten sich bei Weizen um 25%, bei Gerste und Mais auf 50-60% der ursprünglichen Belastungen. Deutschland fiel es nicht schwer, diese Vergünstigungen Bulgarien einzuräumen, denn deren Getreide hatte an den deutschen Importen einen sehr geringen Anteil von etwa 1-5% (1925-1932), während es aus bulgarischer Sicht jedoch 5-25% des Getreideexportes abnahm.
[11] Eigene Berechnungen nach **STATISTISCHES JAHRBUCH**. Die Werte des Jahres 1942 beziehen sich auf den Zeitraum Januar-Juli 1942.

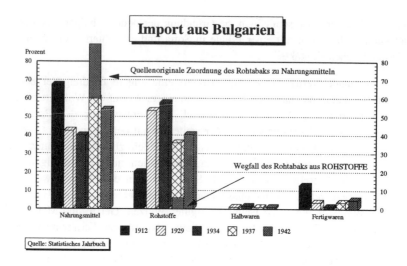

Wenn man die Struktur der ROHSTOFFimporte vor dem Ersten Weltkrieg näher untersucht, so stellt man fest, daß sich diese meist aus Rohtabak, Lamm- und Ziegenfellen zu gleichen Anteilen zusammensetzte. Wenngleich auch der Anteil der ROHSTOFFE in den Jahren bis 1942 sank, so änderte sich in deren Zusammensetzung nun dahingehend, daß nach dem Ersten Weltkrieg Rohtabak mit einem Gruppenanteil von 76,9% (1929) den deutschen ROHSTOFFimport aus Bulgarien stellte. Der ungewöhnlich hohe Anstieg des Anteils der ROHSTOFFE auf mehr als 50% im Untersuchungsjahr 1929 läßt sich durch vermehrten Tabakimport erklären. Rohtabak blieb bis 1934 in der Gruppe der ROHSTOFFE und wurde ab 1935 dann von der deutschen Statistik in die Kategorie NAHRUNGS- und GENUßMITTEL eingeordnet. Da der Import in absoluten Werten sehr groß war, ist diese statistische Änderung auch für den plötzlichen Anstieg des Anteils der letztgenannten auf über 90% verantwortlich. Rohtabak wurde für die Untersuchung der Jahre 1937 und 1942 deshalb in der alten Gruppe ROHSTOFFE belassen. 1937 (84,8%) wie auch 1942 dominierte Rohtabak hier mit einem Gruppenanteil von 65,1%. An zweiter Stelle folgten Erze mit 9,9% und Ölfrüchte mit 9,8%.

Schwierig wird es beim deutschen Import von FERTIGWAREN, welcher im Statistischen Jahrbuch nicht spezifiziert wird, da er anscheinend in absoluten Werten zu gering war. Auch in der zugänglichen Literatur wurden keine näheren Hinweise gefunden. Nur für das Jahr 1942 lassen die vorhandenen Quellen nähere Aufschlüsse ziehen: 26,3% der aus Bulgarien von Deutschland importierten

Fertigwaren bestanden aus Leder und Lederwaren, 17,5% aus sonstigen chemischen Vorerzeugnissen, ebenfalls 17,5% aus Papier und 28,1% aus Pelzen[12].

Dagegen ist die Gruppe der NAHRUNGS- und GENUßMITTEL schon in ihrer Zusammensetzung eindeutiger zu erfassen. Standen Eier vor 1914 und 1929 an erster Stelle in dieser Kategorie, so vollzog sich bis 1937 ein Wandel, welcher sich dahingehend manifestierte, daß nun Obst neben Eiern das agrarische Hauptimportgut Deutschlands wurde. Auch die Strukturanalyse des Jahres 1942 zeigte wenig Veränderungen, denn Obst stellte einen Gruppenanteil von 33,7%, danach folgten Eier mit 27,3% und Hülsenfrüchte mit 12,8%.

Resümierend läßt sich also folgende Aussage treffen: Hatte Bulgarien noch vor dem Ersten Weltkrieg eine international herausragende Stellung als Getreidelieferant[13], so zog der Verlust der *"Kornkammer Bulgariens, der Dobrudscha"*[14] agrarische Strukturveränderungen nach sich. Deutschland favorisierte nun den Import von Tabak, der neben Getreide von da an einen Anteil von etwa einem Drittel am Gesamtexport haben sollte. Hauptabnehmer des bulgarischen Tabaks wurde Deutschland, welches 1932 fast die Hälfte dieser Ausfuhr aufnahm.

Daneben hatte die Einfuhr von Rosenöl in den Jahren bis 1914 einen Anteil von etwa 20% am Gesamtimport. Die Rosenölproduktion wies in Bulgarien eine lange Tradition auf, denn *"das Tal von Kasanlik ... war seit Jahrhunderten das Zentrum der Rosenzucht und Rosenölproduktion"*[15]. Mehrere Faktoren[16] führten nach dem verlorenen Weltkrieg im Verbund mit einer sehr elastischen Nachfragekonstellation zum Exportrückgang dieser Öle; die langsame Erholung der Produktion zerstörte dann die Weltwirtschaftskrise 1930. Hauptabnehmer war Frankreich, Deutschlands Anteil am Gesamtexport in dieser Warengattung lag unter 10%.

Im Vergleich dazu die Struktur der bulgarischen Importe aus Deutschland:

Deutschland exportierte FERTIGWAREN und HALBWAREN - ROHSTOFFE und NAHRUNGSMITTEL hatten im gesamten Zeitraum keine Be-

---

[12] **PA BONN / HA POL GEN 9/1** / Der Außenhandel Deutschlands. Länderübersichten. Januar / Juni 1942.
[13] Teilweise lag der Anteil des Getreides an der Gesamtausfuhr bei mehr als 70%.
[14] **HOFFMANN**, S.34.
[15] **LUDEWIG**, S.38.
[16] So sieht **LUDEWIG**, S.38, diese in der *"mangelnden Pflege"* im Weltkrieg, *"Zerstörung der Rosenknospen durch Parasiten"* sowie die Fortschritte in der Synthetisierung des Öls.

deutung, so daß sich die Analyse an dieser Stelle auf die erstgenannten Gruppen beschränkt.

Schwierig ist nur die Erfassung der HALBWAREN. Deren Anteil war scheinbar so gering, daß in der deutschen Statistik nur Gespinste aus Wolle auftauchen, welche aber nicht ganz den prozentualen Anteil der HALBWAREN abdecken. Nur für das Jahr 1942 erlauben uns die Quellen eine detailliertere Aufschlüsselung der Gruppenanteile. Gespinste standen hier mit 15,3% an erster Stelle, dicht gefolgt von Stickstoffdünger mit 13,3%, Zellstoff (11,6%) und Kraftstoffen (8,5%).

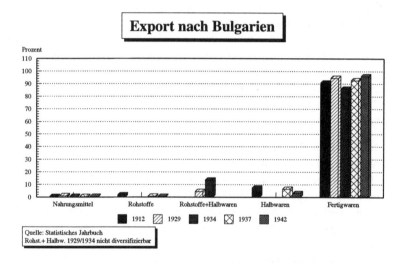

In der Literatur ist die FERTIGWARENausfuhr sehr gut dokumentiert, da fast der gesamte deutsche Export aus dieser Warengruppe bestand. Zwar schwankte deren Anteil am Gesamtexport, doch sind die vorliegenden Zahlen eindeutig.

Auffällig hoch ist hierbei vor dem Ersten Weltkrieg der Anteil von Munition. Patronenhülsen, Zündhütchen, Artilleriezünder, Schießpulver und schußfertige Patronen stellten etwa ein Fünftel der FERTIGWARENausfuhr. Allerdings darf man nicht vergessen, daß der Export dieser Waren erst ab 1912 größere Dimensionen erreichte. Im Zusammenhang damit ist wohl der 1. Balkankonflikt 1912 und die weiterhin politisch instabile Lage auf dem Balkan zu sehen. Bulgarien, Rumänien und die Türkei waren im allgemeinen die besten Abnehmer deutscher Munitionserzeugnisse[17].

Im Laufe der Jahre wandelte sich auch die Zusammensetzung der FERTIGWARENexporte. Ein größerer Anteil von Lokomotiven, Eisenbahnschienen und Güterwaggons läßt auf einen vorrangigen Ausbau der Infrastruktur Bulgariens schließen. Die Werte sind jedoch mit größeren, jährlichen Schwankungen behaftet, was wohl mit zeitlichen Verschiebungen zwischen Lieferung und Bezahlung zusammenhängt. 1929 und 1937 tauchen jene Waren überhaupt nicht mehr auf. Das bedeutet allerdings nicht, daß kein Export mehr stattgefunden hat, denn ab 1929 fanden nur Waren Eingang in das STATISTISCHE JAHRBUCH[18], deren Gesamtexport im Jahr zuvor den Wert von 1 Million Reichsmark überstieg.

Des weiteren setzte sich die FERTIGWARENausfuhr aus Textilien, Papier, chemischen und elektrotechnischen Produkten, Erzeugnissen der Feinmechanik und Optik, Maschinen und Eisenwaren zusammen. Lag 1929 das Schwergewicht der Ausfuhr auf Textilien, so ist es 1937 bei Eisenwaren zu sehen. Grundsätzlich läßt sich die Feststellung treffen, daß die Präferenzen für Produkte der Chemie, Elektroindustrie, des Maschinenbaus und der eisenverarbeitenden Industrie sich nicht stark veränderten - geringe Schwankungen der einzelnen Anteile eingeschlossen. Nur die Textilien verloren ihre traditionell starke Bedeutung beim Export. In absoluten Werten betrachtet, erlebten Kraftfahrzeuge nach der Weltwirtschaftskrise einen kleinen Aufschwung - ihr Export verzehnfachte sich von 1914 bis 1937 (0,3 Mio RM - 3,6 Mio RM), ihr Anteil an der Gesamtausfuhr halbierte sich dagegen im gleichen Zeitraum auf ca. 5%.

Ebenso variierte der Stellenwert Deutschlands aus bulgarischer Sicht. Bei der Gruppe der Farben war Deutschland immer der erste Lieferant - mit einem Anteil von meist 50%. In Bezug auf chemische Produkte stand Deutschland ab 1919 in dauernder Rivalität mit Großbritannien und konnte sich erst 1932 durchsetzen. Konkurrenzlos war die Situation auf dem Maschinenmarkt - auch hier stellte man mehr als die Hälfte der bulgarischen Importe. Der große Maschinenbedarf im Untersuchungszeitraum weist auf erheblichen Nachholbedarf in der Industrialisierung des Landes hin, vor allem, wenn man sich die Art der deutschen Maschinenexporte genauer betrachtet: Textilmaschinen sowie Maschinen zur Stromerzeugung standen bei den Bestellungen immer an oberster

---

[17] Vgl. hierzu **STATISTISCHES JAHRBUCH**, 1913/14, S.208f.
[18] Unter der Rubrik *"Die wichtigsten Waren im Verkehr mit den einzelnen Ländern"*.

Position. Die bulgarische Einfuhr von landwirtschaftlichen Maschinen verringerte sich unter dem Einfluß der Weltwirtschaftskrise erheblich - was durch die preisbedingten Absatzschwierigkeiten der Agrargüter ab 1929 und dem geringeren Ersatzbedarf an landwirtschaftlichen Maschinen erklärbar ist. Meist galt Deutschland als wichtigster Lieferant Bulgariens für Maschinen: so stammten 1912 beispielsweise 41% der bulgarischen Maschinenimporte aus deutscher Provenienz[19].

1942 gibt die Analyse folgenden Aufschluß über die Zusammensetzung der deutschen FERTIGWARENexporte. Eisenwaren (35,5%) und chemische Produkte (14,6%) führten die Gruppe an - die Anteile der Bereiche Elektro und Maschinen lagen bei 7,5% und 8,3%. Wenngleich in der Kriegsstatistik der Handel mit Waffen und Munition nicht erfaßt wurde, so bieten doch die vorhandenen Zahlen einen guten Anhalt für die Zusammensetzung des Handels.

---

[19] GECK, S.49.

3. Dänemark[1]

3.1. Handelsstatistik

Beim Vergleich der deutschen und dänischen Statistik vor dem Ersten Weltkrieg treten doch Unterschiede in den ausgewiesenen Zahlen auf, die bei den dänischen Importen im Durchschnitt 20%, bei den Exporten 14% betragen[2]. Allgemeine Mängel in der dänischen Statistik[3], welche die Waren nach dem Verkaufs- und Einkaufsland klassifizierte[4], sind für diese Abweichungen verantwortlich, weshalb sich GERLACH für die deutschen Zahlen ausspricht[5]. Wertberechnungen erfolgten nach Deklaration und Wertzöllen; der Generalhandel umfaßte auch den Transit- (nur für dänische Rechnung), Niederlagen- und Zollausschlußverkehr.

3.2. Handelsbilanz / Handelspolitik

Neben Großbritannien nahm Deutschland immer die herausragende Rolle im dänischen Außenhandel ein:[6]

Allerdings darf man nicht übersehen, daß Deutschland seit dem Ersten Weltkrieg Verluste auf dem dänischen Markt hinnehmen mußte. Vor allem die deutschen Exporte konnten nicht mehr ihre 1913 marktbeherrschende Position mit einem Anteil von fast 40% am Import Dänemarks halten: Innerhalb eines Vierteljahrhunderts war dieser um ein Drittel gefallen.

---

[1] Auf folgende **LITERATUR** sei verwiesen: **P. BONSMANN**, Die Entwicklung der deutsch-dänischen Handelsbeziehungen von 1880-1937. Köln 1946; **F. BROWN**, A Tabular Guide to the Foreign Trade Statistics of Twenty-one Principal Countries. London 1926; **K. GERLACH**, Dänemarks Stellung in der Weltwirtschaft unter besonderer Berücksichtigung der Handelsbeziehungen zu Deutschland, England und Skandinavien. Jena 1911; **INSTITUT FÜR WELTWIRTSCHAFT**, Die Textilindustrie in Dänemark. Ihre Entwicklung und Auslandsabhängigkeit. Kiel 1938; **V. KÖLLER**, Der deutsche Imperialismus und Dänemark 1933-45 unter besonderer Berücksichtigung der faschistischen Wirtschaftspolitik. Berlin 1966; **J. JOERGENSEN**, Die Entwicklung der dänischen Handelspolitik und des dänischen Außenhandels nach dem Kriege. In: Weltwirtschaftliches Archiv, Bd.32, 1930, S.517-539; **H. SEEHUSEN**, Der Maschinenbedarf Dänemarks in der Industrialisierungsperiode nach der Weltwirtschaftskrise unter besonderer Berücksichtigung der deutschen Maschinenausfuhr. Kiel 1939; **H. WINKEL**, Die Beziehungen Deutschlands zu Dänemark 1940-1945. In: F.W. Henning, Probleme der nationalsozialistischen Wirtschaftspolitik. Berlin 1976.

[2] Durchschnitt der Jahre 1903-1908. Eigene Berechnungen nach **GERLACH**, S.265.

[3] DANMARKS VAREINDFOERSEL OG - UDFOERSEL (Jährlich) und VAREOMSETNINGEN MET UTLAND: HANDELSSTATISTIKE MEDDELELSER (Monatlich).

[4] **BROWN**, S.16f und 28f.

[5] **GERLACH**, S.267.

[6] **STATISTISCHES HANDBUCH**, S.61. Eigene Berechnungen nach **STATISTISCHES JAHRBUCH**.

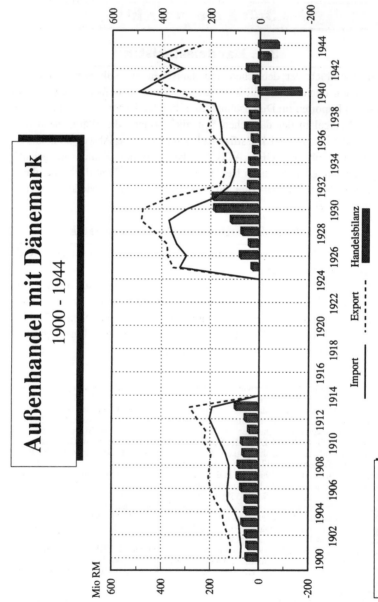

Anteile am Import Dänemarks in%

	DT	GB	USA	Schweden
1913	38,4	15,7	10,2	8,3
1929	32,9	14,7	13,3	6,9
1934	21,3	30,1	k.A.	k.A.
1937	23,9	37,7	k.A.	k.A.

Anteile am Export Dänemarks in%

	DT	GB	USA	Schweden
1913	24,9	62,4	0,6	1,7
1929	20,7	59,6	1,1	3,1
1934	15,3	60,2	k.A.	k.A.
1937	19,2	51,4	k.A.	k.A.

Der deutsch-dänische Handel bedurfte kaum vertraglicher Absicherungen, denn bis zum Ersten Weltkrieg galt die Meistbegünstigung. Basis hierfür waren die Verträge mit Preußen, welche noch aus der zweiten Hälfte des 19.Jahrhunderts stammten. Erst 1926 unterbricht das Abkommen vom 20. März die lange Reihe der Kontinuität. Vornehmlich wurde der Import dänischer Produkte in diesem Vertrag näher geregelt[7]. Dänemarks Zollpolitik kann man als eindeutig freihändlerisch betrachten, die Zölle hatten fiskalischen Charakter. Aufgrund der einseitig agrarisch ausgerichteten Wirtschaft benötigte man vor allem billiges Futtergetreide für die Viehzucht, so daß die Zölle auf Futtergerste im Zollgesetz von 1908 - welches den Zolltarif von 1863/64 ersetzte - spürbar reduziert wurden. Zollfrei blieben Konsumgüter, Lebensmittel, Rohstoffe, Halb- und Fertigwaren. Hohe Schutzzölle gab es jedoch auf Textilien, um die dänische Textilindustrie zu schützen[8].

Als die dänische Industrie in der Weltwirtschaftskrise den Ausweg aus der Absatzkrise in der forcierten Industrialisierung ihres Landes suchte, setzte sich England im Kampf um den dänischen Markt gegenüber Deutschland durch.

---

[7] HAUSHALTER, S.72f.
[8] GERLACH, S.101.

Dreh- und Angelpunkt hierbei blieb die Agrarausfuhr Dänemarks, die nun von Deutschland unter dem Druck der eigenen Lobby rigoros gekürzt wurde, während sich Großbritannien jetzt als Abnehmer der dänischen (landwirtschaftlichen) Hauptexportprodukte anbot und dadurch dementsprechende Zugeständnisse in der Belieferung Dänemarks sichern konnte[9]. Dänemark war in diesen Krisenzeiten sehr bestrebt, sich den englischen Markt für die eigenen Produkte weiter offenzuhalten, was sich in einem Rückgang der deutschen Handelsposition und einer verstärkten Bindung an England zeigte. Intensive Belebungen des deutsch-dänischen Handels erfolgten erst nach dem am 1.3.1934 unterzeichneten bilateralen Handelsabkommen, in welchem eine Ausweitung deutscher Fertigwarenexporte an die dementsprechende Steigerung dänischer Agrarprodukte gekoppelt wurde[10]. Hinzu kam, daß Großbritannien seine Konzilianz in der Abnahmegarantie dänischer Nahrungsmittel einschränkte und somit Dänemark nach anderen Absatzchancen suchen mußte.

In der Handelsbilanz mit Dänemark gab es für Deutschland nur wenige passive Jahre. War vor 1914 die Tendenz der Ex- und Importe kontinuierlich steigend, so änderte sich das Bild nach dem Weltkrieg rasch. In laufenden Preisen knüpften die Umsätze an die hohen Vorkriegswerte an, um bis zur Krise ungefähr auf das Fünffache der Zahlen zum Beginn des Jahrhunderts zu steigen. Gerade in der zweiten Hälfte der zwanziger Jahre schätzte man die deutschen Fertigwaren, so daß Deutschland 1930 und 1931 die höchsten Handelsbilanzüberschüsse verbuchen konnte. Nach dem krisenbedingten Umsatzrückgang seit 1929 erholte sich der deutsch-dänische Handel erst wieder ab 1936, als die Umsätze bis weit in die Besatzungszeit anstiegen.

3.3. Export- / Importstruktur

Betrachtet man die Struktur der deutschen Importe aus Dänemark,[11] so ist der kontinuierlich hohe Anteil der NAHRUNGS- und LEBENSMITTEL charakteristisch. Butter, Fleisch / Vieh und Eier stellten zwischen 66% und 83% der deutschen Nahrungsmitteleinfuhr aus Dänemark. Bis 1934 sanken die Anteile von Butter und Fleisch / Vieh, während dagegen die Bedeutung von Fleisch / Vieh 1937 stark angestiegen war. Insbesondere Vorratsbildung für den Zweiten Weltkrieg ist dafür verantwortlich zu machen.

---

[9] SEEHUSEN, S.40f.
[10] SEEHUSEN, S.45.
[11] Eigene Berechnungen nach **STATISTISCHES JAHRBUCH**.

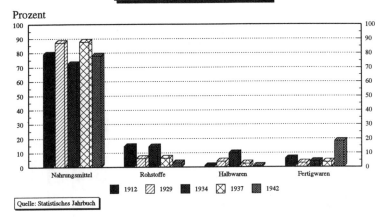

Bekannt war Dänemark auch für den Export seiner Pferde, die 1912 noch 14% der Nahrungsmitteleinfuhren stellten, aber nach dem Ersten Weltkrieg stark an Bedeutung verloren hatten (1929: 0,7%).

Der Import von HALBWAREN blieb im Untersuchungszeitraum meist bedeutungslos.

Auch der Handel mit dänischen ROHSTOFFEN war sehr gering und setzte sich größtenteils mit wechselnder Bedeutung aus Federn, Borsten, Därmen, Ölkuchen, Fellen und Häuten zusammen.

Bei den FERTIGWAREN konzentrierte sich der Austausch auf wenige Güter, die aus der Statistik jedoch nicht ersichtlich sind.

Insgesamt zeigt die Analyse, daß sich selbst während des Zweiten Weltkrieges die Importstruktur nur wenig änderte. Rohstoffarmut des Landes, einseitige agrarische Ausrichtung der Wirtschaft und eine vergleichsweise dünne Industriestruktur blieben für jegliche Einfuhr Vorgaben, die nicht wesentlich außer Kraft zu setzen waren.

So zeigt die Struktur der deutschen Exporte ein anderes Bild:

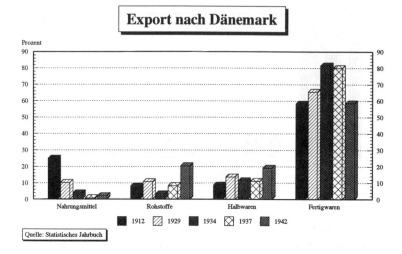

Betrachtet man obige Graphik, so ist ersichtlich, daß der Krieg kaum die Handelsstruktur mit Dänemark veränderte. Nur der Anteil der Rohstoffe und Halbwaren erhöhte sich geringfügig, derjenige der Fertigwaren fiel um ein Viertel.

Ihre Auswirkungen zeigte die Weltwirtschaftskrise auch in der Exportstruktur der deutschen Produkte. Die Monostruktur der dänischen Landwirtschaft und deren Absatzprobleme nach der Krise führten als Ausweg zur verstärkten Industrialisierung des Landes, die sich auch in einem höheren Anteil von Investitionsgütern (FERTIGWAREN) manifestiert.

Eisen und Eisenprodukte konnten ihren Gruppenanteil bei den FERTIGWAREN nach der Weltwirtschaftskrise sehr stark ausweiten, welcher bis auf 27% (1937) stieg. Dies resultiert daraus, daß es sich meist um Vorerzeugnisse handelte, die dann im Land weiterverarbeitet wurden. Aber auch der Import deutscher Maschinen gewann nach 1929 an Bedeutung in der Industrialisierung Dänemarks, denn diese war auf einen vermehrten Importbedarf an Maschinen angewiesen. Deutschland war meist - auch schon vor 1914 - mit etwa 50% an der dänischen Maschineneinfuhr beteiligt[12]. Von 1932-1935 sackte dieser Anteil

---

12 SEEHUSEN, S.101.

kurz ab, um ab 1936 einen Höchstwert zu erreichen. Langjährige Lieferbindungen zeigten sich hier recht krisenunanfällig, konjunkturelle oder handelspolitisch bedingte Umlagerungen in der Lieferantenstruktur der dänischen Maschineneinfuhr fanden nicht statt.

Während der Anteil der Elektrogüter in allen Analysen bei 4,7% stagnierte, reduzierte sich der Gruppenanteil der Textilien in der deutschen Fertigwarenausfuhr um mehr als 10% auf 15% (1937). Verantwortlich dafür waren die steigende Eigenherstellung im Zuge der Industrialisierung[13] und die handelspolitischen Erfolge Großbritanniens auf dem dänischen Textilmarkt, das Deutschland nach der Weltwirtschaftskrise als Hauptlieferant verdrängte[14].

Der Anteil der ROHSTOFFE und HALBWAREN am Gesamtexport schwankte nur gering - erst im Kriegsjahr 1942 ist eine Veränderung gegenüber den restlichen Analysejahren festzustellen. Wenn man die ROHSTOFFE untersucht, so stellt man fest, daß bis zur Weltwirtschaftskrise Ölkuchen, danach Steinkohle den größten Gruppenanteil innehatte. Neben Deutschland konkurrierte auch Großbritannien auf dem dänischen Kohlemarkt. 1942 setzte sich der Gruppenexport beispielsweise wie folgt zusammen: 63,5% Steinkohlen, 11,1% Kalirohsalze, 8,1% Braunkohlen und 5,8% zellwollene Spinnstoffe.

Brennstoffe standen auch bei der Ausfuhr deutscher HALBWAREN im Mittelpunkt dänischen Interesses, da der Export von Koks große Bedeutung hatte. Daneben wurden auch noch Kalirohsalze (Düngerproduktion) und schwefelsaueres Ammoniak ausgeführt.

Für die Kategorie NAHRUNGS- und GENUSSMITTEL läßt sich die geringe Bedeutung aus dem rückläufigen Anteil ersehen. In allen Analysen zeigt sich eine Konzentration auf die Getreidearten Roggen, Weizen und Hafer. So stand beispielsweise 1929 Roggen mit 42% Gruppenanteil an der Spitze vor Hafer (14%) und Mehl (7%).

---

[13] Der Produktionsindex der Textilindustrie stieg 1929 von 97 (1931=100) auf 152 Punkte (1937). Vgl. ebenso **INSTITUT FÜR WELTWIRTSCHAFT**, S.4f, 20ff und 24.
[14] **INSTITUT FÜR WELTWIRTSCHAFT**, S.23f.

4. Frankreich[1]

4.1. Handelsstatistik

Die französische Statistik[2] traf beim Außenhandel die Unterscheidung in General- und Spezialhandel[3], wobei ersterer auch den Transithandel einschloß. Allerdings galt nicht das Ursprungs- oder Bestimmungsland der Ware als Grundlage für die Statistik, sondern das Verschickungs-, respektive Empfangsland[4]. Die für lange Zeit allein übliche Mengenangabe wurde schließlich durch Wertschätzungen ergänzt. Relativ spät, nämlich erst 1929, ging man zur Wertdeklaration bei Ein- und Ausfuhr über, so daß bis zur Weltwirtschaftskrise die Verwendung der französischen Statistik aufgrund "*deren Unzuverlässigkeit*" nur bedingt sinnvoll erscheint[5]. Hinzu kommt noch, daß die gleichen Waren verschiedentlich sowohl in der Gruppe der Rohstoffe als auch später bei den Fertigwaren statistisch erfaßt wurden. Eine genauere Differenzierung nach Rohstoffen und Halbfabrikaten ist vielfach nicht möglich, da "*in der französischen Statistik ... die Halbfabrikate im allgemeinen mit den Rohstoffen zusammengefaßt*" wurden[6].

---

[1] Auf folgende **LITERATUR** sei verwiesen: P. **ARNOULT**, Les Finances et l'occupation allemande 1940-1944. Paris 1951; J. **BLANKENBURG**, Der französische Kapitalexport und seine Rolle als Instrument der Außenpolitik. Köln 1966; A. CH. **DE LE BOUTEILLER**, Le commerce extérieur de la France dépuis la crise de 1929. Paris 1938; F. **BROWN**, A Tabular Guide to the Foreign Trade Statistics of Twenty-one Principal Countries. London 1926; **COMMISSION CONSULTATIVE**, Dommages subis par la France et l'Union française du fait de la guerre et l' occupation ennemie (1939-1945). Part imputable à l'Allemagne. Paris 1950; O. **DAMBLE**, Die Wandlungen des französischen Außenhandels in der Nachkriegszeit. Tübingen 1932; R. **DENZEL**, Die chemische Industrie Frankreichs unter der deutschen Besetzung. Tübingen 1959; M. **EHRHARDT**, Deutschlands Beziehungen zu Großbritannien, den Vereinigten Staaten und Frankreich vom Mai 1930 bis Juni 1932. Hamburg 1950; W. **GÖLDNER**, Die deutsch-französischen Handelsbeziehungen zwischen den beiden Weltkriegen. Köln 1950; **INSTITUT FÜR WELTWIRTSCHAFT KIEL**, Statistische Materialien über den Außenhandel Frankreichs. Kiel 1940; R. **POIDEVIN**, Frankreich und Deutschland. Die Geschichte ihrer Beziehungen 1816-1975. München 1982; H. **WINKEL**, Die Ausbeutung des besetzten Frankreich. In: F. Forstmeier (Hrsg.), Kriegswirtschaft und Rüstung 1939 - 1945. Düsseldorf 1977, S.333-376.
[2] TABLEAU GENERAL DU COMMERCE ET DE LA NAVIGATION (Jährlich) und STATISTIQUE MENSUELLE DUR COMMERCE EXTERIEUR DE LA FRANCE (Monatlich).
[3] **DAMBLE**, S.14ff. Vgl. ebenso **STATISTIK DES DEUTSCHEN REICHES**, Bd.271 / I, X.1f.
[4] **BROWN**, S.12f und 27f.
[5] **DAMBLE**, S.15.
[6] **DAMBLE**, S.71.

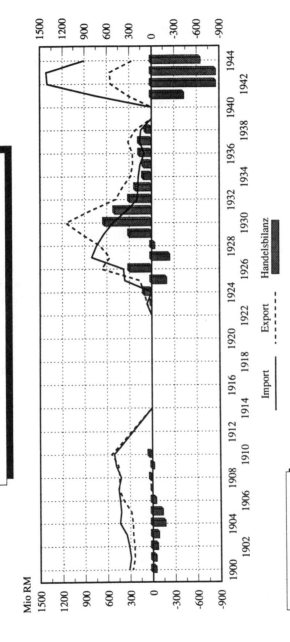

4.2. Handelsbilanz / Handelspolitik

Deutschland war meist einer der vier wichtigsten Handelspartner Frankreichs, wie aus der folgenden Übersicht deutlich wird.

Anteile am französischen Import in %[7]

	DT	GB	USA	Kolonien
1913	12,7	13,2	10,6	9,5
1929	10,1	11,4	12,3	12,0
1937	7,7	7,9	9,4	24,4

Hatte Deutschland noch vor dem Ersten Weltkrieg neben Großbritannien die führende Position als Abnehmer französischer Waren inne, so fiel dieser Anteil rasch auf knappe acht Prozent. Dies lag weniger in der mangelnden Konkurrenzfähigkeit gegenüber den anderen Handelsnationen Großbritannien und USA begründet, denn auch diese blieben nicht von der kontraktiven Wirkung des französischen Handels nach der Krise verschont, wie obenstehende Zahlen aus dem Jahr 1937 deutlich zeigen.

Anteile am französischen Export in %

	DT	GB	Belgien	Kolonien
1913	12,6	21,1	16,1	13,0
1929	9,5	15,2	14,4	18,8
1937	5,9	11,3	13,3	28,3

Vielmehr ist im allgemeinen gerade bei den Ländern mit eigenem Kolonialsystem zu beobachten, daß diese als Antwort auf Weltwirtschaftskrise, Kontingentierung und Devisenbewirtschaftung ihren wirtschaftlichen Rückhalt in den Kolonien gesucht hatten. Das Beispiel Italien zeigt diesen Sachverhalt auf: Nämlich ab 1934/35 ein erheblicher Anstieg des kolonialen Anteils am eigenen Im- und Export - und damit auch ein Signum für garantierte und kontrollierte Absatz- und Importmärkte, während beispielsweise Länder wie Deutsch-

---

[7] STATISTISCHES HANDBUCH, S.93 und eigene Berechnungen nach **STATISTISCHES JAHRBUCH**.

land in der gleichen Zeit bei der eigenen Marktsicherung mit den Problemen des Bilateralismus und der Devisenbewirtschaftung konfrontiert wurden.

Eine ähnliche Entwicklung wie bei der Einfuhr läßt sich auch hier konstatieren. Die Hälfte der französischen Ausfuhr ging in die Anliegerstaaten Belgien, Deutschland und Großbritannien - ein Charakteristikum für die regionale Konzentration der französischen Exporte vor 1914 auf Europa.

Wenn man die Handelsbilanz im Austausch mit Frankreich betrachtet, so bietet die Graphik kein einheitliches Bild im Sinne einer langfristigen Kontinuität. Grob gesehen lassen sich dabei drei Phasen erkennen. Vom Beginn des Jahrhunderts an war die Austauschbilanz für Frankreich aktiv bei insgesamt passiver Bilanz. Diese Phase dauerte etwa bis 1907, mit Scheitelpunkt im Jahre 1905 bei stagnierenden deutschen Exporten und steigenden Importen. Erst ab 1907 kehrte sich diese Entwicklung um und ermöglichte den Saldenausgleich für Deutschland. Nach der Inflationszeit zeigt sich dann bis 1928 ein unklares Bild mit wechselnden großen Aktiva und Passiva. Die sich ab 1929 öffnende Scherenbewegung zwischen Im- und Exporten führte in der zweiten Phase bis zum Zweiten Weltkrieg zu einer für Deutschland aktiven Handelsbilanz[8] bei insgesamt rückgängigen Umsätzen und abnehmenden Aktiva, bedingt durch Frankreich, das seinen Handel mit Deutschland rigider Kontingentierung unterwarf[9].

Mit der Besetzung Frankreichs schnellten die Importe so sehr hoch, daß die deutschen Handelsbilanzdefizite auf weit über eine dreiviertel Milliarde Reichsmark jährlich anwuchsen. Wobei die grundsätzliche Frage berechtigt ist, inwiefern man hier von einem freien Außenhandel sprechen kann, dessen Werte mit denen der letzten 40 Jahre vergleichbar und verknüpfbar sind. Doch unter der Prämisse des reinen Güteraustausches läßt sich dies bejahen. In der Rüstungsplanung des sogenannten III. Reiches besaßen die hochindustrialisierten westlichen Staaten wie Belgien, Frankreich und die Niederlande einen großen Stellenwert. Die deutsche Einflußnahme in der Besatzungszeit war naturgemäß sehr groß, denn die "*Ausrichtung der gesamtfranzösischen Wirtschaft auf die deutschen Interessen*" wurde mit einer Perfektion durchgeführt[10].

---

[8] Für die Zeit von 1928 - 1932 wird auf eine nähere Aufschlüsselung der deutsch-französischen Zahlungsbilanz in Dienstleistungs-, Übertragungs- (Reparationen!) und Bilanz des Kapitalverkehrs verwiesen. **STATISTISCHES REICHSAMT**, Die deutsche Zahlungsbilanz nach Ländern, Berlin 1934, S.19.

[9] P.A. **LOOSE**, Deutsche Handelsvertragspolitik der Nachkriegszeit, Marburg 1939, S.43.

[10] **DENZEL**, S.21.

Frankreichs Industrie arbeitete in dieser Zeit der Kollaboration fast nur im Dienste der deutschen Rüstung und dabei auf Kredit. In diesem Zusammenhang wird oft die Frage der französischen Kollaboration angesprochen und damit auch die Bereitschaft der französischen Industrie an deutschen Aufträgen, um *"die herrschende Unterbeschäftigung abzubauen"*[11].

Wenn man bedenkt, daß selbst die deutschen Exporte größtenteils nur dazu dienten, die französische Rüstungsindustrie mit dem für die deutschen Belange Wichtigsten zu versorgen, so waren die Defizite realiter noch größer. Umgerechnet auf das gesamte Jahr 1944 zeigen die Werte für das erste Halbjahr im Vergleich zum Vorjahr einen weiteren Anstieg der Umsätze. Im Gegensatz zu den anderen Bilanzdefiziten wurden diese Handelsschulden, die über Clearing abgerechnet, von Deutschland jedoch niemals beglichen wurden.

Was die Handelspolitik Frankreichs mit Deutschland anbelangt, so wird deutlich, daß diese bis vor dem Ersten Weltkrieg nicht vertraglich geregelt war. Grundlage der bilateralen Handelsbeziehungen war die gegenseitige Meistbegünstigung, welche noch aus dem Friedensschluß von 1871 stammte[12]. 1892 erfolgte in Frankreich die Einführung des autonomen Zolltarifs (mit der Untergliederung in Minimal- und Generaltarif), der bis zum Ersten Weltkrieg gültig war. Die meisten Länder waren aber dem Minimaltarif unterworfen, dessen Zollsatz gegenüber dem Generaltarif um 50% differierte[13]. Zwischen 1919 und 1925 mußte Deutschland die einseitige Meistbegünstigung aufgrund der Versailler Bestimmungen akzeptieren, und nach zweijährigen Verhandlungen wurde am 17.8.1927 ein Handelsvertrag auf der Basis der unbedingten Meistbegünstigung mit Tarifvereinbarungen auf Höhe des Minimaltarifs geschlossen. Deutschland stand den Franzosen Zollbegünstigungen bei Garnen, Geweben und Luxuswaren wie Seide und Parfümerieartikeln zu. Jene Zollreduzierungen führten dann auch zu einer erheblichen *"Steigerung der Einfuhr nach Deutschland"*[14]. Die Franzosen hielten sich in diesem Abkommen eine "Hintertür" durch die sog. *Katastrophenklausel* offen, nach welcher sie sich das Recht einräumen ließen, bei großer Anomalie im Handel Einschränkungen in Form von Kontingentierungen etc. vornehmen zu können[15]. Im Januar 1934 führte die Strangulierung des Handels durch diese sich gegenseitig zuspitzenden

---

[11] WINKEL, S.359.
[12] LOOSE, S.12.
[13] DAMBLE, S.55.
[14] HAUSHALTER, S.49.
[15] LOOSE, S.13. DAMBLE, S.63F..

Kontingentierungsmaßnahmen zur Kündigung des Handelsvertrages[16]. Ein halbes Jahr später gelangte der neue Handelsvertrag zur Paraphierung. Für die Abwicklung des Zahlungsverkehrs wurde gleichzeitig ein Verrechnungsabkommen geschlossen, das den Deutschen einen Überschußbetrag an freien Devisen zustand. Dennoch waren damit die Schwierigkeiten nicht aus dem Wege geräumt, da sich in der folgenden Zeit die handelspolitischen Divergenzen zwischen beiden Staaten verstärkten. Devisenüberschüsse und Importrestriktionen (Kontingentierung, Zölle) standen dabei im Mittelpunkt der zähen Verhandlungen, die nach der Kündigung des Warenabkommens vom 1.8.1935 bis noch 1937 andauerten.

Erst die Rahmenvereinbarung vom 10.7.1937 führte zum Kompromiß, als hier nun das Verrechnungssystem zugunsten der gesamten Bezahlung in freien Devisen nicht mehr Gültigkeit besaß[17].

4.3. Export- / Importstruktur

Die Aufgliederung der deutschen Importe zeigt untenstehende Struktur:[18]

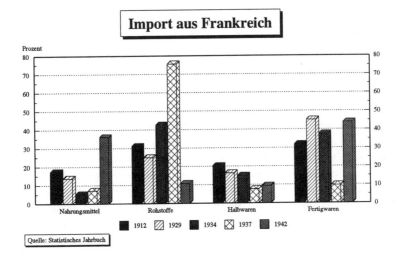

---

[16] **LOOSE, S.42.**
[17] **LOOSE, S.43.**
[18] Eigene Berechnungen nach **STATISTISCHES JAHRBUCH** Die Angaben für das Jahr 1942 sind für den Zeitraum des ersten Halbjahres berechnet worden.

Auf den ersten Blick fallen die Wertangaben des Jahres 1937 und 1942 auf. Da Rückberechnungen mit den beiden vorhergehenden Jahren ähnliche Werte mit geringfügigen Abweichungen ergaben, deutet sich für das Jahr 1937 ein großer Strukturbruch an. Dieser resultiert aus den Ergebnissen des Handelsvertrages von 1937, als hier Deutschland eine Einfuhrsteigerung von französischen Rohstoffen zu Lasten einer drastischen Reduzierung der teueren und devisenintensiven Fertigwarenimporte erreichte[19].

Was das Jahr 1942 anbelangt, so darf dieses unter den gesonderten Bedingungen des Kriegshandels betrachtet und nicht in direkten Vergleich zu den vorherigen Analysen gebracht werden.

Bevor man sich näher mit der Strukturanalyse beschäftigt, sollte man die Produktionsstruktur Frankreichs, das lange Zeit noch stark agrarisch geprägt war, nicht außer acht lassen. Rohstoffe, wie z.B. Erze und Kohle aus Lothringen, Nahrungs- und Lebensmittel sowie chemische Halbprodukte, prägten die Exportstruktur mehr als die sich hauptsächlich auf den Textilsektor beschränkende Fertigwarenausfuhr. Investitionsgüter - wie z.B. Maschinen - waren an der Ausfuhr nur in geringem Maße beteiligt. Lag der Anteil Frankreichs am Maschinenwelthandel 1913 bei 3%, so erhöhte sich dieser bis 1928 nur unwesentlich auf 5,2%[20]. Selbst in der Produktion wurde Frankreich von seinem Rivalen Deutschland erheblich übertroffen, denn es erreichte nur 9,3% der Maschinenproduktion seines Nachbarn zu dieser Zeit, und jene Relation blieb bis 1945 ohne gravierende Veränderungen.

Wenngleich sich auch der französische Außenhandel nach einer Phase der Stagnation ab 1900 kräftig entwickelte, so zeigte dessen "*Handelsbilanz des letzten Vorkriegsjahres... keineswegs das Bild eines modernen Industriestaates*"[21], da der Anteil der Fertigwarenexporte langsamer als derjenige der Importe angewachsen war. Besonders trifft dies im Handel mit Deutschland zu. Der im Vergleich zu den anderen Hauptgruppen relativ geringe Anteil der Fertigwaren an der Gesamtausfuhr nach Deutschland zeigt den Ergänzungscharakter dieser Waren. Denn vornehmlich aus Konsumgütern - wie z.B. Textilprodukten - setzte sich der deutsche Fertigwarenimport vor dem Kriege zusammen. Gewisse Änderungen waren auch in der Nachkriegszeit (1929) nicht zu konstatieren:

---

[19] LOOSE, S.43.
[20] DAMBLE, S.96.
[21] DAMBLE, S.9.

Von der deutschen FERTIGWAREneinfuhr entfielen ca. 26% auf Garne und etwa 25% auf Gewebe aller Art. Danach folgten Eisenwaren mit ca. 9% und Leder mit 7%. 1937 kam die Fertigwareneinfuhr aus Frankreich ganz zum Erliegen, da im Zuge der Devisenbewirtschaftung der Import von Konsumgütern drastisch reduziert wurde. Für die Kriegszeit (1942) ergibt die Analyse folgendes Bild: Textilien führen die Gruppe mit 37,1% an, danach folgen Chemikalien (10,5%), Maschinen (6,4%), Eisenwaren (8,1%) und schließlich Elektrogüter mit 6,3% und Leder mit 6,1%. Der große Anteil der Chemikalien an den Importen zeigt die Wichtigkeit der französischen Chemieindustrie für das III. Reich, das fast die gesamte Produktion abnahm. So passierten nach DENZEL zwischen 1941 und 1943 Chemikalien im Werte von mehreren hundert Millionen RM die französisch-deutsche Grenze[22].

Die deutsche Nachfrage nach französischen ROHSTOFFEN konzentrierte sich auf Wolle, Erze und Felle. Zwar schwankten deren Anteile am Rohstoffimport, doch blieb die obige Reihenfolge bis 1937 bei insgesamt steigender Bedeutung für diese Hauptgruppe unverändert. Selbst die Abtretung Elsaß-Lothringens nach dem Ersten Weltkrieg führte zwar für Deutschland zum Verlust der wichtigen Erzgruben, jedoch erhöhten sich die Erzimporte aus diesem Gebiet nur sehr mäßig, denn Frankreich führte diese neugewonnenen Erzgruben mehr dem Binnenverbrauch als dem Export zu. Einschneidende Änderungen ergaben sich erst im Zweiten Weltkrieg unter deutscher Besatzung, als nämlich hier die Erzimporte auf über 31% Gruppenanteil stiegen (1942). Die "Entnahmen", respektive Exporte nach Deutschland erreichten bei einigen Rohstoffe größere Ausmaße und führten wie bei Kupfer zu größeren Engpässen in der französischen Wirtschaft[23]. Der Anteil der Felle lag bei 11,7%, derjenige der zellwollenen Spinnstoffe bei 13,5%.

Ebenso bestand der Import von HALBWAREN fast nur aus chemischen Produkten - wie z.B. Phosphatdünger - und aus Metallen. Gewisse Veränderungen brachte die Analyse des Jahres 1942 zutage. Hier stellten Metalle 35,0% des Gruppenimportes; danach lagen Gespinste mit 31,5% dicht auf; der Anteil chemischer Halbwaren bewegte sich um 5,2%, während auch der Import von Koks mit 14,2% eine größere Bedeutung erlangte.

In der Hauptgruppe der NAHRUNGS- und LEBENSMITTEL sind die Kontinuitäten noch deutlicher. Ein Viertel dieser Importe bestand meist aus

---

[22] DENZEL, S.89ff.
[23] WINKEL, S.357.

Wein[24], der gleiche Anteil entfiel auf Obst und etwa 10-20% auf Gemüse. Im Vergleich dazu läßt sich das Kriegsjahr 1942 nicht ganz in die gleiche Tendenz einordnen. Denn Wein dominierte nicht mehr mit 36,8% Gruppenanteil, doch Obst und Gemüse (2,1%) verloren zugunsten von Weizen (44,8%) stark an Bedeutung. Jedoch sollte an dieser Stelle nicht vergessen werden, daß es sich hierbei um die Werte des ersten Halbjahres handelt und daß demnach die Produkte der Sommer- und Herbsternte nicht berücksichtigt werden konnten. In vielen Nahrungsmittelbereichen waren die Lieferungen an Deutschland beträchtlich[25].

Im Vergleich dazu sind die deutschen Exporte nach Frankreich folgendermaßen auf die vier Warenhauptgruppen zu verteilen:

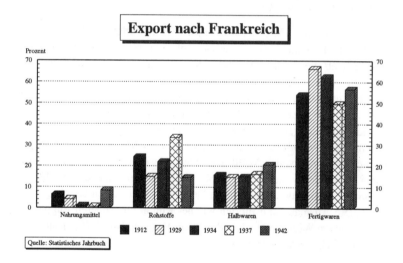

Hierzu ist der deutsche Export schon differenzierter zu analysieren, wenngleich sich auch eine eindeutigere Abgrenzung in der Prioritätenskala von Fertigwaren über Rohstoffe zu Halbwaren und Genußmitteln erkennen läßt. Veränderungen mit wechselnder Gewichtung ergaben sich nur bei Rohstoffen und Halbwaren - NAHRUNGS- und GENUßMITTEL zeigen eine klare Abnahme an Bedeutung. Stand Getreide noch vor dem Ersten Weltkrieg an erster Stelle, so konzentrierte sich die deutsche Nahrungsmittelausfuhr in den Zwanziger Jahren auf Zucker. Im Gefolge der Weltwirtschaftskrise fiel auch der Anteil der Nah-

---

[24] Der deutsche Anteil an der gesamten französischen Wein- und Spirituosenausfuhr war nur sehr gering.
[25] Vgl. WINKEL, S.347ff

rungsmittel an der Gesamtausfuhr und wurde im weiteren Handel mit Frankreich auch bedeutungslos. Erst im Zweiten Weltkrieg stieg der Anteil der Nahrungs- und Genußmittel am Gesamtexport. Hier lag das Hauptgewicht im Export auf Kartoffeln (25,4%), Hopfen (22,4%) und Zucker (16,2%).

Bis 1929 blieb der Anteil der ROHSTOFFE und HALBFABRIKATE an der Gesamtausfuhr in etwa gleich. In den beiden Gruppen ergaben sich Verschiebungen innerhalb des Untersuchungszeitraumes. Konnten Pelzfelle noch 1912 als größter Einzelposten mit 70 Mio RM die Rangfolge anführen, so waren diese nach dem Weltkrieg auf Werte weit unter 10 Mio RM geschrumpft.

Behaupten konnte sich der Export von Steinkohle und Koks, der 1929 zu 55% und 1937 sogar zu 90% den Export der Hauptgruppe Rohstoffe und Halbwaren bildete. Die Wichtigkeit dieser beiden Rohstoffe zeigt sich auch in der Bedeutung für Frankreich: 1929 stellte die deutsche Steinkohlenausfuhr etwa 22% (1937: 30%) der diesbezüglichen französischen Einfuhr; bei Koks lag der deutsche Anteil noch höher: 1929 kamen 67% der französischen Koksimporte direkt vom deutschen Nachbarn. Obwohl selbst Kohleexporteur, war Frankreich auf die deutsche und britische Kohle angewiesen, da jene für die Verhüttung einen besseren Wirkungsgrad besaßen. Trotzdem darf man aber nicht die Tatsache vergessen, daß ein Großteil der Reparationsverpflichtungen an Frankreich in deutscher Kohle abgeleistet wurde! Im Kriegsjahr 1942 ist weiterhin die Ausfuhr von Steinkohlen mit 52,7% aller deutschen Rohstoffexporte nach Frankreich an der Spitze anzutreffen, danach folgten Kautschuk (25,3%) und Abfallseide (14,5%). Hauptsächlich diente die Kohlenausfuhr zur Energieversorgung der für deutsche Interessen arbeitenden französischen Industrie.

Bei den Halbwaren beschränkte sich der Export vornehmlich auf Kraftstoffe (43,7%), Zellstoff (10,5%), Gespinste (12,1%) und chemische Halbwaren (13,0%). Hatte Frankreich noch 1914 einen großen Importbedarf an Chlorkalium, der vor allem von Deutschland befriedigt wurde, so führte die Abtretung von Elsaß-Lothringen dazu, daß Frankreich nun bis Ende des Berichtszeitraumes selbst Netto-Exporteur wurde[26].

Der Export deutscher FERTIGWAREN konzentrierte sich im wesentlichen auf Maschinen, Eisenwaren, Endprodukte der Elektro- und chemischen Indu-

---

[26] So stieg der Export von 1913 = 0,1 Mio Francs auf 382 Mio Francs (1929)!

strie[27] sowie Gewebe, Papier und Pelze[28] - um nur die wichtigsten zu nennen. Konnte die Gruppe der *Gewebe* zwar nicht an ihre Vorkriegswerte anknüpfen, so wurde dieser Export erst ab der Weltwirtschaftskrise relativ bedeutungslos. Deutschland lieferte 1913 fast das Doppelte der englischen Baumwollgewebe, aber die Werte glichen sich 1929 durch den immensen Exportrückgang deutscherseits an. Eine führende Position unter den Lieferanten konnte Deutschland bei Papier[29], Maschinen[30] und Eisenwaren bis 1937 behaupten. Letztere bauten in der Krise 1931 ihren Anteil an den Fertigwaren von 9% auf 23% aus, Maschinen steigerten diesen von 11% auf 24%! Das hohe Qualitätsniveau des deutschen Maschinenbaus war für die weiter steigende französische Nachfrage nach Werkzeug-, Papier-, Druck- und lederbearbeitenden Maschinen verantwortlich, so daß diese Gruppe 1938 fast 35% der Fertigwarenausfuhr stellte.

Ab 1936 wurde der Export von Eisenwaren nach Frankreich so stark eingeschränkt, daß sich innerhalb eines Jahres dieser Anteil an den Fertigwaren von 21% auf 11% reduzierte und damit an die Werte des Jahres 1929 anknüpfte. Eine ähnlich große Bandbreite zeigt der Fertigwarenexport des Jahres 1942. Hauptsächlich Investitionsgüter stellen den Großteil der Ausfuhr, wie die folgenden Anteile an der Gruppe belegen: Eisenwaren (37,6%), Chemie (14,9%), Textilien (8,3%), Elektro (5,8%), Papier (7,0%). Allerdings sollte man hierbei nicht vergessen, daß der deutsche Export wohl in erster Linie für die französische Rüstungsindustrie bestimmt war.

---

[27] Vgl. **H. LOHMANN**, Strukturwandlungen im Außenhandel der deutschen chemischen Industrie seit 1913. Berlin 1938, S.89ff.
[28] Die unelastische Nachfrage nach Pelzen ließ den deutschen Export meist von 6-8% im Berichtszeitraum schwanken.
[29] Ein Großteil der Papierlieferungen bestand bis 1930 allerdings aus Reparationssachlieferungen.
[30] Hier lag der deutsche Anteil beispielsweise 1937 bei mehr als 40%. **INSTITUT FÜR WELTWIRTSCHAFT**, S.75.

5. Großbritannien[1]

5.1. Handelsstatistik

Während Deutschland das Ursprungsland der Ware als Grundlage seiner Außenhandelsstatistik verwendet, stützt sich Großbritannien auf das Kriterium der Herkunft, also in erster Linie des Verschiffungshafens[2]. Die daraus resultierenden Abweichungen liegen im Rahmen von ca. 10% - 20% und betreffen Export und Import gleichermaßen[2]. Für die Jahre 1920-1923 liegen keine deutschen Wertangaben vor.

---

[1] Auf folgende LITERATUR sei verwiesen: R.P. ARNOT, Die Weltwirtschaftskrise und der englische Kohlebergbau. Berlin (Ost); A. BANZE, Die deutsch-englische Wirtschaftsrivalität. Ein Beitrag zur Geschichte der deutsch-englischen Wirtschaftsbeziehungen 1897 - 1907. Berlin 1935, Vaduz 1965; H. BLOSER, Die Entwicklung des Kohlebergbaus und der Eisen- und Stahlindustrie in England unter dem Einfluß der Wirtschaftspolitik der englischen Regierung 1918-1955. Köln 1957; W. BOSTEL, Die deutsche und die britische Eisenindustrie und ihr Konkurrenzkampf auf dem Weltmarkt. Leipzig 1937; F. BROWN, A Tabular Guide to the Foreign Trade Statistics of Twenty-one Principal Countries. London 1926; H. BRÜNINGHAUS, Die deutsche Eisen- und Stahlwarenindustrie unter dem Einfluß der jüngsten englischen Währungs- und Handelspolitik. Jena 1934; C. BUCHHEIM, Deutsche Gewerbeexporte nach England in der zweiten Hälfte des 19.Jahrhunderts. Ostfildern 1983; B. DOHRMANN, Die englische Europapolitik in der Wirtschaftskrise 1921-1923. Zur Interdependenz von Wirtschaftsinteressen und Außenpolitik. München 1980; H. ETZOLD, Der Konkurrenzkampf zwischen der deutschen und englischen Teerfarbenindustrie während der Weltwirtschaftskrise. Halle 1966; H. GIESE, Der Konkurrenzkampf der deutschen und englischen Schneidwarenindustrie auf dem Weltmarkt in der Nachkriegszeit. Solingen-Ohligs 1934; K. HEINRICH, Der Export der deutschen chemischen Industrie nach Großbritannien. Bückeburg 1932; W. HÄUSSLER, Der Export der deutschen chemischen Industrie nach dem Kriege. Köln 1938; F. HEYER, Die britischen Schutzzölle Anfang 1926. In: Weltwirtschaftliches Archiv, 23, S.412*-432*; R.J. HOFFMAN, Great Britain and the German Trade Rivalry 1875-1914. New York 1983; A. JULIN, La réforme des statistiques d' importation et d'exportation en relation avec les nouvelles méthodes de la politique commerciale. Bruxelles 1937; F. KERNER, Englands Außenhandel in den letzten Friedensjahren (1905-1913). Kiel 1917; L. KOCHAN, The Struggle for Germany 1914-1945. Edinburgh 1963; G. MAY, Die Entwicklung des deutsch-britischen Handels seit der Pfundabwertung ab 21.9.1931. Freiburg 1937; A. NEBE, Englands Außenhandelspolitik zu Deutschland in der Nachkriegszeit bis zur Machtübernahme der Nationalsozialisten. Würzburg 1938; R.R. OHLSEN, Der deutsche Export nach Großbritannien von 1923-1933. Bergisch-Gladbach 1986; H. RICHARDSON, British Economic Foreign Policy. London 1936; W. SCHLOTE, Entwicklung und Strukturwandlungen des englischen Außenhandels von 1700 bis zur Gegenwart. Jena 1938; B.J. WENDT, England und der deutsche Drang nach Südosten. Kapitalbeziehungen und Warenverkehr in Südosteuropa zwischen den Weltkriegen. In: Wendt/Geiss, Deutschland in der Weltpolitik des 19.und 20. Jahrhunderts, Düsseldorf 1973; C.A. WURM, Der Exporthandel und die britische Wirtschaft 1919-1939. In: VSWG, 68, S.191-224.

[2] HEINRICH, S.40. BROWN, S.11, 26. JULIN, S.18.

[2] NEBE, S.18f

Aufgrund der instabilen Währungsverhältnisse wäre es auch sehr problematisch, diese in Korrelation zu den nachfolgenden Zahlen zu setzen[4].

Die Importzahlen wurden c.i.f., die Exportwerte f.o.b. angegeben. Wert- und Mengenberechnung mußten nach den Deklarationen der Im- und Exporteure erstellt werden[5].

5.2. Handelsbilanz / Handelspolitik

In den englischen Handelsbeziehungen verlor Deutschland von 1913 an immer mehr an Bedeutung, wie die folgenden

Anteile [in %] am englischen Import verdeutlichen:[6]

	DT	USA	F	Argentinien	Kolonien
1913	11,6	19,8	6,2	6,2	20,5
1929	6,0	16,6	k.A.	7,2	26,9
1937	4,8	k.A.	k.A.	k.A.	k.A.

Im Vergleich dazu die **Anteile beim Absatz englischer Erzeugnisse**:

	DT	USA	Brit.Indien	Australien
1913	7,7	5,6	13,4	6,6
1929	5,1	6,2	10,7	7,4
1937	3,6	k.A.	k.A.	k.A.

---

[4] NEBE, S.19 verwendet Wechselkurse zur Umrechnung, die nicht die richtigen Währungsverhältnisse widerspiegeln: Er setzt 1 £ mit 16,159 RM (1921) gleich, während der offizielle Wechselkurs im Januar 1921 bei 262 RM/£ lag. Vgl. Handbuch für Europäische Wirtschafts- und Sozialgeschichte, Hrsg. W.Fischer u.a., Stuttgart 1987, Bd.6, 1059. Deshalb wird hier Abstand davon genommen, die Lücken in der Nachkriegszeit damit auszufüllen.
[5] BROWN, S.26.
[6] STATISTISCHES HANDBUCH, S.121. Eigene Berechnungen danach so weit wie möglich.

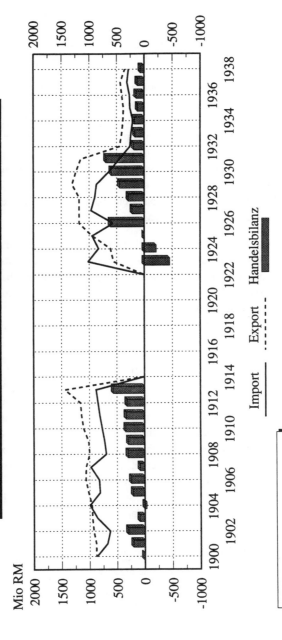

Aber auch Großbritannien konnte im deutschen Handel seine Spitzenposition nicht halten. Bis zum Jahre 1908 nahm es, gemessen am Umsatz, den ersten Platz im Außenhandel Deutschlands ein. Danach rangierte es bis Ausbruch des Weltkrieges hinter den USA und dem zaristischen Rußland.

Die Handelsbilanz mit Großbritannien war im Untersuchungszeitraum für Deutschland aktiv, ausgenommen ist der Zeitraum von 1919-1924, als der Importbedarf an Rohstoffen die Ausfuhrmöglichkeiten der deutschen Nachkriegsindustrie bei weitem überstieg. Dieser Zeitraum entspricht der Periode der handelsvertraglichen Beschränkungen Deutschlands. Insbesondere die Gewährung der einseitigen Meistbegünstigung verschaffte England eindeutige Vorteile. Im Handel wurde Deutschland auch durch die Reparationsleistungen benachteiligt, vor allem durch die 26%ige Reparationsabgabe auf die deutsche Ausfuhr nach den ehemaligen alliierten Ländern.

Vor 1913 waren die wirtschaftlichen Beziehungen allerdings nicht vertraglich geregelt - beide Länder gewährten sich die unbedingte Meistbegünstigung. Aufgrund der Versailler Bestimmungen war die handelspolitische Souveränität Deutschlands bis 1925 eingeschränkt. Kurz vor Ablauf dieser Frist wurde am 2.12.1924 der erste Handelsvertrag auf der Grundlage unbedingter Meistbegünstigung zwischen Deutschland und Großbritannien paraphiert, er trat am 1.10.1925 in Kraft.

Dieser Vertrag beseitigte auch viele von Großbritannien[7] aufgebaute Zollhindernisse, welche 1918/19 die ehemalige britische Kriegsindustrie vor der deutschen Konkurrenz schützen sollten. Von den Beschränkungen befreit, stieg der deutsche Export sofort um mehr als 80% (1924-1926) und dokumentiert damit die Initialwirkung des Abschlusses[8]. Ausgenommen davon waren lediglich die Farben, deren Einfuhr aufgrund der *Dyestuffs Import Regulation* 1921-1931 rigide beschränkt wurde, um die englische Farbenindustrie in der Aufbauphase zu schützen[9]. Zwar wurden ab 1.7.1925 gleichzeitig wieder neue Schutzzölle eingeführt, die sich in ihrer Wirkung vornehmlich gegen deutsche Fertigwarenimporte richteten und damit gegen den Handelsvertrag verstießen,

---

[7] Der englischen Regierung lag sehr viel daran, ihre Industrie in der ersten Nachkriegszeit vor den deutschen Produkten zu schützen. Einfuhrverbote (z.B. für Teerfarben) und hohe Wertzölle von 33 1/3% waren genau gegen die Güter gerichtet, welche Großbritannien fast nur von Deutschland bezog. **NEBE, S.16. HEINRICH, S.32ff.**

[8] So "explodierte" in diesen zwei Jahren die Ausfuhr von Werkzeugmaschinen um 206%, Fahrräder um 105%, Farben um 165%, Kessel um 530%, Eisenbahnobermaterial um 310%, Blech, Draht um 550% und Stab-, Formeisen um 1380%!

[9] **ETZOLD, S.50.**

aber sie konnten die deutsche Ausfuhr nicht wesentlich behindern[10], wie der Verlauf der Exportkurve zeigt. 1925 hatte die deutsche Industrie nach Währungsstabilisierung und Verarbeitung der Kriegsfolgelasten wieder eine Stärke erlangt, die es ermöglichte, sich trotz erhöhter Zölle auf dem britischen Markt durchzusetzen. 1926 lähmte der britische Bergarbeiterstreik die einheimische Wirtschaft, die Exporte nach Deutschland nahmen rapide ab, und die deutsche Handelsbilanz war plötzlich wieder in einem quantitativen Maße aktiv, wie es zuletzt im Vorkriegsjahr 1913 beobachtet werden konnte. Wenn man den Trend betrachtet, so erkennt man die steigende Tendenz des aktiven Bilanzsaldos, der 1931 seinen Scheitelpunkt erreichte.

Unter dem Druck der weltwirtschaftlichen Rezession entschloß sich das britische Königreich am 21.9.1931 schließlich zur Devalvation seiner Währung. Gleichzeitig wandte man sich protektionistischen Grundsätzen zu: Die *Abnormal Importations (Customs Duties) Act* vom 17.11.1931 schraubte die Wertzölle für Fertigwarenimporte auf 50% herauf[11]. Das Empire war jedoch von den Erhöhungen ausgenommen. Welche Auswirkungen hatten nun diese Schritte?

Seit 1929 waren die deutschen Importe aus Großbritannien im Abnehmen begriffen, wofür eindeutig die Weltwirtschaftskrise verantwortlich gemacht werden muß. Im Gegenzug sieht man bei den Exporten deutlich die Wirkung der Pfundabwertung. Zwar fielen die Exportwerte schon ab 1930, doch ist anhand des Kurvenverlaufs dieser Rückgang um 60 Prozent von 1931 auf 1932 mehr als deutlich sichtbar - die deutschen Exporte konnten nicht mehr ihre Position in Großbritannien behaupten. "Verheerende" Wirkung hatten die neuen Zölle vor allem für den deutschen Export von Handschuhen, Ton- und Glas-, Messer- und Schneidewaren[12]. Weitere Zollerhöhungen am 30.11.1931 sowie am 4.12.1931 "hinkten" der wirtschaftlichen Entwicklung hinterher und boten der englischen Industrie einen verspäteten Schutz. Die "*Import-Duties Act 1932*" erweiterte diesen auf die restlichen noch zollfreien Importe, so daß damit die Hinwendung zum Protektionismus erreicht war. Begünstigt sollten in Zukunft nur noch diejenigen Länder sein, welche ihrerseits Großbritannien Zollermäßigungen einräumten. Bei der Machtergreifung der Nationalsozialisten waren dann somit nur noch ganze 4,5% der deutschen Exporte nach Großbritannien zollfrei geblieben. Die Phase der handelspolitischen Divergenzen zwischen den beiden Staaten fand

---

[10] Vor allem bei Luxusgütern hatten die englischen Zölle teilweise doch große Wirkung. So trafen sie den Export von Musikinstrumenten, Uhren, Spitzen- und Seidenstoffen sehr empfindlich. **NEBE**, S.56ff.
[11] **NEBE**, S.100ff.
[12] **NEBE**, S.101.

ihr Ende im Handelsabkommen vom 1.11.1934, das nun einen beiderseitig befriedigenden Kompromiß darstellte[13]. Dabei wurde das Verhältnis der deutschen zur britischen Ausfuhr wie 100:55 und somit ein Bilanzüberschuß Deutschlands festgelegt. Natürlich war Großbritannien am Export seiner Kohle interessiert, so daß in den folgenden Jahren Deutschland verpflichtet blieb, ein Mindestkontingent abzunehmen[14]. Weiterhin legte das gleichzeitig abgeschlossene Zahlungsabkommen die Begleichung der deutschen Überschüsse in Devisen fest.

Rückläufige Umsätze bis 1939 und die Einstellung der beiderseitigen Handelsbeziehungen mit dem Ausbruch des Zweiten Weltkrieges bedeuteten dann das vorläufige Ende des Handels mit Großbritannien.

5.3. Export- / Importstruktur

Im Überblick zeigt die Struktur der deutschen Importe aus Großbritannien folgende Anteile der einzelnen Warengruppen[15]:

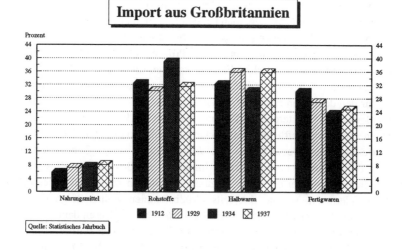

---

[13] P.A. LOOSE, Deutsche Handelsvertragspolitik der Nachkriegszeit. Marburg 1939, S.47.
[14] E.G. LANGE, Steinkohle. Wandlungen in der internationalen Kohlenwirtschaft. Leipzig 1936, S.132.
[15] Eigene Berechnungen nach **STATISTISCHES JAHRBUCH**.

ROHSTOFFE, HALBWAREN und FERTIGWAREN sind zu ähnlich großen Anteilen am deutschen Import beteiligt; die Anteile schwanken nur gering und zeugen damit von insgesamt stabilen Austauschstrukturen.

Keine Strukturveränderungen gibt es in der Gruppe der NAHRUNGS- und GENUßMITTEL. Hier sind in allen untersuchten Jahren Fische an der Spitze zu finden. 1912 bestand die Einfuhr zu 80% aus diesen Tieren, gefolgt von Därmen (10,1%) und Pferden (8,9%). 1929 lag der Fischanteil bei 74,3% und fünf Jahre später - wenig verändert - bei 76,3%. Mit einem Anteil von 53,2% zeigt sich 1937 eine Änderung beim Import, dessen Beginn im Jahr 1936 anzusetzen ist. Denn 1935 lag der Gruppenanteil der Fische noch bei 81%, fiel aber schon ein Jahr später auf 68,8% und blieb 1938 bei 53,6%[16]. Der Anteil der Därme lag meistens bei 15-16% und kennzeichnet eine dementsprechend unelastische Nachfrage.

Ähnlich deutlich ausgeprägte Präferenzen sind bei den ROHSTOFFEN zu finden. Hier ist es Steinkohle, die 1912 einen Anteil von 61,3%, 1929 von 27,0%, 1934 27,7% (zusammengefaßte Gruppen Rohstoffe/Halbwaren) und 1937 von 45% aufweist. Sie stand 1912 bei den deutschen Rohstoffimporten mit etwa 33% Anteil an dieser Gruppe eindeutig an erster Stelle[17]. Danach folgten Wolle, Felle, Häute und mineralische Rohstoffe. Kohle konnte bis 1937 ihren Anteil auf fast 50% ausbauen, was die Konzentration auf wenige Importgüter im deutsch - britischen Handel angesichts Devisenknappheit und Vierjahresplan in Deutschland beweist. Wenn man sieht, daß Deutschland meist ein Mehrfaches an eigener Steinkohle exportierte, von dem es aus England importierte, so wird deutlich, daß Kohle für Deutschland weniger ein wichtiges Importgut darstellte, als vielmehr ein handelspolitisches Entgegenkommen, um - im Hinblick auf die starke englische Revierlobby - weiterhin den englischen Markt für deutsche Fertigwaren geöffnet zu halten. Diese Kohlenkontingente waren meist der Angelpunkt zahlreicher Vertragsverhandlungen[18], und deutsche Zugeständnisse konnten vieles bewirken[19], zumal sich ab 1913 die Relation zwischen Importen aus England und deutschen Exporten zugunsten des Reiches entwickelte[20].

---

[16] Der Gruppenanteil von Fisch im Überblick:
1935: 81,0%   1936: 68,8%
1937: 53,2%   1938: 53,6%
[17] MAY, S.56f.
[18] So im Handelsabkommen von 1934, als sich Deutschland zur Abnahme größerer englischer Kohlekontingente verpflichtete. Siehe oben 3. *Handelspolitik / Handelsbilanz*.
[19] Wenngleich sich die deutsche Kohlelobby nach der Pfundabwertung vor der nun erheblich billigeren englischen Kohle fürchtete, so waren doch die Gefahren einer Marktüberschwemmung nicht gegeben.
[20] 1913 1:3,7   1937 1:12,2.

Des weiteren importierte Deutschland noch Wolle, Felle und Häute - die alle einen Anteil meist zwischen 10% und 20% aufwiesen. 1912 besaßen Wolle und Felle allerdings nur Anteile zwischen 3,2% und 4,2%.

Wenn man die eingeführten HALBWAREN näher analysiert, so stellt man fest, daß es sich dabei vor allem um Garne und Metalle handelte. Konnten letztere 1912 einen Gruppenanteil von nur 24,4% für sich verbuchen, so war dieser Anteil 1937 schon auf 53,4 gestiegen und dokumentiert das Bestreben des III. Reiches, sich in der Aufrüstungsphase mit Erzen und Metallen verstärkt in Großbritannien zu versorgen. Daneben rangierten in der Einfuhr chemische Vorprodukte und technische Fette, die allerdings einen geringen Anteil aufwiesen und hier nicht näher untersucht werden.

Zwar wurde der Anteil von Textilien im Exportgeschäft britischer FERTIGWAREN nach 1934 reduziert (1912: 55,1%; 1929: 66%; 1934: 74,1% und 1937: 55%), doch führte man weiterhin in erwähnenswertem Maße nur noch Maschinen, Pelze, Lederwaren und Eisenprodukte ein, deren Anteile allerdings sämtlich unterhalb von 10% lagen.

Bei den deutschen Exporten läßt sich schon deutlicher ein Trend erkennen:

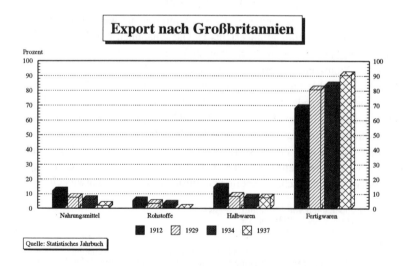

Auch wenn bereits vor dem ersten Weltkrieg deutscherseits eine Konzentrierung auf Fertigwaren als Hauptexportgut stattgefunden hatte und der Anteil der anderen Gruppen relativ unbedeutend war, erfolgte in den anschließenden 25 Jahren eine noch größere Ausrichtung auf Fertigwaren, die 1937 mit 90 Prozent den Export alleine bestimmten. Während 1912 der Anteil der Nahrungs- und Lebensmittel an der deutschen Ausfuhr vergleichsweise hoch war, so fiel dieser bis 1937 auf 1/6 dieses Wertes. Ebenso reduzierte sich das Gewicht der Halbwaren um die Hälfte; die Gruppe der Rohstoffe hatte schließlich überhaupt keine Bedeutung mehr in der Ausfuhr.

Sicherlich läßt sich die Autarkisierungspolitik ab 1934 für eine weitere Verringerung der Nahrungsmittelexporte verantwortlich machen, doch markiert sie nicht den Anfang jenes Prozesses. Dieser ist wohl in der Zusammensetzung der Nahrungsmittelexporte zu suchen. Denn 1913 stellte der Export deutschen Zuckers mehr als 13% der Gesamtexporte und damit 98% der Nahrungsmittelausfuhr nach Großbritannien! Im Untersuchungsjahr 1912 hielt der Zucker jedoch nur einen Gruppenanteil von 57%. Innerhalb eines Jahres stieg danach der Zuckerexport von 72 Mio RM auf 192 Mio RM an. Mit der verstärkten Konkurrenz der Rohrzuckerländer und den hohen britischen Importzöllen konnte der deutsche Zuckerexport auf dem englischen Markt keine Chance mehr haben. Nahm das Inselreich 1913 noch deutschen Zucker für fast 200 Mio RM auf, so dokumentiert die geringe Ausfuhr mit knapp 8 Mio RM 16 Jahre später auch die internationale Bedeutungslosigkeit des deutschen Zuckerexportes.

Nach dem Weltkrieg nahmen 1929 viele andere Güter in der Bedeutung den Platz des Zuckers ein, wie z.B. Weizen (19,4%), Pflanzliche Öle und Speisefette (24,4%), Hafer (17,3%) und Mehl (7,8%). Im weiteren Verlauf der Untersuchung ist eine immer stärkere Konzentration auf wenige Waren festzustellen: 1934 erreichte Mehl schon einen Anteil von 30,1%, Weizen lag bei 20,5%, und Wein konnte sich mit 13,2% nach vorne schieben. 1937 war der deutsche Nahrungsmittelexport um 59% und somit weitaus stärker zurückgegangen als derjenige der Fertigwaren, der sogar um 6,3% im Vergleich zu 1934 gestiegen ist.

Bei der Betrachtung der deutschen ROHSTOFFexporte fällt der extreme Rückgang des Anteils dieser Hauptgruppe am Gesamtexport im Untersuchungszeitraum auf. Vornehmlich bestanden diese Ausfuhren 1912 aus Zink (Oberschlesische Zinkindustrie!), Häuten und Fellen[21]. Gerade letztere hielten ihre Position im Rohstoffexport recht gut. Nachdem deutscherseits das Exportverbot für Häute und Felle 1925 aufgehoben war, trat Großbritannien verstärk-

---

21 Hamburg war vor dem Ersten Weltkrieg größter Umschlagplatz für Häute und Felle.

terweise wieder als Abnehmer auf[22]. 1937 lag der Gruppenanteil bei 14,3%. Die Gebietsabtretungen nach dem Krieg brachten es mit sich, daß Deutschland selbst Zink importieren mußte und der deutsche Export nach Großbritannien somit wegfiel. In den Nachkriegsjahren verloren die Rohstoffe weiter an Bedeutung im Exportgeschäft mit Großbritannien, zumal beide Länder auf dem internationalen Kohlenmarkt in harter Konkurrenz miteinander standen. Währenddessen Deutschland englische Kohle importierte, führte es diesen Brennstoff vergleichsweise kaum nach England aus.

Aber auch Zellstoff war eine in Großbritannien begehrte Ware; der Gruppenanteil schwankte zwischen 6,7% (1929) und 13,8% (1934), wobei man nicht vergessen darf, daß in diesen beiden Untersuchungsjahren eine Trennung der Gruppe Rohstoffe und Halbwaren nicht möglich war. Die steigende Nachfrage aus Großbritannien konnte von Deutschland gedeckt werden, das neben Skandinavien der wichtigste Zellstoffexporteur der Welt war. Mit Ausnahme des Untersuchungsjahres 1937 hatten Metalle (14,8%) und Eisenhalbzeug (1929: 23,9%) gute Absatzchancen in England, insbesondere dann, als sich die deutschen Eisenprodukte gegenüber den englischen als preiswerter auszeichneten. Auch die Stagnation der englischen Eisenproduktion - ausgelöst durch den Bergarbeiterstreik 1926 - erhöhte die Chancen für deutsche Exporte[23]. 1937 konzentrierte sich der Rohstoffexport schließlich nur noch auf Felle (14,3%), Kalirohsalze (22,8%)[24], chemische Rohstoffe (15,7) und andere nicht genannte Waren.

Auf dem Sektor HALBWAREN sind es Metalle und chemische Produkte, die im Mittelpunkt des Interesses stehen sowie 1937 auch Kraftstoffe (10,3%).

Wendet man sich im folgenden dem Export von deutschen FERTIGWAREN zu, der schließlich im Untersuchungszeitraum seinen Anteil am Gesamthandel erheblich vergrößern konnte, so stellt man folgendes fest: Da es sich hier um eine Vielzahl diverser Waren handelt, ist es nicht ohne weiteres möglich, Strukturveränderungen zu eruieren. Denn die Produktpalette reicht von Kinderspielzeug über Uhren, Leder-, Papier-, Eisen-, feinmechanische Waren, Garne, Textilien bis hin zu Maschinen[25]. Zwar erkennt OHLSEN, daß der Anteil Groß-

---

[22] **OHLSEN**, S.61ff.
[23] **OHLSEN**, S.71f.
[24] Kamen vor dem Ersten Weltkrieg noch 97% der Weltproduktion aus Deutschland, so fiel dieser Anteil danach rapide ab, denn die Kaliimportierenden Länder begannen, eine eigene Produktion aufzubauen. Ohlsen, S. 120f.
[25] Für die Zeit von 1924-1933 bietet **OHLSEN** eine spezifizierte Untersuchung für die deutsche Fertigwarenausfuhr nach Großbritannien.

britanniens an der deutschen Gesamtfertigwarenausfuhr allgemein sinkt, doch räumt er die Wichtigkeit des englischen Marktes auch weiterhin für den deutschen Export ein[26]. Besondere Tradition hatte der gegenseitige Austausch von Textilien aller Art. Deutschland hatte sich dabei mehr auf Webereiprodukte spezialisiert, England war dagegen in der Herstellung von Spinnereierzeugnissen führend[27]. Diese Textilien wiesen einen relativ konstanten Gruppenanteil auf. 1912 lag dieser bei 14,6%, 1929 erhöhte er sich kurzfristig auf 23,0%, 1934 hatte er sich wieder bei 16,6% eingependelt und lag 1937 bei 17,9%. Großbritannien war meist der größte Abnehmer deutscher Textilwaren.

Große Bedeutung hatte das Land auch als Hauptabnehmer deutschen Kinderspielzeugs. Immerhin war die Insel meist mit 25%-31% am deutschen Export dieser Branche beteiligt, obwohl diese nur einen Gruppenanteil am Fertigwarenexport von 2%-3% besaß. Hier bestritt Deutschland vor 1914 80% des Spielzeugwelthandels und deckte 65% des englischen Verbrauchs[28].

Favorisiert blieb auch der Export deutscher Eisenwaren, die ebenfalls Weltmarktgeltung besaßen. Zwar waren die USA der wichtigste Markt für Deutschland, doch Großbritannien erreichte als zweitwichtigster Abnehmer auch eine herausragende Stellung - zumal die heimische Konkurrenz auf der Insel nicht unbedeutend war. Die Gruppenanteile bewegten sich hierbei zwischen 8,5% (1929) und 12,1% (1912).

Papier und Papierwaren konnten sich trotz englischer Zollschranken während des gesamten Untersuchungszeitraumes behaupten. Ihr Gruppenanteil schwankte nur wenig zwischen 6% und 7%.

Steigern konnte sich im Berichtszeitraum der Gruppenanteil von Maschinen. Betrug er 1912 noch 3,6%, stagnierte er 1929 ebenfalls bei 3%, so ist 1934 der Anteil schon fast verdoppelt (6,6%) und erreichte 1937 dann 15,1%. Trotz um zwei Drittel gesunkener Fertigwarenausfuhr (gegenüber 1929) lag der Maschinenexport 1937 mit 57 Mio RM höher als derjenige im Jahre 1929 mit etwa 30 Mio RM. Auch auf dem Sektor der chemischen Fertigprodukte konnte sich Deutschland trotz der Patentsequestrierungen im Ersten Weltkrieg, der Importbehinderungen seitens der *Dyestuffs Act* und des Preisverfalls[29] nach der Weltwirtschaftskrise behaupten. Galten die Vereinigten Staaten bis 1933 noch

---

[26] OHLSEN, S.127f.
[27] Dazu: OHLSEN, S.147f.
[28] BUCHHEIM, S.79ff.
[29] So fiel beispielsweise der Preis für Farben, Firnisse, Lacke von 1929 bis 1937 um 70%!

als Hauptlieferant der britischen Chemieeinfuhr, so setzte sich Deutschland danach bei allerdings verringerter britischer Farbeneinfuhr durch. Insbesondere die Folgen der Dollarabwertung waren dafür verantwortlich, daß die amerikanische Ausfuhr sank[30]. Vor allem Farben nahmen mengenmäßig immer den ersten Platz in der Chemieausfuhr ein[31] - die britische Textilindustrie konnte ihren Bedarf nicht völlig aus eigener Produktion decken, die deutschen Farben waren hochwertiger[32]. Im Vergleich zu Vorkriegswerten sank bis 1929 die mengenmäßige Teerfarbenausfuhr nach Großbritannien auf 10%, die Werte dagegen nur um 40%. Deutschland hatte sich also auf hochwertige und produktionstechnisch aufwendige Teerfarben spezialisiert, welche die im Aufbau befindliche britische Chemieindustrie damals noch nicht in der benötigten Menge herstellen konnte.

Resümierend lassen sich auch hier die Auswirkungen der Weltwirtschaftskrise und der deutschen Autarkiepolitik darin erkennen, daß beispielsweise 1937 eine Konzentration des Handels auf wenige Fertigwaren stattgefunden hatte. Denn mehr als die Hälfte dieses Gruppenexportes bestand damals aus Maschinen, Textilien, Chemikalien und Eisenwaren. Allerdings kann man auch hier nicht von einer vollständigen Konzentration auf Investitionsgüter sprechen, denn der weiterhin starke Export von Textilien und gewissen Eisenwaren läßt unelastische Nachfragestrukturen erkennen.

---

[30] HÄUSSLER, S.263f.
[31] Vgl. H. LOHMANN, Strukturwandlungen im Außenhandel der deutschen chemischen Industrie seit 1913. Berlin 1938, S.79ff.
[32] ETZOLD, S.50f.

6. Italien[1]

6.1. Handelsstatistik

Im Vergleich mit der italienischen Statistik[2] ergeben sich Disparitäten, die davon herrühren, daß Italien einen Teil der deutschen Produkte via Transit über seine Anliegerstaaten Frankreich und die Schweiz bezog. In diesen Ländern wurden manche Waren schon mit deutschem Ursprung klassifiziert, so daß jene Unkorrektheit dann auch bei der italienischen Einfuhr vorhanden war[3]. Wenn bekannt, so klassifizierte Italien die Güter nach dem Ursprungs- und Verbrauchsland - es gab aber keine Pflicht zur Angabe des Warenursprungs[4]. Deklarationen in Verbindung mit offiziell festgesetzten Preisen prägten die Wertberechnung des Außenhandels. Italien unterteilte seinen Handel in General- (Zollausschlüsse und Veredelungsverkehr) und Spezialhandel, der die restlichen Güter umfaßte.

6.2. Handelsbilanz / Handelspolitik

Mit Ausnahme weniger Jahre (1900-1906, 1925, 1927) war die Handelsbilanz für Deutschland immer aktiv gewesen, dagegen war die italienische *"durch eine dauernde Passivität gekennzeichnet"*[5]. Rasch steigende Umsätze zu Beginn des Zweiten Weltkrieges dokumentieren die Intensität der Handelsbeziehungen und damit die enge Bündnisbindung der beiden Staaten im Kriege. Ihren Ausgleich erzielte die italienische Bilanz vor allem über den Fremdenverkehr.

---

[1] Auf folgende LITERATUR sei verwiesen: **F.BROWN**, A Tabular Guide to the Foreign Trade Statistics of Twenty-one Principal Countries. London 1926; **P. KESTENHOLZ**, Außenhandel und Außenhandelspolitik Italiens in der Zeit von 1934 bis 1939. Zürich 1943; **H. LOHMANN**, Strukturwandlungen im Außenhandel der deutschen chemischen Industrie seit 1913. Berlin 1938; **G. MORTARA**, Die weltwirtschaftlichen Beziehungen Italiens. In: Weltwirtschaftliches Archiv, 29, 1929, S.259*-305*; **A. RASPIN**, The Italian War Economy 1940-1943. New York 1986.
[2] MOVIMENTO COMMERCIALE DEL REGNO D'ITALIA (Jährlich) und STATISTICA DEL COMMERCIO SPECIALE DI IMPORTAZIONE E DI ESPORTAZIONE (Monatlich).
[3] **STATISTIK DES DEUTSCHEN REICHES**, Bd.271 / I, II,2.
[4] BROWN, S.14f und 28f.
[5] **KESTENHOLZ**, S.64.

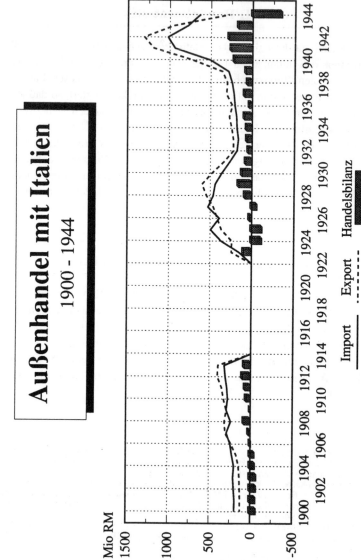

In der italienischen Zollpolitik war bis zum Ersten Weltkrieg der Generaltarif von 1887 maßgebend. Mehr fiskalisch ausgerichtet, erweiterte dieser den Schutz auch auf landwirtschaftliche Sektoren und vor allem auf die Textil- und Schwerindustrie. Seinen protektionistischen Charakter schränkten die auf Meistbegünstigung abgeschlossenen Handelsverträge ein, welche in den kommenden Jahren bis zum Ausbruch des Krieges die italienische Handelspolitik prägten.

Die neue wirtschaftliche Situation in Europa machte in den ersten Friedensjahren eine Revision der Zollpolitik nötig. Als Resultat eingehender Untersuchungen erfolgte am 1.7.1921 das Inkrafttreten des neues Generaltarifes, der bis zum Zweiten Weltkrieg im wesentlichen - von Modifikationen abgesehen - seine Gültigkeit behalten sollte.

Der "*verschärfte protektionistische Kurs des Zolltarifs*"[6] begünstigte eindeutig mehr die Industrie als die Landwirtschaft durch größere Spezifizierung der Warenarten. Jedoch stieß diese Zollpolitik in Europa sofort auf einstimmige Ablehnung, die sich in Handelsvertragskündigungen manifestierte. Unter diesem Druck mußte Italien einen Großteil der industriellen Importwaren in den Konventionaltarif einbinden. Währungsprobleme und Forderungen der agrarischen Lobby führten nach 1925 zu Zollerhöhungen in der Landwirtschaft. Mit der Einführung von Wertzöllen versuchte Italien der Pfundabwertung 1931 zu begegnen. Wichtige Importgüter wie Getreide und Kohle waren allerdings davon ausgenommen. Aber Weltwirtschaftskrise und Rezession zwangen in den folgenden Jahren zu verstärktem Protektionismus, in welchem Kontingentierung und Devisenbeschränkungen die Zölle als Mittel der Importrestriktion in den Hintergrund treten ließen.

Im Zuge der Abwertung der Lira wurden 1936 die Wertzölle wieder aufgehoben und 1937 eine Neugestaltung des Zolltarifwesens geplant, was aber durch die Ereignisse des Jahres 1939 nicht zur praktischen Konzeption gelangen konnte.

Schon 1865 schloß Italien mit Deutschland den ersten Handelsvertrag auf Basis der unbedingten Meistbegünstigung mit Deutschland ab, weitere Verträge folgten 1883 und 1891[7]. Als Verlierer aus dem Ersten Weltkrieg hervorgegangen, mußte Deutschland die Meistbegünstigung Italien ohne Gegenleistungen zugestehen, bis im Oktober 1925 nach Ablauf der handelspolitischen Beschrän-

---
[6] KESTENHOLZ, S.124.
[7] HAUSHALTER, S.147.

kungen erneut ein Handelsvertrag paraphiert wurde und Deutschland hier die unbedingte Meistbegünstigung eingeräumt wurde. Dieser Vertrag behielt relativ lange seine Gültigkeit; zwar wirkte sich die Weltwirtschaftskrise durch Zollerhöhungen und Kontingentierung auch auf den bilateralen Handel aus, dennoch kann nicht übersehen werden, daß die sehr komplementäre Austauschstruktur der beiden Staaten nicht zu größeren handelspolitischen Auseinandersetzungen führte. So ergänzten verschiedene Protokolle, Zusatzabkommen über den Waren- und Verrechnungsverkehr diesen Handelsvertrag bis zum Zweiten Weltkrieg - eine Kündigung erfuhr er jedoch nicht[8]!.

Im Außenhandel mit Italien konnte Deutschland immer den Rang des Haupthandelspartners behaupten. Diese Spitzenposition verteidigte es bis zum Ende des Zweiten Weltkrieges erfolgreich. Geographische Nähe und jahrhundertealte Tradition der italienischen Kaufleute sowie Ergänzungen im Austausch der Rohstoffe und Fertigwaren blieben die Grundlagen der deutsch-italienischen Handelsbeziehungen.

Die folgende Übersicht verdeutlicht den **Anteil Deutschlands an den Importen Italiens**:[9]

	DT	GB	USA	F	Argentinien
1913	16,8	16,2	14,3	7,8	4,6
1929	12,6	9,6	16,7	9,6	7,1
1937	23,6	4,0	11,0	3,5	7,6

Lag 1913 noch eine Spitzengruppe aus den USA, Großbritannien und Deutschland dicht zusammen, so konnte England nicht an seine Position nach dem Ersten Weltkrieg anknüpfen und verlor zugunsten Frankreichs, Argentiniens und der USA rasch an Bedeutung. Bei den europäischen Ländern markiert die Weltwirtschaftskrise die Trendwende.

Ab 1929 stieg der Anteil Europas an den Importen von 53,6 % (1929) auf 62,3 % (1935) bei gleichzeitigem Positionsverlust Amerikas [30,7% - 20,3%]. In den folgenden zwei Jahren war jedoch diesbezüglich ein atypisches Trendverhalten zu beobachten, und ab 1938 lagen die Werte wieder auf der Linie von 1935. Dabei ist die politische Wende zum nationalsozialistischen Deutschland

---

[8] LOOSE, S.57ff.
[9] STATISTISCHES HANDBUCH, S.143; KESTENHOLZ, S.92 und 97.

seitens Mussolini für die verstärkte Favorisierung deutscher Ausfuhren ursächlich maßgebend.

Im Hinblick auf den Absatz italienischer Waren zeigt sich ein ähnliches Bild:

Anteile am Export Italiens in %

	DT	GB	USA	F	Argentinien
1913	13,7	10,4	10,7	9,2	9,9
1929	11,9	9,8	11,5	8,8	2,8
1937	17,2	6,1	7,5	4,2	4,9

Ab 1929 lassen sinkende Anteile Europas und Amerikas an den italienischen Exporten die wachsende Präferenz für die eigenen Kolonien erkennen. War 1929 Europa noch mit 58,7% und Amerika mit 24,0% an der italienischen Ausfuhr beteiligt, so fielen diese Ziffern bis 1935 auf 49,1% und 15,1%. Gleichzeitig schnellte ab 1935 der Anteil der Kolonien in die Höhe: 2,1% (1929), 14,3% (1935), 31,0% (1936).

6.3. Export- / Importstruktur

Bei der Betrachtung der deutschen Importstruktur fallen folgende Veränderungen auf:[10]

So ist das Schrumpfen des Halbwaren-Anteils und der Anstieg der Nahrungsmittel augenfällig. Dies kennzeichnet die Schwerpunktverlagerung auf Nahrungs- und Lebensmittel durch die Autarkisierungspolitik Hitlers und damit die Verlagerung dieser Einfuhren auf blockadesichere Länder.

Fast 93% der 1912 aus Italien importierten HALBWAREN und 34% der Gesamteinfuhr entfielen auf Rohseide im Gesamtwert von 104 Mio RM. 1929 blieb auch Rohseide der größte Einzelposten in der Einfuhr, doch sank der Anteil am Gesamtimport auf 20%. 1937 betrug dieser schließlich nur noch 5,8%.

---

[10] Eigene Berechnungen nach **STATISTISCHES JAHRBUCH**. Die Angaben 1942 entstammen aus: PA / Handakte Waldern und beziehen sich auf den Zeitraum Jan.-Juli 1942.

Bei der 1936 erfolgten Untergliederung[11] der ehemaligen Gruppe *Rohstoffe und Halbwaren* in *Rohstoffe* und *Halbwaren* wird die Rohseide seitdem unter den Halbwaren registriert[12] und hat dort einen Anteil von ca. 45% an den deutschen Halbwarenimporten aus Italien.

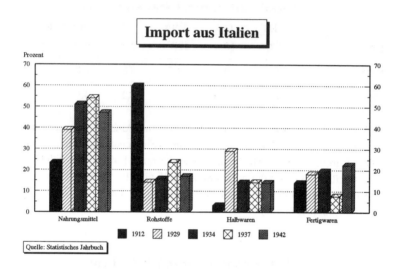

Dies erklärt auch die Veränderungen in der Struktur des Jahres 1942, als hier Flachs mit 71,3% Anteil das Hauptimportgut in der Gruppe bildete. Weiterhin bezog Deutschland zu diesem Zeitpunkt noch Abfallseide (5,8%) und Rohstoffe für chemische Erzeugnisse (mit 6,0% Gruppenanteil). 1942 ist eine Aufschlüsselung der HALBWAREN möglich: 76,8% entfallen davon auf Rohseide, 13,8% auf Metalle.

Innerhalb der Gruppe der FERTIGWAREN konzentrierte sich der deutsche Import auf zwei Güter: So stellten 1929 Kunstseide (38%) und Kraftfahrzeuge (10%) die Hauptposten; bei rückgängigem Wert konnte die Kunstseide 1937 den Anteil auf fast 50% erhöhen, Kraftfahrzeuge den ihren auf 20%. Für die Struktur des Jahres 1942 ist ausschlaggebend, daß Kraftfahrzeuge kaum noch importiert

---

[11] 1936 wurde die Warengruppierung dahingehend geändert, daß diese nun nach "Gruppen und Untergruppen der Ernährungswirtschaft und der Gewerblichen Wirtschaft" aufgeteilt wurde.
[12] Für die Einheitlichkeit der Analyse wurde Rohseide im gesamten Untersuchungszeitraum den Halbwaren zugeordnet.

wurden. Vielmehr stellten Textilien und Stoffe fast die Hälfte der deutschen Fertigwareneinfuhr (51,1%). In der weiteren Wichtigkeit folgten Holzwaren (8,2%), Kunstseide (7,3%), Maschinen (4,0%) und Fahrzeuge (2,8%)

War schon 1912 der Anteil der NAHRUNGS- und GENUßMITTEL an der Gesamteinfuhr sehr hoch, so stieg dieser bis 1937 weiter an und läßt erkennen, daß Italien immer mehr in die Ernährungsbasis Deutschlands einbezogen wurde. Im wesentlichen handelte es sich dabei um Südfrüchte, Obst, Gemüse, Kartoffeln, Eier und Wein. Dabei lag im gesamten Zeitraum der Anteil der Südfrüchte an der Nahrungsmitteleinfuhr um 36 %, Obst lag konstant bei 24%, Gemüse bei 16%. Wechselnde Präferenzen in der Untergruppe ließen sich nur für das Jahr 1942 feststellen, als der Anteil von Gemüse auf 21,6% angestiegen war[13], Wein einen Anteil von 9,2% aufwies und Südfrüchte zusammen mit Obst 42,2% überschritten.

Im Gegensatz dazu die Struktur der deutschen Exporte:

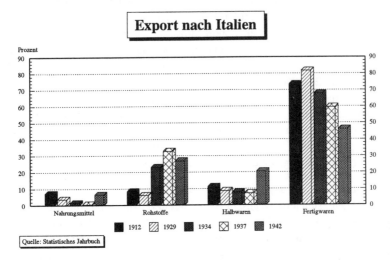

---

[13] Allerdings sollte nicht übersehen werden, daß die Strukturanalyse des Jahres 1942 nicht dem Erntezyklus angepaßt ist, da sie sich nur auf den Zeitraum von Januar bis Juli bezieht (Leider verhindert die unvollständige Quellenbasis eine das gesamte Jahr umfassende Analyse).

Was die Gesamtstruktur des italienischen Außenhandels betrifft, darf nicht vergessen werden, daß durch die Rohstoffarmut Italiens immer eine unelastische Nachfrage nach Rohstoffen und Nahrungsmitteln wie Getreide, Fleisch, Baumwolle, Kohle und Metalle bestanden hat. Wie die Ziffern der untenstehenden deutschen Exporte zeigen, sind Kontinuitäten gerade bei der Nachfragebefriedigung dieser unelastischen Waren aus Deutschland nicht zu erkennen. Es hat dementsprechend in Italien im Laufe des Zeitraums eine Veränderung im Präferenzverhalten für diese Güter stattgefunden. Allerdings darf man nicht übersehen, daß gerade in der Gruppe Nahrungs- und Lebensmittel Mißernten größere Schwankungen hervorgerufen und dementsprechend auch kurzfristig das Bild verändert haben.

Während vor dem Ersten Weltkrieg noch eindeutig Fertigwaren dominierten, ist danach eine kontinuierliche Abnahme dieser Warengruppe zu konstatieren. Der Rückgang der Gruppe Nahrung/Lebensmittel fügt sich dann auch in die rückläufige Tendenz, wenn man den Kriegshandel ausklammert. Im Kriege gewannen nunmehr Lebensmittel und Halbwaren alte Positionen zurück, obwohl vor dem Zweiten Weltkrieg noch ein Schwerpunkt auf FERTIGWAREN und ROHSTOFFEN festgestellt werden konnte. Zieht man nun Vergleichszahlen[14] für den gesamten italienischen Import hinzu, so ist ersichtlich, daß Rohstoffe meistens mit 38-50% an den Gesamtimporten - und dementsprechend großer Abhängigkeit - vertreten sind, Fertigwaren dagegen "nur" mit 16-20%, Nahrungsmittel mit 25-12% (ab 1929 fallend). Der hohe Anteil der Fertigwaren am deutschen Export zeigt die überragende Bedeutung Deutschlands für die Versorgung des italienischen Marktes. Während des Zweiten Weltkrieges wurde diese Bedeutung noch gesteigert, als Deutschland meist mehr als 60% aller italienischen Importe stellte[15]. Der Bedeutungszuwachs der Rohstoffe nach 1929 ist auf den erhöhten Bezug von deutscher Steinkohle zurückzuführen.

Deutlich trat die Auslandsabhängigkeit beim Kohleimport hervor. Auch hier zeichnete sich ein wechselndes Präferenzverhalten für die Einfuhr ab: Großbritannien war zwar *"bis in die Dreißiger Jahre hinein der Hauptlieferant an Kohle"*[16], aber aufgrund der politischen Hinwendung zum deutschen Nationalsozialismus erfolgte auch ein Wechsel in der Spitzenposition, so daß nun Deutschland zum Hauptlieferanten für die Steinkohle aufstieg und dies bis zum Kriegsende blieb. Bis zum Kriegseintritt Italiens im Juni 1940 konnte Großbri-

---

[14] Die Zahlen beziehen sich auf den Zeitraum von 1925-1939 und sind bei **KESTENHOLZ**, S.70ff und **MORTARA**, S.262* nachzuvollziehen.
[15] RASPIN, S.222. So 1941 mit einem Anteil von 62,2%.
[16] **KESTENHOLZ**, S.73.

tannien hierbei noch einen Lieferanteil von 25% (1939) halten, danach war Italien völlig (1942: 99,3%) von deutschen Einfuhren abhängig[17].

Bei den ROHSTOFFEN und HALBWAREN lassen sich untereinander wechselnde Präferenzen für deutschen Stickstoffdünger und andere chemische Vorerzeugnisse sowie Eisen, Leder und Felle erkennen.

Der Großteil der ausgeführten ROHSTOFFE bestand aus Steinkohle. Brennstoffe waren insbesondere für die italienische Eisenindustrie sehr wichtig, während Deutschland einen Teil seiner Importe mit Steinkohle beglich.

Was HALBWAREN anbelangt, so erstreckte sich diese hauptsächlich auf Koks und Chemikalien. Änderungen erfuhr diese Struktur erst im Zweiten Weltkrieg, als 1942 45% auf den Bezug von Eisenhalbzeug und Eisen (Rüstung!), 20,7% auf Metalle (hauptsächlich Kupfer, Zinn), 14,1% auf chemische Halbwaren entfielen.

Wie MORTARA feststellt, war für Italien gerade eine "*hochgradige Abhängigkeit vom Ausland in der Versorgung mit den allerwichtigsten Lebensmitteln*" festzustellen[18]. Knapp die Hälfte der Weizenproduktion mußte zusätzlich eingeführt werden. Im wesentlichen bestanden die deutschen NAHRUNGSMITTELEXPORTE anfangs dann auch aus Weizen, welcher 1912 schon einen Anteil von 75% an dieser Gruppe hatte. 1929 waren auch Kartoffeln[19] an der Ausfuhr beteiligt; der Weizenanteil fiel bis 1929 auf 36 %, um schließlich 1937 überhaupt nicht mehr auf der Exportliste aufzutauchen[20], obwohl in diesem Jahr aufgrund der vorjährigen Mißernte der italienische Weizenimport das Dreifache des Vorjahres betrug. Der erhöhte Anteil dieser Gruppe am deutschen Gesamtexport ist für alle Kriegsjahre charakteristisch, und auch 1942 setzte sich der deutsche Nahrungsmittelexport zum größten Teil - nämlich 75,1% - aus Getreide zusammen. Hier war Deutschland zum Hauptlieferanten geworden, auf den 67% der italienischen Weizeneinfuhr entfiel[21]. Zusätzlich sind noch Kartoffeln (5,3%) und Zucker (9,4%) erwähnenswert.

---

[17] **RASPIN**, S.405 und S.245ff.
[18] **MORTARA**, S.279*.
[19] Deutschland war aber im deutsch-italienischen Kartoffelhandel Nettoimporteur!
[20] Die Umstrukturierung erfolgte schon sehr viel früher als die italienische Importdrosselung seit 1932 im Zuge der Autarkisierung. Mit dem Einsetzen der Weltwirtschaftskrise und dem Preisverfall für Getreide hört auch der Weizenexport nach Italien auf und ist ab 1930 nicht mehr nachweisbar.
[21] **RASPIN**, S.402.

Der Großteil der deutschen Exportgüter bestand aus der Gruppe der FERTIGWAREN. Maschinen und Eisenwaren hatten einen von 1929 bis 1937 steigenden Stellenwert: Maschinen 8,6%-26%; Eisenwaren 9,4%-12%; Elektroerzeugnisse 1,5%-7,2%. Nur der Anteil der Textilprodukte war seit der Weltwirtschaftskrise stark rückläufig, derjenige der chemischen Güter stagnierte dagegen[22]. Im Kriegsjahr 1942 hatte sich der Schwerpunkt nun auf Eisenprodukte (38,3%)[23] verschoben, chemische Fertigwaren erreichten einen Gruppenanteil von 15,6%, Maschinen von 12,3% und Elektrogüter blieben bei 6,2%.

---

[22] Vgl. **LOHMANN**, S.99ff.
[23] Vgl. **RASPIN**, S.419.

7. Niederlande[1]

7.1. Handelsstatistik

In die niederländische Statistik[2] floß vor dem Ersten Weltkrieg entweder der Verschickungshafen oder das Herkunftsland (nur für die Nachbarstaaten Belgien und Preußen) als Klassifizierungsgrundlage der Ware ein. Deutschland als gesamtes Wirtschaftsgebiet war überhaupt nicht definiert - dafür wurde der niederländische Handel mit den Territorien Bremen, Hamburg, Lübeck, Mecklenburg, Oldenburg, Preußen einzeln aufgeführt[3], so daß die holländische Statistik erst ab 1917 - mit Einschränkungen - einigermaßen verwendbar ist[4]. Denn mit der Wirkung vom 1.1.1917 trat das Gesetz zur Neuordnung der niederländischen Statistik in Kraft[5].

Nun wurden die Handelsgüter in 15 Warengruppen eingeteilt, nachdem man zuvor diese Waren alphabetisch aufgelistet hatte. Galten vor 1917 bei der Wertberechnung die offiziell seit 1847 (und unwesentlich veränderten) festgesetzten Preise, so klassifizierte sich der Wert nun nach den bei einer inländischen Versteigerung erzielbaren Preisen. Allerdings wurde diese Methode dem realen Wert so nicht gerecht. Weiterhin blieb das Problem des Ursprungslandes

---

[1] Auf folgende LITERATUR sei verwiesen: **C.H.J.VAN BEUKERING**, Der deutsch-niederländische Handel und die deutsche Agrareinfuhr in den Jahren 1920-1940. Mainz 1953; **W. BOSTEL**, Die deutsche und die britische Eisenindustrie und ihr Konkurrenzkampf auf dem Weltmarkt. Osnabrück 1937; **F. BROWN**, A Tabular Guide to the Foreign Trade Statistics of Twenty-one Principal Countries. London 1926; **J.H.F. CLAESSENS**, Die Neueinrichtung der niederländischen Handelsstatistik. In: Weltwirtschaftliches Archiv, Bd. 14, 1919, S.224*-242*; **F.G. HAUSHALTER**, Deutschlands Handelsverträge und sein Anteil am Welthandel. Leipzig 1930; **G. HIRSCHFELD**, Fremdherrschaft und Kollaboration. Die Niederlande unter deutscher Besetzung 1940-1945. Stuttgart 1984; **H. KÜHN**, Die Verlagerungen in der deutschen Lebensmittel- und Rohstoffeinfuhr 1933-1938. Berlin 1939; **P.A. LOOSE**, Deutsche Handelsvertragspolitik der Nachkriegszeit. Marburg 1939; **A. SAUER**, Die deutsch-holländischen Handelsbeziehungen. Köln 1931; **E. SCHMITZ**, Die Bedeutung der Niederlande als Durchfuhrland für die deutsche Ausfuhr. Emsdetten 1933; **W. VALK**, Die Entwicklung des Außenhandels der Niederlande nach dem Kriege. In: Weltwirtschaftliches Archiv, 39, 1934, S.490ff; **J.F.DE VRIES**, Die Entwicklung des Außenhandels der Niederlande nach dem Krieg. In: Weltwirtschaftliches Archiv, 43, 1936, S.589ff.
[2] JAARSTATISTIEK VAN DEN IN-, UIT- EN DOORVOER (Jährlich) und MAANDSTATISTIEK VAN DEN IN-, UIT- EN DOORVOER (Monatlich).
[3] **STATISTIK DES DEUTSCHEN REICHES, BD. 271 / I, XII.1.**
[4] **SAUER**, S. 1.
[5] **CLAESSEN**, S.225ff.

ungelöst, denn es sollte das Verkaufsland angegeben werden[6]. Ebenso scheute man sich, den Transithandel exakt zu erfassen, da dieser in den Niederlanden sehr groß und der dementsprechende Aufwand nicht zu realisieren war[7]. Meist wurde in der verwendeten Literatur die deutsche Statistik benützt, so bei BEU-KERING, SAUER und HIRSCHFELD. Der gesamte Außenhandel unterteilte sich in Generalhandel (inkl. Zollausschlüsse, Transit), Spezialhandel (inkl. Saldo der Zollausschlüsse, Veredelungsverkehr), Niederlagenhandel und Transitverkehr.

7.2. Handelsbilanz / Handelspolitik

Im deutsch-niederländischen Handel blieb die Bilanz für Deutschland immer stark aktiv - mit Ausnahme der deutschen Besatzungszeit, wie die untenstehende Graphik verdeutlicht. So wog der Export deutscher, kapitalintensiver Fertigwaren nach Holland höher als der Import niederländischer Nahrungsmittel, was diesen Trend mit erklärt. Im Gegensatz dazu zog die meist passive niederländische Handelsbilanz ihren Ausgleich aus den Bereichen Dienstleistung und Schiffahrt.

Bei der Betrachtung der **Anteile Deutschlands am Import der Niederlande**, fällt dabei die herausragende Bedeutung Deutschlands auf:

	DT	GB	USA	Belgien
1913	26,8	16,6	15,8	9,6
1929	30,6	9,4	9,9	10,4
1937	21,1	k.A.	k.A.	k.A.
1939	26,0	k.A.	k.A.	k.A.

---

[6] Dabei wurde *"als Herkunftsland das Land angegeben, aus dessen Handel die Waren herstammen und als Bestimmungsland das, in dessen Handel die Waren übergehen sollen"*.
[7] Gesetz vom 30.6.1916, Artikel 2. In: **CLAESSEN**, S.229*. **BROWN**, S.14f und 26f. **CLAESSEN**, S.241*.

Anteile der Staaten am niederländischen Export in %

	DT	GB	NL-Indien
1913	24,7	19,7	14,0
1929	22,6	20,4	8,7
1937	15,3	k.A.	k.A.
1944	85,5	0,0	0,0

Neben Großbritannien zählten vor dem Ersten Weltkrieg noch die USA zu den schärfsten Konkurrenten Deutschlands auf dem holländischen Markt. Hatte Deutschland 1913 noch eine eindeutige Spitzenposition auf diesem Gebiet inne, so schwächte sich dessen Stellung nach dem Kriege ab und gewann nach 1925 verstärkt wieder an Einfluß. Allerdings wurde dieser Prozeß 1930 abrupt unterbrochen, als die Weltwirtschaftskrise die Niederlande als Agrarproduzent besonders hart traf und dementsprechende Umsatzrückgänge im bilateralen Handel die sehr empfindliche Struktur störten.

Wenige Jahre später war die wirtschaftliche Teilorientierung des Dritten Reiches nach Südosteuropa vollzogen, und damit hatten auch die Niederlande nicht mehr die hohe Bedeutung als Nahrungs- und Genußmittellieferant, welche sie vor der Wirtschaftskrise hatten.

Betrachtet man den Handel mit den Niederlanden genauer, so wird ersichtlich, daß die ersten Vereinbarungen auf der Grundlage der unbedingten Meistbegünstigung schon aus der Mitte des 19.Jahrhunderts stammten - genauer vom 31.12.1851. Bis 1923 bedurfte dieser handelsvertragliche Zustand keiner Veränderungen, erst am 3. Juni wurde der alte Vertrag mit einem Zusatz versehen[8], als Deutschland seine Importzölle auf Gemüse, Käse, Milch u.v.m.. reduzieren ließ.

Gerade bis 1927, als Deutschland nach Abtretung seiner Ostgebiete Hilfe im Nahrungsmittelsektor dringend benötigte und die eigene Landwirtschaft noch Bruttoimporteur auf dem Getreidesektor war, blieb das gegenseitige Verhältnis sehr gut. Holland gewährte Deutschland 1920 einen Kredit von 200 Mio Gulden und erhielt dafür bis 1923 fast 100.000 Tonnen Kohle jährlich zu Sonderkonditionen.

---

[8] LOOSE, S.14f.

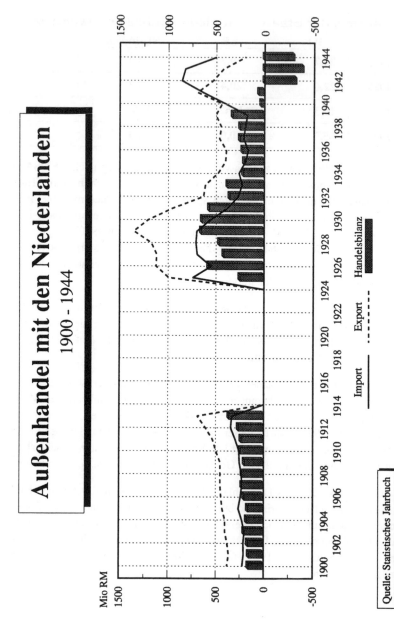

Das Bild der Handelsbeziehungen wurde in der Zeit der deutschen Inflation etwas getrübt, als die deutschen Importe aus den Niederlanden zurückgingen und gleichzeitig der Export forciert werden konnte. Deutschland sah sich dem berechtigten Vorwurf des Valutadumpings ausgesetzt, bis es 1923 schließlich Kompromisse einging und die Importzölle auf holländische Nahrungsmittel verringerte. So regelte dann am 26.11.1925 ein Zusatzabkommen die *"handelspolitischen Beziehungen der beiden Länder grundlegend neu"*[9]. Hierin erhielten die Niederlande die schon de facto gewährte unbedingte Zollmeistbegünstigung auch de jure. Weitere Zollvergünstigungen vereinbarte man aufgrund des neuen deutschen Zolltarifs aus dem Jahre 1925.

Ab 1927 gingen die deutschen Importe aus den Niederlanden immer mehr zurück, die deutsche Landwirtschaft steigerte die Eigenproduktion mit dem Resultat des geringeren Importbedarfs. Nach der Wirtschaftskrise führten bilaterale Verhandlungen zum Warenabkommen vom 15.12.1933[10], ein rasch gebildeter Ausschuß sollte sich mit der Kontingentierungsfrage auseinandersetzen. Knapp ein halbes Jahr später drohte Holland mit Zwangsclearing, und so wurde schließlich die Zahlungsfrage im Verrechnungsabkommen vom 21.9.1934 geregelt.

Nach der 1936 erfolgten Guldenabwertung mußten auch die alten Verträge revidiert, respektive ergänzt werden, und so paraphierten die beiden Staaten am 18.12.1937 ein weiteres Clearing-, am 19.3.1938 dann das dazugehörige Warenabkommen[11].

Wiederum kurze Zeit später veränderte der Zweite Weltkrieg die Situation schlagartig: Die Niederlande wurden von Großbritannien und den Kolonien abgeschnitten, und mit der deutschen Besetzung war auch die wirtschaftliche Ausrichtung auf das Deutsche Reich festgeschrieben. In den folgenden Jahren der "ökonomischen Kollaboration" degenerierte die holländische Wirtschaft zum *"Unterlieferant für die deutsche Wehr- und Rüstungswirtschaft"*[12]. Die Industrie wurde mit deutschen Auftragsverlagerungen förmlich "eingedeckt": Vom 1.6.1940 bis 31.5.1944 betrugen diese Aufträge - nach Aussage von HIRSCHFELD - mindestens 5 Mrd RM. Exakte Außenhandelszahlen zu erfassen wird durch die Tatsache erschwert, daß erstens mindestens 30-50% der niederländischen Produktion ins Reich abtransportiert wurden, zweitens die größten Teile

---

[9] HAUSHALTER, S. 60 ff.
[10] Im folgenden dazu: LOOSE, S.45ff; BEUKERING, S. 37ff.
[11] LOOSE, S.46.
[12] HIRSCHFELD, S.117.

dieser Lieferungen als Binnenaufträge verbucht und drittens Wehrmachtsaufträge überhaupt nicht erfaßt wurden. Deshalb sollten die Außenhandelsziffern eher als Untergrenze dienen und einen bestimmten Trend widerspiegeln, denn die deutschen Clearingschulden lagen weitaus höher als die Summe der Handelsbilanzdefizite in diesen wenigen Jahren.

Was die Zollpolitik der Niederlande betrifft, so muß man sehen, daß sich diese eindeutig mehr fiskalisch als protektionistisch verhielt. Einseitig agrarisch strukturiert, war das Land auf den Import von Rohstoffen, Fertig- und Halbwaren - sowie zur Ergänzung - auch auf Lebensmitteln angewiesen. Konkurrenz in wichtigen Schlüsselindustrien, die eventuell protektionistische Zölle rechtfertigen würden, war kaum vorhanden. So lag der Maximalzoll nach dem Zollgesetz vom 15.8.1862[13] bei doch so geringen 5% und diente sicher eher für den Staatshaushalt als zur Abwehr ausländischer Konkurrenz! 62 Jahre dauerte es, bis sich der Staat zu einer Erhöhung dieses Zolles durchrang - allerdings wurde der Maximalzoll dann nur auf 8% angehoben.

Doch die Zeit der liberalen Zölle währte nicht mehr lange. Im Zuge der Wirtschaftskrise erhöhte Holland 1931 die Maximalzölle auf 10%, 1934 auf 12% und schottete den Markt durch Kontingentierungen rigoros ab[14]. Mit dem Tarifermächtigungsgesetz von 1934 beseitigte man die letzten Reste des einst für die Niederlande so berühmten und prägenden Freihandelsprinzipes - eines Grundsatzes, der im goldenen 17.Jahrhundert eigentlich Hollands Stellung als Handelsweltmacht begründete. Nach diesem Ermächtigungsgesetz konnten kurzfristige Änderungen der Zölle in Zukunft auch ohne parlamentarische Zustimmung erfolgen, was damit den zollpolitischen Spielraum der Niederlanden vergrößerte.

7.3. Export / Importstruktur

Aufgrund der einseitigen Bodenbeschaffenheit blieben die Niederlande auf den Export ihrer Agrarprodukte angewiesen. Die kleine Landfläche zwang zu extrem intensiver, absatzorientierter Bewirtschaftung bei großer Auslandsabhängigkeit auf dem Rohstoffsektor.

---

[13] SAUER, S.65; BEUKERING, S.20.
[14] BEUKERING, S.22.

Die deutschen Importe aus den Niederlanden schlüsseln sich wie folgt auf:[15]

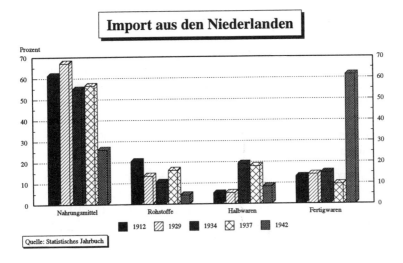

Vor allem fungierten die Niederlande als Nahrungsmittellieferant, danach folgten mit wechselnder Präferenz Fertigwaren, Rohstoffe, und Halbwaren. Grundsätzlich ist dabei folgendes ersichtlich:

Im FERTIGWARENsektor ist deutlich eine Abnahme der Bedeutung nach der Wirtschaftskrise zu beobachten. In der Besatzungszeit steigt dieser Anteil extrem an und dokumentiert den Wandel in der Präferenz von Nahrungsmitteln zu Fertigwaren. Aber selbst wenn man jene Periode der Kollaboration mit gutem Grund vorläufig ausklammert, so ist doch nicht zu übersehen, daß der Anteil der Gruppe NAHRUNGS- und GENUßMITTEL am deutschen Gesamtimport aus den Niederlanden abnimmt.

In der Gruppe der FERTIGWAREN dominierte vor dem Weltkrieg der Import von chemischen und pharmazeutischen Produkten sowie Schiffen mit je einem Anteil von 17% - den Rest bildeten ein Konglomerat von verschiedensten Produkten, wie z.B. Bücher, Karten und Bilder. 1929 hatten elektrotechnische Produkte und Kunstseide / Florettseidengarne mit je 16% Gruppenanteil die Führung übernommen. Die einst so traditionellen Importgüter wie *Schiffe* und *Chemie*erzeugnisse blieben unter 10% zurück. Sieben Jahre später setzte sich die

---

[15] Eigene Berechnungen nach **STATISTISCHES JAHRBUCH**.

Elektrotechnik bei insgesamt reduziertem Import und Anteil am Gesamtimport mit 38% Gruppenanteil durch, die Chemie folgte mit 23%. Im Zweiten Weltkrieg veränderte sich die Struktur dahingehend, daß nun Textilien mit 31,3% Gruppenanteil als Hauptimportgüter fungierten. Chemische Produkte fielen auf einen Anteil von 8,0% zurück - eine klare Abnahme im Vergleich zum Stichjahr 1937 (23%). Hinzu kamen Elektrogüter (13,1%), Leder und Lederwaren (7,3%) sowie Eisen und Eisenprodukte mit einem Anteil von 6,4%. Wie die obigen Prozentzahlen schon belegen, waren eindeutige Konzentrationen auf wenige, wichtige Güter im Jahr 1942 nicht festzustellen. Zwar machten die ersten vier Warenkategorien immerhin einen Anteil von mehr als 60% aus, doch auch der Import von Kinderspielzeug war mit einem Gruppenanteil von 1,2% (=2,6 Mio RM) nicht zu übersehen.

ROHSTOFFE hingegen verloren an Bedeutung - ihr Anteil verringerte sich bis 1937 auf 16%, um schließlich während der Besatzungszeit ganz bedeutungslos zu werden. Steinkohle und Ölwaren (Ölkuchen, Ölfrüchte, Ölsaaten) bildeten hierin den Hauptanteil mit 14% und 13% vor dem Ersten Weltkrieg. Danach folgten Wolle, Felle und Holz. Diese Relationen blieben auch nach dem Weltkrieg in etwa erhalten, erst die Ziffern von 1937 zeigen den Wandel zur Konzentration auf wenige Güter auf: Je 35% der Obergruppe Rohstoffe wurde aus Steinkohle und Fellen gebildet! Im Vergleich dazu konnte im Kriegsjahr 1942 Steinkohle diesen Anteil nicht halten - letzterer fiel auf 28,6%, während nun Flachs, Hanf mit 23,1% überraschend größere Bedeutung erhielten und Felle ihren Anteil auf 9,5% verringert hatten.

Die Gruppe der HALBWAREN gewann im Laufe des Untersuchungszeitraumes erheblich an Wichtigkeit, denn in nur 24 Jahren verdreifachte sie ihren Anteil am Gesamtimport bis 1937 und dokumentiert die gestiegene Bedeutung der Niederlande als Einfuhr- und Transitland. Die deutsche Besatzungszeit ließ auch plötzlich die Bedeutung wieder auf den Wert des Jahres 1912 sinken. Im wesentlichen handelte es sich bei den Halbwaren um Eisen, Kupfer, Zinn, Zink, Koks und technische Fette, die - 1929 noch nicht vertreten - 1937 einen Gruppenanteil von 18% aufwiesen. Die elastische Nachfrage nach diesen Waren brachte Schwankungen im Import mit sich, so daß die Unterschiede im Gruppenanteil mit unterschiedlicher Konjunktur und Preise erklärt werden müssen. 1942 setzte sich diese Gruppe vor allem aus chemischen Halbwaren (20,1%; vor allem Teerdestillationserzeugnisse), Gespinste (18,1%), Koks (18,1%) und Roh- und Alteisen (20,6%) zusammen.

Zuletzt soll noch auf diejenige Obergruppe eingegangen werden, welche den Hauptanteil der deutschen Importe aus den Niederlanden stellte, nämlich NAHRUNGS- und GENUßMITTEL:

Wenn man die Exportlisten betrachtet, setzt sich dieser Teilbereich aus zahlreichen landwirtschaftlichen Produkten zusammen. Butter, Eier, Gemüse, Käse, Fisch, Fleisch, Kartoffeln und pflanzliche Öle kennzeichneten die breite Palette der importierten Güter. Wenngleich diese Gruppe aus vielen Produkten bestand, so war der niederländische Anteil am Gesamtimport Deutschlands meist sehr groß. Bis weit in die zweite Hälfte der Zwanziger Jahre stellten die holländischen Waren vielfach über 50% in wichtigen Teilen der deutschen Nahrungsmittelimporte - so z.B. bei Butter, Eiern, Käse und Gemüse. Aber auch im Gegenzug sollte nicht unerwähnt bleiben, daß der deutsche Nachbar lange Zeit der Hauptabnehmer niederländischer Genußmittel war.

In der Strukturanalyse ist die Trendwende in etwa in der Zeit der Weltwirtschaftskrise anzusetzen; der Anteil der Genußmittel stieg kontinuierlich bis 1929 auf 67%, um dann acht Jahre später auf 56% zu sinken. Innerhalb der Gruppe gab es auch Veränderungen in der prozentualen Zusammensetzung. So fiel der Anteil der lebenden Tiere von weit über 11% (1913) auf 2,3% (1929) und 3,4% (1937).

Konnten vor dem Ersten Weltkrieg noch keine eindeutigen Präferenzen in der Güterzusammenstellung ausgemacht werden, so ist schon 1929 eine klare Rangfolge in der deutschen Einfuhr ersichtlich. Butter lag vor Kriegsbeginn mit einem Klassenanteil von ca. 22% an der Spitze, gefolgt von einer homogenen Gruppe mit gleicher Gewichtung: Gemüse 12%; Käse 11,5%; Fleisch 12,1%; Eier 5,3%; Fisch 15%! Ab 1925 begannen sich die Veränderungen langsam abzuzeichnen, und Butter setzte sich beim Import an die erste Position. Vor der Weltwirtschaftskrise, nämlich im Untersuchungsjahr 1929, hatte Butter ihren Anteil schon auf 24% verdoppelt, während derjenige der folgenden Produkte nur geringfügige Änderungen aufzuweisen hatte: Gemüse auf 15% und Käse auf 13,2%! Neben Butter verlagerte sich die deutsche Einfuhr auf Eier, die ihren Anteil von etwas mehr als 5% auf über 18% fast vervierfachen konnten. Verluste erlitten Fisch und Fleisch, deren Anteile sich in dieser Zeit halbiert hatten sowie Kartoffeln, die von 5,3% (1913) auf 2,2 % (1929) fielen. Steigende Eigenproduktion im Zuge der Autarkisierungsbestrebungen des III. Reiches sowie geographische Verlagerungen ließen auch die Nahrungsmittelimporte aus den Niederlanden rapide sinken - von 1929 bis 1937 schrumpften diese auf ein

Viertel des ursprünglichen Wertes. Rückgängige Tendenzen zeigte auch der Anteil dieser niederländischen Produkte am deutschen Import. Dominierte der holländische Nachbar 1937 zwar noch beim Käseimport, so mußte er sich bei Eiern der bulgarischen und bei Gemüse der italienischen Konkurrenz beugen. Gerade Bulgarien drängte ab 1933 als Eierexporteur auf den deutschen Eiermarkt und verstärkte in den folgenden Jahren sein Absatztempo.

Als besonders dynamisch zeigte sich Butter, deren Import um die Jahrhundertwende noch bei knapp 10 Mio RM lag und auf dem Höhepunkt der wirtschaftlichen Beziehungen 1929 auf das Zwölffache gestiegen war. Daneben wies eigentlich nur noch der Bezug von Eiern eine ähnlich rasche Ausweitung auf: Betrug dieser 1900 noch eine Million Reichsmark, so war er 29 Jahre später schon auf das 83-fache angestiegen, wobei der geringe Ausgangswert nicht außer acht gelassen werden darf. Aber selbst bei der Berücksichtigung dieser Tatsache ist die Dynamik nicht von der Hand zu weisen, die sich erst ab 1925 innerhalb weniger Jahre entwickelte. In diesen Jahren stellten die Niederlande mehr als die Hälfte der deutschen Eiereinfuhr, Deutschland seinerseits nahm 70% der niederländischen Eierausfuhr auf[16]! Eine ähnlich hohe Verbundenheit im Handel lag auch bei Butter vor, da mehr als 2/3 der holländischen Exporte nach Deutschland flossen. 1942 läßt zwar der reduzierte Gruppenanteil der Nahrungs- und Genußmittel auf geänderte Präferenzen schließen, doch darf man nicht vergessen, daß die Ausgangswerte erheblich über denjenigen der letzten Vorkriegsjahre lagen. Hauptsächlich führte Deutschland Gemüse (40,6%), Kakaoerzeugnisse (10,0%), Sämereien (6,5%) und nicht näher spezifizierte pflanzliche Nahrungsmittel (16,2%) ein.

Zum Vergleich die Struktur der deutschen Exporte:

Der Anteil der Fertigwaren am deutschen Export zeigt bis 1937 eine steigende Tendenz zu Lasten der restlichen Gruppen.

Besonders auffällig ist der Bedeutungsverlust der NAHRUNGS- und GENUßMITTEL, welcher sich bis 1937 um 95% reduzierte. In dieser Obergruppe dominierte Getreide mit einem Gruppenanteil von mehr als 40% vor dem Krieg - wobei allein Roggen schon mit 20% an der Spitze stand. Konnte sich die deutsche Nahrungsmittelausfuhr 1929 noch einigermaßen halten, so spürte der bilaterale Handel auch die Autarkisierungspolitik des Dritten Reiches, die gerade auf dem Nahrungsmittelsektor die Exporte stark schrumpfen ließ.

---

[16] SAUER, S. 30f.

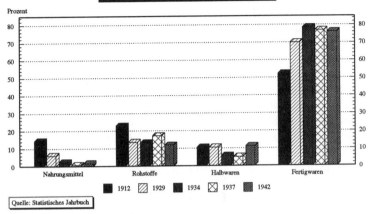

Im Jahr 1942 konzentrierte sich die deutsche Ausfuhr im wesentlichen auf sonstige pflanzliche Nahrungsmittel mit einem Gruppenanteil von 20,9%, Zucker (18,8%), Bier (14,2%) und Hopfen (11,9%).

In der Untersuchung der ROHSTOFFE und HALBFABRIKATE zeigten sich klare Tendenzen: Stellte vor dem Weltkrieg Steinkohle noch fast die Hälfte dieser zusammengefaßten Gruppe, so sank deren Anteil kurzfristig auf 33% (1929), um schließlich 1937 auf 70% zu steigen. Steinkohle war gerade unter der Regierung der Nationalsozialisten ein sehr geschätztes "Zahlungsmittel", um die für die Rüstungswirtschaft wichtigen Rohstoffe zu begleichen. Danach folgten in der Präferenz chemische Rohstoffe und Halbwaren, die ihren Anteil von 1912 bis 1929 auf 21% verdoppeln konnten, wie z.B. Kali und schwefelsaures Ammoniak. Der Verlust des Kalimonopols nach dem Ersten Weltkrieg führte auch zu rückgehenden Exporten in die Niederlande, währenddessen beispielsweise gleichzeitig die Ausfuhr von schwefelsaurem Ammoniak rasch anstieg[17].

Die 1937 leicht gesunkene Bedeutung der Rohstoffe und Halbwaren zugunsten der Fertigprodukte im deutschen Gesamtexport darf aber nicht darüber hinwegtäuschen, daß der Bezug von Kohle, chemischen Rohstoffen und Zement weiterhin für die Niederlande von großer Wichtigkeit blieb. So lag der deutsche Anteil am niederländischen Zementimport oft bei mehr als 50%[18]! Kraftstoffe

---

[17] SAUER, S.41f.
[18] SAUER, S.44.

führten den deutschen Halbwarenexport 1942 mit 28,8% an, gefolgt von chemischen Halbwaren (23,4%; vor allem Chlorkalium), Schnittholz (10,6%) und Zellstoff (6,3%). Bei den Rohstoffen änderte sich in der Reihenfolge wenig: Steinkohle war mit 41,9% Gruppenanteil das wichtigste deutsche Exportgut dieser Kategorie. Kalirohsalze (11,0%) und sonstige Steine und Erden (14,3%) waren ebenfalls sehr gefragt.

Insgesamt sollte man aber die Bedeutung der Niederlande als Markt für deutsche Produkte nicht unterschätzen. Denn oft waren sie der größte Abnehmer deutscher Waren. Zwar hatten vor dem Weltkrieg die USA, Großbritannien und Österreich-Ungarn größere Anteile am deutschen Gesamtexport, aber nach 1919 lagen die Niederlande bis zur Weltwirtschaftskrise mit etwa 10% Anteil an der deutschen Ausfuhr jedoch lange Zeit an der Spitze.

1929 exportierte Deutschland FERTIGWAREN für fast eine Milliarde RM nach Holland - eine beeindruckende Zahl, wenn man den im Vergleich mit den USA wesentlich kleineren Binnenmarkt dazu in Vergleich setzt. Allerdings war ein großer Teil davon für die Wiederausfuhr bestimmt.

Doch die Aufgliederung dieser Fertigwaren bringt eine ebenso große Vielfalt zutage: Eisen- und Textilwaren, Maschinen, Fahrzeuge, Uhren, Elektrogüter, chemische Erzeugnisse, Möbel, Holzwaren, Papier, Leder, Spielzeug, Musikinstrumente u.v.m. Allein mehr als 35 Warenkategorien listet so das STATISTISCHE JAHRBUCH von 1937 auf! Angesichts dieser Bandbreite ist es nicht leicht, Strukturänderungen zu erfassen. Denn bis 1929 blieben die Anteile innerhalb dieser Obergruppe ohne wesentliche Veränderungen - der Export der einzelnen Gruppen wuchs proportional zum Gesamtexport der Fertigwaren. Eisenfabrikate[19] schwankten um 28%, Textilien um 22%, Maschinen um 7%, chemische und elektrische Erzeugnisse ebenfalls um 7%. 1937 haben sich die Positionen der Maschinen und chemischen Waren[20] verbessert - nun liegen deren Anteile jeweils bei 10% etwa gleich. Textilien und Eisenwaren verloren ihre Stellung - der Anteil ging auf ca. 11% zurück. Innerhalb der restlichen Gruppierung gab es vielfache Bewegungen, die man aber nicht unter dem Begriff des Strukturwandels subsumieren sollte, da die oft geringe statistische Ausgangsgröße natürliche Schwankungen per se implizierte. So blieb z.B. der Export deutscher Schiffe nach Holland 1929 und 1937 in absoluten Werten gleich - der Anteil verdoppelte sich aber von 1 auf 2 %! Mit Ausnahme der Textilien richtete sich

---

[19] Zum Eisenexport in die Niederlande vgl. **BOSTEL**, S.72ff.
[20] Vgl. **H. LOHMANN**, Strukturwandlungen im Außenhandel der deutschen chemischen Industrie seit 1913. Berlin 1938, S.95ff.

der deutsche Export 1942 vornehmlich auf Investitionsgüter. Eisen und Eisenprodukte lagen an der Spitze der Fertigwarenausfuhr mit 30,8%, danach importierten die Niederlande Textilien (13,1%), Chemikalien (12,9%), Maschinen (11,9%), und Elektroartikel (6,5%).

8. Schweden[1]

8.1. Handelsstatistik

Neuberechnungen mußten durchgeführt werden, da insbesondere *Koks* - unter der Nummer 238d des Deutschen Statistischen Warenverzeichnisses - 1912 in der deutschen Statistik als ROHSTOFF geführt wurde, nach dem Weltkrieg aber in die Kategorie HALBWAREN überwechselte. Diese Änderung fällt vorerst nicht auf, da man 1936 mit der Neugliederung der Statistik die bis dahin erfolgte Zusammenfassung der beiden Gruppen ROHSTOFFE UND HALBWAREN wieder in den Zustand vor 1914 versetzte. In der Tabelle ist nun *Koks* im gesamten Untersuchungszeitraum einheitlich der Gruppe HALBWAREN zugeordnet.

Unterschiedliche Erhebungsgrundsätze der schwedischen Statistik[2] führen zu teilweise sehr stark differierenden Zahlen[3]. So wird zur Bestimmung der Warenherkunft das Verschickungs- und Empfangsland verwendet und nicht wie in Deutschland üblich, das Produktions- und Verbrauchsland[4]. Bis 1922 schätze man noch in Schweden den Wert der gehandelten Güter, ab diesem Zeitpunkt konnten (mußten) Wertdeklarationen beim Import (Export) durchgeführt werden. Die schwedische Außenhandelsstatistik unterschied den Generalhandel (mit Niederlagenhandel, Im-/Export zur Veredelung, ohne Transit) und Spezialhandel (mit Export nach Veredelung, ohne Transit, Im-/Export zur Veredelung).

---

[1] Auf folgende LITERATUR sei verwiesen: **O. AHLANDER**, Wirtschaft und Handelspolitik. Schweden und Deutschland 1918-1921, Lund 1983; **H. BÄCKER**, Die deutschen Kapitalanlagen in Schweden. Berlin 1926; **F. BROWN**, A Tabular Guide to the Foreign Trade Statistics of Twenty-one Principal Countries. London 1926; **H. BRÜCKNER**, Strukturwandlungen auf dem schwedischen Textilmarkt. In: Weltwirtschaftliches Archiv, 46, 1937, S.496-514 und S.712-730; **INSTITUT FÜR WELTWIRTSCHAFT KIEL (I)**, Der Außenhandel Schwedens 1939. Kiel 1941; **INSTITUT FÜR WELTWIRTSCHAFT KIEL (II)**, Statistische Materialien über den Außenhandel Schwedens. Kiel 1940; **H. HÄRIG**, Die deutsch-schwedischen Handelsbeziehungen seit der Jahrhundertwende mit besonderer Berücksichtigung der Nachkriegszeit. Köln 1930; **O. SCHNUTENHAUS**, Die deutsch-schwedischen Wirtschaftsbeziehungen seit der Gründung des Reiches bis zum Ausbruch des Krieges im Rahmen der schwedischen Wirtschaftsentwicklung. Berlin 1919; **H. SCHRÖTER**, Außenpolitik und Wirtschaftsinteresse. Skandinavien und das außenwirtschaftlichen Kalkül Deutschlands und Großbritanniens. Frankfurt 1983; **K. WITTMANN**, Schwedens Wirtschaftsbeziehungen zum Dritten Reich 1933-1945, München / Wien 1978.

[2] HANDEL: BERÄTTELSER FÖR ÅR 192- AV KOMMERSKOLLEGIUM (Jährlich) und SVERIGES IN- OCH UTFÖRSEL AV VISSA VAROR (Monatlich).

[3] HÄRIG, S.88f.

[4] BROWN, S.18f und 28f.

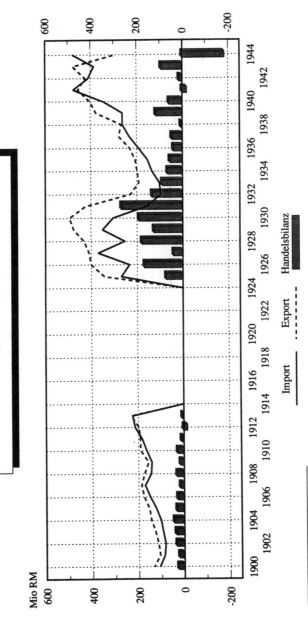

8.2. Handelsbilanz / Handelspolitik

Wie z.B. auch WITTMANN feststellte, führte *"die deutsch-schwedische Austauschstruktur, geprägt durch die homogene Zusammensetzung der schwedischen Ausfuhr mit ihrem relativ hohen Rohstoffanteil in den zwanziger und dreißiger Jahren zu einer hohen gegenseitigen Außenhandelsverflechtung. Gleichwohl war Schweden ... für das Reich zu keiner Zeit ein leichtes Objekt der Außenwirtschaftspolitik ... Vielmehr war Schweden während des betrachteten Zeitraumes (1933-1945, der Verf.) stets ein distanzierter und schwieriger Wirtschaftspartner für Deutschland: selbstbewußt wegen der Rohstoffe und Waren deutschen Interesses, die es zu bieten hatte; gestärkt durch die britische Präsenz auf dem nordeuropäischen Markt"*[5].

Insbesondere die letzte Ausssage schneidet das Problem der deutsch-britischen Konkurrenz an, welche nicht nur auf den von WITTMANN untersuchten Zeitraum zu beschränken ist. Wie die folgende Übersicht verdeutlicht, konkurrierte auf dem schwedischen Markt Deutschland mit Großbritannien, wenn sich auch der Anteil der Vereinigten Staaten am schwedischen Außenhandel deutlich erhöhte:

Anteile am Import Schwedens in %[6]

	DT	GB	USA
1913	34,2	24,2	9,0
1916	36,9	k.A.	k.A.
1929	30,7	17,4	14,7
1937	23,5	19,0	15,0
1943	50,0	k.A.	k.A.

---

[5] WITTMANN, S. 393f.
[6] STATISTISCHES HANDBUCH, S.259 und WITTMANN, S.134 und 404. Die Zahlen des Jahres 1916 sind Berechnungen nach HÄRIG, Anhang, Tabelle B.

Anteile am Export Schwedens in %

	DT	GB	USA
1913	21,9	29,1	4,0
1916	28,1	k.A.	k.A.
1929	15,2	25,2	11,0
1937	16,2	24,2	11,0
1943	46,0	k.A.	k.A.

Die deutsche Handelsbilanz mit Schweden zeichnet sich - von wenigen Ausnahmen abgesehen - durch aktive Salden aus. Hier stiegen die Umsätze im Handelsverkehr ab 1900 kontinuierlich an, die weltwirtschaftliche Depression im Jahre 1907 wirkte sich auch auf den deutsch-schwedischen Handel negativ aus. Bei den deutschen Importen erfolgte die Korrektur im darauffolgenden Jahr mit einem Umsatzrückgang von 15%, während die Exporte erst ein Jahr später um ca. 10% schrumpften. Doch rasch waren die Folgen der schlechten Konjunktur überwunden, und der Handel bewegte sich weiter auf der Trendlinie bis zum Ausbruch des Krieges. Dort schnellten die Umsätze - bedingt durch die Erzeinfuhren - rasch an, und die Bilanz wurde negativ. Ergibt sich aufgrund der deutschen Geldentwertung eine Steigerung im Handel um ca. 300%, so steht dem nach Angaben in schwedischen Kronen nur eine Erhöhung um ein Drittel gegenüber. In dieser Beziehung sind wohl die schwedischen Angaben aufgrund der stabileren Währung aussagekräftiger. Hier wurde jedoch darauf verzichtet, die Kriegslücke in der Graphik mit schwedischen Ziffern zu schließen, da deren Außenhandelsangaben im allgemeinen stark von den deutschen differierten und erst etwa ab 1923 nicht mehr das Bild verfälschten[7]. Vergessen sollte man ebenfalls nicht die schwedischen Preissteigerungen im Krieg ab 1915/16.

Nach dem Weltkrieg läßt sich der Handel nicht mehr einem Trend zuordnen, vielmehr zeigen die starken Schwankungen der deutschen Importe bis etwa zur Weltwirtschaftskrise die Abhängigkeit von Binnenkonjunktur (Stahl->Eisenerze!) und Zollpolitik. Aufgrund der deutschen Zollnovelle deckten sich die deutschen Unternehmer schon 1925 so mit schwedischen Rohstoffen ein, daß ein Jahr später diese Importe zurückgingen[8]. Indizien für konjunkturabhängige Importe lassen sich durch die günstige Wirtschaftslage des Jahres 1927 be-

---
[7] HÄRIG, S.96.
[8] HÄRIG, S.97.

legen. Gerade zu diesem Zeitpunkt wies der deutsche Handel die größten Außenhandelsüberschüsse auf. Im Vergleich dazu haben die Exporte bis 1930 eine größere Stetigkeit aufzuweisen. Der Preisverfall in der Weltwirtschaftskrise zwang ein sehr stark vom Rohstoffexport abhängiges Land wie Schweden zu rigorosen Importbeschränkungen. Innerhalb von knapp zwei Jahren reduzierte Schweden seine Importe aus Deutschland um 50%. Deutschland reagierte heftiger und schneller - dessen Importe sanken allein innerhalb eines Jahres schon um 50%. Erst ab 1934 begann sich der Handel leicht zu beleben, zumal die schwedischen Erze wieder stärker in den Mittelpunkt deutscher Interessen gerieten - eine Tendenz, die sich bis zum Ende des Zweiten Weltkrieges durch die Aufrüstungspolitik des III.Reiches noch mehr verstärkte.

Was die Handelspolitik im Untersuchungszeitraum anbelangt, so ist hier bei den Erhöhungen der schwedischen Industriezölle in den Jahren 1892 und 1904 zu beginnen, welche die Handelsbeziehungen kurzfristig negativ beeinflußten. HÄRIG sieht dabei einen Zusammenhang zum Bülowtarif und ist der Meinung, "... *daß die schwedischen Zollheraufsetzungen in den ersten Jahren des laufenden Jahrhunderts teilweise auch als eine Folge der Zollerhöhung des Bülowtarifs anzusehen sind*"[9]. Dazu korrespondiert der Handelsvertrag vom 8.5.1906 - ein Tarifvertrag mit unbedingter Meistbegünstigung - in dem Schweden den für Deutschland wichtigen Erzexport zollfrei stellte, dafür deutschen Hafer, Chemikalien und verschiedene Pharmazeutika ebenfalls zollfrei importierte. Reduziert wurden die Zölle auf Textilien und Metallwaren. Nachdem Schweden 1911 einen neuen Zolltarif einführte, der nun eine systematische Gliederung mit spezifischen Zöllen anstatt einer alphabetischen Klassifizierung der Waren aufwies, blieb auch der Handelsvertrag von Modifizierungen nicht verschont: Zwar sollte der Erzexport für Deutschland weiterhin zollfrei sein, doch mußte man insgesamt eine höhere Zollbelastung akzeptieren[10]. Trotz Kündigung seitens des schwedischen Königreiches blieb der Handelsvertrag bis 1921 in Kraft. Nach den Versailler Bestimmungen mußte Deutschland Schweden die einseitige Meistbegünstigung zugestehen, erhielt die unbedingte aber von seinem Handelspartner de facto eingeräumt. Die Wiederanknüpfung an handelspolitische Kontinuitäten erfolgte mit dem Vertrag vom 10.7.1926, der die unbedingte Meistbegünstigung - wenngleich mit geringen Einschränkungen - nun auch offiziell zur Grundlage der bilateralen Wirtschaftsbeziehungen machte[11]. Für Deutschland blieb die Erzeinfuhr weiterhin zollfrei und keinerlei

---
[9] HÄRIG, S.49.
[10] HÄRIG, S. 73.
[11] HÄRIG, S. 77, LOOSE, S.17.

Importrestriktionen unterworfen. Schweden konnte im Gegenzug Zollbindungen auf gewisse deutsche Agrarexportgüter erreichen, was von der deutschen Landwirtschaft nicht sehr positiv aufgenommen wurde[12], gestand aber gleichzeitig die Erhöhung des Zolles für deutsche Rinder zu.

Im Jahr der Weltwirtschaftskrise erlebten die Beziehungen eine ungewohnte handelspolitische Intensität: Am 11.3.1929 ergänzte ein Zusatzabkommen den alten Vertrag aus dem Jahre 1926; am 10.August kündigte Deutschland diesen mit der Begründung, die Zollbindungen auf seine Agrargüter seien nicht mehr der weltwirtschaftlichen Situation angepaßt, zumal im Juli die deutschen Getreidezölle auf Druck der Agrarier schon kräftig erhöht werden mußten. Nach anschließenden Verhandlungen schlossen beide Parteien am 31.12.1929 einen Zusatz ab, der diese Zollbindungen regelte und man "*setzte den Vertrag von 1926 bei gleichzeitiger Verlängerung seiner Laufzeit bis Ende 1932 wieder in Kraft*". Dabei hob Deutschland "*die Getreidezollbindung auf, erhöhte den Zollsatz für Rindvieh*"[13]. Doch von nun ab bestimmte die Weltwirtschaftskrise den Handel der folgenden Jahre. Kontingentierungsmaßnahmen auf beiden Seiten führten zu verstärkten Auseinandersetzungen, so daß die Handelspolitik in dieser Zeit mehr von der Notwendigkeit der einschränkenden Maßnahmen als der Durchsetzung partikularer Interessen bestimmt war. Auf einvernehmlichen Wunsch lief das Handelsabkommen im Februar 1933 aus, und Verhandlungen zogen sich bis zum Abschluß eines neuen Vertrages vom 28.8.1934 hin. Allerdings stand hierbei weniger der Handelsverkehr im Brennpunkt der Auseinandersetzungen als vielmehr die deutsche Schuldnerposition[14]. Die sich verschlechternde Devisensituation in Deutschland führte am 1.7.1934 zum totalen Transfermoratorium und ließ die Probleme eskalieren, denn Schweden drohte nun mit dem Zwangsclearing. So regelte das Handelsabkommen vom 28.8.1934 vornehmlich diese Zahlungsfragen, und bis Kriegsausbruch funktionierten der Handel und das bilaterale Clearing ohne größere Schwierigkeiten.

War vor dem Ersten Weltkrieg die deutsche Ausgangsposition noch sehr gut, so brachten die Kriegsfolgen einen recht großen Positionsverlust auf dem schwedischen Markt mit sich. Zwar konnte Deutschland auf dem Importsektor seine Stellung recht gut halten - erst 1937 offenbart sich in der Analyse ein deutlicher Rückgang - doch gerade als Abnehmer schwedischer Produkte sank

---

12 WITTMANN, S.28. HAUSHALTER, S.81f. Hierbei handelte es sich um Getreide, Schweine, Schweinefleisch.
13 WITTMANN, S. 30.
14 Vor allem ging es um die Frage der Bedienung der Kreugeranleihe, als am 1.7.1933 deutscherseits das Teilmoratorium verkündet wurde.

sein Anteil gegen Ende der Zwanziger Jahre von 22% auf knapp 16% ab. Dies korrespondiert auch mit den hohen Bilanzüberschüssen im deutsch-schwedischen Handel, die 1931 ihren Kulminationspunkt überschritten hatten. Als England sich im gleichen Jahr zur Pfundabwertung entschloß, verschaffte dies Deutschland währungspolitische Nachteile, da sich nämlich Schweden ebenfalls zur Devalvation entschloß und sich Großbritanniens Stellung auf dem schwedischen Markt in den folgenden Jahren verbesserte.

Vermehrte politische Reibungen zwischen Deutschland und Schweden - hierunter fällt auch das Scheitern der deutsch-schwedischen Vertragsverhandlungen 1933/34 - schwächten zusätzlich die deutsche Position und führten insgesamt zum Verlust deutscher Absatzanteile[15], wie obige Ziffern belegen. Erst ab 1936/37 änderte sich die Richtung dieses Trends und Deutschland setzte sich verstärkt auf dem schwedischen Markt durch. Schweden rückte nun immer mehr in den Mittelpunkt der deutschen Aufmerksamkeit - hervorgerufen durch das erwachte Interesse an den schwedischen Rohstoffen für die beginnende Aufrüstung. Hier war es der Vierjahresplan, welcher die Prioritäten in den folgenden Jahren auf schwedische Eisenerze setzte.

Mit dem Ausbruch des Zweiten Weltkrieges änderte sich vorläufig wenig für Schweden, der Balanceakt zwischen den beiden Machtblöcken - vertreten durch Großbritannien und Deutschland - wurde nur noch schwieriger. Zwar blieb Schweden neutral, doch die Entscheidung für **eine** Kriegsmacht implizierte gleichzeitig entweder englische Blockade oder deutsche Besetzung. Im War Trade Agreement vom 7.12.1939 garantierte Großbritannien für den schwedischen Überseeverkehr[16], doch mußten die schwedische Exporte nach Deutschland quantitativ auf dem Niveau von 1938 gehalten werden. Anfangs fügte sich das Dritte Reich diesen Erzobergrenzen und zeigte seine Konzilianz[17], indem es z.B. das 4,5-fache der Steinkohle, das 3-fache der auf 1938 bezogenen Kokskontingente lieferte. Für Deutschland war dies eine große wirtschaftliche Belastung, doch brachte die bilaterale Preisbindung für Schweden Preisstabilität und sicherte deren volkswirtschaftliche Versorgung.

Zunehmende militärische Erfolge der deutschen Wehrmacht auf dem Kontinent ließen Schweden in den Sog des Dritten Reiches geraten. Im April 1940 führte die Aktion "Weserübung" zur Besetzung Norwegens und damit auch zur Kontrolle des schwedischen Handels infolge geographischer Einschließung.

---

[15] **WITTMANN**, S. 398.
[16] **WITTMANN**, S.159.
[17] Im Abkommen vom 22.12.1939. **WITTMMANN**, S.166ff.

Schweden mußte die mengenmäßigen Exportbegrenzungen aufheben und Preissteigerungen auf seine deutsche Importkohle von 60-80% hinnehmen. In diesem Zusammenhang ist auch die verstärkte Beanspruchung der schwedischen Wirtschaft zu sehen. Insbesondere führten erhöhte Wehrmachtsausgaben und sinkende Kohlelieferungen zu einem Anwachsen der deutschen Clearingschuld. Zwar behandelte Deutschland in der Folgezeit Schweden privilegiert, doch mußte es 1940/41 auch noch das Durchmarschrecht deutscher Truppen akzeptieren. Mit der Wende auf dem Kriegsschauplatz 1942/43 begann auch die politische Umorientierung Schwedens und eine Anpassung an die sich verändernde weltpolitische Machtbalance. Im Wirtschaftsabkommen mit den Alliierten vom 23.9.1943 entschied sich Schweden für die Alliierten und kürzte die Exporte nach Deutschland[18], mit Beginn des Jahres 1945 wurde der Handel schließlich ganz eingestellt.

8.3. Export- / Importstruktur

Die deutsche Einfuhr aus Schweden besaß folgende Struktur:[19]

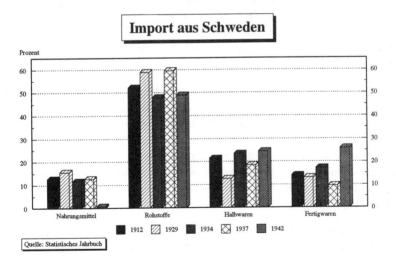

Große Strukturänderungen sind, mit Ausnahme des Kriegshandels - der seine eigene Bedeutung hatte - nicht ersichtlich. So nahmen die Fertigwaren bis

---

[18] Statt 11,5 Mio Tonnen Eisenerz lieferte es nur noch 7,5 Mio, ebenso drastisch wurden die Kugellagerkontingente von früher 30 Mio RM auf 14 Mio RM gekürzt.
[19] Berechnungen nach **STATISTISCHES JAHRBUCH**.

1937 unwesentlich ab, der Gruppenanteil der Nahrungsmittel blieb etwa gleich, während weiterhin Rohstoffe und Halbwaren den deutschen Import bestimmten.

Die wirtschaftliche Bedeutung Schwedens für Deutschland lag vor allem in dessen Rohstoffreichtum begründet. Insbesondere Holz und Erze sowie Granit waren reichlich vorhanden. Sehr phosphorhaltig, blieben die Erze zur Verhüttung auf Hochofenkoks angewiesen, welcher aber in Schweden nicht vorhanden war, so daß man den Großteil der Erze exportieren mußte. Zusätzlich zeichneten sich diese Erze durch einen sehr hohen Eisengehalt von 50-70% aus[20]. Dementsprechend hoch blieb auch deren Anteil an der deutschen Einfuhr, wie obige Tabelle erkennen läßt. Erze bestimmten mit meist mehr als 63% Gruppenanteil den Rohstoffimport neben Holz (etwa ein Drittel). Lieferte Schweden am Vorabend des Ersten Weltkrieges nach Spanien noch 36% des deutschen Importbedarfs, so baute es nach 1920 seine Position weiter auf 50% (1929) und 55% (1937) aus. Im Durchschnitt der Kriegsjahre 1940-1944 stammten sogar 91% der importierten deutschen Erze aus schwedischen Gruben[21]! Aber auch für Schweden hatte Deutschland als Abnehmer eine große Bedeutung, denn im Durchschnitt der Jahre 1926-1936 verließen 71,4% der exportierten Eisenerze die Grenzen in Richtung Deutschland[22]. Doch sollte nicht vergessen werden, daß sich damit auch der Anteil der Erze am Gesamtimport aus Schweden im Laufe der Zeit beträchtlich erhöhte: von 17% (1912) über 33% (1929) auf 52% (1937)[23].

Weiterhin importierte Deutschland noch folgende Rohstoffe: Wolle, Felle zu Pelzwerk, Kalbfelle, Federn, Borsten, Därme, Rindshäute und Steine. Auch innerhalb dieser Waren ist eine Konzentrationstendenz nach der Wirtschaftskrise festzustellen. Der steigende Anteil der Eisenerze am Gesamtimport verdrängte nämlich viele dieser Kleinstgüter von der Einfuhrliste. Die Struktur des Jahres 1942 ist symptomatisch für die Prämissen der Kriegswirtschaft, denn 83% der importierten Rohstoffe bestanden hier aus Eisenerzen, 4,9% aus Mangan-, Chrom- und Kupfererzen.

Die Gruppe der HALBWAREN setzte sich zum größten Teil aus Schnittholz, Holzmasse, Roheisen und anderen Metallen zusammen, wobei die Holz-

---

[20] Vgl. **HÄRIG**, S.34f.
[21] Berechnungen nach **WITTMANN**, S.243. Im Vergleich dazu die Mengen der eingeführten Erze: (Quelle: **STATISTISCHES JAHRBUCH**)
1913: 4,5 Mio Tonnen   1929: 8,6 Mio Tonnen   1937: 9 Mio Tonnen
1942: 4,2 Mio Tonnen.
[22] Berechnungen nach **WITTMANN**, S.114.
[23] **WITTMANN**, S.111.

produkte im gesamten Untersuchungszeitraum mehr als 50% des Gruppenanteils stellten. 1942 stellte beispielsweise Schnittholz 34,3%, Zellstoff 41% und Roheisen 8,2% dieser Gruppenimporte.

Eindeutige Präferenzen lassen sich in der Gruppe der importierten FERTIGWAREN nicht erkennen. Vor dem Weltkrieg finden sich darunter noch Produkte aus Holz - wie z.b. Fensterrahmen, Türen - dann Eisenwaren, Milchentrahmungsmaschinen, Metallwaren etc. Sind zwar Eisenwaren mit etwa einem Viertel am Gruppenimport beteiligt, so teilte sich der Rest auf viele Waren mit 2-3% Anteil auf - eine Tendenz, die auch in den weiteren Untersuchungsjahren bis 1929 bestimmend bleibt. 1937 ist schon ein Anstieg der Eisenwaren auf 36% und der Maschinen auf 25% zu konstatieren - ein Charakteristikum für den eingeschränkten Import von Konsumgütern in den Jahren des Vierjahresplanes. Während des Krieges setzte sich die Struktur der Fertigwarenimporte dahingehend zusammen, daß nun Maschinen mit 36,2% Anteil die Gruppe anführten, danach folgten Eisenprodukte mit 27,3% sowie Papier (19,8%). Allerdings gibt die Statistik keine nähere Aufgliederung dazu - die Lieferungen von schwedischen Kugellagern ist aus den Zahlen nicht ersichtlich.

Im Bereich der NAHRUNGSMITTELimporte zeigte sich der Strukturbruch nach dem Weltkrieg. Dominierte 1912 noch eindeutig der Import von Rindern und Rindfleisch (38%), so stieg die Einfuhr von Butter im Zeitraum von 1913-1929 um mehr als das 35-fache[24]! Für Schweden bedeutete dies "*die Umstellung ... auf tierische Veredelungserzeugnisse*". Knapp die Hälfte der schwedischen Butterexporte gingen beispielsweise 1929 nach Deutschland[25]. Butter stellte nach 1920 weiterhin - auch 1937 - über 50% der Nahrungsmittelimporte aus Schweden; der Rest verteilte sich auf Getreide, Rinder, Schweine, Fische, Eier.

Allerdings änderte sich die Struktur im Kriege sehr deutlich, denn 1942 bestand der Import von Nahrungsmitteln zu 78% aus Pferden, die wohl für den Wehrmachtsbedarf bestimmt waren[26].

---

[24] 1913: 313 Tonnen, 1929: 11200 Tonnen.
[25] WITTMANN, S.32.
[26] Diese Erkenntnis gilt auch für das Jahr 1943.

Im Vergleich hierzu die Struktur der deutschen Exporte:

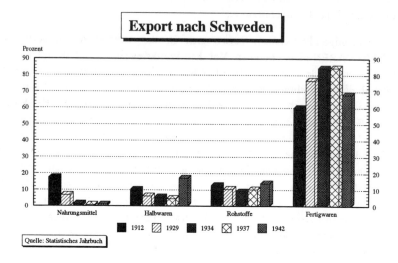

Steigende Anteile der FERTIGWAREN an der deutschen Ausfuhr, sinkende bei den NAHRUNGSMITTELN und ROHSTOFFEN, wenig Veränderungen bei den HALBWAREN sind die ersten, groben Resultate der Strukturanalyse.

Setzte sich die Gruppe der NAHRUNGSMITTEL 1912 vorwiegend aus Getreide (60% Gruppenanteil) zusammen, so hatte sich dieser Anteil kurz vor der Wirtschaftskrise leicht nach unten auf nun 45% verschoben. Daneben tauchten Zucker und pflanzliche Öle mit jeweils ca. 11 % in der Gruppe auf. Beim Zucker ist das darauf zurückzuführen, daß durch den Streik der schwedischen Rübenbauern im Jahre 1926 der deutsche Export plötzlich stark anstieg. Wenn auch dieser im folgenden Jahre wieder kräftig fiel[27], so hatte sich doch der Zucker eine gewisse Position auf dem schwedischen Markt gesichert[28].

Gleichzeitig fiel der Anteil der Nahrungsmittel 1929 auf knapp 7% und zeigt doch den Strukturwandel an, der sich in zwei Brüchen - konkret Erster Weltkrieg und Weltwirtschaftskrise - manifestiert, wie obige Tabelle eindeutig belegt. Schon 1925 lag der Anteil der Nahrungsmittel an der Gesamtausfuhr bei

---

[27] Exportierte Mengen in 1000 Tonnen: (Quelle: **STATISTISCHES JAHRBUCH**)
1925: 24,0 1926: 42,4 1927: 14,8 1928: 3,8 1929: 17,5
[28] HÄRIG, S.120ff.

5,2% und widerlegt damit das mögliche Argument, dieser Wandel könnte sich in den Jahren von 1920 bis 1929 schleichend vollzogen haben. Denn durch den Verlust der Ostgebiete - und damit auch der Getreideüberschüsse - wurden dementsprechend die Exportmöglichkeiten dieser Produkte beschnitten. Mit dem Preisverfall der Rohstoffe und Nahrungsmittel reduzierten sich ebenfalls die schwedischen Importe hier auf die notwendigen Investitionsgüter zu Lasten der Nahrungsmitteleinfuhren.

1937 war schließlich der Gruppenanteil so gering, daß er für das STATISTISCHE JAHRBUCH kaum noch erwähnenswert schien. Fünf Jahre später blieb zwar dieser Anteil immer noch bei etwa einem Prozent, doch ist die Zusammensetzung nicht ganz uninteressant: 39,2% der ausgeführten Nahrungsmittel bestanden aus Hopfen und 16,4% aus Wein. Wenn man die absoluten Werte sieht, so erkennt man erst recht die geringe Bedeutung dieser Obergruppe beim deutschen Export nach Schweden. Die Hopfenausfuhr belief sich nämlich auf knapp 500.000 RM, diejenige des Weins auf 210.000 RM.

Im folgenden soll nun die Struktur der Gruppe ROHSTOFFE untersucht werden. Diese setzte sich hauptsächlich aus Wolle, Baumwolle, Steinkohle, Kalirohsalzen und Ölkuchen mit jeweils wechselnden Präferenzen zusammen. Doch läßt sich feststellen, daß bis zur Wirtschaftskrise mehr Wolle und Baumwolle - danach aber Steinkohlen[29] - dominierten. 1942 stellte letztere 57,6% Gruppenanteil, zellwollene Spinnstoffe 18,3% und Kalirohsalze schließlich 8,7%.

Bei den HALBWAREN schälte sich die beherrschende Rolle von Koks erst nach dem Ersten Weltkrieg heraus. Konnte er 1912 nur einen Gruppenanteil von gut 15% für sich beanspruchen, so lag dieser Wert 1929 schon bei 36%, um schließlich acht Jahre später auf 45% zu steigen[30]. Der Rest verteilte sich auf die unterschiedlichsten Produkte wie Seide, Roheisen, Kraftstoffe, Garne und chemische Halbwaren. Im Kriege führte 1942 der Koksexport weiter die Gruppe an (31%), der Rest verteilte sich auf *Kraftstoffe* (10,4%), *Roheisen* (10,2%), *Metalle* (10,9%) und *Gespinste* (11,4%).

---

[29] Unter den Steinkohlenlieferanten Schwedens hatte Deutschland bis zum Zweiten Weltkrieg nur eine untergeordnete Rolle vorzuweisen. So betrug 1937 der deutsche Anteil an den schwedischen Importen nur 6%. Der Großteil stammte aus Großbritannien und Polen. **INSTITUT FÜR WELTWIRTSCHAFT II**, S.12.

[30] Deutschland war 1937 mit einem Anteil von 37% der größte Kokslieferant Schwedens. **INSTITUT FÜR WELTWIRTSCHAFT II**, S.14.

Weitaus größere Bedeutung für den deutschen Export erlangte die Gruppe der FERTIGWAREN, wie der steigende Anteil zeigt. Diese Warengruppe setzte sich aus sehr vielen Einzelposten zusammen - 1929 waren es mehr als 33[31]. Daher wird es schwierig, eindeutige Wandlungen zu konstatieren. Wesentliche Brüche nach dem Weltkrieg waren 1929 nicht zu erkennen, die Gruppenanteile schwankten um folgende Werte (1929): Textilien (20%), Elektrogüter (8%), Eisenwaren (9%), Maschinen (9%). Mußten gerade Textilien in den zwanziger Jahren erhebliche Exporteinbußen hinnehmen, so konnten diese doch im Handel mit Schweden ihre Gruppenposition relativ gut halten. Blieb zwar auch 1937 die Palette der gelieferten Fertigwaren quantitativ unverändert, so ergaben sich deutliche Präferenzen für Investitionsgüter, mit unterschiedlichem Stellenwert in der schwedischen Einfuhr, wenn man sich die Gruppenanteile der ersten sechs betrachtet: Eisenwaren (13%)[32], chemische Produkte (11%)[33], Maschinen (10%)[34], Elektroartikel (10%)[35], Textilien (6%)[36] und Fahrzeuge (5%).

Die Struktur des Kriegsjahres 1942 zeichnete sich durch eine große Bandbreite der gelieferten Waren aus. Konzentrationsbewegungen auf wenige Güter waren nicht festzustellen, wie die folgende Auflistung der Gruppenanteile verdeutlicht: Textilien (14%), Elektroartikel (10,9%), Eisenwaren (9,6%), Chemikalien (8,2%) und Maschinen (6,1%).

---

[31] So beispielsweise Textilien, Hüte, Leder, Schuhe, Pelze, Wachswaren, Möbel, Holzwaren, Kautschukwaren, Filme, Celluloid, Papier, Bücher, Musiknoten, Chemikalien, Porzellan- und Glaswaren, Eisen- und Kupferprodukte, Maschinen, Kraftfahrzeuge, Fahrräder, Musikinstrumente, Uhren und Spielzeug.
[32] Auch die schwedische Einfuhr verteilte sich in etwa zu gleichen Anteilen auf Deutschland, Belgien, Frankreich und Großbritannien. **INSTITUT FÜR WELTWIRTSCHAFT II**, S.15.
[33] Herausragende Stellung bei einem Lieferanteil von 70% bei Farben.
[34] Hier fungierte Deutschland als größter Maschinenlieferant mit 40% Anteil am Import.
[35] Ebenfalls um 40% Lieferanteil wies die deutsche Elektroausfuhr nach Schweden auf.
[36] Auch war der deutsche Lieferanteil unterschiedlich (10% bei Baumwolltextilien, 42% bei Wolltextilien, 50% bei Seidenwaren). **INSTITUT FÜR WELTWIRTSCHAFT II**, S.28-34.

9. Schweiz[1]

9. 1. Handelsstatistik

Die Schweizer Handelsstatistik[2] unterscheidet nach Herkunfts- und Bestimmungsland der Ware; beim Import handelt es sich hierbei um das Erzeugungsland - beim Export um das Verbrauchsland[3]. Die Werte mußten an der Grenze deklariert werden, die Unterteilung erfolgte in Generalhandel (inkl. indirekter Transit, Ein- und Ausfuhr aus Zollausschlüssen), Spezialhandel (exkl. Einfuhr zur Veredelung, jeglicher Transit, Verkehr aus Zollausschlüssen), Veredelungsverkehr, Niederlagen- und Transithandel.

Bis 1933 ist in den Zahlenangaben der Schweizerischen Handelsstatistik der Veredelungs- und Reparaturverkehr, respektive Eigenveredelungsverkehr, enthalten. ALTHOFF beispielsweise verwendet in seiner Untersuchung Schweizer Zahlen, da er der Meinung ist, daß die *"schweizerische Handelsstatistik im großen und ganzen zuverlässigere Angaben bietet als die deutsche"*[4], da sich *"bei den deutschen Zahlen ein großer Teil von Transitwaren [aus der Schweiz] als Einfuhr niederschlug"*. FELDENKIRCHEN verwendet dagegen deutsche Quellen, insbesondere des STATISTISCHEN REICHSAMTES, da *"hinsichtlich*

---

[1] Auf folgende LITERATUR sei verwiesen: H.G. ALTHOFF, Die deutsch-schweizerischen Wirtschaftsbeziehungen seit 1870. Köln 1955; F. BROWN, A Tabular Guide to the Foreign Trade Statistics of Twenty-one Principal Countries. London 1926; W. FELDENKIRCHEN, Die Handelsbeziehungen zwischen dem Deutschen Reich und der Schweiz 1914-1945. In: VSWG, 74, 1987, H.3, S.323-350; -M. FERALLI, Der deutsch-schweizerische Verrechnungsverkehr. Basel 1955; T. GEERING, Handel und Industrie der Schweiz unter dem Einfluß des Krieges. Basel 1928; -H. GÖLDI, der Export der schweizerischen Exportindustrie während der Kriegszeit 1939-1945. Zürich 1949; - HANDELSSTATISTIK der Oberzolldirektion im Auftrag der Kommission für Konjunkturbeobachtung. Der Schweizer Außenhandel unter den Einwirkungen des Krieges 1939-1945., In: Die Volkswirtschaft, Bern Nr. 19; -M. HEUBERGER, Die Strukturwandlungen des schweizerischen Außenhandels in den Jahren 1938-1949. Basel 1955; - H. HOMBERGER, Schweizerische Handelspolitik im 2.Weltkrieg. Zürich 1970; K.H. ISENHÖFER, Die Wirtschaftsbeziehungen zwischen Deutschland und der Schweiz unter dem Einfluß der Devisenpolitik. Düsseldorf 1936; H. JENNY, Der Schweizerische Kohlenhandel. Zürich 1941; R. PFENNINGER, Die Handelsbeziehungen zwischen der Schweiz und Deutschland während des Krieges 1914-1918. Zürich 1928; PH. REINHARDT, Der deutsch-schweizerische Eisenhandel während des Weltkrieges. Mannheim 1922; M. STEINER, Die Verschiebungen in der schweizerischen Außenhandelsstruktur während des zweiten Weltkrieges. Zürich 1950; W. RINGS, Raubgold aus Deutschland. Zürich 1985; H. ZIMMERMANN, Die Schweiz und Großdeutschland. München 1980.
[2] STATISTIK DES WARENVERKEHRS DER SCHWEIZ MIT DEM AUSLAND (Jährlich), SCHWEIZ. HANDELSSTATISTIK: JAHRESBERICHT und MONATSSTATISTIK DES AUSWÄRTIGEN HANDELS DER SCHWEIZ.
[3] BROWN, S.14f und 26f.
[4] ALTHOFF, S.121.

der Vergleichbarkeit der deutschen und schweizerischen Statistiken aufgrund unterschiedlicher Wertbemessungsgrundlagen oder unterschiedlicher Warengruppierungen" Schwierigkeiten vorhanden waren[5].

9.2. Handelsbilanz / Handelspolitik

Hohe Exportquoten und geringe Aufnahmefähigkeit des Binnenmarktes kennzeichnen den Außenhandel der Schweiz. Für das Jahr 1929 lagen die Schätzungen der Exportquote bei folgenden Angaben: *"Maschinen- 66%, Uhren- 95%, Textil- 70-, chemische - 70%, Schuh- 30% und Hutgeflechtindustrie 95%"*[6].

Ebenso charakteristisch ist die Abhängigkeit der Industrie von der Einfuhr aller industrieller Rohstoffe, insbesondere fossiler Brennstoffe, deren gesamter Bedarf importiert werden mußte[7]. Hierbei fungierte Deutschland im Untersuchungszeitraum als wichtigster Lieferant mit einem Anteil von mind. 50%. Gerade in Kriegszeiten aber erhöhte sich die Abhängigkeit vom deutschen Nachbarn. Im Ersten Weltkrieg vergrößerte sich diese noch mehr, als 1916 99,7% der Kohlelieferungen aus Deutschland kamen[8]. Auch im Zweiten Weltkrieg blieb die Schweiz von deutscher Kohle abhängig, mußte jedoch die seit Kriegsbeginn erheblichen Preissteigerungen akzeptieren[9].

Weiterhin war die Schweiz auf Nahrungsmittelzufuhr angewiesen, da ihre eigene landwirtschaftliche Produktion, die *"vorwiegend Viehzucht und Milchwirtschaft"* umschloß, nicht ausreichte[10]. Rohstoffarmut bedingte hier bei der Industrie schon frühzeitig die Tendenz zur hochwertigen Lohnveredelung. Die Schweiz wies 1938 nach Dänemark und Belgien-Luxemburg den größten Außenhandelsumsatz pro Kopf der Welt auf[11], was die lebenswichtige Bedeutung des Handels für die Schweizer Volkswirtschaft belegt.

---

[5] FELDENKIRCHEN, S.329, wobei allerdings der Schwerpunkt der Untersuchung von Feldenkirchen auf der Handelspolitik liegt.
[6] GÖLDI, S.17.
[7] JENNY, S.9. FELDENKRICHEN S.325.
[8] JENNY, S.18.
[9] So stieg beispielsweise der Preis für Union-Briketts ab Werk von 20,4 SFR / Tonne (Mai 1939) auf 49,2 SFR (September 1940). JENNY, S.217.
[10] HEUBERGER, S.8f.
[11] HEUBERGER, S.8f.

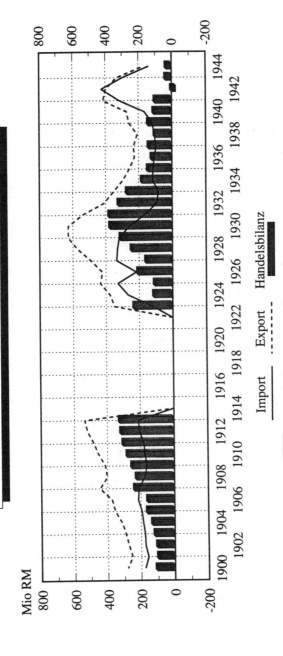

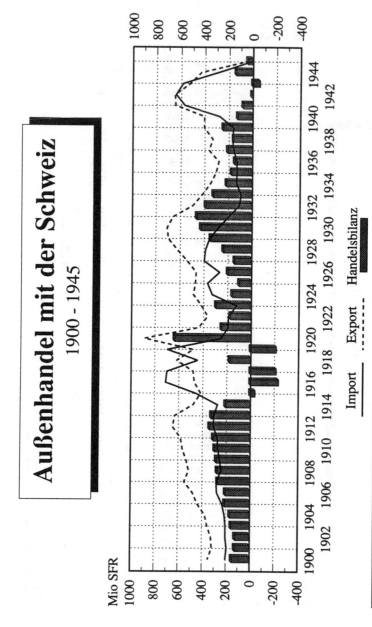

Anteile am Import der Schweiz in %[12]

	DT	F	I	USA
1913	33,6	17,2	11,1	6,3
1917	20,1	12,7	15,4	19,1
1925	17,9	18,9	10,1	8,6
1929	25,9	18,1	7,4	9,0
1937	22,3	13,6	6,5	7,0
1942	32,2	3,8	7,5	11,4
1945	4,4	10,5	3,8	11,1

Analysiert man die obige Tabelle, so sind folgende Entwicklungen ersichtlich. Lag der deutsche und italienische Anteil am Schweizer Import vor dem Ersten Weltkrieg noch sehr hoch, so konnten diese beiden Staaten ihren Marktanteil bis 1937 nicht auf das Vorkriegsniveau zurückführen. Diese Tatsache korrespondiert mit der gestiegenen Bedeutung Amerikas als Bezugsquelle. Erst der Zweite Weltkrieg stoppt die rückläufige Tendenz der deutschen Anteile. Doch selbst auf dem Höhepunkt der deutsch-schweizerischen Wirtschaftsbeziehungen im Jahre 1943 erreichte das III. Reich "nur" einen Anteil von 36,4%, wobei die deutsche Dominanz eindeutig militärisch (Geographische Kontrolle) bedingt war, wie auch die Zahlenangaben von 1945 belegen. Auf der anderen Seite erlangten die USA im II.Weltkrieg quasi den "Fuß in die Tür" des Schweizer Marktes und eroberten eine Position, die sie nach 1945 weiter bis auf 20% ausbauten.

---

[12] Eigene Berechnungen nach **STATISTISCHES HANDBUCH**. Die Werte von 1937 sind aus **GÖLDI**,S.44; die Zahlen von 1917 und 1925 sind bei **PFENNINGER**, S.136 zu finden; diejenigen der Jahre 1942 und 1945 sind **HEUBERGER**, S.73 entnommen.

Anteile am Export der Schweiz in %

	DT	F	I	USA
1913	22,1	10,1	17,2	9,9
1917	30,1	19,9	5,6	5,2
1925	18,1	8,5	5,1	9,4
1929	16,3	8,7	14,0	10,0
1937	15,5	10,9	7,9	8,8
1942	41,8	4,3	10,1	6,5
1945	0,8	11,2	0,8	26,2

Ähnlich wie in der Einfuhr, so läßt sich auch hier der sinkende Anteil Deutschlands erkennen - eine Entwicklung, die mit dem Ausbruch des II.Weltkrieges endete und die Schweiz in starkem Maße an das III.Reich band. Parallel dazu ist ebenfalls die zurückgehende Bedeutung Italiens zu sehen. Hier treten die USA erst mit Ende des Krieges als Großkunde schweizerischer Produkte auf[13]. Zum Ende des Zweiten Weltkrieges ... "*zeichnete sich jedoch die Tatsache ab, daß Deutschland seine Stellung als Haupthandelspartner der Schweiz eingebüßt hat*"[14].

Frühe Verträge mit Deutschland stammten aus den Jahren 1869 und 1881 und waren auf der Grundlage der Meistbegünstigung abgeschlossen. Letzterer wurde 1888 mit einem Zusatzabkommen versehen; 1904 lief der zwölf Jahre zuvor unterzeichnete Handelsvertrag ab und wurde im gleichen Jahr durch einen mit ebenfalls zwölfjähriger Laufzeit ersetzt[15]. Diese in beiden Fällen lange Vertragsdauer zeugt von der Normalität und Stabilität der bilateralen Handelsbeziehungen. Nach dem Ausbruch des Ersten Weltkrieges regelten vier Wirtschaftsabkommen den bilateralen Handelsverkehr, die nach 1916 rasch aufeinanderfolgend abgeschlossen wurden[16] und die dringlichen Bedürfnisse der Schweizer Versorgung regelten.

Ähnlich wie im Zweiten Weltkrieg produzierte und lieferte die Schweiz auch in den Jahren nach 1914 für beide Kriegslager - die Parallelen sind hier un-

---

[13] Wobei allerdings anzumerken ist, daß größere Schwankungen zwischen 1944 und 1949 auftraten.
[14] **HEUBERGER**, S.78
[15] **ISENHÖFER**, S.10.
[16] a) 2.9.1916 b) 3.5.1917 c) 20.8.1917 d) 22.5.1918. **PFENNINGER** S.43ff.

übersehbar. Insbesondere Granaten- und Bombenzünder aus Kupfer wurden plötzlich verstärkt exportiert. So stieg die Ausfuhr von Kupferwaren von 3,3 Mio SFR (1914) nun auf 214,3 Mio SFR (1917)[17]. Der Großteil der Exporte verließ aber die Schweiz in Richtung Entente, wodurch der Zugang zu den Überseerohstoffen weiterhin gewährleistet war. Lebensmittel, Zucker, Eisen, Kunstdünger und vor allem der für die Industrie so wichtige Energieträger Kohle kamen aus Deutschland; allerdings nicht ohne erhebliche Preissteigerungen. Kostete die Importkohle 1914 noch 32 SFR/Tonne, so mußte die Schweiz drei Jahre später schon 70 SFR bezahlen. In ähnlich steigender Tendenz befand sich auch der Wert der Importe aus Deutschland. Betrug dieser 1914 nach Schweizer Quellen noch 274,5 Mio SFR, so hatte er 1916 mit 708,6 Mio SFR seinen Höhepunkt erreicht[18].

Problematisch gestaltete sich der Handel nach dem Ende des Ersten Weltkrieges. Im Jahre 1921 *"entschloß sich die Schweiz zu umfangreichen allgemeinen Einfuhrbeschränkungen"*[19], um dem Währungsverfall in Deutschland entgegen zu wirken und nicht von nun billigen Dumpingwaren überschwemmt zu werden. Nach dem Wiedererlangen der handelspolitischen Souveränität regelte ab 1926 ein Handelsvertrag auf der Grundlage der Meistbegünstigung die beiderseitigen Beziehungen. Im Gegensatz zu den vor 1914 abgeschlossenen Verträgen wies dieser nur noch eine Laufzeit von einem Jahr mit Verlängerung auf. Die Weltwirtschaftskrise und die daraus resultierende Finanzkrise zwangen zur Revision des noch gültigen Vertrages. Devisenprobleme ließen die Schweiz zum Mittel der Importkontingentierung und schließlich zur Kündigung des Handelsvertrages mit Wirkung vom 4.2.1932 greifen. Schon am 5.11.1932 beendete ein neuer Handelsvertrag die vertragslose Zeit und regelte Zollsenkungen deutscherseits sowie das Schweizer Entgegenkommen in der Importkontingentierung und dem bilateralen Zahlungsverkehr [20]. Kurzfristige Zusatzvereinbarungen zum Handelsvertrag waren notwendig geworden, um auf die sich rasch wandelnde wirtschaftliche Situation - vor allem im Devisensektor - Bezug zu nehmen. Schließlich wurde am 26.7.1934 das erste Verrechnungsabkommen zwischen

---

[17] GEERING, S.574: *"Über Hals und Kopf arbeiten und bei Taglöhnen bis zu 20 Franken drauflos verdienen, das war die Losung, und sie wurde dank den kriegspsychologisch hochgetriebenen Preisen in nie geahntem Maße verwirklicht. Aber über diese lukrative Praxis schweigen sich die Wirtschaftschronisten jener Tage gänzlich aus"*. Diese Ansicht dürfte sicher etwas zu einseitig formuliert sein, dennoch sollte man die Tatsache nicht übersehen, daß die Schweizer Konjunktur sehr wohl von beiden Weltkriegen profitierte.
[18] GEERING, S.50.
[19] ISENHÖFER, S.11.
[20] ISENHÖFER, S.61.

Deutschland und der Schweiz abgeschlossen, am 17.4.1935 legte das Verrechnungsabkommen den "*Verteilungsmodus im Verrechnungssystem*" neu fest[21].

Doch schon kurze Zeit später ließen allgemeine Verrechnungs- und vor allem Verteilungsprobleme der erwirtschafteten Devisen ein neues Verrechnungsabkommen am 17.4.1935 paraphieren, welches aber schon am 10.6.1936 wieder gekündigt wurde. Die nächsten Verrechnungsabkommen stammen vom 30.6.1937 und vom 9.8.1940, das letzte trat Mitte Februar 1945 außer Kraft[22]. Auf dem Handelssektor blieb das Warenabkommen von 1932 bis Kriegsende gültig, doch ist diese Kontinuität nur auf den ersten Blick richtig. Denn bis zum 29.12.1944 modifizierten beide Seiten diesen Vertrag um 18 Zusatzvereinbarungen und konnten so diesen an die sich in immer kürzeren Abständen wandelnde wirtschaftliche und politische Realität anpassen.

Die Neutralität der Schweiz erlaubte es, "*Verträge mit beiden Kriegsparteien abzuschließen*"[23]. Wurden deshalb zu Beginn des Krieges noch die Handelsverbindungen mit den Alliierten intensiv gepflegt, so änderte sich die Lage der Schweiz mit der Niederlage Frankreichs im Sommer 1940 schlagartig. Völlig von seinen Importverbindungen abgeschnitten, konnte das Bergland zwar dem deutschen Drängen widerstehen, die Beziehungen nur auf das Reich zu konzentrieren, mußte ihm aber einen größeren Anteil am Handel einräumen. Blockade und Gegenblockade bestimmten von nun ab das Bild der Schweizer Handelsbeziehungen zu den Alliierten und Deutschland. Die Belieferung mit Kohle und Eisen erzwang "*entsprechende Gegenleistungen*"[24]. So sperrte das III. Reich nach der Niederlage Frankreichs die Kohlenzufuhr in die Schweiz, als diese dem Wunsch Deutschlands, die Wirtschaftsbeziehungen zu Großbritannien abzubrechen, nicht nachkam. Gerade Kohlen und Eisen wurden in dieser Zeit "*gleichermaßen zum Druckmittel bei den deutsch-schweizerischen Verhandlungen*"[25]. Im Abkommen vom 9.8.1940 einigte man sich auf Schweizer Kredit gegen deutsche Kohlelieferungen, die 1942 das Kontingent von 2,4 Mio Tonnen erreichen sollten. 1941 wurde der deutsche Kreditrahmen auf 850 Mio Schweizer Franken ausgedehnt, den Deutschland weit überzog[26]. Nun blockierten die Alliierten 1941 wieder die Zufuhr der Schweiz als Reaktion auf die Einigung mit Deutschland. Erst die Verschlechterung der deutschen militärischen Lage an

---

[21] Zum näheren Inhalt vgl. **ISENHÖFER**, S.83ff.
[22] **ALTHOFF**, S.85.
[23] **GÖLDI**, S.32.
[24] **GÖLDI**, S.36
[25] **FELDENKIRCHEN**, S.335.
[26] **HEUBERGER**, S.89ff.

allen Fronten ermöglichte es der Schweiz, den deutschen Druck zu lockern und die Ausfuhr in das Reich zu beschneiden. Deutschland mußte ab Herbst 1943 seinem Handelspartner einerseits die Ausweitung des Handels mit den Alliierten, andererseits aber die Gegenseitigkeit im Handel zugestehen. Deshalb wuchsen die Clearingschulden ab 1943 bis Kriegsende nur geringfügig von 582 Mio RM (Okt. 1943) auf 686 Mio RM (Dez. 1944) an.

Der wirtschaftliche und militärische Niedergang des Deutschen Reiches ab etwa August 1944 (Befreiung Frankreichs) hatte den erheblichen Rückgang des Güteraustausches mit der Schweiz zur Folge. Obwohl sich viele ehemals besetzte Gebiete nicht mehr unter deutscher Herrschaft befanden, konnten diese nicht als Lieferanten auftreten, da die Transportwege in die Schweiz vielfach noch von den Alliierten blockiert waren[27]. Erst mit dem sog. *Currie-Abkommen* vom 6.3.1945 wurde die Ausrichtung des Handels auf die Alliierten vollzogen.

Politischer Druck bestimmte ebenso die Handelsbeziehungen wie auch der gegenseitige materielle Nutzen. So entwickelte sich das traditionsreiche Finanzzentrum Schweiz zur "Goldwaschanlage" der Nationalsozialisten[28]. Dabei tauschten die Deutschen das aus den Zentralbanken der besetzten Ländern beschlagnahmte Gold in Schweizer Devisen um und konnten mit dieser "sauberen" Währung Rechnungen bei den Neutralen, insbesondere Spanien und Portugal, begleichen, da diese oft das direkte "Raubgold" nicht akzeptierten.

Während der Import in allen Warengruppen gleichmäßig schrumpfte, stieg die Ausfuhr der Fertigwaren bis 1941/1942 überproportional bei fallenden Rohstoff- und Nahrungsmittelexporten an. Schon seit Ausbruch des Krieges wurden die Disparitäten zwischen dem Niveau der Export- und Importpreise zu Lasten der letzteren immer größer, was den Zwang zu steigenden Exporten zur Folge hatte.

Um die Beschäftigung der Industrie des Landes auch im Kriege zu sichern, war die Schweiz auf die nötigen Rohstoffe -vor allem Eisen, Erze und Kohle - angewiesen. Erze lieferte größtenteils Schweden, von Deutschland kam Eisen und die für die Energieerzeugung so wichtige Kohle zu fast 90 %[29]. Im Gegenzug war das Reich Hauptimporteur der Erzeugnisse der Maschinenbauindustrie (mit einem Exportanteil von 40-50%, hauptsächlich Werkzeugmaschinen für Metallbearbeitung und Munitionsherstellung), der Schuhherstellung (20-40%),

---
[27] STEINER, S.13.
[28] Näheres zu dieser Thematik siehe **RINGS**.
[29] HANDELSSTATISTIK, S.14.

der pharmazeutischen- und chemischen Industrie (20-30%) und des Instrumentenbaus (50-60%, Zünder für Artilleriegeschosse)[30].

Ein Blick auf beide Graphiken zeigt, daß die Handelsbilanz mit der Schweiz immer (von der Ausnahme des Jahres 1942 abgesehen) für Deutschland aktiv blieb. Dies beruht auf den erhöhten deutschen Fertig- und Halbwarenexporten.

Stiegen bis 1913 die deutschen Exporte kontinuierlich an, so verzeichneten dagegen die Importe eine rückläufige bis stagnative Tendenz, welche zur Folge hatte, daß sich die Scherenbewegung zwischen Ausfuhr und Einfuhr im plötzlich stark wachsenden deutschen Handelsüberschuß manifestierte. Mit dem Ausweiten der Handelsumsätze nach 1925 wuchs auch der deutsche Exportüberschuß in gleichem Maße und zeigt deutlich, daß die Grenze der Exportfähigkeit der Schweizer Wirtschaft eher erreicht war als die Aufnahmefähigkeit des eigenen Marktes. Zudem verließen viele der aus Deutschland eingeführten Güter als veredelte Produkte die Schweiz in Richtung Übersee und Deutschland. Nach der Weltwirtschaftskrise folgten die Handelskurven im Verlauf der Richtung des allgemeinen Preisverfalls, doch stiegen die deutschen Handelsüberschüsse weiter bis 1931 an und lagen 1932 immer noch höher als im Krisenjahr 1929. Denn die Importe aus der Schweiz fielen rascher als die deutschen Exporte. Zu erklären ist dies damit, daß der deutsche Import zu mehr als 40% aus Rohstoffen und Halbwaren bestand, die deutschen Exporte dagegen zu mehr als 70% aus Fertigwaren, deren Preisverfall ungleich langsamer vonstatten ging, als derjenige der Rohstoffe und landwirtschaftlichen Produkte. In der Folgezeit stagnierten die deutschen Handelsüberschüsse bis etwa 1941 - danach war der gegenseitige Austausch trotz enorm gestiegener Umsätze fast ausgeglichen.

Will man ein Resümee der deutsch-schweizerischen Handelsbeziehungen ziehen, so kann man sich dabei FELDENKIRCHEN anschließen, welcher der Meinung ist, "*aus Schweizer Sicht*" gründe "*der Handelsverkehr weniger auf freiem Güteraustausch als auf den Abhängigkeiten von Politik und Wirtschaft des nördlichen Nachbarn*". Trotz geringen Anteils am "*deutschen Außenhandel*" wurde die Schweiz "*in entscheidenden Phasen zu einem zentralen Objekt der deutschen Außenwirtschaftspolitik*"[31].

---

[30] HANDELSSTATISTIK, S.16F.
[31] FELDENKIRCHEN, S.350.

9.3. Export- / Importstruktur

Die deutschen Importe aus der Schweiz unterteilten sich wie folgt:[32]

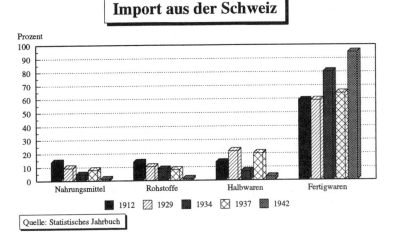

Die Analyse im Kriegsjahr 1942 bezieht sich auf das erste Halbjahr, da die Quelle nicht für das ganze Jahr vorhanden war.

Käse, Obst und Milch bildeten meist den Hauptanteil der NAHRUNGSMITTELimporte aus der Schweiz. Vor allem Käse konnte seine führende Position bis 1937 behaupten. 1912 stellte dieses Produkt einen Gruppenanteil von 31,4%, gefolgt von Schokolade (17,5%), Äpfeln (13,9%) und Milch mit 8,2%. Die Analyse des Jahres 1929 zeigt Konzentrationsbewegungen auf die Einfuhr der Produkte Käse mit einem Anteil von 56,6%, Obst (36,6%) und Milch mit 12,0% an. Acht Jahre später sind aus der Statistik nur Käse (54,2%) und Obst (27,1%) ausgewiesen. Saisonale Einflüsse wie Erntezeiten und Weinlese lassen die Analyse der Nahrungsmitteleinfuhr aus der Schweiz des Jahres 1942 mit Vorsicht betrachten, da nur für das erste Halbjahr Zahlen vorhanden waren. Hierbei sind Schwerpunkte nicht zu erkennen: 18,7% der Gruppenimporte sind sonstige pflanzl. Nahrungsmittel, 17,5% Obst, 12,5% Wein, 12,3% Rinder und 12,3% Milch.

---

[32] Eigene Berechnungen nach **STATISTISCHES JAHRBUCH**.

Kontinuierlicher Bezug von Fellen steht bis zum Jahr 1942 beim ROHSTOFFimport im Vordergrund, jedoch reduzierte sich der Gruppenanteil dieser Produkte stetig. 1912 beanspruchten Felle, Häute noch einen Gruppenanteil von 36,1% - doch 1929 hatte sich dieser schon spürbar auf 9,5% verringert. In diesem Jahr standen Metalle (20,5%) und Wolle (12,5%) an erster Stelle[33]. Fast die Hälfte des Rohstoffimports bestand 1937 aus Fellen (43,8%). Der Anteil der Wolle stagnierte bei 13,8%. Im ersten Kriegshalbjahr 1942 konzentriert sich der deutsche Warenbezug auf Eisenerze (52,5%), sowie Pelzfelle (14%) und Abfälle, Rohlumpen (14,4%).

Der Bezug Schweizer HALBWAREN stützte sich im wesentlichen auf Metalle (Aluminium) und Rohseide, sowie Garne. Vor Kriegsausbruch waren es diese zwei Produkte, welche fast gänzlich den Import bestimmten. Metalle wiesen einen Gruppenanteil von 45% auf, derjenige der Garne lag bei 48,3%.

Der Schweiz kam für Deutschland auch eine erhöhte Bedeutung als Lieferant von Roh- und Kunstseide zu. Letztere wurde der Kategorie FERTIGWAREN zugeordnet, so daß hier nur auf Rohseide einzugehen ist. Jedoch ließ die Weltwirtschaftskrise den Absatz von Seidenprodukten in Deutschland bis 1937 stetig fallen, so daß auch in diesem Jahr Textilien mit einem Anteil von 39,8% wichtigstes Importgut der Gruppe Halbwaren wurde. Danach folgte Rohseide mit 24,7%. 1942 stehen Metalle (hauptsächlich Aluminium) mit einem Gruppenanteil von 30,1% neben Textilien (23,3%) im Vordergrund. Insbesondere Aluminium blieb für Deutschland hoch im Kurs, da dieses ein wichtiger Baustein in der Flugzeug- und Fahrzeugproduktion des Krieges war. Die eidgenössische Aluminiumindustrie hatte insbesondere im Jahr 1939 einen dynamischen Aufschwung erfahren, als sie nach Kanada zum zweitgrößten Produzenten der Welt aufstieg[34].

Analysiert man den FERTIGWARENimport, so stellt man fest, daß sich dieser - mit wechselnden Anteilen - auf Uhren, Maschinen, Textilien, Chemikalien und Kunstseide beschränkt. Besaßen Uhren 1912 noch einen Anteil von 22,8% und rangierten damit vor Chemikalien (17,4%) und Maschinen (6,4%), aber hinter Textilien (24,6%). Im Jahr der Weltwirtschaftskrise konnten Textilien ihren Anteil noch auf 28,9% ausbauen. Uhren mußten mit einem Anteil

---

[33] Zusammengefaßte Gruppen ROHSTOFFE UND HALBWAREN.
[34] STEINER, S.62. Allerdings war dieser Industriezweig immer von dem Import kalzinierter Tonerde und somit im Zweiten Weltkrieg von den Einfuhrgenehmigungen der Achsenmächte abhängig. Das Gros der benötigten Einfuhren lieferten Frankreich und Italien.

von 14,4% ebenso wie Chemikalien (11,3%) Verluste hinnehmen, währenddessen Maschinen ihre Position auf 9,4% verbessern konnten. 1937 hatte sich die Struktur leicht gewandelt: Chemikalien lagen nun mit 16% vorne, Textilien hatten sich auf 10% verschlechtert, Maschinen und Uhren lagen gleichauf bei 12,4%. 1942 führen Uhren (19,8%) und Maschinen (19,3%) die Gruppe der Fertigwaren an. Allerdings darf man nicht übersehen, daß auch elektrischen Zünder für Artilleriegeschosse unter der Rubrik "Uhren" abgebucht wurden, da diese von der schweizerischen Uhrenindustrie hergestellt wurden. Was die Maschinen anbelangt, so handelte es sich meist um Werkzeugmaschinen, Motoren, Dynamo- und Textilmaschinen. Wiederum verließ der Großteil der Maschinenexporte die Schweiz in Richtung Deutschland. Weiter wichtig blieb der Bezug von Eisenwaren (15,6%)[35], Chemikalien (10,6%) und Elektrogütern (4,2%). Neben Italien fungierte die Schweiz meist als größter Lieferant von Kunstseide. Im Jahre 1929 wiesen diese Produkte den höchsten Gruppenanteil mit 14,3% auf, 1937 konnte man die gesunkene Bedeutung des Kunstseidenimports schon aus dem nun geringen Anteil von 3,8% herauslesen.

Der Aussage von Feldenkirchen, im Export mit Deutschland *"verloren Textilien an Bedeutung"*[36] ist sicher zuzustimmen. Denn führt man sich die steigenden Anteile der Fertigwaren am Gesamtimport aus der Schweiz vor Augen, so zeigt ein Gruppenanteil der Textilien im Jahre 1937 von nicht mehr als 1% bei einem gestiegenen Anteil der Fertigwaren am Gesamtimport eine insgesamt erheblich geringere Bedeutung!

Bei den deutschen Exporten in die Schweiz gestaltete sich die Struktur folgendermaßen:

Die Analyse der NAHRUNGSMITTELexporte zeigt folgende Ergebnisse: 1912 war die Palette der exportierten Güter noch relativ breit; Zucker besaß einen Anteil von 18,7%, Mehl von 15,7%, Hafer 13,2%, Weizen 7,4% und schließlich noch Malz mit 3,9%. Deutschlands geschwächte Position auf dem Weltzuckermarkt ließ auch die eigene Zuckerproduktion reduzieren, so daß 1929 dieser auf der Exportliste nicht mehr auftaucht. In diesem Jahr setzte sich

---

[35] Deutschland lieferte Eisenerze gegen in der Schweiz hergestellte Eisenwaren. *"Es fand also in der Eisenindustrie gewissermaßen ein schweizerisch-deutscher Veredelungsverkehr statt."* **STEINER, S.47.**

[36] **FELDENKIRCHEN, S.336.** *"Wenn auch bis auf die Chemie alle Industriezweige wegen der rückläufigen Außenhandelsentwicklung der Schweiz Verluste aufzeigen, so wiesen doch die ersten drei Kategorien mit Textilien an der Spitze die größten Einbußen auf, während sich die Maschinenindustrie knapp behaupten konnte. Diese Entwicklung der Warenstruktur des gesamten schweizerischen Exports kommt auch im Handel mit Deutschland zum Ausdruck. Kontinuierlich verloren die Textilien an Bedeutung..."*

der Nahrungsmittelexport vornehmlich aus Hafer (25,4%), pflanzliche Ölen (13,1%) und weiterhin Mehl (10,1%) zusammen.

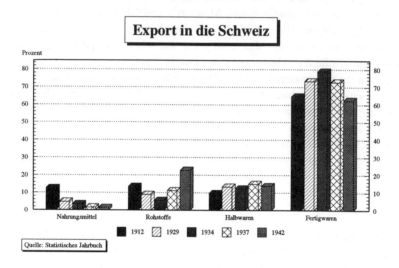

1937 war schließlich die Nahrungsmittelausfuhr so gering, daß sie in der Statistik nicht näher spezifiziert wurde. Im Kriegsjahr 1942 stand Zucker wieder im Mittelpunkt mit einem Anteil von 42%. Kartoffeln konnten ihren Anteil auf 19,6% verbessern, Getreide (Gerste, Hafer) stagnierten bei 8%. Da die *"Zufuhren sehr starken Schwankungen unterworfen"* waren, ist es schwierig, die Bedeutung Deutschlands als Nahrungsmittellieferant zu ermessen[37]. Hauptsächlich erhielt die Schweiz aus Deutschland Zucker und Kartoffeln, die Mittelmeerstaaten Italien, Spanien und Portugal lieferten Südfrüchte, Obst, Gemüse, Wein und Fisch, der Weizen kam aus USA und Kanada. Für das Gesamtjahr 1942 errechnete sich der Anteil des Deutschen Reiches an den eidgenössischen Nahrungsmittelimporten auf 3,7%[38].

Eindeutig war die Struktur der ROHSTOFFexporte zu eruieren, in der die Brennstoffe Stein- und Braunkohlen die Gruppe bestimmten. 1912 lieferte Deutschland 50,3% der Rohstoffe in Form von Steinkohlen, 20,7% in Form von Steinpreßkohlen. Von letzterem war die Schweiz mit 38% des Gesamtexports dieser Ware der Hauptabnehmer. Die Bedeutung Deutschlands als Hauptlie-

---

[37] STEINER, S.108.
[38] Berechnungen nach STEINER, S.107ff.

ferant war vor dem Ersten Weltkrieg dabei sehr groß, denn 85% der schweizerischen Einfuhr 1913 waren deutscher Provenienz[39].

1929 veränderte sich das Bild naturgemäß durch die Zusammenlegung der beiden Gruppen ROHSTOFFE / HALBWAREN, doch der Gruppenanteil der Steinkohle (10,8%) wurde von Koks (16,1%) noch übertroffen. Garn und Wolle wiesen mit 10,4% und 10,2% die gleichen Anteile auf. Erst die Analyse der Jahre 1937 und 1942 zeigt die Ausrichtung des Exports auf Brennstoffe. 1937 lag der Anteil der Steinkohle bei 64%, derjenige der Braunkohle bei 20,4%. Im ersten Halbjahr 1942 stellten Steinkohlen fast zwei Drittel des Gruppenexportes (74,3%) und Braunkohlen notierten mit 11% deutlich unter den Werten des Jahres 1937. Deutschland war im Krieg - bedingt durch Annexionen und der Militärverwaltung eroberter Gebiete - zum weltgrößten Kohlenproduzenten geworden.

Änderungen in der Struktur der HALBWAREN erstreckten sich nur auf den Bedeutungsverlust der Seidengarnausfuhr, die 1912 immerhin noch einen Anteil von 16,3% besaß. Koks hatte mit 19,2% Anteil noch nicht den Stellenwert erlangt, den es 1937 mit 48,3% aufweisen sollte. In diesem Jahr sind auch chemische Halbwaren interessant, die mit 12,1% in der Statistik aufgeführt sind. 1942 stellt Koks wiederum gut die Hälfte der Gruppenausfuhr (42,6%), gefolgt von Kraftstoffen (18,6%) und Eisen (17,3%).

Schwieriger wird es, in der Kategorie FERTIGWAREN Kontinuitäten aufzuzeigen. Generell läßt sich jedoch aussagen, daß die Weltwirtschaftskrise den Bruch darstellte, der Änderungen nach sich zog. So reduzierte sich bis 1937 der Anteil der Textilien auf die Hälfte, währenddessen sich derjenige von Eisenwaren, Elektrogütern und Maschinen verdoppelte; Fahrzeuge und Chemikalien dagegen auf das Dreifache wuchsen! Auf diesem Niveau stagnierten dann diese Waren 1942.

1912 waren es Eisenwaren, die mit einem Anteil von 12,3% die Gruppe anführten. Maschinen und Textilien beanspruchten in etwa den gleichen Anteil (7,6% und 8,4%) - chemische Produkte lagen bei 8,9%. Im Jahr der Weltwirtschaftskrise war der Anteil der Eisenwaren schon auf 16,2 gestiegen. Gleichzeitig war der Export von Textilien auf seinem Höhepunkt (14,8%) - zu Lasten der Chemie (5,8%). Maschinen konnten ebenfalls prozentuale Gewinne verbuchen

---

[39] JENNY, S.16.

(8,6%). Elektrowaren wiesen eine Verdoppelung ihres Anteiles von 1,8% (1912) auf 3,7% (1929) auf. Der Anteil der Fahrzeuge lag noch unter einem Prozent.

Doch der große Bruch vollzog sich nach 1929, denn 1937 standen Eisenwaren mit 21,3% an der Spitze, gefolgt von Chemikalien (14,7%), Maschinen (10,1%), Textilien (5,9%), Elektro (5,4%) und Fahrzeugen (3,5%).

1942 stagnierten die prozentualen Anteile der meisten Produkte - Textilien konnten sich jedoch auf 8,6% , Eisenwaren auf 34,1% verbessern.

10. Sowjetunion[1]

10.1. Handelsstatistik

Bei der Strukturanalyse stellt sich die Frage, welche Zahlenangaben als Basis dienen sollten. Denn die "*sowjetischen Zahlen*[2] *weichen beträchtlich von den deutschen amtlichen Quellen ab und ergeben ... für Deutschland aktive Bilanzsalden*", wie der DDR-Historiker PUCHERT seine Präferenz für die deutschen Quellen begründet[3]. Auch der ostdeutsche Nestor KUCZYNSKI mißtraut den russischen Zahlen, während beispielsweise die westdeutschen Historiker BEITEL, NÖTZOLD und GOTTHELF sich ohne Begründung auf sowjetische Angaben stützen. Bis zum Ausbruch des Ersten Weltkrieges galt im Zarenreich das Herkunftsland der Ware als Grundlage der statistischen Erfassung, erst ab 1914 wurde das Ursprungsland zur Vorschrift und man konnte damit einigermaßen den Transithandel ausgliedern.

So stellt die REICHSSTATISTIK fest, daß "*die russischen Einfuhrwerte ... im Vergleich zu den deutschen Ausfuhrwerten namentlich seit 1906 um mehrere*

---

[1] Obwohl die Strukturanalyse auch den Zeitraum des zaristischen Rußland umfaßt, wird in folgenden Ausführungen/Graphiken/Tabellen einheitlich der Terminus "Sowjetunion" verwendet. Auf folgende LITERATUR sei verwiesen: W. BEITEL / J. NÖTZOLD, Deutsch-sowjetische Wirtschaftsbeziehungen in der Weimarer Republik. Baden-Baden 1979; W. BIRKENFELD, Stalin als Wirtschaftspartner Hitlers 1939 - 1941, In: VSWG 53, 1966, S.477-510; PH.W. FABRY, Die Sowjetunion und das Dritte Reich. Eine dokumentierte Geschichte der deutsch-sowjetischen Beziehungen 1933-1941. Stuttgart 1971; M. GOTTHELF, Außenhandelsentwicklung und Außenhandelsstrategie in der UdSSR. Die Entwicklung des Außenhandels der Sowjetunion mit den westlichen Industrienationen und die sowjetische Außenhandelsstrategie 1918-1979, Frankfurt 1979; - K.HELMER, Der Handelsverkehr zwischen Deutschland und der UdSSR in den Jahren 1933-1941. Berlin 1954; L. HILLMEISTER, Russischer Außenhandel in der Nachkriegszeit unter besonderer Berücksichtigung zu Deutschland. Köln 1926; J.KUCZYNSKI / G.WITTKOWSKI, Die deutsch-russischen Handelsbeziehungen in den letzten 150 Jahren. Berlin 1947; A. MARX-REINHART, Maschinenausfuhr nach Sowjetrussland. Borna-Leipzig 1930; H. MÜNCH, Die Bedeutung der sowjetischen Aufträge an die sächsische Werkzeugmaschinenindustrie in der Zeit der Weltwirtschaftskrise 1929-1932. In: JB f. Wirtschaftsgeschichte 1965, IV, S.54f; H.J. PERREY, Der Rußlandausschuß der deutschen Wirtschaft. Die deutsch-sowjetischen Beziehungen der Zwischenkriegszeit. München 1985; B. PUCHERT, Die Entwicklung der deutsch-sowjetischen Handelsbeziehungen 1918-1939. In: JB f. Wirtschaftsgeschichte 1974, IV, S.57f; V. WITTSCHEWSKY, Rußlands Handels-, Zoll- und Industriepolitik. Berlin 1905.

[2] Probleme ergeben sich aus der Währungsumstellung auf den neuen Rubel ab 1937, welcher Nachberechnungen im Verhältnis von 1:4,38 alt-neu erforderlich macht. BEITEL zitiert seine Zahlen aus S.N. BAKULIN / D.D. MISCHUSTIN, Vneschnjaja torgovlija SSSR za 20 let 1918-1939 gg. Moskau 1939, die schon umgerechnet sind.

[3] PUCHERT, S.27.

Millionen Mark zu hoch" seien, *"weil sie auch die ganze Einfuhr fremder (nichtdeutscher) Waren über die deutsch-russische Grenze mitenthalten"*[4]. Ebenso werden die nach Deutschland im Transit exportierten Waren nicht miterfaßt, so daß die russischen Exportwerte erheblich von den dazugehörigen deutschen abweichen. Aber auch in den sowjetischen Ein- und Ausfuhrstatistiken sind große Differenzen zu den deutschen Zahlen zu finden[5]. Um jedoch einen einheitlichen komparatistischen Zugriff für die Betrachtung zu gewährleisten, wird im folgenden deutsches Zahlenmaterial benutzt, insbesondere das STATISTISCHE JAHRBUCH.

Dabei handelt es sich um Angaben in laufenden Preisen, Gebietsveränderungen sind berücksichtigt. Ab 1939 umschließen die Grenzen der UdSSR den östlichen Teil Polens, ab 1940 auch die baltischen Staaten. Trotz der inhärenten Unwägbarkeit der Ziffern der besetzten Gebiete der UdSSR sollen diese nicht unveröffentlicht bleiben. Sie setzen sich aus den Reichskommissariaten Ostland, Ukraine und den übrigen besetzten Ostgebieten zusammen[6].

10.2. Handelsbilanz / Handelspolitik

Im sowjetischen Handel beanspruchte Deutschland meist den ersten Rang unter den Liefer- und Abnehmerländern, wie die folgenden Zahlenangaben verdeutlichen:

Anteil am Export der Sowjetunion in %[7]

	DT	GB	USA	Iran
1913	47,5	12,6	5,8	3,2
1929	22,6	6,2	20,1	6,9
1932	46,5	13,1	4,5	k.A.
1937	6,5	14,3	18,2	k.A.

---

[4] STATISTIK DES DEUTSCHEN REICHES, Bd.271, V.2.
[5] MARX-REINHART, S.51.
[6] PA BONN / HA.POL / HANDAKTE L.R. JUNKER; HA.POL. / GEN.I.- 9.1.
[7] STATISTISCHES HANDBUCH DER WELTWIRTSCHAFT, Berlin 1936, S.253, BEITEL, Tabelle S.75, 208-210.

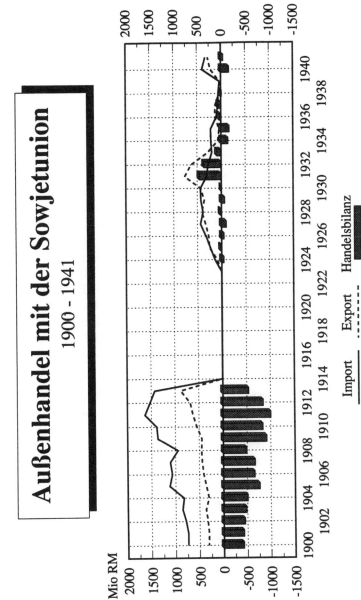

Anteil am Import der Sowjetunion in %

	DT	GB	USA	NL	Iran
1913	29,9	17,8	0,9	11,8	3,8
1929	23,3	21,9	4,6	3,6	7,5
1932	17,5	24,1	3,0	k.A.	k.A.
1937	14,9	32,7	7,8	k.A.	k.A.

Wie die Grafik veranschaulicht, war die deutsche Handelsbilanz mit dem Zarenreich progressiv defizitär[8], nur in der Weltwirtschaftskrise 1931 und 1932 erwirtschaftete die Weimarer Republik einen vergleichsweise hohen Überschuß bei meist ausgeglichenem Saldo. Die UdSSR war auf die Erträge ihrer Exporte angewiesen, um Technologie im Westen einkaufen zu können, so daß der Umfang der deutschen Exporte maßgeblich von der Konzilianz deutscher Bankiers bestimmt wurde, die der Sowjetunion mit Krediten die Importe vorfinanzierten. Den Tiefpunkt erreichten die Wirtschaftsbeziehungen 1936 - 1939, als im Vorfeld des Zweiten Weltkrieges Import und Export auf etwa 3-4 Prozent des Wertes von 1913 geschrumpft waren. Daß der Handel zwischen beiden Ländern das politische Klima[9] widerspiegelt, zeigt das fast exponentiell ansteigende Austauschvolumen 1940/1941, nachdem der "Nichtangriffsvertrag", besser bekannt als "Hitler-Stalin-Pakt", das bis dahin kühle politische Verhältnis mit einem Schlag erhitzte.

Nachdem 1894 der deutsch-russische Zollkrieg geschlichtet wurde, erlebten die Handelsbeziehungen einen raschen Aufschwung, ohne daß jedoch die Staaten weiter auf ihre Schutzzollpolitik, vornehmlich im Agrarsektor, verzichteten. Die rechtliche Grundlage für die kommenden Jahre wurde mit dem im gleichen Jahr abgeschlossenen Handelsvertrag mit beiderseitiger Zollmeistbegünstigung (erweitert 1904) geschaffen.

Nach dem Ersten Weltkrieg zogen die politischen Umwälzungen in der Sowjetunion auch Änderungen im Handel nach sich. Durch das Außenhandelsmonopol konnte die Sowjetunion seit 1918 bei Vertragsverhandlungen

---

[8] GOTTHELF, S.24, verwendet russische Zahlenangaben, nach welchen er behauptet: "... *Handelsbilanzdefizite entstanden vor allem im Handel mit Deutschland und den USA, sie wurden u.a. aus den im Handel mit Großbritannien und den Niederlanden erzielten Überschüssen finanziert*". Eine Behauptung, der in dieser Form hier nicht zugestimmt werden kann.

[9] Der gleichen Meinung ist auch **PERREY**, S.333.

ein wesentlich größeres Gewicht einbringen, was bis 1928 durch die Gründung des Rußlandausschusses[10] der deutschen Wirtschaft ohne Gegengewicht blieb.

Erste handelsvertragliche Vereinbarungen vom 6.5.1921 sowie der Vertrag von Rapallo 1922 halfen dem deutsch-russischen Warenaustausch wieder auf die Beine. Rapallo bedeutete für die Republik vor allem auch das Zugeständnis der Meistbegünstigung, die mit den anderen Handelsnationen aufgrund der Beschränkungen des Versailler Vertrages frühestens 1925 vereinbart werden durfte. Mit dem Abschluß eines Handelsvertrages[11] am 12.10.1925, dem die unbeschränkte Meistbegünstigung zugrunde lag, weiteten sich sofort die Umsätze aus, und innerhalb eines Jahres stiegen die deutschen Importe um 50 Prozent und um 110 Prozent von 1925 bis 1927. Es änderte sich auch die Finanzierung, denn bis 1926 waren die Banken und die Industrie selbst die Kreditgeber, danach übernahm der Staat diese Rolle und ermöglichte damit eine mittelfristige Finanzplanung für die deutsche Industrie. Trotz Gewährung günstiger Kredite[12] und Senkung der sowjetischen Importzölle auf Maschinen und Halbfabrikate[13] stiegen deren Importe recht langsam.

Den Höhepunkt erreichten die Handelsbeziehungen 1928-1932, also genau in der Phase des ersten Fünfjahresplanes und der Weltwirtschaftskrise. Bei aktiver Handelsbilanz mit Großbritannien[14] konnte sich Stalin einen negativen Saldo mit Deutschland und den USA[15] bei gleichzeitig steigender Abhängigkeit leisten. 1932 erlangte die Weimarer Republik einen Anteil von 47 Prozent an den sowjetischen Importen. 43 Prozent des deutschen Maschinenexportes, 75 Prozent der ausgeführten Werkzeugmaschinen verließen das Land in Richtung Sowjetunion und halfen damit auch zu einem gewissen Teil der deutschen Ma-

---

10 In der Weltwirtschaftskrise hatte der Ausschuß geringen Einfluß auf den Handel. Ab 1933 verlor er seine Eigenständigkeit bis zur Auflösung 1941.
11 PUCHERT, S.24f.
12 Der Sowjetunion wurde 1925 Kredit für 300 Mio RM eingeräumt, 1931 für ebenfalls 300 Mio RM, 1935 200 Mio RM und 1939 noch einmal für 200 Mio RM. **BIRKENFELD**, S.479.
13 KUCZYNSKI, S.44f.
14 Kautschuk war das Hauptimportgut aus Großbritannien.
15 Die USA fungierten als der Lieferant von Baumwolle.

schinenindustrie, die Auswirkungen der Weltwirtschaftskrise zu mildern[16]. In dieser Zeit konnte sich Deutschland mit guter Kreditfinanzierung, hochwertiger Technik im Maschinenbau und kurzfristigen, kostengünstigen Lieferungen auf dem sowjetischen Markt die führende Position erkämpfen[17].

Mit der Machtergreifung der Nationalsozialisten in Deutschland kühlten die handelspolitischen Beziehungen aufgrund der ideologischen Gegensätze ab. Die Umorientierung nach Südosteuropa im Zuge des NEUEN PLANES ließ auch das Interesse an den Beziehungen zu Stalin vorerst schwinden, so daß die deutschen Importe sich merklich verringerten[18]. Hinzu kam, daß sich die Weltwirtschaftskrise in der UdSSR zeitlich verschoben erst ab 1932 auswirkte. Der internationale Preisverfall der Rohstoffe hatte schlechtere Terms of Trade zur Folge und die Getreideexporte sanken 1932 innerhalb eines Jahres auf ein Drittel des ursprünglichen Volumens[19].

Mit der politischen "Umarmung" der beiden Diktatoren 1939 wurde man sich beide Länder handelspolitisch schnell einig. Stalin sagte Getreide, Erdöl, Manganerze und den Transit für Waren aus dem Fernen Osten zu. Anfänglich waren zwar die Forderungen auf beiden Seiten noch überzogen - Hitler wollte Lieferungen von 1,5 Mrd RM, Stalin *"Kriegsgerät der modernsten Typen und Rüstungsmaterial"*[20]-, doch konnten sich die Kontrahenten auf den Kompromiß im Wirtschaftsabkommen vom 11.2.1940 einigen. Stalin garantierte Lieferungen im Umfang von 430 Mio RM im ersten Jahr, darunter für die deutsche Rüstungsindustrie so wertvolle Güter wie 1 Mio Tonnen Futtergetreide, knapp ebensoviel Erdöl, eine halbe Million Tonnen Mangan-, 100.000 Tonnen Chromerze und Baumwolle in der gleichen Menge. Um die Preisgabe von Rüstungsgütern, Plänen und Industrieanlagen kam Hitler nicht herum, so daß

---

[16] In der sozialistischen Historiographie der ehemaligen DDR hält MÜNCH, S.55, noch an der These fest, daß die Sowjetunion mehr oder weniger die sächsische Maschinenbauindustrie über die Krise gerettet habe, denn *"die Russenaufträge sicherten in den Jahren der größten Arbeitslosigkeit und des Massenelendes in der Geschichte des Kapitalismus etwa 300 000 bis 450 000 Arbeitern, Angestellten und deren Familien ständig Lohn und Brot"*. Sicherlich spricht der hohe Anteil der Sowjetunion von ca. 80 Prozent an den sächsischen Maschinenexporten dafür, doch andererseits *"gewährte keiner der kapitalistischen Staaten der Sowjetunion Zahlungsaufschub für ihre Kredite"*, (S.71) so daß die Erfüllung des Fünfjahresplanes ohne günstige Bedingungen seitens Deutschlands wohl in weite Ferne gerückt wäre.

[17] BEITEL, S.127.

[18] BEITEL, S.140, sieht die Abschwächung der Handelsbeziehungen eher als Folge der Weltwirtschaftskrise und struktureller Defizite der UdSSR: *"Die einseitig gebliebene Exportstruktur ist als Grund anzusehen, daß die Sowjetunion den Grad ihrer wirtschaftlichen Verflechtung mit dem Ausland reduzierte"*.

[19] Vgl. GOTTHELF, S.106f.

[20] BIRKENFELD, S.488.

"*die Aussicht auf die Rohstoffe der Sowjetunion teuer erkauft war*"[21]. Ein letztes Mal intensiviert wurden die Handelsbeziehungen dann durch das Abkommen vom 10.1.1941, in welchem die vereinbarte Lieferung von 2,5 Mio Tonnen Getreide das wichtigste Zugeständnis Stalins an Hitler bildete. Bis zum Juni 1941 schleuste die UdSSR auf dem Transitwege Waren für 250 Mio RM nach Deutschland, darunter Wolfram aus China, Walöl aus Japan und Sojabohnen aus der Mandschurei, die halfen, die deutsche "Fettlücke" (Bedarf an Margarine konnte nicht durch eigene Produktion gedeckt werden) zu schließen. In den Jahren der Besetzung nach dem deutschen Einmarsch wurden die Rohstoffe der Sowjetunion systematisch geplündert. So konnten trotz der Kriegswirren 1942 der Ukraine Waren im Wert von 241 Mio RM abgepreßt werden - hauptsächlich Getreide und Nahrungsmittel, welche die deutsche Ernährung im Winter 1942 sichern sollten.

10.3. Export - / Importstruktur

Die Struktur der deutschen Importe aus der Sowjetunion gestaltete sich folgendermaßen:[22]

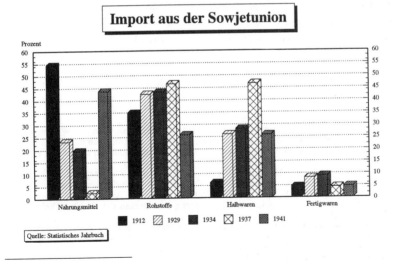

---

[21] BIRKENFELD, S.493.
[22] Eigene Berechnungen nach **STATISTISCHES JAHRBUCH**. Die Werte des Jahres 1941 umschließen nur die Monate bis einschließlich Juni! Provenienz: **PA / HAPOLGEN I** / Der Außenhandel Deutschlands von 1939-1944.

Bei den deutschen Importen im Laufe des Untersuchungszeitraumes fällt der Anteil der NAHRUNGS- und LEBENSMITTEL auf, welcher bis 1937 sich um 95 Prozent verringerte. Schon nach dem Ersten Weltkrieg erfolgte eine Halbierung, die auf die gesunkene Bedeutung des sowjetischen Getreides zurückzuführen ist. Im Zuge der Autarkisierung fallen Lebensmittel bis 1937 zur totalen Bedeutungslosigkeit herab. Erst der Zweite Weltkrieg ließ Stalin als Lieferant wieder in den Vordergrund treten. Steigende Anteile der HALBWARENimporte lassen Präferenzen für diese Warengruppe erkennen, während andererseits der gleichbleibende Anteil der Fertigwaren ein Indiz für die Unattraktivität der sowjetischen Industrie - mit Ausnahme einiger Spezialprodukte - ist.

Auffällig bei den NAHRUNGSMITTELN ist der hohe Anteil der Gerste[23] von 25,4 Prozent an den deutschen Importen vor Ausbruch des Ersten Weltkrieges sowie derjenige der Maschinen an den Exporten, welcher in den dreißiger Jahren auf mehr als 50 Prozent anwachsen sollte. Bei der Futtergerste ist sicherlich die Reduzierung des Gerstezolls 1904 in Deutschland bei gleichzeitiger Erhöhung der Getreidezölle für den wachsenden Bedarf an diesem Futtermittel verantwortlich zu machen. In Verbindung dazu muß der gestiegene Pro-Kopf-Verbrauch an Fleisch gesehen werden[24]. 1913 stellte Rußland 86 Prozent der deutschen Roggen-[25], 21 Prozent der Weizen- und 89 Prozent der Gersteimporte. Dies kennzeichnet deutlich die enge Verflechtung[26], insbesondere auf dem Nahrungsmittelsektor; Rußland war gewissermaßen "*zur Hilfsbasis für die deutsche Ernährung*" geworden[27].

Die Sowjetunion verlor schon 1924 ihre Bedeutung als Getreidelieferant, die noch in den Jahren von 1918 bis 1923 gesichert war. Allerdings ist der hohe

---

[23] Jedoch bei deutlich höherer Produktivität Deutschlands. Beim Getreide (Weizen, Hafer, Gerste, Roggen) erreichten die russischen Hektarerträge im Durchschnitt der Jahre 1905-1914 nur 38,25 Prozent der deutschen Ernte. Eigene Berechnungen nach **GOTTHELF**, S.19.

[24] Die erhöhte Nachfrage führte sogar 1912 zu einer teilweisen Zollsenkung für Fleisch, um durch größeres Angebot die hohen Preise für Rindfleisch zu drücken, doch leider ohne großen Erfolg! Vgl. **D. WOTTAWA**, Protektionismus im Außenhandel Deutschlands mit Vieh und Fleisch zwischen Reichsgründung und Beginn des Zweiten Weltkrieges. Frankfurt 1985.

[25] Deutschland war aber schon 1908 der größte Roggenexporteur der Welt; 1913 betrugen diese Importe etwa ein Drittel der Exporte, von denen Rußland etwa 25 Prozent abnahm. Das System der Einfuhrscheine auf Roggen sicherte den deutschen Bauern den Weltmarktpreis plus Schutzzoll. **HILLMEISTER**, S.12.

[26] Die kapitalmäßige Verbindung läßt sich daran erkennen, daß das Zarenreich den zweithöchsten Anteil an den deutschen Portfolioinvestitionen in Europa hatte (nach Österreich-Ungarn).

[27] **KUCZYNSKI**, S.33.

Anteil des Roggens von 41 Prozent an den sowjetischen Exporten (1923/24) nach Deutschland eher das Resultat der wirtschaftlichen Situation der Hungerjahre in Deutschland, in denen man dem billigen Roggenbrot die Präferenz gab, als eine Weiterführung etwaiger Vorkriegszustände. An den sowjetischen Lieferungen nach Deutschland sind ab 1929 die Anteile von Eiern, Butter, Därme, Bohnen und Fleisch gestiegen.

Relativ unverändert blieb der Anteil der ROHSTOFFE am Gesamtimport. Ein großer Teil der Rohstoffimporte setzte sich aus Holz und Erzen zusammen, vor allem Manganerzen. Während Erze nur einen geringen Anteil am sowjetischen Gesamtexport besaßen, beanspruchten sie für Deutschland aber einen umso höheren Stellenwert, da beispielsweise 1927 - 1935 mehr als 50 Prozent der eingeführten Manganerze aus der Sowjetunion stammten.

Der HALBWARENimport bestand aus fast völlig aus Mineralöl.

Auf dem Sektor der FERTIGWARENimporte drückt der geringe Gruppenanteil auch die geringe Bedeutung für die deutsche Einfuhr aus. Im wesentlichen bezog Deutschland Pelzwaren und Möbel.

Zum Vergleich dazu die Aufteilung der deutschen Exporte:

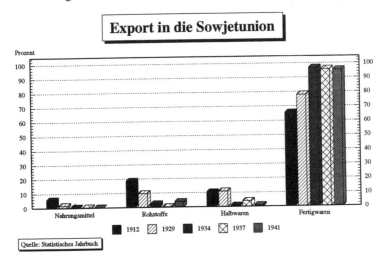

Im übrigen konzentrierte sich der deutsche Export auf FERTIGWAREN. Denn durch die einseitige Ausrichtung der sowjetischen Industrialisierung auf die Schwerindustrie wuchs der Bedarf an ergänzenden deutschen Qualitätswaren, insbesondere der Maschinenbauindustrie, die 1937 mehr als 60 Prozent der Gesamtausfuhr stellte.

Auf diesem Sektor konnte Deutschland seine Position als wichtigster Lieferant vor Großbritannien und den USA eigentlich immer behaupten[28].

Umschichtungen erfolgten auch in der Warenstruktur, insbesondere bei den ROHSTOFFEN. Um die Hälfte reduzierte sich der Anteil der Häute an den deutschen Exporten von 1912 auf 1929, um schließlich 1937 bedeutungslos zu werden.

Bis 1929 fällt die Vielfalt der deutschen Exportgüter auf; nach 1931/1932 konzentrieren sich die sowjetischen Fertigwarenimporte immer mehr auf jene Güter, welche in direktem Zusammenhang mit den Fünfjahresplänen und den Industrialisierungsvorhaben stehen: chemische Produkte, Farben[29], Eisenmetalle, Maschinen, Elektroartikel, Metallwaren, Präzisionsinstrumente[30].

1934 hatte sich die HALBWAREN- und ROHSTOFFausfuhr im Vergleich zu 1929 schon sehr reduziert. Da diese im wesentlichen aus Gütern wie Kupfer, schwefelsaurem Ammoniak, Wolle, Fellen und Häuten bestand, die selbst importiert werden mußten, ließ nach 1932 die devisenintensive Einfuhr eine Ausfuhr in die Sowjetunion nicht mehr ökonomisch erscheinen.

---

[28] Vgl. Tabelle bei **MARX-REINHART**, S.61.
[29] Vgl. **H. LOHMANN**, Strukturwandlungen im Außenhandel der deutschen chemischen Industrie seit 1913. Berlin 1938, S.86ff.
[30] Vgl. dazu **V. SCHRÖTER**, Die deutsche Industrie auf dem Weltmarkt 1929 bis 1933. Frankfurt / Main 1984, S.65f.

V. Asien

a) Importanteile

- Britisch-Indien verliert nach der Weltwirtschaftskrise Anteile am deutschen Import aus Asien.

- Im Vergleich dazu fällt der Rückgang der Einfuhr aus China nach 1929 nicht so gravierend aus wie im Falle Britisch-Indiens.

- Die Türkei und andere arabische Staaten erweiterten ab der Weltwirtschaftskrise ihren Absatz nach Deutschland.

b) Exportanteile

Vor allem an den deutschen Exporten erhöhte sich der Stellenwert Asiens im Laufe des Untersuchungszeitraumes beträchtlich. Nahm dieser Kontinent 1912 noch knapp 5 Prozent der deutschen Ausfuhr auf, so hatte sich der Wert 1937 schon verdoppelt. Generell läßt sich diese Tendenz jedoch nicht monokausalistisch darstellen. Zwar führte die stark anwachsende Industrialisierung Japans zum Absatzverlust für manche deutsche Produkte, jedoch verlangte der Ausbau der dortigen Industrie einen erhöhten Importbedarf an Investitionsgütern. Insofern sind eher Umschichtungen in der Exportstruktur zu finden, wie auch das Beispiel China verdeutlicht. Dort hatte der Ausbau einer eigenen Textilindustrie einen weiterhin hohen Bedarf an deutschen Farben zur Folge.

- China, die Türkei und Britisch-Indien verzeichneten steigende Anteile an der deutschen Ausfuhr nach Asien auf.

- Niederländisch-Indien mußte dagegen Anteilsverluste hinnehmen.

- auf hohem Niveau blieb dagegen der Stellenwert Japans bis 1929/34.

Asien
Anteil am deutschen Import aus Asien

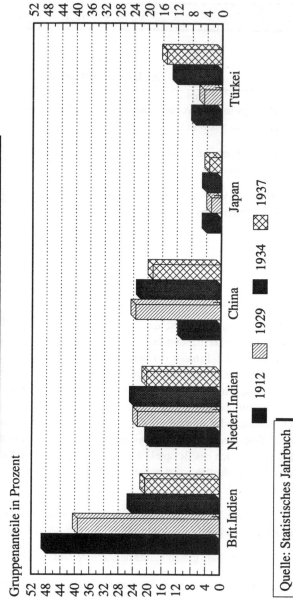

Quelle: Statistisches Jahrbuch

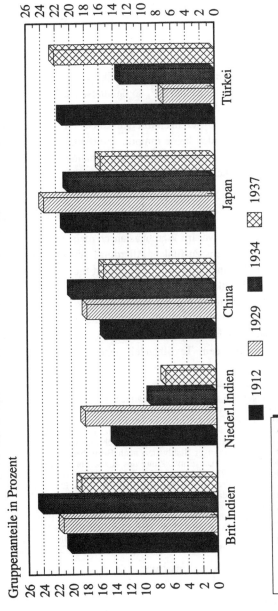

Asien
Anteile am deutschen Export nach Asien

Gruppenanteile in Prozent

■ 1912   ▨ 1929   ■ 1934   ▩ 1937

Brit.Indien   Niederl.Indien   China   Japan   Türkei

Quelle: Statistisches Jahrbuch

1. Britisch-Indien[1]

1.1. Handelsstatistik

Die indische Außenhandelsstatistik[2] ordnete den Handel dem Verschickungs- oder Empfangsland zu[3], so daß diese Zahlen nicht mit dem realen Handel übereinstimmten. Das Steuerjahr der Statistik begann am 1. April[4], was dementsprechend Differenzen mit den deutschen Angaben zur Folge hatte. Beim Spezialhandel wurden keine Importe veröffentlicht, so daß man hierbei auf den für diese Zwecke zu umfassenden Generalhandel (inkl. Transit, Zollausschlüsse, Veredelungsverkehr) zurückgreifen mußte.

1.2. Handelsbilanz / Handelspolitik

Deutschland war im Warenaustausch meist unter den drei wichtigsten Handelspartnern Indiens zu finden. Allerdings läßt sich die Dominanz des Mutterlandes Großbritannien gerade beim Import nicht übersehen. Dieses verlor zwar durch den 1.Weltkrieg zugunsten Japans[5] und der USA erhebliche Anteile, doch stammten 1929 noch fast 50 Prozent der indischen Importe aus dem fernen Großbritannien[6]. Erst nach der Weltwirtschaftskrise gelang es Japan, seinen Anteil am indischen Import auf Kosten Großbritanniens auszuweiten, das auf seiner Domäne, dem Textilhandel, gegen Japan nicht mehr konkurrenzfähig war[7].

---

[1] Auf folgende LITERATUR sei verwiesen: W. BOSTEL, Die deutsche und die britische Eisenindustrie und ihr Konkurrenzkampf auf dem Weltmarkt. Osnabrück 1937; F. BROWN, A Tabular Guide to the Foreign Trade Statistics of Twenty-one Principal Countries. London 1926; H. DIETRICH, Der deutsche Export von Gebrauchtwaren nach China, Britisch Indien, Niederländisch Indien. Emsdetten 1935; H.C. LOHMANN, Die Ausfuhr Solinger Stahlwaren nach Britisch-Indien, Burma und Ceylon. Würzburg 1934; G. MAY, Die Entwicklung des deutsch-britischen Handels seit der Pfundabwertung ab 21.9.1931. Freiburg 1937; E.Y. RODRIGUEZ, Geschichte und heutiger Stand der Kaffee-, Tee- und Kakaowirtschaft der Welt. Berlin 1935; A. SCHICKERT, Die Ausfuhr und das Ausfuhrgeschäft nach Britisch-Indien. Frankfurt/Main 1929; K.-E. Schmidt, Die Preisbewegung der Baumwolle. Würzburg 1934; H. VENKATASUBBIAH, The Foreign Trade of India 1900-1940. Oxford 1946.

[2] ANNUAL STATEMENT OF THE SEA-BORNE TRADE OF BRITISH INDIA FOR THE FISCAL YEAR (JÄHRLICH) und ACCOUNTS RELATING TO THE SEA-BORNE TRADE AND NAVIGATION OF BRITISCH INDIA (Monatlich).

[3] BROWN, S.25.

[4] Vgl. LOHMANN, S.24. BROWN, S.24.

[5] VENKATASUBBIAH, S.39.

[6] SCHICKERT, S.68.

[7] VENKATASUBBIAH, S.55.

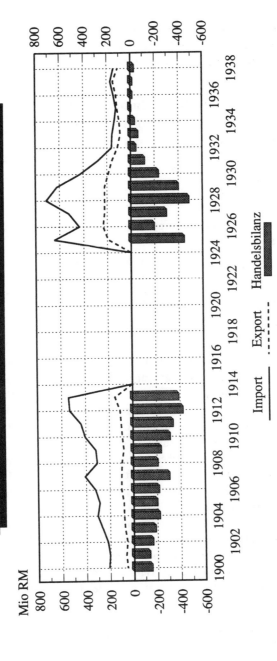

Für den Absatz der deutschen Güter hatte der pazifische Raum schon 1913 eine größere Bedeutung als bei der Einfuhr. Auch hier bauten die USA und Japan ihren Marktanteil nach dem Ersten Weltkrieg zu Lasten Deutschlands und Frankreichs aus.

Anteile am Import Britisch - Indiens in %[8]

	DT	GB	USA	NL.Indien	Japan
1913	6,9	64,2	2,6	6,4	2,6
1929	6,6	42,8	7,4	6,1	9,8
1937	10,0	38,4	6,5	4,4	17,0

Im Vergleich hierzu die prozentualen **Anteile am Export Britisch-Indiens**:

	DT	GB	USA	Japan
1913	10,8	23,5	8,9	9,3
1929	8,6	21,4	11,8	10,4
1937	5,3	32,4	9,4	15,3

Die Handelsbilanz glecht derjenigen des anderen fernöstlichen Rohstofflieferanten Australien: steigende Defizite bis zum Ausbruch des Ersten Weltkrieges, Höhepunkt (absolute Werte) vor der Weltwirtschaftskrise (1928/29), rückgehende Defizite bis 1932, stagnierende bis 1935/36. Die schlechte Konjunktur der Jahre 1908/09 zeigte sich in einem "Importknick", der aber schon 1910 mit 10% Zuwachs gegenüber 1907 wettgemacht wurde und verdeutlichte, daß der Importbedarf weiterhin ungebrochen war. Währenddessen konnte die deutsche Ausfuhrwirtschaft nur sehr langsam erst 1911 wieder an die Vor-Krisenwerte des Jahres 1907 (99 Mio RM) anknüpfen. Nach dem Weltkrieg fanden die Importe auf hohem Niveau schon 1925 Anschluß an die Vorkriegswerte, hatten ihren Höhepunkt (absolute Werte) 1928 und sanken rasch nach der Weltwirtschaftskrise bis etwa 1932. Im Gegensatz dazu hatten die Exportwerte schon 1927 ihren Kulminationspunkt überschritten und stagnierten ab 1931/32. 1936 führten vermehrte Exportanstrengungen zur Reduzierung des Defizites auf ca. 20 Mio RM und damit auf etwa 4% des Höchstwertes von 488 Mio RM (1928).

---

[8] STATISTISCHES HANDBUCH S.353; eigene Berechnungen aus STATISTISCHES JAHRBUCH.

1.3. Export- / Importstruktur

Komplementäre Strukturen zeigt die Aufgliederung der deutschen Importe aus Britisch - Indien:

Die deutschen Importe konzentrierten sich auf ROHSTOFFE und NAHRUNGSMITTEL; FERTIGWAREN (meist Leder) und HALBWAREN (Edelhölzer) besaßen dagegen nur geringes Gewicht.

In der Gruppe der NAHRUNGS- und GENUßMITTEL ist der Strukturbruch nach dem Ersten Weltkrieg festzustellen, der Anteil dieser Gruppe am Gesamtimport reduzierte sich um 20%.

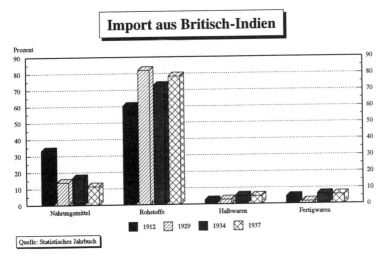

Sucht man Erklärungen für diese Tatsache, so findet man diese darin, daß 1912 Weizen (6,9%) und Gerste (23,3%) einen hohen Gruppenanteil aufwiesen. Besondere Bedeutung hatte Britisch Indien hier mit einem Lieferanteil von 10% am Gerstebezug des Deutschen Reiches nach Rußland (1912: 77%). Umschichtungen in der Importstruktur der Gerste nach dem Weltkrieg und geringerer Importbedarf ließen Britisch Indien als Lieferant ausscheiden, was den Rückgang der Nahrungsmittelimporte erklärt. Hauptsächlich führte aber Deutschland Reis ein (1912: 51,6%), der nach dem Wegfall des Gersteimportes meist einen Gruppenanteil von 75% aufwies. Kaffee und Tee blieben in der Struktur verhältnismäßig unwichtig (4-9%), obwohl Britisch-Indien einer der größten Teelieferanten der Welt war[9]. Weizen erlangte erst 1937 - relativ gesehen - mit einem Gruppenanteil von 25% wieder an Bedeutung, doch die Ausgangsbasis war mit 25 Mio RM im Vergleich zu 1912 (174 Mio RM) zu gering.

Das Gros der deutschen Einfuhr bestand aus ROHSTOFFEN, insbesondere Ölfrüchten, Baumwolle und Flachs. Dabei schwankte der Gruppenanteil der Ölfrüchte zwischen 30% und 40%, derjenige des Flachses zwischen 17% und 23%; der Anteil der Baumwolle bewegte sich zwischen 13% und 18%. Aufgrund ihrer geringen Faserlänge konnte die indische Baumwolle nur für grobere Garne verwendet werden. Die Nachfrage nach indischer Baumwolle war preis-unelastisch[10]. Vor allem bei Ölfrüchten konnte man Britisch-Indien immer unter den drei wichtigsten Lieferanten Deutschlands finden.

Den größten Anteil an den deutschen Exporten wiesen die FERTIGWAREN auf, wie die folgende Graphik veranschaulicht:[11]

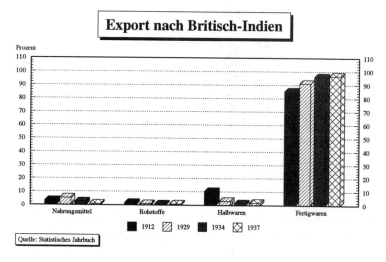

Im Gegensatz zu Australien bestand hier der NAHRUNGSMITTELexport auch nach dem Ersten Weltkrieg noch aus Bier in Flaschen, das etwa die Hälfte des geringen Gruppenexportes bildete. Dabei nahm Britisch-Indien meist knapp

---

[9] RODRIGUEZ, S.89.
[10] SCHMIDT, S.80f.
[11] Eigene Berechnungen aus **STATISTISCHES JAHRBUCH**.

10% des deutschen Flaschenbierexportes ab. Die andere Hälfte der Nahrungsmittelexporte beschränkte sich auf die Ausfuhr von Zucker.

War der Anteil der HALBWAREN 1912 noch relativ hoch, so fiel dieser bis 1934 beträchtlich. Änderungen ergaben sich auch in der Zusammensetzung. Bestand 1912 der Gruppenexport gänzlich noch aus Eisenhalbzeug, so gewann Mineralöl eine immer größere Bedeutung, bis im Jahre 1937 sich die Struktur völlig gewandelt hatte und nun Mineralöl einen Gruppenanteil von mehr als 75% aufwies.

Im Laufe des Untersuchungszeitraumes verlagerte sich das Gewicht des Exports immer mehr auf FERTIGWAREN. Die Einteilung DIETRICHS nach dem Verwendungszweck läßt ein Übergewicht von "*Gebrauchswaren*" von 55 - 65 Prozent an der Gesamtausfuhr erkennen[12]. Jedoch ist für die Analyse die bisherige Klassifizierung sinnvoller. Nach dieser besaßen die verschiedenen Textilwaren 1912 zusammen einen Anteil von etwa 25%, der allerdings in der Nachkriegszeit bis auf 3% sank. Auch verringerte sich der Export deutscher Baumwollkleidung nach 1913 rapide. Eisenwaren konnten ihre hohe Ausgangsposition (Gruppenanteil 1912: 18,6%; 1929: 26%; 1934: 22%; 1937: 21,5%) im Laufe der Zeit ausbauen, wobei der Anteil nach der Weltwirtschaftskrise zurückging. Schwerpunkte innerhalb der Eisenprodukte sind nicht zu erkennen, der Export erstreckte sich in etwa gleichmäßig auf alle Güter, konjunkturelle Abweichungen eingeschlossen. Eine herausragende Stellung als Lieferant hatte Deutschland bei Messerschmiedewaren. Lag dieser Anteil 1912/13 noch bei etwa einem Drittel, so hatte Deutschland das koloniale Mutterland Britisch-Indiens, Großbritannien, schon 1925 vom seinem heimischen Markt verdrängt[13]. Weiterhin ermöglichte die indische *Boykottbegwegung gegen britische Waren*, dem Konkurrenten Großbritannien Marktanteile abzunehmen[14]

Anteilsausweitungen wiesen auch die Artikel der chemischen und pharmazeutischen Industrie auf. Betrug dieser Anteil 1912 noch 18,6%, so stieg er 1934 auf 31,2% und war 1937 immer noch mit mehr als 24% von großer Bedeutung.

Als besonders dynamisch zeigte sich der Maschinenexport, der seinen Anteil von 3,5% (1912) auf mehr als 11% (1937) progressiv veränderte.

---

[12] **DIETRICH**, S.16f.
[13] **LOHMANN**, S.46. So betrug 1929/30 der Lieferanteil 65%!
[14] **BOSTEL**, S.69.

Grundsätzlich wird auch im Beispiel Britisch-Indiens deutlich, daß Deutschland nach der Weltwirtschaftskrise seine Importe immer mehr mit teueren Investionsgütern beglich, um die Handelsbilanz auszugleichen. Die Konzentration auf Fertigwaren und die Änderungen innerhalb dieser Gruppe sind Beweise dafür.

2. Japan[1]

2.1. Handelsstatistik

Große Unterschiede gibt es beim Vergleich der deutschen und japanischen Statistik[2]. So verwendet der Inselstaat Japan meist den Export- und Importhafen als Klassifizierungskriterium für die Zuordnung der Waren, wenn das Ursprungsland nicht bekannt war. Da die meisten weltweit gehandelten Waren nicht mit Warenursprungszeugnissen versehen waren, gestaltete sich die Zuordnung recht schwierig. Das Ursprungsland der Ware wird somit nur sehr unzureichend erfaßt, da z.B. viele deutsche Güter via Niederlande im Transit verschifft wurden. Eine weitergehendere Spezifizierung ermöglichte die Unterteilung in General-, Spezial-, Transit-, Zollausschlußhandel und Veredelungsverkehr.

Hinzu addieren sich noch die Probleme, welche bei der Umrechnung der Währungen entstehen, wie folgendes Beispiel verdeutlichen soll: Der japanische Export nach Deutschland nahm von 1931-1936 (in Yen gerechnet) um 317% zu, währenddessen im gleichen Zeitraum dieser bei Abrechnung in Reichsmark um 21% schrumpfte[3]. Ähnlich verhält es sich bei den deutschen Exporten, die von 1931 bis 1933 in Yen um 3% zurückgingen, in Reichsmark aber sofort einen Rückgang von 45% zeigten.

Bei den Ausfuhrwaren wurden bis 1904 c.i.f-Werte zugrunde gelegt, danach f.o.b, so daß die Verläßlichkeit der japanischen Statistik hierbei erst ab diesem Zeitpunkt gegeben war[4].

---

1   Auf folgende LITERATUR sei verwiesen: W. BOSTEL, Die deutsche und die britische Eisenindustrie und ihr Konkurrenzkampf auf dem Weltmarkt. Osnabrück 1937; F. BROWN, A Tabular Guide to the Foreign Trade Statistics of Twenty-one Principal Countries. London 1926; -K. GLÜCK, Japans Vordringen auf dem Weltmarkt. Würzburg 1937; W. HAAS, Der japanisch-mandschurische Warenaustausch mit Deutschland. In: Weltwirtschaftliches Archiv, 46, 1937, S.272-285; V. HENTSCHEL, Wirtschaftsgeschichte des modernen Japan. Bd.I und II, Wiesbaden 1986; Y. HIRAI, Zur Korrektur der japanischen Außenhandelsstatistik. In: Weltwirtschaftliches Archiv, 23, 1926, S.292*ff; A. REICHELT, Japans Außenhandel und Außenhandelspolitik unter dem Einfluß des Weltkrieges, Berlin 1931; K. TANIGUCHI, Strukturwandlungen des japanischen Außenhandels im Laufe des Industrialisierungsprozesses. In: Weltwirtschaftliches Archiv, 46, 1937, S.237-256; Y. TOYOKICHI, Die Entwicklung des japanischen Außenhandels. In: Weltwirtschaftliches Archiv, 37, 1933, S.444-459.
2   ANNUAL (MONTHLY) RETURN OF THE FOREIGN TRADE OF THE EMPIRE OF JAPAN.
3   HAAS, S. 278.
4   HIRAI, S.293.

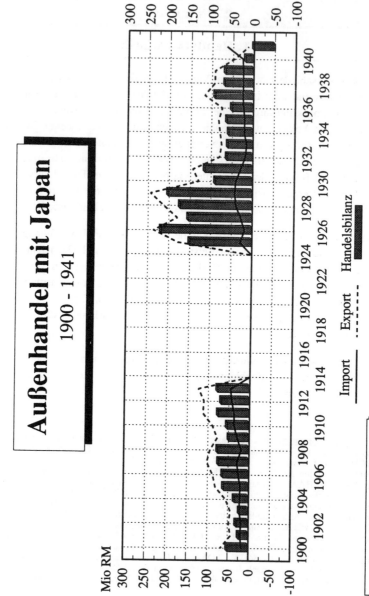

2.2. Handelsbilanz / Handelspolitik

Auch im japanischen Außenhandel verlor Deutschland im Laufe des Berichtszeitraumes zunehmend an Bedeutung, wie die folgende Übersicht veranschaulicht: (Anteil am japanischen Import, Angaben in Prozent)[5]

	DT	USA	China	Brit.Indien	GB
1913	9,4	16,8	12,8	23,8	16,8
1929	7,1	29,5	17,0	13,0	6,9
1937	4,7	k.A.	k.A.	k.A.	k.A.

Wenngleich Änderungen nach dem Ersten Weltkrieg bei den japanischen Exporten deutlicher zum Vorschein kam, so ist doch auch hier der rückgängige deutsche Anteil nicht zu übersehen. China und die USA gewannen als Lieferanten auf dem japanischen Markt auf Kosten Großbritanniens und deren Kolonie Britisch - Indien an Bedeutung hinzu - ein Signum für die nach 1918 gewachsene Bedeutung des pazifischen Raumes.

Im Vergleich dazu die Anteile der Staaten am japanischen Export in Prozent:

	DT	USA	China	GB	F	Brit.Indien
1913	2,1	29,2	34,5	9,5	5,2	4,7
1929	0,6	42,5	24,8	2,1	2,9	0,8
1937	1,0	k.A.	k.A.	k.A.	k.A.	k.A.

War zwar der deutsche Teil an den Exporten Japans auch schon vor dem Ersten Weltkrieg sehr gering, so fiel dieser nach 1920 auf Werte von unter einem Prozent und verharrte in dieser Bedeutungslosigkeit bis zum Ende des Zweiten Weltkrieges. Frankreich, Großbritannien, Britisch - Indien und China verzeichneten große Verluste im Geschäft mit Japan; nur die USA hatten einen aufnahmefähigen Markt für die zunehmend hochwertigen japanischen Exportgüter - eine Entwicklung, die ihre Parallelen bis in die heutige Zeit zieht.

Für Deutschland war das Geschäft mit Japan immer aktiv, wie die Handelsbilanz ausweist. Da der Handel fast nur gegen Devisen erfolgte, galt Japan als ein sicherer Devisenlieferant. Auffällig ist dagegen die Unre-

---

[5] Berechnungen nach **STATISTISCHES HANDBUCH**, S.374.

gelmäßigkeit der deutschen Exporte im gesamten Zeitraum, was vielleicht mit der Konkurrenzsituation auf dem japanischen Markt zusammenhängt, denn es war nicht immer leicht für die deutschen Güter, sich dort gegen die USA und Großbritannien zu behaupten. Eine gewisse Rolle dürfte sicher auch die japanische Konjunktur gespielt haben.

Einen entscheidenden Schub für die Industrialisierung des Landes brachte wohl der Russisch-Japanische Krieg von 1904/05, welcher die Produktion ankurbelte. Auch der Erste Weltkrieg war für die weitere wirtschaftliche Entwicklung Japans verantwortlich, als nach dem Ausfall der europäischen Importe das Produktionsvakuum durch vermehrte Industrialisierung des eigenen Landes gefüllt werden mußte. Dabei stand der Aufbau eigener Spezialindustrien, wie z.B. der Farben- und Stickstoffindustrie, im Vordergrund.

Nach jahrelangem Zögern, das die Devisenspekulation favorisierte, führte Japan am 11.1.1930 den Goldstandard wieder ein[6]. Wenn auch nur für kurze Zeit, denn der Druck auf die Yen-Währung wurde im Laufe der Weltwirtschaftskrise immer stärker. Vor allem der Preisverfall des Hauptexportgutes Seide traf das Land sehr hart. Hinzu kam der seit 1931 offen zutage tretende politische Konflikt mit China, welcher zwar wirtschaftliche Vorteile durch die Besetzung der Mandschurei brachte, aber die weltpolitische Reputation verschlechterte. Die restriktive Geldpolitik hatte keinen Erfolg, so daß im Dezember 1931 Japan die Golddeckung wieder abschaffte. Die Exporte stiegen in den folgenden Jahren bis 1938 erheblich an, da nun japanische Produkte auf dem Weltmarkt wieder billiger wurden. Doch die Importe verteuerten sich in weit größerem Maße, und die japanische Handelsbilanz schloß mit Defiziten ab.

In der Zeit zwischen 1931 und 1938 splittete sich der Außenhandel *"gleichsam in zwei Teile. Der eine Teil wurde mit den Kolonien und Mandschuko innerhalb des Yen-Blocks abgewickelt und schloß mit großen Exportüberschüssen ab. Der andere Teil vollzog sich mit dem Rest der Welt und zeigte stattliche Defizite"*[7]. Gleichzeitig wurde der Inselstaat durch den "Exportboom" von einem wirtschaftlichen Aufschwung erfaßt, welcher einen verstärkten Industrialisierungsschub nach sich zog, *"der Japan endgültig in den Kreis der modernen Industriestaaten hineinführte"*[8]. Insbesondere ist auch die Stukturanalyse der Jahre 1929 und 1937 von großer Bedeutung, da sich in diesen acht Jahren der Sprung zum Industriestaat vollzogen hatte.

---

[6] HENTSCHEL II, S.10.
[7] HENTSCHEL, II, S.21.
[8] HENTSCHEL, II., S.26.

Hielten sich 1912 noch die Ausfuhr von HALBWAREN und FERTIGWAREN in etwa die Waage, so übertrafen schon 15 Jahre später die FERTIGWARENexporte diejenigen der Halbwaren um ca. 13%, 1934 um 360%[9]. Spätestens zu diesem Zeitpunkt war erkennbar, daß Japan im Begriff war, den Übergang zur Industriegesellschaft zu vollziehen[10]. Weil die Insel keine großen Bodenschätze vorweisen konnte, blieb dementsprechend auch der Importbedarf an Rohstoffen immer sehr hoch und korrelierte positiv mit der steigenden Industrialisierung[11]. Hierbei erkennt auch HENTSCHEL die Verbindung zwischen Export und Wachstum, ausgehend von dem naheliegenden Schluß, "*daß Japans Wirtschaftswachstum exportgeleitetes Wachstum war:...Gewiß ist hingegen, daß kräftiges Exportwachstum wenn schon nicht die hervorragende Triebkraft, so doch eine notwendige Bedingung des japanischen Wirtschaftswachstums war*"[12].

Was die japanische Zollpolitik anbelangt, so ist wohl das Jahr 1899 als einschneidendes Datum zu betrachten. Hier trat am 1. Januar der autonome Zolltarif in Kraft, welcher das Prinzip der Meistbegünstigung an die Stelle der Exterritorialität setzte. Ausfuhrzölle wurden im Zuge dieser Maßnahme abgeschafft[13]. Weitere Modifikationen der Zölle erfolgten 1910 insofern, als nun ein spezifischer Zolltarif eingeführt wurde und dieser dabei seine Verwandtschaft zu deutschen Klassifikationsgrundsätzen nicht verleugnen konnte: "*Mit seinen 647 Nummern ist er nach dem Vorbild des deutschen «wissenschaflichen» Tarifes fein durchgebildet*" stellte REICHELT eingangs fest[14]. Nach dem Weltkrieg erließ der japanische Staat 1924 eine Importverordnung, die den Import von Teer-

---

[9] GLÜCK, S.28.
[10] Vgl. dazu die japanische Außenhandelsstruktur:
ANTEILEN AN DEN EXPORTEN (%)

	Primärgüter	Textilien	Schwerind./Chemie	sonst. Industriegüter
1906-15	12,9	54,2	15,6	17,3
1916-20	8,3	55,7	21,1	14,9
1921-30	6,8	66,3	12,4	14,5
1931-38	6,5	49,8	25,6	18,1

ANTEILE AN DEN IMPORTEN (%)

	Primärgüter	Textilien	Schwerind./Chemie	sonst. Industriegüter
1906-15	19,6	6,8	34,5	37,6
1916-20	19,2	2,7	36,4	40,5
1921-30	26,9	5,5	27,2	37,6
1931-38	24,9	2,2	28,7	42,9

Quelle: **HENTSCHEL**, I, S.120.

[11] Zufällig entsprach die Wertschöpfung der FERTIGWARENexporte 1918 und 1934 fast genau den Summen der eingeführten Rohstoffe. GLÜCK, S.28.
[12] HENTSCHEL, S.117.
[13] REICHELT, S.4.
[14] REICHELT, S.5.

farben genehmigungspflichtig machte. Diese Maßnahme war eindeutig gegen Deutschland gerichtet und sollte die aufblühende eigene Chemieindustrie schützen.

Der erste Handelsvertrag entstammt dem Jahr 1896, ersetzt durch das Abkommen vom 24.6.1911[15], wobei jeweils Farbenzölle im Mittelpunkt standen. Unterbrach der Erste Weltkrieg die Handelsbeziehungen, so währte der vertragslose Zustand noch bis zum 20.7.1927, als ein neues Abkommen unterzeichnet wurde, nachdem Deutschland die unbedingte Meistbegünstigung ab 10.1.1925 wieder zugesprochen wurde.

2.3. Export- / Importstruktur

Wie schon die Tabelle zeigt, sind Kontinuitäten im Importgeschäft schwer zu finden - Unregelmäßigkeiten dominieren hier aufgrund sehr elastischer Nachfrage. Hinzu kommt noch die Tatsache, daß die Importe aus Japan teilweise äußerst gering waren und somit schon kleine Sonderlieferungen die Relationen zwischen den Untergruppen verschoben haben, zumal sich manche dieser Gruppen nur aus einer Warenart zusammensetzten.

Standen 1912 noch Rohseide, Öle, Tran, Eichenholz, Pelzfelle, Rindshäute, Strohgeflechte und Erze auf der deutschen Importliste oben an, so fiel die Einfuhr nach dem Ersten Weltkrieg, um erst 1929 ihren Zenit zu erreichen. In diesem Jahr dominierten wertmäßig weiterhin Roh- und Florettseide, Tierfett und Tran, Gewebe aus Seide, Baumwolle in rohem Zustand und erstmals Kupfer.

Lagen die meisten dieser Warenarten in der Einfuhr bei etwa einer Million RM, so hoben sich Gewebe mit ca 8 Mio RM und Rohseide mit 6 Mio RM deutlich von den anderen Waren ab. Textilien bildeten allgemein den größten Teil der japanischen Ausfuhr und konkurrierten speziell mit der britischen auf dem Weltmarkt, so daß gerade in der gestiegenen Textilproduktion Japans der Grund für den Bedeutungsverlust Großbritanniens beim japanischen Textilimport nach 1918 zu suchen ist. Seidenwaren aus Japan standen lange an der Spitze der deutschen Importliste.

---

[15] **HAUSHALTER**, S.227.

Die Struktur der deutschen Importe aus Japan gestaltete sich dementsprechend wie folgt:[16]

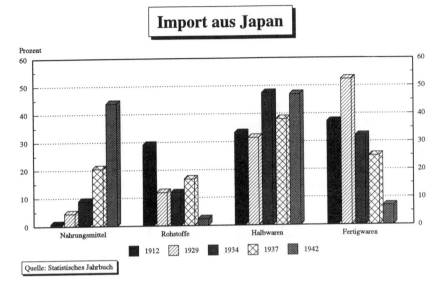

Der im Vergleich zu 1929 gesunkene Anteil der Fertigwaren an der deutschen Einfuhr läßt sich mit dem Strukturwandel der japanischen Wirtschaft erklären, welcher sich zwischen 1931 und 1937 vollzogen hatte. Hierbei verlor die Produktion von Seidenwaren überproportional an Bedeutung - *"sie hatte ihre Rolle als Zugpferd der japanischen Industrialisierung ein für alle Mal ausgespielt"*[17], wie HENTSCHEL treffend charakterisiert. Da der deutsche Fertigwarenimport zu einem großen Teil aus Seidenwaren bestand, drückt sich dieser japanische Strukturwandel in der Schrumpfung des Anteiles der Fertigwarenimporte um die Hälfte aus.

1934 konzentrierte sich die Einfuhr bei den Nahrungsmitteln auf Tran (51% Gruppenanteil), bei den Halbwaren auf Seidengarn (16%). Die geringe Fertigwareneinfuhr bestand zu 21% aus chemischen Produkten, insbesondere Teer- und anderen Farbstoffen, sowie zu 12% aus Textilien.

---

16 Eigene Berechnungen nach **STATISTISCHES JAHRBUCH**. Die Werte aus dem Jahr 1942 beziehen sich auf das erste Halbjahr.
17 **HENTSCHEL, II, S.26.**

1937 überstiegen die Importe der meisten Waren nicht den Wert von 1,8 Mio RM, nur wiederum Rohseide und Fette / Öle hoben sich mit 2,5 und 6,6 Mio RM davon ab. Weiter führte Deutschland auch chemische Halbwaren, Ton- und Porzellanwaren etc. ein. Gerade weil diese Importe so gering waren, wechselte häufig die Präferenz für die einzelnen Güter, so daß von einer einheitlichen Struktur nicht gesprochen werden kann.

1942 blieb die Einfuhr mit insgesamt 6,5 Mio RM relativ gering. Dennoch ließen sich bei den Nahrungsmitteln eindeutige Präferenzen für Ölfrüchte (71,3% Gruppenanteil) und Tee (23,2%) erkennen. Rohstoffe wurden nur für eine Summe von 48.000 RM importiert, so daß sich die Betrachtung auf den Halbwarensektor konzentriert. In diesem zeigt der hohe Gruppenanteil von 82,9% für Paraffin und Wachse deren große Bedeutung.

Im Unterschied dazu die Aufgliederung der deutschen Exporte nach Japan:

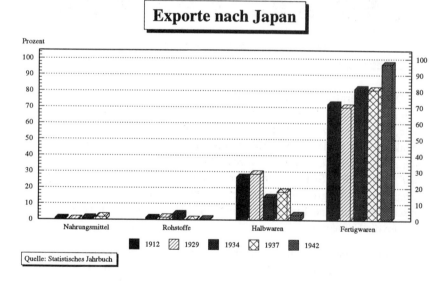

Im wesentlichen konzentrierte sich die deutsche Ausfuhr auf FERTIGWAREN und HALBWAREN. ROHSTOFFE und NAHRUNGSMITTEL tauchen in der deutschen Statistik überhaupt nicht auf - mit zwei Ausnahmen: Im Jahre 1937 beziehen sich die errechneten 1,8% zu 100% auf die Ausfuhr deutschen Hopfens ebenso wie 1934. Trotz rasch fortschreitender japanischer

Industrialisierung und anteilsmäßig sinkenden japanischen FERTIGWA-RENimporten blieb der Anteil der FERTIGWAREN an den deutschen Exporten konstant und konnte sich bis 1937 verbessern. Die gleichbleibende Nachfrage nach diesen deutschen Gütern zeigt, daß sie sich trotz harter Konkurrenz auf dem japanischen Markt eine gesicherte Position erkämpfen konnten. Allerdings sank der Anteil der HALBWAREN nach der Weltwirtschaftskrise, also parallel zur expansiven Industrialisierung Japans. Eine exakte Aufschlüsselung der deutschen Exporte läßt sich dadurch nicht erreichen, daß in der Statistik die Kriegsgerätelieferungen nicht aufgeführt sind, welche 1936 nicht ganz 200.000 RM betrugen, 1937 aber auf knapp 11 Mio RM angewachsen waren und zu diesem Zeitpunkt *"weitere Bestellungen über 16,8 Millionen Mark"* eingetroffen waren[18].

Im Vergleich dazu weist die Struktur der FERTIGWAREN vor dem Ersten Weltkrieg nicht die beim deutschen Export sonst so übliche Bandbreite auf: Eisenwaren im weitesten Sinne[19], Farben, Maschinen und Elektroartikel deuten auf großen Investitionsbedarf in der japanischen Vorkriegswirtschaft hin. Konsumgüter sind unter der deutschen Ausfuhr 1912 kaum zu finden. Auch in den folgenden Jahrzehnten bildeten diese Waren das "Rückgrat" der deutschen FERTIGWARENausfuhr. Mit mehr als 25% stand 1929 der Export von Eisenwaren an der Spitze; Maschinen und Farben waren mit je ca. 7%, Elektroartikel mit 5% beteiligt. Dabei stand Deutschland vor allem mit den USA und Großbritannien ständig in harter Konkurrenz. Etwa ein Viertel der japanischen Eisenwareneinfuhr kam aus Deutschland[20].

Auf dem Sektor des Maschinenbaus konnten die USA Deutschland nach dem Ersten Weltkrieg aus wichtigen Positionen verdrängen: Waren 1913 noch Kraftmaschinen, Lokomotiven und Dampfkessel eine Domäne der Deutschen, so hatten sich 1928 die USA im japanischen Maschinenimport dieser Güter an die Spitze geschoben. Nur noch beim Import von Metall- und Holzbearbeitungsmaschinen stellte Deutschland einen Anteil von über 30% und rangierte damit deutlich hinter den USA mit über 50%[21]. Auch auf dem Sektor der Farben mußte Deutschland nach dem Krieg erhebliche Einbußen hinnehmen: Lieferte es

---

18 RATENHOF, Die Chinapolitik des Deutschen Reiches 1871 bis 1945, Boppard 1987, S.482.
19 Hier Eisenblech, Schienen, Eisenbahnachsen, Öfen, Röhren aus Eisen, Stab- und Formeisen. Vor allem die hohen Importe von Eisenbahnmaterial kennzeichnen den Schwerpunkt "Infrastruktur"!
20 Zur Situation auf dem asiatischen Markt siehe **ENQUETE I**, S.303ff.
21 **ENQUETE I**, S.309.

1913 noch 90% der japanischen Teerfarbeneinfuhr, so fiel dieser Anteil bis 1928 auf 69% zurück[22].

1934 konnte die Ausfuhr von Eisenwaren[23] ihren Anteil halten. Chemische Produkte verbesserten sich auf 33% Gruppenanteil, dicht gefolgt von Maschinen (20%). Acht Jahre später wechselten die Präferenzen leicht: 1937 bestand schon je ein Viertel dieser Gruppe aus dem Export von Maschinen und chemischen Produkten (Farben und Sprengstoffe)[24], danach folgten Eisenwaren (8,5%), Stab- und Formeisen (6%), feinmech.- (6,6%), optische- und pharmazeutische (6,1%) Waren, Fahrzeuge (4%) und Elektroartikel (3,7%).

Bei der Untersuchung der HALBWAREN erkennt man, daß sich diese allgemein aus Eisenhalbzeug, Chlorkalium[25] und schwefelsaurem Ammoniak zusammensetzen. 1937 sind es nur Chlorkalium und Stickstoffdünger, welche mehr als 90% dieser Untergruppe bildeten, da ab 1932 Japan seine eigene Ammoniakproduktion auf Kosten des deutschen Exports steigerte. Allerdings fand Deutschland im "*synthetisch erzeugten Stickstoffdünger einen Ausgleich für die Verluste auf dem Teerfarbstoffmarkt*", wie die ENQUETE - Untersuchung schon 1929 feststellte[26]. Bis zu diesem Zeitpunkt war der Inselstaat der Hauptabnehmer der deutschen Ammoniakausfuhr[27] und insgesamt der zweitwichtigste Importeur von deutschem Chlorkalium. Im Jahr 1942 bestand der deutsche Halbwarenexport zu 99,1% aus diesem Chlorkalium.

Bei den Fertigwaren konzentrierte sich der Export kriegsbedingt auf Maschinen (51,3% Gruppenanteil), Eisenwaren (23,7%) und Elektrogüter (8,9%). Der lange Seeweg und die damit verbundenen Kosten lassen den deutschen Export nach Japan auf qualitativ hochwertige Fertigprodukte und dringend benötige Waren eingrenzen. Wie das Beispiel Ammoniak zeigt, versuchte Japan dort, wo es möglich war, die Importabhängigkeit zu reduzieren und eine eigene Industrie aufzubauen.

---

[22] ENQUETE I, S.310. Ebenso **HENTSCHEL**, II, S.29. zeigt die Produktionssteigerung der chemischen Industrie bis 1936 auf.
[23] **BOSTEL**, S.76.
[24] Vgl. **H. LOHMANN**, Strukturwandlungen im Außenhandel der deutschen chemischen Industrie seit 1913. Berlin 1938, S.107ff.
[25] Chlorkalium wurde 1929 in der Statistik den FERTIGWAREN zugerechnet, 1936 erfolgte durch die Neugliederung der Statistik die Zuordnung zu den Halbwaren. Um in diesem Punkt Einheitlichkeit zu gewährleisten, blieb Chlorkalium für die Untersuchung in der Gruppe der Halbwaren - die Ziffern wurden für 1929 dementsprechend bereinigt.
[26] ENQUETE I, S.311.
[27] Mit gut 50% Anteil an der japanischen Ammoniakeinfuhr beherrschte Deutschland den Markt in Japan nach dem Kriege bis 1932.

3. China[1]

3.1. Handelsstatistik

Das Wertberechnungssystem in der chinesischen Außenhandelsstatistik[2] wich von den allgemein üblichen ab, da hier die zu verzollenden Importwaren nach dem Marktpreis minus des Zolles und 7% des zu verzollenden Wertes in die Statistik einflossen[3]. Weiterhin wurde der Verschickungshafen[4] als Ursprungsland der Ware betrachtet, da es beim Import nicht üblich war, Ursprungszeugnisse einzureichen. Viele deutsche Waren erreichten China auf dem Transit über Hongkong oder wurden von Belgien und Holland aus versandt[5]. Dementsprechend groß sind auch die Differenzen beim Vergleich der deutschen und chinesischen Statistik: So weisen die chinesischen Ziffern im Zeitraum von 1927-1936 einen deutschen Import von 48,4 Mio RM auf, währenddessen die deutsche Statistik in der gleichen Zeit 236,32 Mio RM notierte - eine Differenz von ca. 80%[6]. Bei den deutschen Exporten betrug die Abweichung im gleichen Zeitraum ca. 7%, blieb also in einem vergleichbaren Rahmen. Problematisch war dagegen die deutsche Einfuhr, da oft ein Großteil der Sojabohnen - die wie-

---

[1] Auf folgende LITERATUR sei verwiesen: **W. BOSTEL**, Die deutsche und die britische Eisenindustrie und ihr Konkurrenzkampf auf dem Weltmarkt. Osnabrück 1937; -**F. BROWN**, A Tabular Guide to the Foreign Trade Statistics of Twenty-one Principal Countries. London 1926; **F. VAN BRIESSEN**, Grundzüge der deutsch-chinesischen Beziehungen. Darmstadt 1977; **K. CASPER**, Deutschland und China im gegenseitigen Warenaustausch. In: Weltwirtschaftliches Archiv, 45, 1937, S.409-442; **Y. CHANG**, Die Entwicklungstendenzen des chinesischen Außenhandels nach dem Weltkriege. Gelnhausen 1936; **CH. CHI**, Die Beziehungen zwischen Deutschland und China bis 1933. Hamburg 1973; **H. DIETRICH**, Der deutsche Export von Gebrauchtwaren nach China, Britisch-Indien, Niederländisch-Indien. Emsdetten 1935; **W. FELDENKIRCHEN**, Deutsches Kapital in China vor dem Ersten Weltkrieg. In: Bankhistorisches Archiv, 9.JG., H2, 1983; **H. FEIS**, The International Trade of Manchuria. New York 1931; **F. HO**, Index Numbers of the Quantities and Prices of Imports and Exports and of the Barter Terms of Trade in China 1867-1928. Tientsin 1930; **P. MIELMANN**, Deutsch-chinesische Handelsbeziehungen am Beispiel der Elektroindustrie 1870-1949. Frankfurt 1984; **B. PANG**, Der Außenhandel zwischen Deutschland und China und die deutsch-chinesische Außenhandelspolitik. Erlangen 1937; **U. RATENHOF**, Die Chinapolitik des Deutschen Reiches 1871 bis 1945. Boppard 1987; **C. TSAI / K.W. CHAN**, Trend and Character of China's Foreign Trade 1912-1931. Shanghai 1933.
[2] THE MARITIME CUSTOMS: FOREIGN TRADE OF CHINA (Jährlich) und THE MARITIME CUSTOMS: QUARTERLY TABLES (Halbjährlich).
[3] **BROWN**, S.18.
[4] **BROWN**, S.18f und 30f.
[5] **CHI**, S.235.
[6] **CASPAR**, S.412. Vgl. ebenso **STATISTIK DES DEUTSCHEN REICHES**, Bd.271 / II, XV.32.

derum den größten Teil der Importe stellten - via Sowjetunion und Niederlande nach Deutschland kamen[7].

Die doch recht großen Divergenzen in den beiden Statistiken führten oft zu handelspolitischen Verstimmungen: Nach der chinesischen Seezollverwaltung war der Handel für China defizitär, so daß oft von dieser Seite eine Verringerung der Importe aus Deutschland als Voraussetzung für weitere Verhandlungen gefordert wurde![8]

Zur deutschen Statistik sollte angemerkt werden, daß erst ab 1937 Mandschuko als eigenständiger Handelspartner ausgewiesen wurde, obwohl die Mandschurei schon 1931 besetzt und bis zur Gründung des Kaiserreiches 1934 als japanisches Protektorat galt. Deshalb stellte sich die Frage, wie nun ab 1931 zu verfahren sei. Da im STATISTISCHEN JAHRBUCH bis 1936 in den Umsätzen mit China auch diejenigen der Mandschurei und Hongkongs enthalten waren und es nicht möglich war, gemäß einer Berücksichtigung der historischen Tatsachen die Ziffern Mandschukos ab 1931 herauszufiltern, entschloß sich der Autor, die Untersuchung auf das Wirtschaftsgebiet Chinas zu erweitern - also unter Einschluß Hongkongs[9] und der Mandschurei im *gesamten* Zeitraum. Gerade aus den mandschurischen Gebieten stammten die Ölfrüchte, insbesondere Sojabohnen, welche meist die Hälfte der deutschen Einfuhr stellten und somit auch für China eine erhebliche Bedeutung besaßen!

3.2. Handelsbilanz / Handelspolitik

Wenn man den chinesischen Außenhandel betrachtet, so ist festzustellen, daß Deutschland hierin eine untergeordnete Funktion hatte:

Anteil am chinesischen Import in %[10]

	DT	USA	Japan	Hongkong	GB	Brit.Indien
1913	4,8	6,0	20,2	29,3	16,5	8,2
1929	5,2	18,0	25,2	16,7	9,3	4,3
1936	15,9	16,6	11,7	19,6	k.A.	k.A.

---

[7] CHI, S.239.
[8] PANG, S.47.
[9] Ab 1939 liegen keine Zahlen mehr vor.
[10] STATISTISCHES HANDBUCH, S.366. 1936 entstammen die Werte chinesischen Angaben bei CASPAR, S.419.

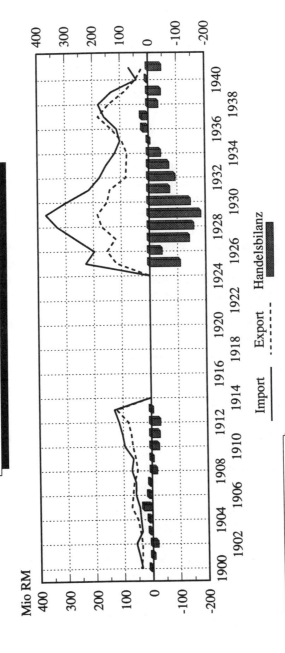

Anteil am chinesischen Export in %

	DT	UdSSR	F	Hongkong	USA	Japan
1913	4,2	11,1	10,1	29,0	9,3	16,2
1929	2,2	5,5	5,5	17,1	13,6	25,2
1936	5,5	16,6	k.A.	k.A.	26,4	15,4

Herausragende Bedeutung im chinesischen Außenhandel hatte der pazifische Raum: USA, Japan und Hongkong stellten den Großteil der Umsätze sowohl im Export als auch in der Einfuhr. Das Emporstreben Japans drückt sich deutlich in den obenstehenden Prozentzahlen aus, denn die steigenden Marktanteile gingen hier meist zu Lasten der britischen Kolonie Hongkong. Wie die Zahlen belegen, konnten auch die USA neben Japan ihre Position auf dem chinesischen Markt kräftig ausweiten. Die im Vergleich zu 1929 extrem gesunkenen Anteile Japans von 1936 spiegeln nicht eine wirtschaftliche Schwäche des Inselstaates wider, vielmehr sind sie Ausdruck der verschärften politischen Situation ab 1931 (Besetzung der Mandschurei durch Japan)!

Im Gegensatz zum aktiven Saldo mit Japan war die Handelsbilanz mit wenigen Ausnahmen hier immer für Deutschland passiv. 1903-1907 konnte kurzfristig durch eine Exportoffensive ein kleiner Überschuß zu Gunsten Deutschlands erwirtschaftet werden, ebenso 1936/37. Wies die deutsche Handelsbilanz vor dem Krieg nur geringe Defizite auf, so wandelte sich das Bild in den zwanziger Jahren grundsätzlich: Die Importe erreichten mit fast 400 Mio RM das Vierfache der Vorkriegswerte. Exporte knüpften zwar an jene Werte an, doch der chinesische Markt konnte keinesfalls ebensolche Exportsteigerungen verkraften - es blieben Defizite bis zu 200 Mio RM. Diese Periode wurde 1935 für zwei Jahre mit steigenden Umsätzen und aktiver Bilanz unterbrochen, danach passivierte sich der Handel wieder.

Allerdings darf man hier nicht außer acht lassen, daß die Mandschurei zu diesem Zeitpunkt schon besetzt war und der chinesische Export empfindliche Absatzeinbußen hinzunehmen hatte, denn die Handelsüberschüsse stammten aus dem Export der mandschurischen Sojafrüchte, die meist mehr als die Hälfte der deutschen Importe bildeten[11]. So stieg der Anteil der Mandschurei an den chi-

---

[11] Hier eine genaue Aufschlüsselung des Handels mit dem Wirtschaftsgebiet China:
Deutsche Importe [Exporte] von: - in Mio RM

	China		Mandschurei	Hongkong
1937	93,6	[148,3]	64,6 [11,8]	0,2 [20,5]
1938	101,8	[99,4]	76,9 [27,2]	0,2 [15,7]

nesischen Exporten von 2,4% (1900) bis 32% (1928), an den Importen von 3,7% auf 18,5%[12]. Nach diesen Zahlen wuchs der mandschurische Außenhandel schneller als der chinesische und dokumentiert damit die große Bedeutung dieses Gebietes für die chinesische Wirtschaft. Hatten Sojabohnen schon 1900 mit 84% den Hauptanteil am chinesischen Export, so fiel dieser in den zwanziger Jahren auf ungefähr 60%. Jedoch besaß Deutschland als Direktabnehmer der Sojabohne für China untergeordnete Bedeutung - deren Export ging vor allem nach Japan und in die Sowjetunion[13] (und von dort teilweise im Transit nach Deutschland).

Frühe handelsvertragliche Vereinbarungen gingen bis weit in die zweite Hälfte des 19.Jahrhunderts zurück, als am 2.9.1861 ein Handelsvertrag mit China geschlossen wurde[14] und dieser die Grundlage für die nächsten 50 Jahre bis zum 14.3.1917 blieb. In der Zeit vor dem Ersten Weltkrieg waren die Handelsbeziehungen vergleichsweise noch gering, allerdings besaßen 258 deutsche Firmen Niederlassungen in China mit insgesamt 2800 Angestellten, die sich nach dem Krieg auf 9 Firmen mit 1013 Beschäftigten reduzieren sollten[15].

Im Weltkrieg dünnten sich die Umsätze aus, da durch die Seeblockade nur der mühsame Landweg übrig blieb. Mit der chinesischen Kriegserklärung 1917 erfolgte auch die Konfiskation deutscher Investitionen im Werte von 263 Mio US-$ (1914)[16], die etwa einen Anteil von 16% des gesamten ausländischen Kapitals in China einnahmen. Gleichzeitig war damit der investive Höhepunkt überschritten - die deutschen Engagements in China erreichten nie mehr diese Ausmaße. 1931 beliefen sie sich nur noch auf 87 Mio US-$[17].

Nach dem Abschluß des Handelsvertrages vom 20.5.1921, in welchem Deutschland sich die Meistbegünstigung einräumen ließ, stiegen die Umsätze im Handel auch rasch an und erreichten ihren vorläufigen Höhepunkt 1929. Weitere vertragliche Vereinbarungen in Form eines Handels- und Zollabkommens[18] am 17.8.1928 förderten die Beziehungen in positiver Weise, wie sich an der Gra-

---

	1939	57,2	[52,9]	74,6 [32,9]
	1940	16,6	[22,3]	23,6 [22,1]
	1941	24,7	[7,8]	44,1 [12,4]

12 FEIS, S.220.
13 FEIS, S.240.1
14 HAUSHALTER, S.222. Vertragstext bei **BRIESSEN**, S.176ff.
15 PANG, S.26 und 38.
16 FELDENKIRCHEN, S.80; **CHI**, S.232.
17 CHI, S.232.
18 Vertragstext bei **BRIESSEN**, S.184f.

phik ablesen läßt[19], denn Deutschland erkannte damit die Regierung Chiang Kai-sheks an ..."*und schuf ein politisch günstiges Klima für die beiderseitigen Handelsbeziehungen*"[20].

Fallende Silberpreise, Weltwirtschaftskrise und beginnende politische Auseinandersetzungen mit Japan markieren die Probleme zum Anfang der dreißiger Jahre in China, und vor allem die Besetzung und Annektion der Mandschurei durch Japan 1931 traf China sehr hart, denn der Anteil dieser Region am gesamten chinesischen Außenhandel lag 1928 bei 19-32% (Ex-, Import). Somit war das Gebiet ein wichtiger Devisenlieferant. Allerdings nur bis 1935, da ab diesem Jahr der Zahlungsverkehr über Verrechnung und Ausländersonderkonten (ASKI) lief[21]. Was den Sonderfall Mandschuko anbelangt, so mußte Deutschland mit der Paraphierung des Handels- und Zahlungsabkommens am 14.9.1938 von nun an drei Viertel seiner Sojabohnenimporte in Devisen bezahlen.

1935 führte China den Goldstandard ein und versuchte dadurch auch die bis dahin negative Handelsbilanz zu entlasten. Doch leider scheiterten die "*Reformen der Landwirtschaft Chinas völlig*", so daß von dieser Seite keine Besserung eintrat[22]. Dennoch entwickelten sich die politischen Beziehungen[23] mit Deutschland nach 1933 positiv, was sicherlich auf die zunehmende militärische Kooperation und die deutschen Militärberater zurückzuführen ist. Leider läßt sich der Rüstungsanteil an den deutschen Exporten nicht aufschlüsseln, da die einschlägigen deutschen Statistiken diesen nicht aufführten. Abgewickelt wurden die Kriegsgerätelieferungen über die HAPRO - die *Handelsgesellschaft für industrielle Produkte* - welche seit 1934 existierte. Beispielsweise verpflichtete sich diese 1937 in einem Abkommen zur Lieferung von Rüstungsgütern im Werte von 47 Mio RM[24]. Betrugen die chinesischen Bestellungen 1936 noch ungefähr 65 Mio RM, so fielen sie ein Jahr später auf 60 Mio RM

---

[19] Zur deutsch-chinesischen Handelspolitik nach dem Ersten Weltkrieg vgl. **PANG**, S.40ff; ebenso **HAUSHALTER**, S.222ff.
[20] **CHI**, S. 244.
[21] **RATENHOF**, S.418.
[22] **RATENHOF**, S.406.
[23] So urteilt **RATENHOF**, S.414: "*China hatte sich in den Augen deutscher Wirtschafts-, Diplomaten- und Militärkreise immer stärker zu einem idealen Wirtschaftspartner entwickelt, der durch seine Verstaatlichungs- und Stabilisierungsprogramme nicht nur dem eigenen wirtschaftspolitischen Kurs besonders entgegenkam, sondern auch selbst zusehends die Verbindungen nach Deutschland als Vorbild der politischen und wirtschaftlichen Erneuerung zu intensivieren suchte*".
[24] **BRIESSEN**, S.91. U.a. lieferte Deutschland "*heimlich noch U-Boote, Torpedos und Flugzeuge*" sowie optische Zielerfassungsgeräte für Flugabwehr.

und verdeutlichen damit die immense Bedeutung der deutschen Kriegslieferungen[25], vor allem deshalb, da diese Lieferungen nur gegen Bardevisen erfolgten.

Doch konnte dadurch nicht die deutsche Hinwendung zu Japan verdeckt werden, welche schon seit 1934 sukzessive begonnen hatte. Der Abschluß des Komintern-Paktes im Jahr 1936, schließlich die politische Anerkennung des von Japan kontrollierten Mandschuko-Regimes am 20.2.1938 sind Stationen auf diesem Wege. Japan setzte Deutschland politisch unter Druck, in seinem sich abzeichnenden Konflikt mit China deutlich Position zu beziehen, da - nach RATENHOF - die Japaner sich sonst gezwungen sehen, "*die wirtschaftlichen Beziehungen ihres Landes und Mandschukos zum Deutschen Reich einzuschränken*"[26]. Mit dem neuen politischen Klima stehen auch die Handelsumsätze in Verbindung, welche ab 1937/38 eine fallende Tendenz aufzeigen. Ganz abgebrochen wurden die Handelsbeziehungen nie so richtig, mit Ausbruch des Zweiten Weltkrieges gestaltete es sich zwar immer schwieriger, die Seeverbindung mit China aufrecht zu erhalten, doch bis zum Überfall auf die Sowjetunion gelangte ein Großteil der Importe aus China im Transitverkehr durch Sibirien nach Deutschland.

3.3. Export- / Importstruktur

ROHSTOFFE und die Hauptgruppe NAHRUNGS- und GENUßMITTEL dominierten bei den deutschen Importen, wobei das Jahr 1942 sich vorläufig nicht in die Reihe fügt. Dies ist sicher auf die Unregelmäßigkeiten des Kriegshandels und dessen geringen Umsätzen zurückzuführen sein, denn dabei können die Strukturen einem raschen Wandel unterliegen. Der Import von FERTIG- und HALBWAREN ist insgesamt so gering, daß hier nur am Rande darauf eingegangen werden soll.

Betrachtet man die beiden Obergruppen ROHSTOFFE und NAHRUNG, so fällt die erstaunliche Kontinuität im Anteil am Gesamtimport auf. In dieser Struktur sind also keine Veränderungen im Sinne elastischer Nachfrage festzustellen - trotz recht unterschiedlicher Weltkonjunktur im Berichtszeitraum und gravierenden Einflüssen wie z.B. der Weltwirtschaftskrise.

---

[25] **RATENHOF**, S.477.
[26] **RATENHOF**, S.449.

Die Struktur der deutschen Importe aus China gestaltete sich wie folgt:[27]

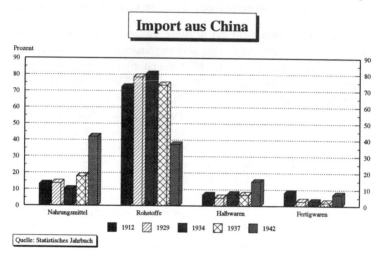

Einfach ist die Analyse bei den ROHSTOFFEN, die im wesentlichen (60-90%) aus Ölfrüchten und Ölsaaten bestand. 1937 waren diese in der Statistik in die Gruppe NAHRUNG eingeordnet, so daß - um eine Einheitlichkeit mit den vorhergehenden Analysejahren zu gewährleisten - auch 1937 und 1942 die Zuordnung in die Gruppe ROHSTOFFE erfolgte und die Werte aus diesem Jahr auf dementsprechenden Umrechnungen basierten. Fünf Jahre später - im Jahre 1942 - stellten Ölfrüchte mit 72,9% Gruppenanteil den Hauptexport Chinas dieser Kategorie.

Daneben importierte Deutschland noch Wolle, Rohseide, Federn und Borsten (als Füllung für Federbetten), rohe Felle und Häute. 1937 tauchten Erze und Metallaschen mit einem Anteil von 15% an der Rohstoffeinfuhr auf - Deutschland importierte plötzlich verstärkt Erze aus China, die noch 1934 nur einen Anteil von knapp 4% besaßen. Hier war es vor allem Wolfram, welches eine besondere Bedeutung für Deutschland erlangte. Denn China stellte "*etwa zwei Drittel der gesamten Wolframimporte Deutschlands, die etwa 7000-8000 t pro Jahr betrugen*"[28] und deren Wichtigkeit für die deutsche Kriegsrüstung kennzeichnen. Aber auch aus chinesischer Sicht war Deutschland hier der größte

---

[27] Eigene Berechnungen nach **STATISTISCHES JAHRBUCH**. Die errechneten Werte des Jahres 1942 beziehen sich auf den Zeitraum Januar-Juli 1942 und umfassen den Wirtschaftsraum China, schließen also auch den Handel mit Mandschuko ein.

[28] **RATENHOF**, S.422.

Partner, denn es nahm 1938 die Hälfte der chinesischen Wolframproduktion ab[29].

Wenngleich auch der Anteil der NAHRUNGSMITTEL an der Gesamteinfuhr in etwa unverändert geblieben ist, so haben sich doch gewisse Verschiebungeninnerhalb dieser Obergruppe ergeben. Därme, Magen, Tee und Eier waren immer auf der Importliste zu finden, wobei der Tee allerdings 1937 seine Bedeutung verloren hatte. Stellte China 1913 noch die Hälfte der deutschen Teeimporte, so hatten Ceylon, Niederländisch- und Britisch-Indien 1929 China schon an den vierten Platz verwiesen, 1937 auf den dritten. Im gleichen Jahr hatte sich innerhalb dieser Gruppe die Orientierung hin zu Eiern vollzogen - China lieferte immerhin 16% des deutschen Importbedarfs. Chinesische Eier waren etwas billiger als die niederländischen, was vielleicht deren Attraktivität erklärt. Auch 1942 bestand mehr als die Hälfte des NAHRUNGSMITTELimportes aus Eiern (54,1%), etwa knapp ein Drittel aus Tee (29%) und 13,5% aus Därmen.

Bei den FERTIGWAREN handelte es sich hauptsächlich um importierte Pelze, Textilien aus Seide und Leder. 1942 setzte sich beispielsweise die Einfuhr dieser Gruppe zu 46,3% aus Textilien und zu 23,3% aus Leder zusammen.

Der Import von chinesischen HALBWAREN bestand aus unedlen Metallen, wie z.B. Zinn und Altmetallen und Legierungen[30], aber auch - so 1942 - aus technischen Fetten und Ölen sowie Paraffin.

Im Vergleich dazu die Struktur der deutschen Exporte nach China:

ROHSTOFFE und NAHRUNGSMITTEL[31] sind für die Analyse aufgrund der geringen Anteile unbedeutend, so daß sich die Untersuchung im folgenden auf HALBWAREN und FERTIGPRODUKTE konzentriert.

Während die FERTIGWAREN im Berichtszeitraum steigende Anteile aufwiesen, sanken gleichzeitig die der HALBWAREN. Diese Obergruppe bestand meist aus chemischen Halbwaren wie z.B. schwefelsaurem Ammoniak / Stickstoffdünger sowie aus Kunstseide.

---

[29] RATENHOF, S.509.
[30] Leider ermöglicht das **STATISTISCHE JAHRBUCH** keine genauere Aufgliederung.
[31] Unter den Nahrungs- und Lebensmitteln befand sich vor allem Bier.

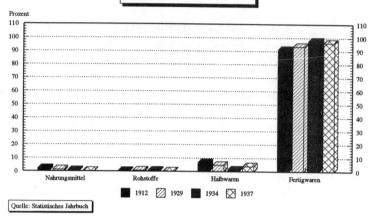

FERTIGWAREN konnten ihren Anteil im Laufe der Jahre deutlich steigern. Die Palette der exportierten Waren ist hierbei beträchtlich: Textilien, Leder, Papierwaren, Bücher, Farbstoffe, Glasprodukte, Eisen- und Kupferwaren, Maschinen, Elektroartikel, Fahrzeuge, Musikinstrumente, wissenschaftliche Instrumente, pharmazeutische und photochemische Produkte, Munition. Ganz allgemein läßt sich dabei eine leichte Tendenz zu qualitativ höheren Produkten erkennen.

Vor dem Weltkrieg dominierte eindeutig der Farbenexport mit einem Anteil von gut 60%. Hierbei nahm China mehr als 55% des deutschen Indigoexportes und gut 1/7 der gesamten Farbenausfuhr ab[32]. Danach folgten Waffen und Munition (mit 17% - bei allerdings jährlich schwankenden Werten) sowie Textilien, Eisen- und Elektrowaren[33]. Zwar spielte China eine geringe Rolle im deutschen Elektroexport, doch aus chinesischer Sicht war Deutschland einer der drei wichtigsten Lieferanten für diese Produkte. Hatten 1913 deutsche Elektroartikel hier noch einen Anteil von knapp 30%, so war dieser 1930 auf 18%

---

[32] Was Indigo anbelangt, so ging auch 1937 mehr als die Hälfte der deutschen Indigoausfuhr nach China, wenngleich diese nach dem Krieg erst stark gesunken war.
[33] Zur Geschichte des Elektroexportes vgl. **MIELMANN**. Näher darauf einzugehen erscheint angesichts der untergeordneten Bedeutung Chinas als Abnehmerland für deutsche Elektroartikel im Rahmen dieser Untersuchung nicht sehr sinnvoll zu sein. Insbesondere, wenn man sieht, "*daß die quantitative Bedeutung der Elektroausfuhren nach China für die deutsche Wirtschaft während des gesamten Zeitraumes (1870-1949 - d.Verf.) mit maximal 3% der gesamten deutschen Elektroausfuhr relativ gering war*", wies es schon **MIELMANN**, S.5. festgestellt hatte.

gesunken und erreichte seine Vorkriegsstellung dann 1936/37 mit 30,5%[34]. Für rückgehende Umsätze ab 1937 mußte dann der chinesisch-japanische Krieg verantwortlich gemacht werden.

Was Munition anbelangt, so war China 1912 Deutschlands größter Abnehmer von Waffenpatronen mit einem Anteil von etwa einem Drittel des Gesamtexportes; Waffen und Munition wurden immer nach China geliefert, doch schweigen sich die Statistiken - insbesondere das STATISTISCHE HANDBUCH - über den wahren Wert dieser Verkäufe aus.

1929 sah die Struktur der Fertigwaren schon etwas anders aus. Farben konnten ihre Position nicht halten und mußten sich mit 18% an der Hauptgruppe neben Garnen und Textilien, die den gleichen Anteil besaßen, begnügen. China blieb nach Großbritannien der größte Farbenimporteur, allerdings mit einem deutlich gesunkenen Anteil von etwa 9% des Gesamt-Farbenexports. Danach folgten Eisenwaren, Papier und Papierwaren, Elektroartikel und Maschinen, welche eher etwas unterrepräsentiert waren (3%) sowie viele kleinere Posten[35].

1934 rangierten Eisenwaren[36] mit einem Gruppenanteil von 22% hinter Chemikalien (v.a. Farben), die mit 37% herausragten. Erwähnenswert ist noch der Maschinenexport mit 8,2%. Dennoch sollte diese Struktur des Jahres 1934 vorsichtig interpretiert werden, da es sich um sehr geringe Ausgangsgrößen beim Export handelte.

Vier Jahre später dominierten Eisenwaren mit 24%[37], Papier und Pappe[38] folgten mit 9,5%, Farben mit 8%, Fahrzeuge mit 7,3% (China war 1937 neben Schweden der größte Importeur deutscher Kraftfahrzeuge!), Maschinen mit 6,2%, Elektroartikel mit 4,5%, Munition mit 3,8%.

Analysiert man nun die Zusammensetzung der FERTIGWARENexporte des Jahres 1942, so stellt sich eine Konzentration des Handels auf wenige Investitionsgüter heraus. 41,5% der von Deutschland exportierten Waren dieser Gruppe bestanden aus Chemikalien[39] (hauptsächlich Farbstoffe für die einhei-

---

[34] MIELMANN, S.125, 181, 241.
[35] So z.B. Fahrräder, Uhren, Pelze, Kautschukwaren, Leder, Glas und Glaswaren.
[36] Wachsende Industrialisierung und Ausbau der Infrastruktur führten zu erhöhtem Import von Eisenprodukten. BOSTEL, S.75f.
[37] China rangierte unter den überseeischen Importeuren an erster Stelle.
[38] China war auch hier neben Großbritannien der größte Abnehmer des deutschen Papier- und Pappeexportes.
[39] Vgl. H. LOHMANN, Strukturwandlungen im Außenhandel der deutschen chemischen Industrie seit 1913. Berlin 1938, S.94ff.

mische Textilindustrie), während dagegen Maschinen einen Gruppenanteil von 34,5% innehatten und der Elektrosektor 10,7 % beanspruchte.

In Konkurrenz zu den USA, Japan und Großbritannien auf dem chinesischen Markt setzte sich Deutschland hier vor allem bei elektrischen Maschinen, Werkzeugen, wissenschaftlichen Instrumenten, auf dem Sektor Nachrichtentechnik, Farben und Schwerchemikalien sowie Papierwaren durch. 1936 lieferte es mehr als ein Viertel der chinesischen "Industrie-Fertigwareneinfuhr" und verwies damit das bis dahin führende Japan erstmals auf den zweiten Platz. Die Marketingerfolge auf dem Fertigwarensektor zeigen auch die bis 1942 fast auf 100% steigenden Anteile dieser Obergruppe am deutschen Gesamtexport. Dieser Tatbestand wurde schon frühzeitig von CASPAR erkannt, der diese Warengruppe als *"das eigentliche Entfaltungsgebiet auf dem chinesischen Markt"* betrachtete[40].

---

[40] CASPAR, S.428.

4. Niederländisch-Indien[1]

4.1. Handelsstatistik

DIETRICH betont zwar, daß ein *"großer Teil, und vor allem Gebrauchswaren, von uns nach Holland geliefert wird, von wo aus ein Re-Export nach Niederländisch-Indien stattfindet"*[2], aber aufgrund unzureichender Statistiken ist dieser Anteil nicht mehr herauszufiltern. Insofern bleiben für die Untersuchung deutsche Statistiken vorerst maßgebend.

4.2. Handelsbilanz / Handelpolitik

Im Handel mit Niederländisch Indien mußte sich Deutschland meist anteilig mit dem dritten oder vierten Rang begnügen, wie folgende Übersicht zeigt:

Anteil am Import Niederländisch Indiens in %[3]

	DT	NL	GB	Singapur	Japan	USA
1913	6,6	33,2	17,6	15,6	11,6	2,1
1929	10,9	17,7	11,1	10,6	10,9	12,3
1937	8,5	k.A.	k.A.	k.A.	k.A.	k.A.

Der rückgehende Einfluß der Niederlande und Großbritanniens ist wohl mit dem Eindringen der USA und Japans in das wirtschaftliche Vakuum zu erklären, welches der Erste Weltkrieg durch den Exportrückgang der erstgenannten Staaten in den asiatischen Großraum verursacht hatte. Die auf diese Weise gesicherten Positionen der USA und Japan konnten gegen die europäische Konkurrenz auch in der Nachkriegszeit behauptet werden. Bei Singapur handelt es sich im wesentlichen um Transitverkehr.

---

1 Auf folgende LITERATUR sei verwiesen: **H.DIETRICH**, Der deutsche Export von Gebrauchswaren nach China, Britisch Indien, Niederländisch Indien. Emsdetten 1935.
2 **DIETRICH**, S.23.
3 **STATISTISCHES HANDBUCH**, S.388; eigene Berechnungen aus **STATISTISCHES JAHRBUCH**.

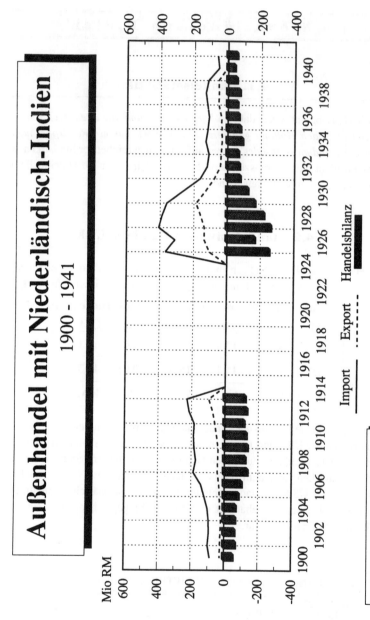

Anteil am Export Niederländisch Indiens in %

	DT	NL	GB	Singapur	Brit.Indien	USA
1913	2,3	28,2	3,9	17,9	14,5	5,2
1929	2,6	16,0	8,9	21,0	10,0	2,9
1937	3,0	k.A.	k.A.	k.A.	k.A.	k.A.

Die gleichbleibende Stellung Deutschlands im Exportgeschäft läßt sich auf eine kontinuierliche deutsche Präferenz für wichtige Rohstoffe zurückführen.

Im Handel mit Niederländisch-Indien blieb der Saldo der Austauschbilanz immer negativ. Bis 1907 stiegen die Defizite kontinuierlich an, da die deutschen Exporte nicht im gleichen Maße wuchsen wie die vermehrten Importe an Zinn und Rohtabak. Nach dem Weltkrieg knüpften die deutschen Importe an die Vorkriegszeit auf hohem Niveau an, die Schere zwischen Im- und Exporten öffnete sich 1927, als schon vor der Weltwirtschaftskrise die Importe ihren Höhepunkt erreicht hatten. Gleichzeitig stieg auch der Wert der deutschen Exporte noch bis 1929; mit einem Zeitverzug von 2-3 Jahren fielen dann auch die Exporte rasch, bis beide Linien ab 1930 weitgehendst parallel verliefen. Die Talfahrt der Im- und Exportwerte fand ihr Ende 1932; von da an stagnierten diese in den folgenden Jahren, bis der Ausbruch des Zweiten Weltkrieges den Handel völlig einschränkte. Innerhalb eines Jahres fielen die Exporte von 56 Mio. RM (1939) auf 6 Mio. RM, dann auf 0,75 Mio RM (1941), was sich auf die Transportsituation (Sicherung der Seewege nicht möglich) zurückführen läßt.

4.3. Export-/Importstruktur

Beide Strukturen zeigen im Untersuchungszeitraum gewisse Änderungen, die jedoch das Prinzip des Kompensationshandels nicht veränderten.

Bei den deutschen Importen sind jedoch gewisse Verschiebungen zu konstatieren, wie die folgende Übersicht zeigt:[4]

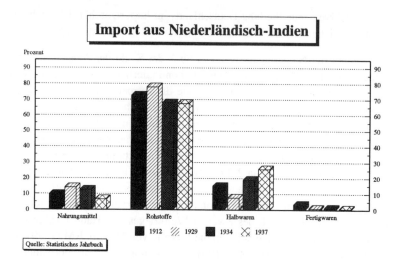

Der Erste Weltkrieg veränderte die Bedeutung der Gruppen FERTIGWAREN und NAHRUNGS-, GENUßMITTEL auf unterschiedliche Weise. Besaßen erstere mit einem Gruppenanteil von 3,2% noch einen - wenngleich geringen - Stellenwert, so war dieser schon im nächsten Untersuchungsjahr 1929 auf 0,7% gefallen und stagnierte bis zum Ende des Berichtszeitraumes. Insofern ist hier also der Bruch 1914 anzusetzen.

Vergleichsweise dazu ist zum gleichen Zeitpunkt bei den NAHRUNGSMITTELN ein Anstieg des Gruppenanteiles um die Hälfte zu beobachten. 1929 und 1934 lag dieser höher als im Ausgangspunkt 1914. Jedoch fiel der Anteil wieder zwischen 1934 und 1937, die Strukturänderung ist wohl nach 1934 anzusetzen.

---

4   Eigene Berechnungen aus **STATISTISCHES JAHRBUCH**.

Wie obenstehende Tabelle zeigt, lag der Schwerpunkt der deutschen Importe eindeutig auf ROHSTOFFEN und HALBWAREN, deren addierte Anteile bis 1934 minimal um 86% schwankten. Erst 1937 waren sie auf 93% gestiegen und zeigten eine stärkere Akzentuierung auf HALBWAREN, deren Anteil sich im Vergleich zu 1912 um 70% erhöhte. Verantwortlich dafür ist der große Bezug von Zinn und Kraftstoffen, der in diesem Jahr mit einem Anteil von 88% die Gruppe maßgeblich bestimmte. Sicherlich sind die deutschen Aufrüstungspläne Ursache für diesen vermehrten Import. Allerdings war die Abhängigkeit von Zinn deutscherseits schon immer sehr groß, da auch 1912 47% der deutschen Zinneinfuhr aus diesem Gebiet stammte (1929: 50%, 1934: 43%, 1937: 51%). Da der Anteil der Fertigwaren äußerst gering ist, soll im weiteren auf deren Untersuchung verzichtet werden.

Die Analyse der NAHRUNGS-, und GENUßMITTEL zeigt meist den Schwerpunkt auf Kaffee, der 1912 mit einem Gruppenanteil von 41% dominierte, dann bis 1934 auf 11% gesunken war und 1937 wieder den alten Stellenwert erreichte (43%). Die Anteile von Tee und Reis lagen unterhalb von 6%; erst 1929 stieg Erstgenannter auf 16,3%. Doch die Bedeutung von Tee wuchs weiter, 1934 beanspruchte er einen Gruppenanteil von 23,8% und 1937 von 25,7%. Gewürze waren mit 30,1% vertreten und blieben auch 1934 und 1937 in etwa bei diesem Stellenwert.

Bei den ROHSTOFFEN standen Tabak, Kautschuk und Ölfrüchte im gesamten Zeitraum im Vordergrund, wobei wiederum der Schwerpunkt auf Tabak lag. Allerdings konnte jener nicht an Vorkriegswerte (Anteil 1912: 54,9%) anknüpfen, da 1937 seine Bedeutung gefallen war (37,1%-Gruppenanteil). Der wirtschaftliche Aufstieg des Automobils im Laufe der zwanziger und dreißiger Jahre drückt sich auch im Anstieg des Gruppenanteils des Kautschuks von 7,8% (1912) auf 20,3% (1937) aus[5]. Weiterhin bedeutsam blieben Ölfrüchte, deren Anteil sich von 27,2% (1912) über 34,5% (1929) auf 17,6% verringerte und zeigte, daß Niederländisch-Indien seine Bedeutung hierbei geringfügig nach der Weltwirtschaftskrise eingebüßt hatte.

Untersuchenswert ist noch die Struktur der HALBWAREN, in der immer Zinn und Kraftstoffe in einem so großen Maße (85%) dominierten, daß eine jahresmäßige Nennung der jeweilige Anteile wenig sinnvoll erscheint.

---

5 Natürlich fiel der Wert der Importe von 35 Mio RM (1929) auf 16 Mio RM (1937), doch sollte dabei der Preisverfall nicht außer acht gelassen werden, der Kautschuk von 1944,- RM / Tonne (1929) auf 1066,- RM (1937) verbilligte.

Im Vergleich dazu die Struktur der deutschen Exporte nach Niederländisch-Indien:

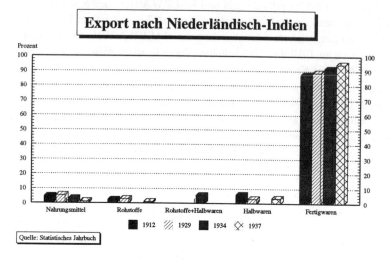

Im wesentlichen exportierte Deutschland FERTIGWAREN mit einem Anteil von mindestens 87 Prozent, danach folgten ROHSTOFFE, HALBWAREN und Nahrungsmittel zu in etwa gleichen Teilen.

Eisenwaren, Chemikalien und Maschinen bildeten meist das Gros der deutschen FERTIGWARENexporte. Eisenwaren lagen fast immer zwischen 25% (1937) und 42,3% (1929). Wertmäßig hatte der Export dieser Produkte seinen Höhepunkt 1929, als diesbezüglich mehr als 70 Mio RM ausgeführt wurden[6]. Aber auch der Export von Chemikalien und Maschinen wurde intensiviert, da sich deren Anteile von 6,11% und 4,4% (1912) auf 20% und 11,3% (1937) ausgeweitet hatten. Im Vergleich dazu "explodierte" der Anteil von Elektrogütern von 0,9% (1912) auf 8,6% (1937).

Nach der Klassifizierung von DIETRICH nehmen die sogenannten Gebrauchtwaren[7] mindestens die Hälfte der deutschen Gesamtausfuhr nach Niederländisch Indien ein. Seine Zahlen schließen auf eine Qualitätssteigerung bei den deutschen Produkten[8], die sich vor allem nach der Weltwirtschaftskrise be-

---

6   1937 unterschritt der Wert (13 Mio RM) die Vorkriegsausfuhr von 18 Mio RM.
7   Diese Kategorie bildeten Waren aus Holz, Möbel, Kautschuk, Celluloid, Papier, Erzeugnisse der Chemie und Pharmazie, Glas, Kupfer-, Metall-, Eisenwaren, Uhren, Spielzeug, Musikinstrumente, Lederwaren, Schuhe, Fahrräder, Werkzeug, landwirtschaftliche Geräte.
8   **DIETRICH, S.25.**

sonders deutlich zeigt. Hier wurden, um dem größeren Konkurrenzdruck durch Devisenknappheit zu begegnen, fast nur noch sehr hochwertige Waren exportiert. Gerade bei den Textilien erfolgte die Hinwendung zu teuerer Kleidung. Metallwaren bildeten den Hauptanteil unter diesen Gebrauchtwaren, dann folgten Textilien, chemische Erzeugnisse, Werkzeuge und landwirtschaftliche Geräte mit - im Vergleich zu 1913 - expandierenden Umsätzen.

Bei den NAHRUNGS- und GENUßMITTELN bestand der Export zu 57% (1912) und 83% (1929) aus deutschem Bier. Weitere Güter sind in der Statistik nicht genannt, da es sich um Kleinstmengen handelt. 1937 lag der Gruppenexport bei 0,6 Mio RM und wurde statistisch überhaupt nicht mehr erwähnt.

Auch eine differenzierte Analyse der ROHSTOFFE und HALBWAREN ist deshalb problematisch, weil sie in Kleinstmengen ausgeführt wurden und dementsprechend kaum auswertbare Nennungen vorlagen. Jedoch tauchten Steinkohlen und Stickstoffdünger vereinzelt in der Statistik auf.

VI. Australien

beim Handel mit dem fünften Kontinent steht naturgemäß der Australische Bund im Vordergrund.

a) Anteil am deutschen Import in Prozent

	1913	1929	1934	1937
Australischer Bund	90,5	90,4	72,8	80,8
Neuseeland	3,0	7,8	24,7	10,5
Gesamt:	93,5	98,2	97,5	91,3

b) Anteil am deutschen Export in Prozent

	1913	1929	1934	1937
Australischer Bund	85,4	83,3	80,7	83,2
Neuseeland	9,7	11,8	13,7	15,8
Gesamt:	95,1	95,1	94,4	99,0

Der Rest verteilte sich auf die Samoa-Inseln, Neuguinea, Französisch-Australien.

Australien[1]

1. Handelsstatistik

Erst seit 1904 wird in Deutschland der Handel mit Australien aufgezeichnet, seit 1906 weist die auch australische Statistik[2] das Ursprungsland der Ware aus. Trotzdem existierten noch große Unterschiede im Vergleich der beiden nationalen Werte. Dies betrifft vor allem die deutschen Importe, die etwa doppelt so hoch sind wie die dementsprechenden australischen Angaben ausweisen. Die deutschen Exporte sind dagegen 10% - 20% niedriger als die australischen Werte. Dies ist u.a. darauf zurückzuführen, daß für Im- und Export gleichermaßen f.o.b. vom australischen Zoll berechnet wurde[3]. Auch die Klassifikationen des General- und Spezialhandels waren mangelhaft, da letzterer keine Importe veröffentlichte[4]. Die deklarierten Werte wurden anhand von Marktpreisen der wichtigsten Handelsländer überprüft.

2. Handelsbilanz / Handelspolitik

ANTEILE AM IMPORT AUSTRALIENS IN %[5]

	DT	USA	GB	Japan
1913	9,0	13,9	52,2	1,2
1929	3,3	23,2	41,4	3,2
1937	4,0	k.A.	k.A.	k.A.

---

1 Auf folgende LITERATUR sei verwiesen: **F. BROWN**, A Tabular Guide to the Foreign Trade Statistics of Twenty-one Principal Countries. London 1926; **G. MAY**, Die Entwicklung des deutsch - britischen Handels seit der Pfundabwertung ab 21.9.1931. Freiburg 1937; **N. WINDETT**, Australia as producer and trader 1920-1932. Oxford / London 1933; **I. KLEIN**, Die Handelsbeziehungen zwischen Deutschland und den vier britischen Dominien Kanada, Südafrika, Australien und Neuseeland. Berlin 1929.
2 OVERSEA TRADE: AUSTRALIAN STATISTICS OF OVERSEAS IMPORTS AND EXPORTS AND CUSTOMS AND EXCISE REVENUE (Jährlich) sowie QUARTERLY ABSTRACT OF AUSTRALIAN STATISTICS.
3 STATISTIK DES DEUTSCHEN REICHES, Bd.271, XXII.1.
4 BROWN, S.23.
5 STATISTISCHES HANDBUCH, S.524f.

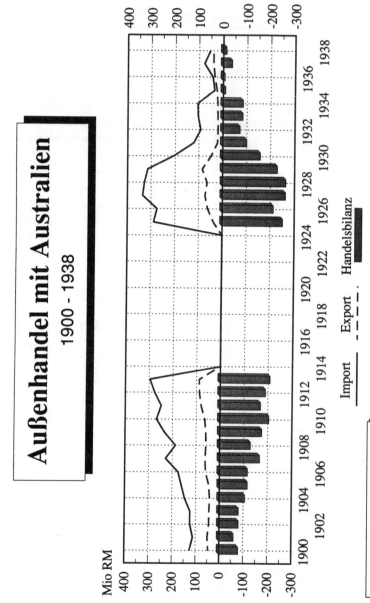

Als Importeur australischer Rohstoffe hatte Deutschland vor dem Ersten Weltkrieg immerhin den dritten Rang unter den Abnehmerländern des fünften Kontinents inne. An der Spitze konnte sich auch weiterhin Großbritannien halten, wenngleich es Anteile an die Vereinigten Staaten abtreten mußte, die ihre Handelsaktivitäten im Pazifik ausweiteten.

ANTEILE AM EXPORT IN %

	DT	USA	GB	Japan	F	Belgien
1913	9,3	3,6	45,7	1,9	13,3	10,2
1929	6,1	4,3	45,1	6,8	10,4	5,8
1937	2,9	k.A.	k.A.	k.A.	k.A.	k.A.

Beim Export waren die Positionen anderweitig verteilt. Während die Hälfte der Ausfuhr sich auf das koloniale Mutterland konzentrierte, entfiel ein nicht unerheblicher Prozentsatz auf Frankreich und Belgien. Auch Japan konnte seine Stellung als Abnehmer australischer Produkte zu Lasten des sinkenden deutschen Anteils verbessern.

Grundsätzlich defizitär zeigte sich die deutsche Handelsbilanz. Bis 1914 stiegen die Defizite an, verursacht durch rasch ansteigende deutsche Bezüge von Wolle, die nicht im gleichen Ausmaß durch Exportanstrengungen wettgemacht werden konnten. Nach dem Ersten Weltkrieg verringerten sich die Defizite ständig, ab 1935 war der Handel in etwa ausgeglichen, da der deutsche Export verstärkt wurde, um Devisen zum Bilanzausgleich einzusparen. Betrug das Defizit 1934 noch 83 Mio RM, so war es ein Jahr später schon erfolgreich auf 9,6 Mio RM reduziert worden.

Den Höhepunkt erreichten die deutschen Importe 1927; ab 1929 fielen sie rasch - bedingt durch den Preisverfall der Rohstoffe - auf ein Drittel bis 1931 zurück. Stagnierende Importe zeichnen die nächsten drei Jahre aus, bis dann 1934 mit dem NEUEN PLAN dem Devisenproblem durch Umstrukturierung der Importstruktur Rechnung getragen wurde. Die Einfuhr aus Australien wurde nun systematisch verringert und im gleichen Zug die Ausfuhr forciert.

3. Export- / Importstruktur[6]

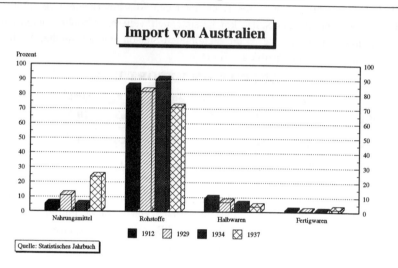

Betrachtet man die obige Struktur der deutschen Importe, so fällt auf, daß diese fast nur aus ROHSTOFFEN, insbesondere Wolle und Erzen bestanden. Merino- und Kreuzzuchtwolle bildeten meist 2/3 des Gruppenimports; der Rest entfiel auf Blei-, Zink-, Zinn- und Wolframerze.

Die Gruppe HALBWAREN setzte sich hauptsächlich aus Metallen wie z.B. Kupfer und Blei zusammen.

Unterschiedlich hohe Anteile der NAHRUNGSMITTEL sind auf Weizenimporte zurückzuführen, da der australische Weizen meist dazu verwendet wurde, kurzfristige Defizite in der heimische Produktion zu decken. Der hohe Anteil der Nahrungsmittel 1937 ist ebenfalls auf große Weizeneinkäufe in diesem Jahr zurückzuführen und blieb die Ausnahme. Ein Jahr später lag dieser Anteil wieder bei etwa 2 Prozent.

---

[6] Eigene Berechnungen nach **STATISTISCHES JAHRBUCH**.

Eine ähnlich einseitige Ausrichtung zeigt die Zusammensetzung der deutschen Exporte:

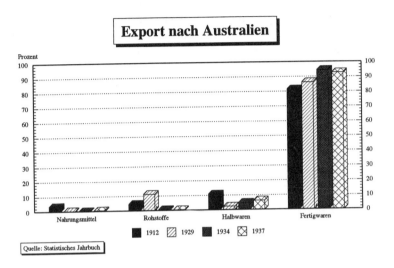

Im Laufe des Untersuchungszeitraumes konzentrierte sich die deutsche Ausfuhr immer mehr auf FERTIGWAREN zu Lasten sinkender Anteile der restlichen Gruppen.

Bier in Flaschen trug noch 1912 den Export der NAHRUNGSMITTEL zu mehr als 75% (2,2 Mio RM). Da nach dem Weltkrieg Deutschland zwei Drittel weniger an Bier exportierte, verfiel damit auch dieser Gruppenexport zur Bedeutungslosigkeit. Vor 1914 rangierte interessanterweise Australien auf Platz 1 der Abnehmer deutschen Flaschenbieres mit 7200 Tonnen. Insgesamt nahmen die vier fernöstlichen Staaten Britisch-Indien, Niederländisch-Indien, Britisch-Malakka und Australien mehr als 40% des deutschen Flaschenbier-Exportes auf.

Die HALBWARENausfuhr bestand aus Zement und chemischen Halbprodukten.

Unter den FERTIGWAREN hatten Textilprodukte und Eisenwaren (Werkzeuge, Messerschmiedewaren etc.) einen großen Exportanteil; danach folgten Erzeugnisse der Spielwaren- und Musikinstrumentenindustrie, wobei Deutschland als Hauptimporteur Australiens in dieser Warengattung fungierte[7].

---

[7] KLEIN, S.71.

Zu etwa gleichen Teilen folgten Papier- und Glasprodukte, chemische- und elektrotechnische Artikel, die sich nach dem Ersten Weltkrieg als besonders exportdynamisch erwiesen. Maschinen waren 1929 noch unterrepräsentiert. Acht Jahre später zeigt sich schon ein gewisser Wandel in der Gliederung der Fertigwaren. Maschinen, Fahrzeuge und Elektroartikel gewannen überdurchschnittliche Exportanteile und schlossen gegenüber den Eisen-, chemischen- und Papierwaren auf.

VII. Zusammenfassung

Die in dieser Analyse untersuchten Änderungen in der Waren- und Regionalstruktur lassen sich meist nicht monokausal definieren, vielmehr sind oft mehrere Gründe für wesentliche Struktureinschnitte verantwortlich:

1) Schwerwiegende Strukturänderungen hatten die Versailler Gebietsabtretungen nach der Niederlage im Ersten Weltkrieg zur Folge. Erstens führte der Verlust der ostpreußischen, auf Roggenanbau spezialisierten Territorien zum Niedergang des deutschen Roggenexports nach dem Ersten Weltkrieg; die Nachfrageverschiebung zu Weizenbackwaren und der Preisverfall der Weltwirtschaftskrise zerstörten dann endgültig den Rest des Roggenexportes. Aber auch der Verlust der oberschlesischen Zinkhütten und der lothringischen Erzvorkommen zog bedeutende Wandlungen in der Metallproduktion nach sich.

Die zwischen 1914 und 1917 im Ausland erfolgte Beschlagnahme wichtigster Patente der chemischen- und elektrotechnischen Direktinvestitionen durch die Alliierten führte dort zum Verlust angestammter Marktstellungen und ermöglichte diesen Ländern den Aufbau einer eigenen Industrie; Deutschland mußte sich dann nach dem Krieg dort mit der verstärkten Konkurrenz auseinandersetzen.

2) Einen der bedeutendsten Einschnitte im Welthandel stellt die Weltwirtschaftskrise dar, als hier der Preisverfall vor allem der Rohstoffe und Nahrungsmittel nachhaltige Änderungen in der deutschen Außenhandelsstruktur zur Folge hatte. So war der deutsche Roggen nun nicht mehr exportfähig und verdrängte deshalb Gerste als billiges Futtermittel auf dem Binnenmarkt. Gersteimporte bestanden dann nach der Weltwirtschaftskrise zum größten Teil nur noch aus Braugerste oder hatten die Funktion des Ergänzungsbedarfs bei Mißernten.

3) Devisenbewirtschaftung und Protektionismus als direkte Auswirkungen der Weltwirtschaftskrise führten zu Importeinschränkungen, die vor allem textile Rohstoffe wie Wolle und Baumwolle betrafen. Zwar wurde daraufhin die textile Rohstoffsubstitution forciert und in der Kunstseide auch ein für den Verbraucher adäquater Ersatz gefunden, dennoch mußten Umlagerungen in der Lieferantenstruktur auf Länder mit gegenseitiger Verrechnung in Angriff genommen werden, da die knappen Devisenbestände oft nicht ausreichten.

4) Die Aufrüstungspolitik des III. Reiches blieb nicht ohne Auswirkungen auf die Importstruktur; insbesondere erhöhte sich der Einfuhrbedarf von Metallen und vor allem von Erzen zwischen 1934 und 1937 sehr stark. Aus Kostengründen (eigene Verhüttung) stieg dabei der mengenmäßige Import von Erzen weitaus stärker (1934-1937: +140%) als derjenige der Metalle (+18%).

5) Aber auch der II. Weltkrieg veränderte direkt die deutsche Außenhandelsstruktur. Kaffeeimporte waren durch die langen Seewege militärisch nicht mehr zu sichern. Auftragsverlagerungen an die besetzten westlichen Gebiete erhöhten den Anteil von Fertigwarenimporten an der deutschen Einfuhr um mehr als 400%, politischer Druck und militärische Hegemonie bestimmten nun die wirtschaftlichen Nachfragekonstellationen.

6) Änderungen im Konsumverhalten führten im Falle des Weizens zu nachhaltigen Strukturverschiebungen, insofern als sich durch die verstärkte Nachfrage nach Weizenbackwaren der Anteil des Roggens in der deutschen Getreidewirtschaft verringerte. Im wesentlichen war die gestiegene Kaufkraft Basis für Konsumveränderungen, wie diese auch bei Südfrüchten für den Anstieg des Binnenverbrauchs und damit des Importbedarfs verantwortlich zeichnete. Dieser Zusammenhang impliziert auch Auswirkungen in der Struktur der Lieferländer, als durch den Konsum von höherwertigen Kaffeesorten wie der Costa-Rica-Bohne hierbei die brasilianische Santos-Bohne ihr Liefermonopol verlor. Aber auch die verstärkte Produktion von Kleidung aus Kunstseide nach der Weltwirtschaftskrise steht für verändertes Nachfrageverhalten und Modebewußtsein des Verbrauchers, der damit half, den Import textiler Rohstoffe zu verringern.

7) Der deutsche Zuckerexport wurde dagegen von den Rohrzuckerländern ausgeschaltet. Trotz Subventionismus und Protektionismus mußten sich die Rübenzuckerproduzenten der effizienten Konkurrenz der Rohrzuckerländer stellen. Diese eroberten systematisch die Absatzmärkte der europäischen Gegner - geringere Produktionskosten (niedrige Lohnkosten / geringere Technisierung) und höhere Hektarerträge blieben dafür die wesentlichen Voraussetzungen.

8) Rohstoffsubstitutionen erfolgten meist aus Devisengründen, die deshalb vor allem nach der Weltwirtschaftskrise verstärkt gefördert wurden. So sollte der Import von Kautschuk durch die Eigenproduktion von Buna und die teurere Einfuhr von Mineralöl durch das Hydrierverfahren verringert werden. Die Substitution von Chilesalpeter überbrückte den plötzlichen Ausfall des für die Muniti-

onsherstellung so wichtigen chilenischen Rohstoffs während des Ersten Weltkrieges. Aber nicht nur Einsparung von teueren Rohstoffen wurde mit diesen Erfindungen erreicht: im Fall des künstlich produzierten Stickstoffdüngers verhalf die Salpetersubstitution der deutschen Chemieindustrie nach dem Kriege zu einem Exportschlager. Der Mangel an Devisen war auch dafür ausschlaggebend, daß sich der Anteil der Fertigwarenimporte zwischen 1934 und 1937 reduzierte. Die Intention war darin begründet, so viel wie möglich von lohnintensiven Fertigprodukten im eigenen Land zu produzieren. Gleichzeitig wurde der Fertigwarenexport forciert, um mit den Devisenerlösen die für die Rüstung benötigten Rohstoffe beschaffen zu können.

9) Analysiert man den Fertigwarenexport näher, so erkennt man dessen herausragende Bedeutung im deutschen Außenhandel. Allein diese Warengruppe erzielte die deutschen Außenhandelsüberschüsse. Qualitativ hochwertige Spezialindustrien (Kinderspielzeug, Optik, Feinmechanik) sowie permanenter technischer Fortschritt und hohes Know-How-Niveau der Branchen Chemie, Elektro und Maschinenbau sicherten dabei die überragenden Absatzerfolge. Besonders im Bereich der Chemie waren ständige Produktinnovationen für die herausragende Stellung im Welthandel verantwortlich.

10) Kartellierung im Falle der Chemie- und Eisenindustrie hatten nicht unbeträchtlichen Anteil an der weltweiten Sicherung des Absatzes. Preismonopole und quotisierte Aufteilung der Märkte noch vor der Weltwirtschaftskrise hatten zur Folge, daß die deutsche Chemieindustrie die Krisenjahren relativ unbeschadet überstand, ja 1931 sogar noch Gewinne verbuchen konnte. Disziplinierung der Produktion stand eher bei der Eisenindustrie im Vordergrund ihrer schon 1926 erfolgten Kartellierung, denn die Gefahr der Zerstörung des Preisgefüges durch beginnende Überproduktion begann sich zu diesem Zeitpunkt schon abzuzeichnen.

In direktem Zusammenhang mit den oben angeführten Ursachen stehen auch die Kausalitäten der regionalen Strukturänderungen:

1) Hauptsächlich war Devisenmangel für regionale Verlagerungen in der Außenhandelsstruktur nach der Weltwirtschaftskrise verantwortlich. Die Möglichkeit über gegenseitige Verrechnung unter Ausschluß von Devisen einzukaufen, bestimmte vielfach Änderungen in der Lieferantenwahl. So stammte beispielsweise Weizen 1937 zum größten Teil aus Argentinien (anstatt wie bisher

aus den USA) oder aus Südosteuropa; Venezuela schob sich bei den Mineralölimporten nach vorne und verdrängte dabei die USA; Wolle wurde nun verstärkt aus Brasilien und nicht mehr von Australien eingeführt.

2) Produktinhärente Gründe: So war der Import von Weizen nicht nur eine Preisfrage, sondern auch abhängig von der Qualität, in diesem Falle von der Klebefähigkeit des Weizens. Die klebereichsten Sorten stammten aus den USA, Kanada, Argentinien und der Sowjetunion. Dementsprechend konnten wechselnde Präferenzen größtenteils nur innerhalb dieser Lieferantengruppe stattfinden. Ebenso blieb der Import von Südfrüchten wie Ananas immer von den jeweiligen klimatischen und anbauspezifischen Voraussetzungen abhängig und damit die Gruppe der Lieferanten begrenzt.

3) Produkt- / Prozeßinnovationen konnten ebenfalls für Veränderungen in der Regionalstruktur verantwortlich gemacht werden. So ermöglichte nach 1878 das saure Verfahren nun lothringische, phosphorhaltige Erze zu verhütten. Da aber Lothringen nach 1918 wieder an Frankreich abgetreten wurde, mußte Deutschland nun phosphorhaltige Erze aus Schweden importieren, da die meisten deutschen Eisenhütten auf die Verarbeitung dieser Erze ausgerichtet waren.

4) Das Autarkiestreben der nationalsozialistischen Wirtschaftspolitik führte auch aus wehrwirtschaftlichen Gründen zu Umlagerungen in der Importstruktur der Rohstoffe und Nahrungsmittel. Blockadesichere Einfuhr und die Möglichkeit die Importe per Clearing abzuwickeln, verdeutlichen die deutsche Präferenz nach 1936 für die südosteuropäischen Staaten.

5) Aber auch unter politische Ursachen ließen sich Änderungen subsumieren. Der Ausfall der Sowjetunion als Gerstelieferant, bedingt durch die Politik der Bolschewisten, führte nach dem Ersten Weltkrieg zu einem erhöhten Stellenwert Rumäniens bei der noch verbliebenen Gersteeinfuhr. Nicht ohne Auswirkungen auf die Austauschbeziehungen blieb die politische Allianz mit Mussolini, da sich vor allem im Zweiten Weltkrieg der Anteil Italiens am deutschen Außenhandel mehr als verdoppelte.

Literaturverzeichnis

Adler, J.H.: The Pattern of the United States Import Trade since 1923. New York 1952

Adler, J.H.: Capital Movements and Economic Development. New York 1967

Ahlander, Olof: Staat, Wirtschaft und Handelspolitik. Schweden und Deutschland 1918 - 1921. Lund 1983

Aldcroft, Derek H.: The European Economy 1914 - 1970. London 1978

Alker, H. / Puchala, D.: Trends in Economic Partnership. The North Atlantic Area 1928 - 1963. In: Singer: Quantitative International Politics. New York / London 1968

Alliierter Länderrat Deutschland: Statistisches Handbuch von Deutschland 1928 -1944. München 1949

Althoff, Heinz Günther: Die deutsch-schweizerischen Wirtschaftsbeziehungen seit 1870. Köln (Diss.) 1955

Angell, James W.: The Recovery of Germany. New Haven 1929

Anschütz, Rudolf: Die Spielwaren-Produktionsstätten der Erde. Sonneberg 1913

Arndt, H.W.: The Economic Lessons of the Nineteen-Thirties. London 1963

Arnot, R.P: Die Weltwirtschaftskrise und der englische Kohlenbergbau. Berlin (Ost) 1962

Arnoult, Pierre: Les Finances de la France et l'occupation allemande 1940-1944. Paris 1951

Aubrey, Henry G.: The Dollar in World Affairs: An Essay in International Financial Policy. New York / London 1964

Auswärtiges Amt: Materialien zu der Übersicht über die handelspolitische Lage Deutschlands Ende 1932. Berlin 1933

Baade, Fritz: Deutschlands Roggenpolitik. Berlin 1931

Baade, Hans W.: Die Behandlung des deutschen Privatvermögens in den USA nach dem Ersten und Zweiten Weltkrieg. In: Kränzlein, F. / Müller, H.E.A.: Der Schutz des privaten Eigentums im Ausland. Festschrift für H.Janssen. Heidelberg 1958

Bachmann, Karl: Die deutsche Ausfuhrwirtschaft und die Maßnahmen zur Steigerung der Ausfuhr unter besonderer Berücksichtigung der Exporterlöse. Marburg 1943

Bäcker, Hans: Die deutschen Kapitalanlagen in Schweden. Berlin (Diss.) 1926

Ballers, Siegfried M.: Die Bedeutung politischer Risiken für ausländische Direktinvestitionen. o.O. 1984

Banze, Angelika: Die deutsch-englische Wirtschaftsrivalität. Berlin / Vaduz 1935

Barkai, Avraham: Das Wirtschaftssystem des Nationalsozialismus. Der historische und ideologische Hintergrund 1933 - 1936. Köln 1977

Barnikel, H.H.: Theorie und Praxis der Kartelle. Darmstadt 1972

Bast, W.: Die Einfuhr des Deutschen Reiches aus den Tropen 1897-1932. Bonn (Diss.) 1936

Bastin, Otto W.: Tendenzen des deutschen Außenhandels im Verkehr mit den außereuropäischen Erdteilen in der Zeit von 1880 - 1914 an Hand der Statistik. Köln (Diss.) 1925

Bathe, Erwin: Das Maismonopol. Berlin 1937

Baumgarten, O.: Freihandel und Schutzzoll als Mittel der Agrarpolitik in der Zeit von 1860 bis zur Gegenwart. Halle / Saale (Diss.) 1935

Becker, Else: Die Verlagerung des deutschen Außenhandels unter besonderer Berücksichtigung der Einfuhr. Berlin (Diss.) 1937

Beckmann, Fritz: Die weltwirtschaftlichen Beziehungen der deutschen Landwirtschaft und ihre wirtschaftliche lage. Bonn / Leipzig 1924

Beitel, Werner: Deutsch - sowjetische Wirtschaftsbeziehungen in der Zeit der Weimarer Republik. Baden - Baden 1979

Bente, Hermann : Die marktwirtschaftliche Kapitalanlage im Auslande. In: Weltwirtschaftliches Archiv, Jg. 32, 1930, S. 1 - 54

Berbusse, Edward J.: Diplomatic Relations between the United States and Weimar Germany, 1919 - 1929. Georgetown / Univ. Washington 1951

Berger - Steinbach, Edith: Wesen und Art der Konjunkturschwankungen im deutschen Textilaußenhandel in der Zeit von 1925 - 1931. Charlottenburg 1934

Berlin, Helmut: Die handelspolitischen Beziehungen zwischen Deutschland und der Sowjetunion 1922 - 41. Köln (Diss. Masch.) 1953

Berliner, Cora: Deutschlands weltwirtschaftliche Verflechtung und die Aufgabe unserer Handelsstatistik. In: Allgemeines Statistisches Archiv, Bd. 20, 1930, S. 329-342

Berliner, Cora: Die Reform der deutschen Außenhandelsstatistik. In: Weltwirtschaftliches Archiv, Jg. 29, 1929, S. 320*-333*

Berndt, R.: Die wirtschaftlichen Beziehungen des deutschen Imperialismus zu Österreich in der Zeit der Weltwirtschaftskrise 1929 - 1931. Halle (Diss.) 1965

Beukering, C. H. J. van : Der deutsch - niederländische Handel und die deutsche Agrareinfuhr in den Jahren 1920 - 1940. Mainz (Diss.) 1953

Beutin, Ludwig: Bremen und Amerika. Zur Geschichte der Weltwirtschaft und der Beziehungen Deutschlands zu den USA 1784 - 1933. Bremen 1953

Biber, Erich: Die Entwicklung der Handelsbeziehungen Deutschlands zu den Vereinigten Staaten von Amerika nach dem Kriege. Bremen 1953

Birke, Wolfgang: Die Konfiskation ausländischen Privatvermögens im Hoheitsbereich des konfiszierenden Staates nach Friedensvölkerrecht. Hamburg 1960

Birken, Andreas: Das Verhältnis von Außenhandel und Außenpolitik und die Quantifizierung von Außenbeziehungen. Beobachtungen zum "Zeitalter des Imperialismus" 1880 - 1913. In: Vierteljahresschrift für Sozial- und Wirtschaftsgeschichte, JG. 66, S. 317 - 361

Birkenfeld, W.: Der synthetische Treibstoff 1933 - 1945. Stuttgart u.a. 1964

Birkenkamp, Fritz: Deutsche Industrieanlagen im Ausland. Würzburg 1953

Blaich, Fritz: Absatzstrategien deutscher Unternehmen. Wiesbaden 1982

Blankenburg, J.: Der französische Kapitalexport und seine Rolle als Instrument der Außenpolitik. Köln (Diss.) 1966

Blatz, Heinrich: Die wirtschaftliche und technologische Entwicklung der deutschen Lederindustrie. Würzburg 1934

Bloomfield, Arthur: The Mechnism of Adjustment of the American Balance of Payements 1919-1929. In: Quarterly Journal of Economics, 3, 57, 1942/43, S.

Bloser, Helmut: Die Entwicklung des Kohlebergbaus und der Eisen- und Stahlindustrie in England unter dem Einfluß der Wirtschaftspolitik der englischen Regierung 1918 - 1955. Köln (Diss.) 1957

Board of Trade: Board of Trade for German-American Commerce, Alien Property Today. New York 1927

Bodenstein, Ernst: Die durch den Weltkrieg beschleunigte Produktionserweiterung in der Welttextilindustrie und ihr Reflex auf den deutschen Textilwarenexport der Nachkriegszeit. Stolp in Pommern 1931

Boehm, C.: Die Elastizität der deutschen Getreideanbauflächen. Berlin 1936

Boelcke, Willi: Die deutsche Wirtschaft 1930-1945. Düsseldorf 1983

Böhret, Carl: Interdependenzen von Politik und Wirtschaft. Berlin 1967

Bonsmann, Paul: Die Entwicklung der deutsch-dänischen Handelsbeziehungen von 1880 - 1937. Köln (Diss.) 1946

Borchard, Edwin M.: Confiscation of Enemy Private Property. In: Yale Law Journal Jg. 28, 1919, S. 478 - 481

Borkin, Joseph: Die unheilige Allianz der IG-Farben. Frankfurt / Main 1979

Bostel, Werner: Die deutsche und britische Eisenindustrie und ihr Konkurrenzkampf auf dem Weltmarkt. Leipzig (Diss.), Osnabrück 1937

Bouteiller, A. Ch. de Le: Le commerce extérieur de la France dépuis la crise de 1929. Paris 1938

Brandes, Joseph: Herbert Hoover and Economic Diplomacy. Department of Commerce Policy 1921 - 1928. Pittsburgh 1962

Brandstetter, E.: Finanzierungsmethoden in der deutschen elektrotechnischen Industrie. Gießen (Diss.) 1930

Briessen, Fritz van: Grundzüge der deutsch - chinesischen Beziehungen. Darmstadt 1977

Brodtmann, Günther: Der deutsche Getreide- und Futtermittelhandel in der Nachkriegszeit. Borna - Leipzig 1933

Bromme, Arthur: Die Organisation des deutschen Eisenabsatzes. Köln (Diss.) 1929

Brooks, Sidney: America and Germany 1918 - 1925. New York 1925

Broszat, Martin : Deutschland -Ungarn -Rumänien. Entwicklung und Grundfaktoren nationalsozialistischer Hegemonial- und Bündnispolitik 1938 - 1941. In: Historische Zeitschrift, H. 206, 1968, S. 45-96

Brown, F.: A Tabular to the Foreign Trade Statistics of 21 principal Countries. London 1926

Bruch, Arnold: Die Neuordnung der deutschen Kohlenwirtschaft seit 1933. Emsdetten 1936

Brückner, Herbert: Strukturwandlungen auf dem schwedischen Textilmarkt. In: Weltwirtschaftliches Archiv, H. 46, 1937, S. 496 - 514 und 712 - 730

Brückner, Herbert: Bedarf und Versorgung des skandinavischen Kohle- und Koksmarktes. Jena 1938

Brune, H.: Die deutsch - polnischen Handelsbeziehungen unter dem Gesichtspunkt der organischen Handelspolitik. Heidelberg 1934

Brüninghaus, H.: Die deutsche Eisen- und Stahlwarenindustrie unter dem Einfluß der jüngste englischen Währungs- und Handelspolitik. Jena (Diss.) 1934

Buchheim, Christoph: Deutsche Gewerbeexporte nach England in der zweiten Hälfte des 19. Jahrhunderts. Ostfildern 1983

Burgdörfer, Friedrich: Die Statistik in Deutschland nach ihrem heutigen Stand. Berlin 1940

Casper, Karl: Deutschland und China im gegenseitigen Warenaustausch. In: Weltwirtschaftliches Archiv, H. 45, 1937, S. 409 - 442

Chamber of Commerce: Foreign Investments in the USA. Washington 1974

Chang, Tse Chun: Cyclical Movements in the Balance of Payements. Cambridge 1951

Chang, Yu-Shin: Die Entwicklungstendenzen des chinesischen Außenhandels nach dem Weltkriege. Gelnhausen 1936

Chi, Chen: Die Beziehungen zwischen Deutschland und China bis 1933. Hamburg 1973

Chudoba, Karl: Die Grundlagen nationalsozialistischer Selbsthilfe in der Erzversorgung. Bonn 1937

Claessens, J. H. F.: Die Neueinrichtung der niederländischen Handelsstatistik. In: Weltwirtschaftliches Archiv, Bd.14, 1919, S. 224* - 241*

Collings, Harry T.: The Foreign Trade of the United States from 1914 to 1924. In: Weltwirtschaftliches Archiv, H. 23, 1926, S. 69*ff

Commission Consultative: Dommages subis par la France et l'Union francaise du fait de la guerre et l'occopation ennemie (1939 - 45). Part imputable à l'Allemagne. Paris 1950

Conze, Werner: Die Staats- und Wirtschaftskrise des Deutschen Reiches 1929 - 1933. Stuttgart 1967

Cowden, Dudley J.: Measures of the Exports of the United States. New York 1931

Cox, Oliver: Capitalism and American Leadership. New York 1962

Crohn, Berta: Der Mais in der Weltwirtschaft. Berlin 1926

Culbertson, William S.: International Economic Policies. A Survey of the Economics of Diplomacy. New York 1925

Curti, Arthur: Handelsverbot und Vermögen in Feindesland. Berlin 1916

Damblé, Otto: Die Wandlungen des französischen Außenhandels in der Nachkriegszeit. Tübingen 1932

Casper, Karl: Deutschland und China im gegenseitigen Warenaustausch. In: Weltwirtschaftliches Archiv, H. 45, 1937, S. 409 - 442

David, Hans: Das deutsche Auslandskapital und seine Wiederherstellung nach dem Kriege. In: Weltwirtschaftliches Archiv, H. 14, 1919, S. 31 -70

Dechesne, Laurent : Der belgische Außenhandel seit dem Kriege. In: Weltwirtschaftliches Archiv, H. 29, 1929, S. 306* - 319*

Defries, J.H.: European Problems and their Relations to American Business. U.S. Chamber of Commerce 1921

Dehnel, E.: Verflechtungen in der Stickstoff - Industrie und ihre Gründe. Heidelberg (Diss.) 1931

Denzel, Rosemarie: Die chemische Industrie Frankreichs unter der deutschen Besetzung im 2.Weltkrieg. Tübingen 1959

Dessauer, Marianne: Entwicklungstendenzen der betrieblichen Exportwirtschaft in Deutschland seit der Mitte des 19.Jh. München 1981

Deutsch, Paul: Die Nicht - Eisen Metalle im Welthandel. München 1938

Deutsches Institut für Wirtschaftsforschung: Die deutsche Industrie im Kriege 1939-45. Berlin 1954

Deutsche Weltwirtschaftliche Gesellschaft: Weltwirtschaftliche Probleme der Gegenwart unter besonderer Berücksichtigung der Stellung Deutschlands 1914 - 1939. Berlin 1939

De Vries, J.F.: Die Entwicklung des Außenhandels der Niederlande nach dem Krieg (II). In: Weltwirtschaftliches Archiv, H. 43, 1936, S. 589f

Dieterich, Willi: Westeuropa als Absatzmarkt für die deutsche Papier- und Pappenindustrie. Würzburg 1934

Dietrich, Hugo: Der deutsche Export von Gebrauchswaren nach China, Britisch Indien, Niederländisch Indien. Emsdetten 1935

Dixon, Warren Adams: Revolution, Reconstruction and Peace - Herbert Hoover and European Food Relief 1918 / 1919. Univ.of Wisconsin, Hist.Depart. 1964

Dohrmann, Bernd: Die englische Europapolitik in der Wirtschaftskrise 1921 - 1923. Zur Interdependenz von Wirtschaftsinteressen und Außenpolitik. München / Wien 1980

Dohse, Paul: Der deutsche Zuckerhandel. Köln (Diss.) 1926

Domeier, M.: Die Wandlungen in den Grundlagen der deutschen Ausfuhr nach Südamerika seit 1920. Köln 1925

Döring, Carl von: Konsulatswesen und staatliche Außenhandelsförderung. Berlin (Diss.) 1920

Deutscher Zentralausschuss: Auslandshilfe in den Notjahren 1922 und 1923. Berlin 1924

Dulles, Foster Rhea: Amerikas Weg zur Weltmacht 1898 - 1956. Stuttgart 1957

Dunn, Robert W.: American Foreign Investments. New York 1926

Ebach, Wilhelm: Moderne Fertigungsmethoden der deutschen Elektroindustrie und ihre wirtschaftlichen Auswirkungen. Bottrop 1935

Ebel, Arnold: Das III. Reich und Argentinien. Die diplomatischen Beziehungen unter Berücksichtigung der Handelspolitik 1933 - 1939. Köln / Wien 1971

Ebert, Erich: Brasiliens Außenhandel mit Berücksichtigung der Produktion und seiner wirtschaftlichen und kulturellen Beziehungen zu Deutschland. o.O. 1943

Eckardt, W.: Der deutsche Handel mit Argentinien unter besonderer Berücksichtigung der Nachkriegszeit. Posen 1926

Edelstein, Michael: Overseas Investment in the Age of High Imperialism. London 1982

Ehm, Hans Oskar: Die deutsch - belgischen Handelsbeziehungen von 1871 bis 1914. Köln 1937

Ehrhardt, Max: Deutschlands Beziehungen zu Großbritannien, den Vereinigten Staaten und Frankreich vom Mai 1930 bis Juni 1932. Hamburg (Diss.) 1950

Eichholtz, D.: Geschichte der deutschen Kriegswirtschaft. Berlin 1969

Einzig, Paul: Bloodless Invasion. German Economic Penetration into the Danubian Staates and the Balkan. London 1938

Einzig, Paul: Foreign Dollar Loans in Europe. London 1965

Eisenhardt, Gustav: Die geschichtliche Entwicklung der deutschen Handelsstatistik. Hamburg 1927

Ellis, L.Ethan: Frank B. Kellogg and American Foreign Relations, 1925 - 1929. New Brunswick, N.J. 1961

Ellsworth, P. T.: The International Economy. New York / London 1964

Emmendörfer, Hans: Die geschäftlichen Beziehungen der deutschen Eisen- und Stahlindustrie zur Eisenschaffenden Industrie in den besetzten Gebieten 1939 - 45. Köln 1954

Emminger, Otmar : Gibt es eine Gesetzmäßigkeit in den Schwankungen der Austauschrelationen zwischen Industrie- und Rohstoffländern?. In: Vierteljahreshefte zur Wirtschaftsforschung N.F., H. 12, 1937 / 38, S. 154 - 178

Endeman, Fritz: Die Krise der deutschen eisenerzeugenden Industrie im Jahre 1924. Leipzig 1925

Engelstädter, Erhardt: Formen der neuen Holzaußenhandelspolitik. Dresden 1941

Enquete - Ausschuß: Die deutsche Lederwarenindustrie. Berlin 1930

Enquete - Ausschuß: Die deutsche Margarine-Industrie. Berlin 1930

Enquete - Ausschuß: Die deutsche Spielwarenindustrie. Berlin 1930

Enquete - Ausschuß (I): Der deutsche Außenhandel unter dem Einfluß weltwirtschaftlicher Strukturwandlungen. Erster Halbband, Berlin 1932

Enquete - Ausschuß (II): Der deutsche Außenhandel unter dem Einfluß weltwirtschaftlicher Strukturwandlungen. Zweiter Halbband, Berlin 1932

Erbe, R.: Die nationalsozialistische Wirtschaftspolitik im Lichte der modernen Theorie. Zürich 1958

Eschenbach, A. M.: Strukturwandlungen in der deutschen Außenwirtschaft und die Wirtschaftsentwicklung seit dem Kriege. Berlin / Wien / Leipzig 1939

Essig, Enno: Die Entwicklung der deutschen Automobilindustrie in der Nachkriegszeit und ihre volkswirtschaftlich wichtigsten Probleme. München 1935

Estler, Wolfgang: Die Importpolitik im Rahmen der amerikanischen Wirtschaftspolitik unter dem Einfluss des republikanisch - demokratischen Führungswechsels zwischen den beiden Weltkriegen. Diss. Mannheim 1967

Ette, Helmut: Auswirkungen des Rohbaumwollpreises auf die Preisgestaltung der Baumwollwaren.

Etzold, H.: Der Konkurrenzkampf zwischen der deutschen und der englischen Teerfarbenindustrie während der Weltwirtschaftskrise. Halle (Diss.) 1966

Eulenburg, Franz: Außenhandel und Außenhandelspolitik. Tübingen 1929

Eulenburg, Franz: Neue Grundlagen der Handelspolitik. München / Leipzig 1925

Fabry, Ph. W.: Die Sowjetunion und das Dritte Reich. Eine dokumentierte Geschichte der deutsch - sowjetischen Beziehungen 1933 - 41. Stuttgart 1971

Fack, F.U.: Die deutschen Stahlkartelle in der Weltwirtschaftskrise. Berlin (Diss.) 1957

Feigl, Herbert: Der Außenhandel der deutschen papiererzeugenden Industrie in der Nachkriegszeit (1919 - 1932). Biberach-Riss 1934

Feiler, Arthur: Die Konjunkturperiode 1907 - 1913 in Deutschland. Jena 1914

Feis, Herbert: The International Trade of Manchuria. New York 1931

Feis, Herbert: The Diplomacy of the Dollar. First Area 1919 - 1932. Baltimore 1950

Feldenkirchen, Wilfried: Deutsches Kapital in den USA vor dem Ersten Weltkrieg. In: Bankhistorisches Archiv, H. 2, Jg. 9, 1983

Feldenkirchen, Wilfried: Deutsche Zoll- und Handelspolitik 1914 - 1933. In: Pohl, Hans: Die Auswirkungen von Zöllen und anderen Handelshemmnissen auf Wirtschaft und Gesellschaft vom Mittelalter bis zur Gegenwart. Referate der 11. Arbeitstagung d. Gesellschaft f. Sozial- und Wirtschaftsgeschichte. Wiesbaden 1987

Feldenkirchen, Wilfried: Die Handelsbeziehungen zwischen dem Deutschen Reich und der Schweiz 1914-1945. In: VWG, Bd.74, 1987, H.3. S.323-350.

Feldmann, G.: Iron and Steel in German Inflation 1916 - 23. Princeton 1977

Feldmann, G. D.: Die Nachwirkungen der Inflation auf die deutsche Geschichte 1924 - 1933. München 1985

Feralli, Marcel: Der deutsch-schweizerische Verrechnungsverkehr. Basel (Diss.) 1955

Fesenmeyer, Franz: Ursachen und Gründe der Wandlungen im Export deutscher Eisen- und Stahlwaren nach Südamerika. Köln 1933

Fette, H.E.: Die Veränderungen auf dem Weltmarkt der Teerfarbenstoffe. Hamburg 1925

Fickenwirth, H.: Direktinvestitionen in den USA. Zürich 1979

Fischer, Wolfram: Weltwirtschaftliche Rahmenbedingungen für die ökonomische und politische Entwicklung Europas 1919 -1939. Wiesbaden 1939

Fischer, Wolfram: Die Wirtschaftspolitik Deutschlands 1918 - 1945. Lüneburg 1961

Flaig, Herbert: Untersuchung über den Einfluß des Neuen Planes auf den deutschen Außenhandel und die deutsche Außenhandelspolitik. Freiburg (Diss.) 1941

Fleischer, Karl: Die Verwertung der Eisenerzlagerstätten Europas einschließlich Nordafrikas und Westsibiriens aufgrund ihrer Verkehrslage. Berlin 1936

Fleischmann, Otto: Die Wandlungen im Kohlenhandel Europas von 1911 - 1933. In: Petermanns Geographische Mitteilungen, H.3. 1936

Fleßner, Vollmer: Der Außenhandel im neuen Deutschland. Ziele und Wege der nationalsozialistischen Außenhandelspolitik. München 1935

Fraser, Herbert F.: Foreign Trade and World Politics. New York 1926

Freymond, Jean: Le IIIe Reich et la réorganisation économique de l'Europe 1940 - 1942. Origines et Projets. Leiden 1974

Frickhöfer, Karl: Die Stellung der deutschen Holzwirtschaft im Welthandel. Köln 1935

Friedensburg, Ferdinand: Die Rohstoffe und Energiequellen im neuen Europa. Oldenburg / Berlin 1943

Friedländer, Saul: Auftakt zum Untergang. Hitler und die Vereinigten Staaten von America 1939 - 41. Stuttgart u.a. 1965

Fritzsche, Ch. : Der Eisenbergbau in Chile und Aussicht einer heimischen Eisenhüttenindustrie. In: Stahl und Eisen, 18, 51, 1931, S. 541-547

Funke, Hans: Die deutsche optische und feinmechanische Industrie in der Nachkriegszeit. Köln (Diss.) 1931

Fuss, Adalbert: Die Bedeutung der deutschen Eisenzölle in der Nachkriegszeit. Berlin 1935

Galinski, Felix: Die Stellung der deutschen Elektroindustrie innerhalb der internationalen Elektroindustrie in der Gegenwart. Berlin 1931

Geck, Walter: Bulgarien als Absatzgebiet für die deutsche Maschinenindustrie unter besonderer Berücksichtigung von Verbrennungsmaschinen. Köln 1925

Geering, Traugott: Handel und Industrie der Schweiz unter dem Einfluß des Krieges. Basel 1928

Gehle, H. H.: Die Entwicklung der Produktivkräfte in der Textilindustrie des Reichs seit dem Weltkrieg. Münster 1941

Geks, Josef H.: Strukturwandlungen und Entwicklungstendenzen der deutschen Seidenindustrie unter besonderer Berücksichtigung des technischen Fortschritts und des wirtschaftlichen Wachstumsprozesses. Münster (Diss.) 1963

Gerber, U.: Deutsche Zoll- und Handelspolitik seit Einleitung der Schutzzollpolitik durch Bismarck im Jahre 1879. Berlin 1924

Gerber, U.: Zahlen zu Deutschlands Außenhandel und Handelsbilanz von der Reichsgründung, bzw. von der Gründung des Zollvereins an unter besonderer Berücksichtigung der wichtigsten landwirtschaftlichen Erzeugnisse. Berlin 1928

Gerheim, Ludwig: Das Roggenproblem. Eine Analyse der deutschen Roggenwirtschaft unter Berücksichtigung des Interessengegensatzes zwischen ost- und westdeutscher Landwirtschaft. Freiburg (Diss.) 1933

Gerich, Karl: Außenhandel und Außenhandelspolitik der südafrikanischen Union unter besonderer Berücksichtigung der Wirtschaftsexpansion der Union. Düsseldorf 1937

Gerlach, Kurt Albert: Dänemarks Stellung in der Weltwirtschaft unter besonderer Berücksichtigung der Handelsbeziehungen zu Deutschland, England und Skandinavien. Jena 1911

Gerloff, W.: Die deutsche Zoll- und Handelspolitik. Leipzig 1929

Gescher, Dieter Bruno: Die Vereinigten Staaten und die Reparationen 1920 - 1924. Bonn 1956

Gessner, Dieter: Agrardepression und Präsidialregierungen in Deutschland 1930 bis 1933. Probleme des Agrarprotektionismus am Ende der Weimarer Republik. Düsseldorf 1977

Gessner, Dieter: Agrarprotektionismus und Welthandelskrise 1929 / 32. Zum Verhältnis von Agrarpolitik und Handelspolitik in der Endphase der Weimarer Republik. In: Zeitschrift für Agrargeschichte und Agrarsoziologie, 26.Jg, 1978, S. 161-187

Giese, Heinrich: Der Konkurrenzkampf der deutschen und englischen Schneidwarenindustrie auf dem Weltmrkt in der Nachkriegszeit. Solingen - Ohligs 1934

Glardon, A. R.: Die deutsche Elektroindustrie und der Absatz ihrer Erzeugnisse in der Nachkriegszeit. Hamburg 1933

Glück, Kurt: Japans Vordringen auf dem Weltmarkt. Würzburg 1937

Goldenstein, Jens: Der deutsche Eisenzoll - ein Erziehungszoll. Berlin 1912

Göldi, Hans: Der Export der schweizerischen Hauptindustrie während der Kriegszeit 1939 - 1945. Zürich 1949

Göldner, Wolfgang: Die deutsch - französischen Handelsbeziehungen zwischen den beiden Weltkriegen. Köln (Diss.) 1950

Gordon, Margaret S.: Barriers to World Trade. A Study of Recent Commercial Policy. New York 1941

Gotthelf, M.: Außenhandelsentwicklung und Außenhandelsstrategie in der UdSSR. Die Entwicklung des Außenhandels der Sowjetunion mit den westlichen Industrienationen und die sowjetische Außenhandelsstrategie 1918 - 79. Frankfurt / Main 1979

Gottwald, Robert: Die deutsch - amerikanischen Beziehungen in der Ära Stresemann. Berlin - Dahlem 1965

Graf, A. de: Die Neugestaltung der internationalen Zuckerwirtschaft. In: Weltwirtschaftliches Archiv, H. 37, 1933, S. 255 - 281

Graham, Frank D.: Exchange, Prices and Production in Hyperinflation: Germany 1920 - 23. Princeton 1930

Grävell, W.: Neue Aufgaben der Außenhandelsstatistik. In: Beiträge zur deutschen Statistik, 1936, S. 169-193

Grävell, W.: Lehren der Außenhandelszahlen 1933. In: Die deutsche Volkswirtschaft, H. 4, 1934, S. 120ff

Grävell, W.: Der Außenhandel in der Nationalwirtschaft. Stuttgart 1937

Greiff, Walter: Der Methodenwandel der europäischen Handelspolitik während des Krisenjahres 1931. Berlin 1932

Große, F.: Die weltwirtschaftlichen Verflechtungen. Aufbau und Ordnung der zwischenstaatlichen Wirtschaftsbeziehungen. Berlin 1939

Großmann, H.: Die chemische Industrie in den USA. Leipzig 1912

Gross, Herbert: Nordeuropa und das Reich. Handelspolitische Aufgaben Deutschlands. Berlin 1933

Grotkopp, Wilhelm: Amerikas Schutzzollpolitik und Europa. Berlin 1929

Grottian, Walter: Die Holzversorgung der Welt in der Nachkriegszeit. Berlin (Diss.) 1938

Grottian, Walter: Umsatzmengen im Weltholzhandel 1925 - 1938. Berlin 1942

Grünärml, Frohmund: Multinationale Unternehmungen, internationaler Handel und monetäre Stabilität. Bern / Stuttgart 1982

Grüneberg, Emmy - Ilse: Die Handelsbeziehungen zwischen Deutschland und Spanien unter besonderer Berücksichtigung der Erzschaffenden und Erzverarbeitenden Industrie. Berlin 1927

Grünfeld, Ernst: Die deutsche Außenhandelskontrolle. Die Politik der Sperren vom Kriegsausbruch bis zum Inkrafttreten des Friedensvertrages. Bonn / Leipzig 1922

Grünspan, Siegfried: Die deutsche Spielwarenindustrie unter besonderer Berücksichtigung des Exports und der ausländischen Konkurrenz. Sonneberg 1931

Haas, Hermann: Auslandsanleihen und Reparationen. Jena 1929

Haas, Wilhelm: Der japanisch - mandschurische Warenaustausch mit Deutschland. In: Weltwirtschaftliches Archiv, H. 46, 1937, S. 272 - 285

Haber, L. F: The Chemical Industry 1900 - 1930. International Growth and Technological Change. Oxford 1971

Haberland, Günther: Elf Jahre staatlicher Regelung der Ein- und Ausfuhr. Leipzig 1927

Haberler, Gottfried: Der internationale Handel. Theorie der weltwirtschaftlichen Zusammenhänge sowie Darstellung und Analyse der Außenhandelspolitik. Berlin 1933

Haberler, Gottfried: Liberale und planwirtschaftliche Handelspolitik. Berlin 1934

Hadjinikos, Dimitris: Griechenlands Industrialisierung und Außenwirtschaft von 1914 bis 1939. Kiel 1947

Hall, A. R.: The Export of Capital from Britain 1870 - 1914. London 1968

Hammer, C.: Die Entwicklung der handelspolitischen Beziehungen zwischen Deutschland und der Schweiz seit dem Ende des Weltkrieges (1918 - 1926). Freiburg 1926

Handelsstatistik der Oberzolldirektion im Auftrag der Kommission für Konjunkturbeobachtung: Der Schweizer Außenhandel unter den Einwirkungen des Krieges 1939 - 1945. In: Die Volkswirtschaft, Bern, Jg. 19, 1946

Hardach, Gerd: Deutschland in der Weltwirtschaft 1870 - 1970. Frankfurt / New York 1979

Härig, Hermann: Die deutsch - schwedischen Handelsbeziehungen seit der Jahrhundertwende mit besonderer Berücksichtigung der Nachkriegszeit. Köln (Diss.) 1930

Harms, Bernhard: Die Zukunft der deutschen Handelspolitik im Rahmen des Wiederaufbaus der deutschen Volkswirtschaft und ihrer weltwirtschaftlichen Beziehungen. Jena 1925

Harris, C. R. S.: Germany's Foreign Indebtness. London 1935

Harrod, R.F: Die internationalen Wirtschaftsbeziehungen. Bern 1945

Hartmann, Heinz: Amerikanische Firmen in Deutschland. Köln / Opladen 1963

Harzheim, Rolf: Die Entwicklungsgeschichte der Teerfarbenindustrie in Deutschland. Köln (Diss.) 1953

Hatzfeld, Lutz: Zur Energieversorgung Deutschlands vor dem Ersten Weltkrieg. In: Tradition. Zeitschrift für Firmengeschichte und Unternehmensbiographie, H. 5, Jg.9, 1964, S. 235 - 240

Hauser, Henri: Germany's Commercial Grip on the World. Her Business Methods Explained. New York 1917

Haushalter, F. G.: Deutschlands Handelsverträge und sein Anteil am Welthandel. Leipzig 1930

Häussler, Walter: Der Export der deutschen chemischen Industrie nach dem Kriege. Köln (Diss.) 1938

Heinrich, Kurt: Der Export der deutschen chemischen Industrie nach Großbritannien. Bückeburg 1932

Hellwig, Heinz Joachim: Die chemische Industrie als devisenbeschaffender und devisensparender Faaktor im deutschen Wirtschaftleben. Leipzig 1937

Helmer, K.: Der Handelsverkehr zwischen Deutschland und der UdSSR in den Jahren 1933 - 41. Berlin 1954

Hempelmann, E.: Holzein- und ausfuhr Deutschlands. Berlin 1938

Hennig, Friedrich - Wilhelm: Das industrialisierte Deutschland 1914 - 72. Paderborn 1974

Heuberger, Max: Die Strukturwandlungen des schweizerischen Außenhandels in den Jahren 1938 - 1949. Basel 1955

Heuer, H.: Argentinien als Fleisch- und Getreidelieferant auf dem Weltmarkt in der Nachkriegszeit. Köln 1932

Heyer, F.: Die britischen Schutzzölle Anfang 1926. In: Weltwirtschaftliches Archiv, Bd. 23, 1926, S. 412*-432*

Hickmann - Rieker: Statistisches Handbuch des deutschen und internationalen Außenhandels. Berlin 1936

Higham, Charles: Trading with the Enemy. An Exposé of the Nazi - American Money Plot 1933 - 1949.

Hildebrand, Klaus: Deutsche Außenpolitik 1933 - 45. Stuttgart u.a. 1971

Hilgert, Folke: Industrialization and Foreign Trade. Genf 1945

Hille, Werner: Der Weltmarkt der Ölfrüchte und Ölsaaten in seiner Bedeutung für die Rohstoffversorgung der deutschen Ölmühlenindustrie. Hamburg 1939

Hillmann, H. C.: Analysis of Germany's Foreign Trade and the War. In: Economia, H. 7, 1940, S. 66 - 88

Hillmeister, Leo: Russischer Außenhandel in der Nachkriegszeit unter besonderer Berücksichtigung zu Deutschland. Köln 1926

Hirschfeld, Gerhard: Fremdherrschaft und Kollaboration. Die Niederlande unter deutscher Besatzung 1940 - 1945. Stuttgart 1984

Hirschmann, Albert O.: National Power and the Structure of Foreign Trade. Berkeley and Los Angeles 1945

Hitschfeld, Hans: Die Kapital- und Handelsbeziehungen zwischen Deutschland und den USA 1924 - 27. Leipzig 1930

Ho, Franklin: Index Numbers of the Quantities and Prices of Imports and Exports and of the Barter Terms of Trade in China 1867 - 1928. Tientsin 1930

Hoffman, Ross J.: Great Britain and the German Trade Rivalry 1875 - 1914. New York 1983

Hoffmann, Erlfried: Die deutsch - bulgarischen Handelsbeziehungen mit besonderer Berücksichtigung der Nachkriegszeit. Würzburg 1936

Hoffmann, Walter G.: Das Wachstum der deutschen Wirtschaft seit der Mitte des 19. Jahrhunderts. Berlin 1965

HofFmann, Walter G.: Strukturwandlungen im Außenhandel der deutschen Volkswirtschaft. In: Kyklos, JG. 20, 1967, S. 27 - 306

Holzer, W.: Transfer und Transferpolitik im Rahmen des Dawes - Planes. Freiburg 1928

Homberg, Wolfgang: Der Baumwoll - Großhandel unter besonderer Berücksichtigung der Nachkriegsentwicklung. Bochum - Langendreer 1934

Homberger, Heinrich: Schweizerische Handelspolitik im 2. Weltkrieg. Zürich 1970

Houtte, Francois Xavier van: L' évolution de l' industry textile en Belgique et dans le monde de 1800 à 1939. Louvain 1949

Huebner, Theodore: The Germans in America. Philadelphia / New York 1962

Huhle, F.: Die Meistbegünstigung in der Außenhandelspolitik der deutschen Nationalwirtschaft. In: Jahrbuch für Nationalökonomie und Statistik, Bd.148, 1938, S. 56 - 60

Institut für Weltwirtschaft: Die Welthandelsentwicklung und das Problem der deutschen Ausfuhrpolitik. In: Weltwirtschaftliches Archiv, 2, 36 $$.

Institut für Weltwirtschaft: Die Bedeutung der südosteuropäischen Getreidewirtschaft und ihre wehrwirtschaftliche Beurteilung. Kiel 1939

Institut für Weltwirtschaft: Die Textilwirtschaft Argentiniens. Kiel 1939

Institut für Weltwirtschaft: Statistische Materialien über den Außenhandel Schwedens. Kiel 1940

International Labour Office: The world textile industry. Economic and social problems. London 1937

Isay, Hermann: Die Lage der deutschen Patente in den früher feindlichen Staaten. Berlin 1921

Isenhöfer, Karl Hans: Die Wirtschaftsbeziehungen zwischen Deutschland und der Schweiz unter dem Einfluß der Devisenpolitik. Düsseldorf (Diss.) 1936

Jacobsohn, Gerhard: Die weltwirtschaftlichen Grundlagen des Südfrüchtehandels in der Nachkriegszeit unter besonderer Berücksichtigung des deutschen Marktes. Berlin 1930

Jacquart, Camille: Le commerce extérieur de la Belgique avant et après la guerre. Bruxelles 1922

Jäger, J. J.: Die wirtschaftliche Abhängigkeit des Dritten Reiches vom Ausland, dargestellt am Beispiel der Stahlindustrie. Berlin 1969

James, Harold: Deutschland in der Weltwirtschaftskrise 1924 - 1936. Stuttgart 1988

James, Harold: The German slump: politics and economics. Oxford 1986

Janssen, H.: Das amerikanische Freigabegesetz vom 10.März 1928. Leipzig 1928

Jenny, Hans: Der Schweizerische Kohlenhandel. Zürich (Diss.) 1941

Jerchow, F.: Deutschland in der Weltwirtschaft 1944 - 47. Düsseldorf 1978

Joergensen, J. C.: Die Entwicklung der dänischen Handelspolitik und des dänischen Außenhandels nach dem Kriege. In: Weltwirtschaftliches Archiv, Bd. 32, 1930, S.517-539

John, Friedrich: Die ungeklärte Meistbegünstigung. Geschichte, Formen und Bedeutung der Meistbegünstigungsklausel. Brake b. Hamburg 1929

Julin, Armand: Le réforme des statistiques d'import et d'exportation en relation avec les nouvelles méthodes de la politique commerciale. Bruxelles 1937

Jungheinrich, Georg: Die Entwicklung des internationalen Handels mit Häuten und Fellen. Berlin 1932

Jussiant, Jean: L'évolution du commerce extérieur de la Belgique de 1926 à 1937. Paris 1939

Kaiserlich - Statistisches Amt: Statitistik des Deutschen Reiches. Berlin 1914

Kanapin, Klaus: Die deutsch - argentinischen Handelsbeziehungen von 1871 bis 1914 unter besonderer Berücksichtigung der Handels- und Wirtschaftsbeziehungen und der Auswanderungspolitik. Berlin (Ost) 1968

Kastl, Werner E.: Die US - Zollpolitik im Rahmen der politischen und wirtschaftlichen Entwicklung der USA 1789 - 1955. Versuch einer wirtschaftlich-objektiven Untersuchung. Backnang 1957

Keiser, G.: Kapitalbildung und Investitionen in der deutschen Volkswirtschaft 1924 - 1928. Berlin 1931

Kerkau, Gustav: Die deutsche Kapitalanlage im Auslande vor Kriegsausbruch 1914. Giessen (Diss.) 1925

Kerner, Fritz: Englands Außenhandel in den letzten Friedensjahren (1905 - 1913). Kiel 1917

Kertesz, A.: Die Textilindustrie sämtlicher Staaten. Entwicklung, Erzeugung, Absatzverhältnisse. Braunschweig 1917

Kerz, Heinz: Die Handelspolitik der USA von Hamilton bis zum Ausbruch des Zweiten Weltkrieges unter besonderer Berücksichtigung ihrer Wirtschaftsbeziehungen zu Deutschland. Köln (Diss.) 1948

Kestenholz, Paolo: Außenhandel und Außenhandelspolitik Italiens in der Zeit von 1934 bis 1939. Zürich 1943

Keynes, John Maynard: The German Transfer Problem. In: The Economic Journal, Jg. 39, 1929

Kiessling, Albert A. W.: Deutsch - schweizerische Handelsbeziehungen. Bern (Diss.) 1953

Kindleberger, Charles: Industrial Europe's Terms of Trade on Current Account 1870 - 1953. In: Carus - Wilson, E.M.: Essays in Economic History. London 1965

Kindleberger, Charles: Die Weltwirtschaftskrise 1929 - 1939. München 1973

Klatil, Franz M.: Beiträge zur deutschen chemischen Wirtschaft. Produktion und Außenhandel bis zu den Jahren 1937 / 38. Klagenfurt 1940

Klefisch, Peter: Das Dritte Reich und Belgien 1933 - 1939. Frankfurt 1988

Klein, Ingeborg: Die Handelsbeziehungen zwischen Deutschland und den vier britischen Dominien Kanada, Südafrika, Australien, Neuseeland. Berlin 1929

Kleist, Hans - Jürgen von: Die ausländische Kapitalbeteiligung in Deutschland. Berlin 1921

Klemm, Friedrich: Die Hauptprobleme der Entwicklung der deutschen Automobilindustrie in der Nachkriegszeit und der Wettbewerb dieser Industrie mit dem Ausland, insbesondere mit den Vereinigten Staaten von Nordamerika. Marburg 1935

Knapp, M.: Die USA 1918 - 45. Deutsch - amerikanische Beziehungen zwischen Rivalität und Partnerschaft. München 1978

Knoblich, H.: Die Exportkartelle in Deutschland seit 1880. Köln 1964

Knoppek, Herbert: Deutsche Maschinenausfuhr im Wettbewerb auf dem argentinischen Markt und die Aussichten zur Absatzsteigerung. Hamburg 1937

Kochan, Lionel: The Struggle for Germany 1914 - 45. Edinburgh 1963

Kolditz, Edgar: Die Erzwirtschaften Südosteuropas. Weida 1943

Köller, Vera: Der deutsche Imperialismus und Dänemark 1933 - 45 unter besonderer Berücksichtigung der faschistischen Wirtschaftspolitik. Berlin (Ost) (Diss. Masch.) 1966

Kolweg, Karl: Das Roggenproblem und die Gerstenzollfrage. Bremen 1929

König, Paul: Der Baumwollweltmarkt in seiner Entwicklung während des Krieges bis zum Friedensschluß. Berlin 1919

Konstantinoff, P.: Der Außenhandel Bulgariens mit besonderer Berücksichtigung des Exportes. Zürich / Leipzig 1914

Kosiel, Erich: Organisations- und Vertriebsfragen in der Ausfuhrwirtschaft des Maschinenbaus. Würzburg 1939

Köstler, Josef: Die Holzversorgung der Erde als Rohstoffproblem der Weltwirtschaft. In: Weltwirtschaftliches Archiv, Bd. 52, 1940, S. 115 - 163

Köttgen, Karl: Das wirtschaftliche Amerika. Berlin 1925

Kraemer, H.: Die Wechselbeziehungen zwischen Wirtschaftsstruktur und Außenhandel. Borna - Leipzig 1938

Kränzlein, Robert: Die Handelsbeziehungen Deutschlands zu den Vereinigten Staaten und ihre Neugestaltung. Hamburg (Diss.) 1937

Kreller, Émil: Kapitalanlagen im Auslande und ihre Rückwirkung auf die heimische Industrie . In: Zeitschrift für Handelswissenschaft und Handelspraxis, 1911, S. 57 - 63

Kruse, Alfred: Außenwirtschaft. Berlin 1958

Kuczynski, Jürgen: Studien zur Geschichte der zyklischen Überproduktionskrisen in Deutschland 1918 - 45. Berlin 1963

Kuczynski, Jürgen: Weltproduktion und Welthandel in den letzten 100 Jahren. Libau 1935

Kuczynski, Jürgen / Wittkowski, Grete: Die deutsch-russischen Handelsbeziehungen in den letzten 150 Jahren. Berlin 1947

Kuczynski, Jürgen: Probleme statistischer Erfassung der Wirtschaftsentwicklung. In: Jahrbuch für Wirtschaftsgeschichte, III, 1967, S. 373f

Kühl, Joachim: Föderationspläne im Donauraum und Ostmitteleuropa. München 1958

Kühn, Helmut: Die Verlagerung der deutschen Lebensmittel- und Rohstoffeinfuhr 1933 - 38. Berlin (Diss.) 1939

Kulischer, Josef: Die Meistbegünstigung in den Handelsverträgen im Wandel der Zeiten. In: Zeitschrift für die gesamte Staatswissenschaft, H. 3, 1930

Kunz - Lack, Ilse: Die deutsch - amerikanischen Beziehungen 1890 - 1914. Stuttgart 1935

Kurz, Hermann: Kapitalanlagen im Ausland. In: Raschers Jahrbuch, 1912, S. 171 - 188

Kutzenbach, H. J. von: Deutschlands Versorgung mit Früchten und Gemüse. Königsberg i. Pr. 1931

Lammert, Franz: Das Verhältnis der eisenschaffenden und der eisenverarbeitenden Industrie seit dem Ersten Weltkrieg. Köln (Diss.) 1960

Landauer, C.: Die wirtschaftliche Komponente der amerikanischen Außenpolitik. In: Böhret, C. / Grosser, D.: Interdependenzen von Politik und Wirtschaft. Festgabe für Gert von Eyern. Berlin / München 1968

Landmann, Julius: Kurzfristige Auslandsverschuldung. In: Archiv für Sozialwissenschaft und Sozialpolitik, H. 1, Jg. 63, 1930

Lange, Ernst - Georg: Steinkohle. Wandlungen in der internationalen Kohlenwirtschaft. Leipzig 1936

Länge, Kurt: Die Entwicklung des Getreidehandels im Rahmen der Getreidepolitik der Vereinigten Staaten von Amerika und Deutschland. Würzburg 1936

Lary, Hal B.: The United States in the World Economy.The International Transactions of the United States in the Interwar Period. Wasington D.C. 1943

Lary, Hal B.: The Domestic Effects of Foreign Investment. In: The American Economic Review, 2, 36, 1946, S.

Laureys, Henry: Foreign Trade of Canada. Toronto 1929

League of Nations: Commercial Policy in the Inter - War Period. Genf 1942

Lefeldt, Mathias: Analysekonzepte für den Außenhandel. Hamburg 1978

Lehmann, Eduard: Der Außenhandel Mexikos in der Nachkriegszeit mit besonderer berücksichtigung der Handelsbeziehungen zu Deutschland. Leipzig 1926

Lenz, Friedrich: Wesen und Struktur des deutschen Kapitalexports vor 1914. In: Weltwirtschaftliches Archiv, Bd. 18, 1922, S. 42 - 54

Lepsius, B.: Deutschlands chemische Industrie 1888 - 1913. Berlin 1914

Leverkuhn, Paul: Foreign Investments in Germany. 1927

Levy, Hermann: Die Vereinigten Staaten als Wirtschaftsmacht. Berlin 1923

Levy, Hermann: Die Enteuropäisierung der Welthandelsbilanz. In: Weltwirtschaftliches Archiv, Bd. 23, 1926, S. 329* - 341*

Levy, Hermann: Die europäische Verflechtung des amerikanischen Außenhandels. In: Weltwirtschaftliches Archiv, Bd. 37, 1933, S. 164-192

Lewis, Ilona: Americas Stake in International Investment. Washington, D.C. 1938

Liefmann, Keil: Die direkte Auslandsinvestierung. In: Weltwirtschaftliches Archiv, H. 18, 1922, S. 525 - 555

Liesebach, Ingolf: Der Wandel der politischen Führungsschicht der deutschen Industrie von 1918 - 1945. Basel (Diss.), Hannover 1957

Lindemann, Wilhelm: Die deutsche Margarineindustrie un die öffentliche Margarinepolitik bis 1935. Eisfeld 1936

Lindner, Ph. Fr.: Über Wirtschaftswandlungen in Ägypten am Beispiel von Zuckerrohr, Weizen und Baumwolle. Wien 1939

Link, Werner : Die Ruhrbesetzung und die wirtschaftlichen Interessen der USA. In: Vierteljahreshefte für Zeitgeschichte, H.4, Jg. 17, 1969

Link, Werner: Die amerikanische Stabilisierungspolitik in Deutschland 1921 - 32. Düsseldorf 1970

Loewenfeld, William: Die Beschlagnahme, Liquidation und Freigabe deutschen Vermögens im Auslande. Berlin 1924

Lohmann, Hans: Strukturwandlungen im Außenhandel der deutschen chemischen Industrie seit 1913. Berlin 1938

Lohmann, Hans: Die Ausfuhr Solinger Stahlwaren nach Britisch - Indien, Burma und Ceylon. Solingen / Würzburg 1934

London Economic Committee: World Consumption of Wool. 1928 - 1935. London 1936

Loose, Paul: Die Handelsvertragspolitik der Nachkriegszeit. Marburg (Diss.) 1939

Lübbe, F.: Die Kreditaufnahme des Deutschen Reiches vor der Währungsstabilisierung 1923 bis zum Zusammenbruch 1945. Bonn (Diss.) 1949

Ludewig, Marianne: Die Entwicklung des bulgarischen Güteraustausches nach dem Kriege unter besonderer Berücksichtigung der deutsch - bulgarischen Beziehungen. Leipzig 1933

Luft, Hermann A. L.: Argentiniens Nachkriegsentwicklung und das auswärtige Kapital. In: Weltwirtschaftliches Archiv, Bd. 24, 1926, S. 206* -213*

Lukács, Géza: Die handelspolitische Interessengemeinschaft zwischen dem Deutschen Reich und Österreich - Ungarn. Göttingen 1913

Lurch, Hans: Deutschland als Getreidezuschußgebiet. Die Bedeutung ausländischen Getreides für Deutschland. Heidelberg 1927

Lusensky, F.: Einführung in die deutsche Zoll- und Handelspolitik. Hannover 1913

Machlup, Fritz: International Trade and the National Multiplier. Philadelphia 1950

Mahlin, Sibylle: Die Außenhandelspolitik der Vereinigten Staaten von Amerika 1929 bis 1936. Berlin (Diss.) 1937

Mahnke, Karl Georg: Entwicklungstendenzen der internationalen Eisenwirtschaft im letzten Jahrzehnt. In: Vierteljahreshefte zur Wirtschaftsforschung N.F., Jg. 13, 1938/39, S. 171-184

Mahrad, Ahmad: Die Wirtschafts- und Handelsbeziehungen zwischen Iran und dem nationalsozialistischen Reich. Hannover / Anzali 1979

Maizels, A.: Industrial Growth and World Trade. An Empirial Study of Trends in Production, Consumption and Trade in Manufactures from 1899 - 1959. Cambridge 1963

Mangold, Rudolf: Die Elektroindustrie und der chinesische Markt. Berlin 1935

Marx - Reinhardt, August: Maschinenausfuhr nach Sowjetrussland. Borna - Leipzig 1930

Matthies, Adolf: Probleme der deutschen Fettwirtschaft. Hamburg 1937

May, Ernest R.: The World War and American Isolation 1914 to 1917. Cambridge 1959

May, Gerhard: Die Entwicklung des deutsch - britischen Handels seit der Pfund - Abwertung ab 21.9.1931. Freiburg 1937

McNeil, W.: American Money and the Weimar Republic. Economic and Politics. Columbia 1976

Meier, M.: Deutsche Außenhandelsregulierungen von 1933 bis 1939. Bergen - Enkheim 1956

Meinders, Rudolf: Die südosteuropäischen Staaten als Absatzgebiete der deutschen chemischen Industrie. Bochum 1938

Menges, Günther: Probleme internationaler wirtschafts- und sozialstatistischer Vergleiche. Köln 1981

Mertsch, Alfred H.: Entwicklungsepochen und Entwicklungstendenzen der Handelsbeziehungen zwischen Deutschland und Südafrika. Hamburg 1935

Mielmann, Peter: Deutsch - chinesische Handelsbeziehungen am Beispiel der Elektroindustrie 1870 - 1949. Frankfurt 1984

Mikesell, Raymond F.: United States Economic Policy and International Relations. New York 1952

Mikesell, Raymond F.: US- Private and Government Investment Abroad. Eugene (Oregon) 1962

Moltmann, Günther: Weltpolitische und nationale Orientierung der Vereinigten Staaten vor und während der Weltwirtschaftskrise. In: Rößler, H.: Locarno und die Weltpolitik 1924 - 1932. Göttingen 1969

Mommsen, Hans: Industrielles System und politische Entwicklung in der Weimarer Republik. Düsseldorf 1974

Momtchiloff, N.: Ten Years of Controlled Trade in South-Eastern Europe. Cambridge 1944

Morgenstern, Hans: Der Auslandsabsatz der deutschen Edelstahlindustrie. Würzburg 1940

Morgenstern, Oskar: Die Macht im Handel der Staaten. Ein Problem der Theorie des internationalen Handels. In: Gestaltungsprobleme der Weltwirtschaft. Festschrift für Andreas Predöhl. Göttingen 1964

Mortara, Giorgio: Die weltwirtschaftlichen Beziehungen Italiens. In: Weltwirtschaftliches Archiv, Bd. 29, 1929, S. 258 - 305

Moulton, Harold G.: War Debts and World Prosperity. Washington 1932

Müller, Johann Friedrich: Strukturwandlungen in der Einfuhr von überseeischen Hölzern. Berlin 1939

Münch, Hans: Die Bedeutung der sowjetischen Aufträge an die sächsische Werkzeugmaschinenindustrie in der Zeit der Weltwirtschaftskrise 1929 bis 1932. In: Jahrbuch für Wirtschaftsgeschichte, IV, 1965, S. 54f

Münzinger, Hans: Weltwirtschaftliche Zusammenhänge und Gestalt der deutschen Speisefettversorgung. Plieningen / Stuttgart 1933

Muthesine, Volkmar: Kohle und Eisen. Die Grundpfeiler der deutschen Wirtschaft. Berlin 1939

National Industrial Conference: Trends in the Foreign Trade of the United States. New York 1930

Nebe, Alfred: Englands Außenhandelspolitik zu Deutschland in der Nachkriegszeit bis zur Machtübernahme durch die Nationalsozialisten. Würzburg 1938

Nehle, Katja: Zur Bewegung der Kapitalexporte des deutschen Imperialismus. In: Jahrbuch für Wirtschaftsgeschichte, IV, 1963, S. 57f

Neisse, J.: Deutschland und Kanada. Berlin 1909

Neisser, Hans: National Incomes and International Trade. Urbana 1953

Nourse, Edwin G.: America's Capacity to Produce. Wasington 1934

Nussbaum, Helga: Außenhandelsverflechtung europäischer Länder und imperialistische deutsche Mitteleuropapläne 1899 bis 1914. Berlin 1977

Nussbaum, Manfred: Grundzüge des Handels und der Handelspolitik des deutschen Imperialismus gegenüber Ägypten (VAR) vom Beginn des 20. Jahrhunderts bis zur Gegenwart. In: Jahrbuch für Wirtschaftsgeschichte, III, 1967, S. 187f

Oberascher, L.: Amerikanische Kapitalbeteiligungen an deutschen Unternehmungen. In: Hamburg-Amerika-Post, Bd. 1, 1929, S. 168ff

Obermann, Karl: Die Beziehungen des amerikanischen Imperialismus zum deutschen Imperialismus in der Zeit der Weimarer Republik (1918 - 25). Berlin (Ost) 1952

Oberndörfer, Lutz: Britisch-französische Wirtschaftsbeziehungen zu Nordeuropa vor dem Zweiten Weltkrieg unter besonderer Berücksichtigung Dänemarks und Norwegens. In: Nordeuropa - Studien. Sonderheft der Wissenschaftlichen Zeitschrift der Ernst - Moritz - Arndt - Universität Greifswald Nr. 13. Greifswald 1980

Ohlin, Bertil: Interregional and International trade. Cambridge, Mass. 1967

Ohlsen, Ralf Rainer: Der deutsche Export nach Großbritannien von 1923 - 1933. Bergisch - Gladbach 1986

Opitz, R.: Europastrategien des deutschen Kapitals 1900 - 1945. Köln 1977

Oppel, A.: Die deutsche Textilindustrie. Entwicklung, gegenwärtiger Zustand, Beziehungen zum Ausland und deutsche Kolonialwirtschaft. Leipzig 1912

Österr. Nationalkomitee: Zollhöhe und Warenwerte. Eine vergleichende Studie über die Höhe der Zollbelastung für 102 Waren in 14 europäischen Löndern. Wien 1927

Overbeck, Anne - Marie: Die wesentlichen Methoden und Gestaltungskräfte in der deutschen Außenwirtschaft von Weltkrieg zu Weltkrieg. Heidelberg (Diss.) 1946

Pade, Werner: Die Handelsbeziehungen des deutschen Imperialismus zu Argentinien (1918 - 1933). In: Jahrbuch für Wirtschaftsgeschichte, III, 1977, S. 47f

Pang, Bin - Chin: Der Außenhandel zwischen Deutschland und China und die deutsch-chinesische Außenhandelspolitik. Erlangen 1937

Panzer, Arno: Industrie und Landwirtschaft in Deutschland im Spiegel der Außenwirtschafts- und Zollpolitik von 1870 bis heute. In: Zeitschrift für Agrargeschichte und Agrarsoziologie, Jg. 23, 1975, S. 71 - 85

Parsons, Edward B.: The German - American Crisis of 1902 - 1903.In: The Historian, Jg. 33, 1971, S. 436 - 452

Pastenaci, Kurt: Geschichte des deutschen Eisenwarenhandels. Berlin 1940

Pastor, Josef Johannes: Die Ausfuhr des deutschen Maschinenbaus und ihre volkswirtschaftliche Bedeutung. Köln 1937

Paul, Wolfgang: Die Auslandsabhängigkeit der deutschen Textilwirtschaft. Möglichkeiten und Grenzen ihrer Minderung, insbesondere durch Zellwolle. Borna - Leipzig 1937

Perrey, Hans - Jürgen: Der Rußlandausschuss der deutschen Wirtschaft. Die deutsch - sowjetischen Wirtschaftsbeziehungen der Zwischenkriegszeit. München 1985

Petzina, Dieter: Die deutsche Wirtschaft in der Zwischenkriegszeit. Wiesbaden 1977

Petzina, Dieter: Autarkiepolitik im Dritten Reich. Stuttgart 1968

Petzina, Dieter: Materialien zur Statistik des Deutschen Reiches 1914 - 45. In: Sozialgeschichtliches Arbeitsbuch, Bd.3, München 1978

Pfeil, E. von: Deutsche Direktinvestitionen in den USA. Freiburg i. Br. 1980

Pfenninger, R.: Die Handelsbeziehungen zwischen der Schweiz und Deutschland während des Krieges 1914 - 1918. Zürich 1928

Pfitzner, Johannes: Beiträge zur Lage der chemischen, insbesondere der Farbstoffindustrie in den USA. Jena 1916

Ploch, Joseph: Der Wettbewerb der britischen Steinkohle auf dem deutschen Kohlenmarkt unter besonderer Berücksichtigung des Stettiner Gebietes. Waldenburg 1932

Poglitsch, Siegfried: Die Entwicklung der deutschen Stickstoffindustrie bis zum Ausbruch des II. Weltkrieges. Köln (Diss.) 1952

Poidevin, Raymond: Frankreich und Deutschland. Die Geschichte ihrer Beziehungen 1816 - 1975. München 1982

Pommerin, Rainer: Der Kaiser und Amerika. Die USA in der Politik der Reichsleitung 1890 - 1917. Köln 1986

Prabi, George Mathias: Die indischen Schutzzölle mit besonderer Berücksichtigung der Walzstahl - Schutzzölle. Berlin 1934

Prager, Ludwig: Die Handelsbeziehungen des Deutschen Reiches mit den USA bis 1914 (1924). Weimar 1926

Predöhl, Andreas: Die Vereinigten Staaten von Amerika und die Weltwirtschaft.. In: Arbeitsausschuß z. Förderung des Auslandsstudiums a. d. Albertus - Univ. Königsberg, Preußen: Die Vereinigten Staaten von Amerika, Auslandsstudien Bd. 8. Königsberg i. Pr 1933

Predöhl, Andreas: Außenwirtschaft, Weltwirtschaft, Handelspolitik und Währungspolitik. Göttingen 1971

Preuss, Ernst G.: Die Kapitalanlage im Ausland. Kritische Übersicht über Theorie und Diskussion bis zum Kriege. München (Diss.) Berlin 1923

Prittwitz u. Gaffron, F.von: Deutschland und die Vereinigten Staaten seit dem Weltkrieg. Berlin 1934

Puchert, Berthold: Die Entwicklung der deutsch - sowjetischen Wirtschaftsbeziehungen. Berlin (Ost) 1973

Puchert, Berthold : Die Entwicklung der deutsch-sowjetischen Handelsbeziehungen 1918-1939. In: Jahrbuch für Wirtschaftsgeschichte, IV, 1974, S. 57f

Puchert, Berthold: Einige Überlegungen zum deutschen Kapitalexport 1933 - 1939. In: Jahrbuch für Wirtschaftsgeschichte, III, 1976, S. 79f

Puchert, Berthold: Die Handelsbeziehungen des Deutschen Reiches zu Rumänien zwischen den beiden Weltkriegen. In: Jahrbuch für Wirtschaftsgeschichte, III, 1983, S. 51f

Pütz, T.: Die deutsche Außenwirtschaft im Engpaß der Jahre 1933 - 37. Berlin 1938

Radkau, Joachim: Entscheidungsprozesse und Entscheidungsdefizite in der deutsche Außenwirtschaftspolitik 1933 - 1940. In: Geschichte und Gesellschaft, H. 2, 1976, S. 33 - 65

Raine, J. S.: Multinational Companies and Overseas Direct Investment. A selected Bibliography. Aberystwyth - Dyfed 1975

Ratenhof, Udo: Die Chinapolitik des Deutschen Reiches 1871 bis 1945. Wirtschaft - Rüstung - Militär. Boppard am Rhein 1987

Rauch, Herbert: Der Einfluss des Krieges auf die wirtschaftliche Stellung der Deutschen im Ausland. Heidelberg (Diss.) 1920

Raupach, Hans: Strukturelle und institutionelle Auswirkungen der Weltwirtschaftskrise in Ost- und Mitteleuropa. In: Vierteljahreshefte für Zeitgeschichte, Jg. 24, 1976, S. 38 - 57

Reibnitz, Kurt Frhr. von: Amerikas internationale Kapitalabwanderungen. Berlin / Leipzig 1926

Reichel, Richard E.: Direktunternehmungen deutscher Unternehmungen in den USA. Gelsenkirchen 1982

Reichenheim, Peter: Die wirtschaftliche Bedeutung der flüssigen Treibstoffe. Berlin 1922

Reichsarbeitsgemeinschaft für Volksernährung: Obst und Gemüse in der deutschen Volkksernährung. Leipzig 1939

Reichskreditgesellschaft: Baumwollweltmarktprobleme und die deutsche Versorgungslage. Berlin 1935

Reichskreditgesellschaft: Wolle. Weltmarktprobleme und deutsche Versorgungslage. Berlin 1937

Reichskreditgesellschaft: Die wirtschaftliche Lage Deutschlands an der Jahreswende 1928/29ff. Berlin 1928ff;

Reichskreditgesellschaft: Economic Conditions in Germany at the Middle of the Year 1939. Berlin 1939

Reinicke, Detlef: Die Bedeutung der Zellwolle für die deutsche Textilindustrie. Würzburg 1939

Renner, Robert: Der Außenhandel der Türkei vor dem Weltkriege. Berlin 1919

Richardson, Henry J.: British Economic Foreign Policy. London 1936

Riedl, Richard: Ausnahmen von der Meistbegünstigung. Wien 1931

Riedl, Richard: Statistische Grundlagen innereuropäischer Handelspolitik. Berlin 1932 - 1936

Riedl, Richard: Innereuropäische Handelspolitik. In: Weltwirtschaftliches Archiv, Bd. 39, 1934, S. 13 - 66

Rings, Werner: Raubgold aus Deutschland. Zürich / München 1985

Rips, Franz: Die Stellung der deutschen Eisenindustrie in der Außenhandelspolitik 1870 - 1914. Jena 1941

K. Ritter / M. Guttfeld, Weltproduktion und Welthandel mit frischen Südfrüchten. In: Berichte über Landwirtschaft, Sonderheft 68, Berlin 1933;

Ritter, Kurt: Wollerzeugung und Wollhandel der Welt vor und nach dem Kriege. Berlin 1929

Rittershausen, H.: Die deutsche Außenhandelspolitik von 1879 bis 1948. Eine Auseinandersetzung zwischen monopolistischen Interessen und sich anbahnender Wettbewerbsordnung in der Welt. In: Zeitschift für die gesamte Staatswissenschaft, 105, 1949, S. 126ff

Robinson, Nehemiah: German Foreign Trade and Industry after the First World War. In: The Quarterly Journal of Economics, 4, 58, 1943 / 44

Rodriguez, Yglesias Eduardo: Geschichte und heutiger Stand der Kaffee-, Tee- und Kakaowirtschaft der Welt. Berlin 1933

Rois, Gerhart: Die Währungspolitik Deutschlands während des Zweiten Weltkrieges unter besonderer Berücksichtigung der besetzten Länder. Wien (Diss.) 1964

Rollmann, D.: Die Entwicklung des deutschen Kohlenexports bis zum Ausbruch des Weltkrieges. Kiel 1922

Roos, Gerd Joachim: Zur Konfiskation privater deutscher Auslandsvermögen. Stuttgart 1956

Röpke, W.: Weltwirtschaft und Außenhandelspolitik. Berlin 1931

Rose, Edward: Die Wolle auf dem Weltmarkt. Berlin 1919

Rosenberg, Wladimir: Der Getreideexport aus Sowjetrussland.

République francaise. Ministère des finances. Direction générale des douanes. Statistique du commerce extérieur de la France. Paris 1938

Runge, Ernst: Die deutsche Maschinenindustrie in den Jahren 1924 - 1933. Ein Beitrag zur Diskussion über die Zukunft der deutschen Handelspolitik und des deutschen Industrieexports. Giessen 1936

Rupp, Hans: Die Behandlung des ausländischen Vermögens in den Vereinigten Staaten im Kriege. In: Zeitschrift für ausländisches und internationales Privatrecht, Jg. 14, 1942, S. 227ff

Saal, Josef: Die Strukturwandlungen des deutschen Außenhandels nach dem Weltkrieg. Bonn 1931

Sachse, Hans - Joachim: Marktbedingungen und Absatzwirtschaft des deutschen Eisenwarengroßhandels. Borna - Leipzig 1940

Salewski, Wilhelm: Das ausländische Kapital in der deutschen Wirtschaft. Essen 1930

Samuel, Ludwig: Gemüse, Obst und Südfrüchte im Deutschen Reich. Versorgungsbilanzen und Verkehrsbeziehungen. Berlin 1933

Sauer, Alfred: Die deutsch-holländischen Handelsbeziehungen. Köln (Diss.) 1931

Schäfer, Erich: Wandlungen in der absatzwirtschaftlichen Organisation des Fertigwarenexports. Berlin 1954

Schäfer, Hans: Die deutsch - kanadischen Wirtschaftsbeziehungen seit der Beendigung des Weltkrieges unter besonderer Berücksichtigung der kanadischen Wirtschaftsentwicklung. Euskirchen 1934

Schäfer, Peter: Die Beziehungen zwischen Deutschland und den Vereinigten Staaten von 1933 bis 1939 unter besonderer Berücksichtigung der handelsspezifischen Beziehungen und der Boykottbewegung in den USA. Berlin (Diss.) 1960

Schaufer, Curt: Der Einfluß des Weltkrieges auf den internationalen Schafwollmarkt. Berlin 1922

Schickert, A.: Die Ausfuhr und das Ausfuhrgeschäft nach Britisch-Indien. Frankfurt / Main 1929

Schiemann, Jürgen: Die deutsche Währung in der Weltwirtschaftskrise 1929 - 33. Bern / Stuttgart 1980

Schilder, Sigmund: Die auswärtigen Kapitalanlagen vor und nach dem Weltkrieg. Berlin 1918

Schimmelbusch, Carl Ludwig: Die Handelsbeziehungen zwischen Deutschland und den USA. Heidelberg (Diss.) 1910

Schinke, Richard: Die Struktur des rumänischen Außenhandels. Dresden 1938

Schlarp, Karl - Heinz: Wirtschaft und Besatzung in Serbien 1941 - 44. Stuttgart 1986

Schleusener, Harald: Erzeugungs- und Absatzfragen der deutschen Automobilindustrie. Brandenburg 1940

Schlote, Werner: Entwicklung und Strukturwandlungen des englischen Außenhandels von 1700 bis zur Gegenwart. Jena 1938

Schmidt, Axel: Die Steinkohlen in Oberschlesien und an der Saar. Die Bedeutung ihres Besitzes und die Folgen ihres Verlustes für Deutschland. Stuttgart 1919

Schmidt, Carl Theodore: German Business Cycles 1924 - 1933. New York 1934

Schmidt, Josef: Die deutsche Teerfarbenindustrie und ihre Konkurrenz vor und nach dem Kriege. Tübingen (Diss.) 1924

Schmidt, Karl: Die Meistbegünstigung und ihre Bedeutung für die deutsche Handelspolitik nach dem Kriege. Köln (Diss.) 1923

Schmidt, Karl: Die deutsche Automobilindustrie und ihre Leistungsfähigkeit auf dem Weltmarkt. Giessen 1927

Schmidt, Karl - Eugen: Die Preisbewegung der Baumwolle . Würzburg 1934

Schmitz, Erich: Die Bedeutung der Niederlande als Durchfuhrland für die deutsche Ausfuhr. Emsdetten 1933

Schmölder, W.: Die Bedeutung der amerikanischen Baumwolle für die kontinentale Textilindustrie unter besonderer Berücksichtigung der Funktionen der Bremer Baumwollbörse für den Baumwollhandel. Köln 1931

Schmölders, Günter: Außenwirtschaft und Außenhandelspolitik. Leipzig 1939

Schmölders, Günter: Die Konjunkturpolitik der Vereinigten Staaten. Leipzig 1934

Schneider, Hans: Die Grundlagen der deutsch-französischen Wirtschaftsbeziehungen. Berlin 1931

Schneider, Walter: Strukturwandlungen in der Textilwirtschaft durch das Aufkommen der Kunstseide. Nürnberg 1935

Schneidewind, H. H. von: Wirtschaft und Wirtschaftspolitik der Vereinigten Staaten. Würzburg 1933

Schnutenhaus, Otto: Die deutsch-schwedischen Wirtschaftsbeziehungen seit Gründung des Reiches bis zum Ausbruch des Krieges im Rahmen der schwedischen Wirtschaftsentwicklung. Berlin 1919

Schomberg, Kurt: Deutschland und Amerika. The Steuben Memorial. Berlin 1932

Schröder, Hans - Jürgen: Deutschland und die Vereinigten Staaten 1933 - 39. Wirtschaft und Politik in der Entwicklung des deutsch - amerikanischen Gegensatzes. Wiesbaden 1970

Schröder, Hans-Jürgen: Zur politischen Bedeutung der deutschen Handelspolitik nach dem Ersten Weltkrieg. In: Feldmann, Gerald D.: Die deutsche Inflation. Eine Zwischenbilanz. Berlin / New York 1982

Schröder, Johannes: Der Absatzraum der Ruhrkohle. Giessen 1929

Schröter, Harm G.: Außenpolitik und Wirtschaftsinteresse. Skandinavien im außenwirtschaftlichen Kalkül Deutschlands und Großbritanniens 1918 - 1939. Frankfurt / Main 1983

Schröter, Verena: Die deutsche Industrie auf dem Weltmarkt 1929 - 1933. Außenwirtschaftliche Strategien unter dem Druck der Weltwirtschaftskrise. Frankfurt u.a. 1984

Schuker, Stephen A.: American "Reparations" to Germany 1919 - 1933. Princeton, New Jersey 1988

Schüler, Hans Hermann: Wolle. Wandlungen in der Erzeugung und Verwendung der Wolle nach dem Weltkrieg. Leipzig 1936

Schultze, Ernst: Ruhrbesetzung und Weltwirtschaft. Eine internationale Untersuchung der Einwirkung der Ruhrbesetzung auf die Weltwirtschaft. Leipzig 1927

Schürmann, Karl: Die Struktur der deutschen Textilindustrie und ihre Wandlungen in der Nachkriegszeit. Bonn 1933

Schwabe, Gerda: Der deutsch - rumänische Wirtschaftsvertrag vom 23.3.1939. Berlin (Diss.) 1968

Seehusen, Harald: Der Maschinenbedarf Dänemarks in der Industrialisierungsperiode nach der Weltwirtschaftskrise unter besonderer Berücksichtigung der deutschen Maschinenausfuhr. Kiel 1939

Seifert, Hubertus: Die deutschen Direktinvestitionen im Ausland. Ihre statistische Erfassung als Instrument der internationalen technisch-wirtschaftlichen Zusammenarbeit. Köln / Opladen 1967

Sevenig, J.P.: Die international einheitliche Handelsstatistik. In: Weltwirtschaftliches Archiv, Bd. 5, 1915, S. 234 - 243

Siegmann, Heinz: Der Kaffeeweltmarkt. Frankfurt 1931

Silbermann, Walter: Chemie. Industrie und Außenhandel. Hamburg 1938

Slavik, Gerhard: Der Außenhandel und die Außenhandelspolitik Österreichs 1918 bis 1926. Klagenfurt 1928

Solom, Rudolf: Die Handelsbeziehungen zwischen Deutschland und den Vereinigten Staaten von Amerika von 1871 bis 1937. Köln (Diss.) 1949

Southard, Frank A.: American Industry in Europe. Boston / New York 1931

Speth, Friedrich: Die deutsche Auslandsverschuldung seit 1924. Frankfurt / Main 1930

Stapper, Josef: Die Eisenerzversorgung der deutschen Eisen- und Stahlindustrie nach dem Kriege. Köln (Diss.) 1922

Statistisches Handbuch der Weltwirtschaft. Berlin 1936

Statistisches Reichsamt: Zur Frage der Wertberechnung des deutschen Außenhandels. Berlin 1923

Statistisches Reichsamt: Die deutsche Zahlungsbilanz nach Ländern. Berlin 1934

Stegmann, Dirk: Deutsche Zoll- und Handelspolitik 1924 / 25 - 1929 unter besonderer Berücksichtigung agrarischer und industrieller Interessen. In: Hans Mommsen: Industrielles System und politische Entwicklung in der Weimarer Republik. Düsseldorf 1974

Steiner, Max: Die Verschiebungen in der schweizerischen Außenhandelstruktur während des zweiten Weltkrieges. Zürich 1950

Stellwaag, A.: Die Rohstoffgrundlage der deutschen Eisenindustrie im 20. Jahrhundert. Berlin 1914

Strasser, Karl: Die deutschen Banken im Ausland. München 1925

Stratmann, F.: Chemische Industrie unter Zwang. Staatliche Einflußnahmen am Beispiel der chemischen Industrie Deutschlands 1933 - 45. Stuttgart 1985

Strickland, Charles E.: American Aid to Germany 1919 to 1921. In: Wisconsin Magazine of History, H. 4, Jg. 45, 1962,

Sundhausen, Holm: Die Weltwirtschaftskrise im Donau-Balkan-Raum und ihre Bedeutung für den Wandel der deutschen Außenpolitik unter Brüning. In: Wolfgang Benz / Hermann Graml: Aspekte deutscher Außenpolitik im 20. Jahrhundert. Stuttgart 1976

Svennilson, Ingvar: Growth and Stagnation in the European Economy. Genf 1954

Taniguchi, Kichihiko: Strukturwandlungen des japanischen Außenhandels im Laufe des Industrialisierungsprozesses. In: Weltwirtschaftliches Archiv, Bd. 46, 1937, S. 237 - 256

Taussig, Frank William: International Trade. New York 1927

Teichart, Eckart: Autarkie und Großraumwirtschaft in Deutschland 1930 - 1939. München 1984

Tessin, Ernst - Wilhelm: Welthandel mit Früchten. o.O. 1939

The Commonwealth Wool Inquiry Committee: The Australian wool industry. Canberra 1932

Thissen, Franz: Die Stellung der deutschen Teerfarbenindustrie in der Weltwirtschaft. Giessen (Diss.), Köln 1949

Thomas, Georg: Geschichte der deutschen Wehr- und Rüstungswirtschaft 1918 - 1943/45. Boppard am Rhein 1966

Tiemann, Wilhelm: Der Überseemaschinenhandel. Berlin 1924

Tihany, Janos: Deutsch - ungarische Außenhandelsbeziehungen im Dienste der faschistischen Aggressionspolitik 1933 - 1944. In: Jahrbuch für Wirtschaftsgeschichte, I, 1972, S. 65f

Törber, Günther: Die Industrialisierungstendenzen in den außereuropäischen Ländern in ihrer Wirkung auf den deutschen Maschinenexport. Borna / Leipzig 1931

Toyokichi, Yumoto: Die Entwicklung des japanischen Außenhandels. In: Weltwirtschaftliches Archiv, Bd. 37, 1933, S. 444 - 459

Trendelenburg, E.: Amerika und Europa in der Weltwirtschaftspolitik des Zeitabschnitts der Wirtschaftskonferenzen. Berlin 1943

Treue, Wilhelm: Das III. Reich und die Westmächte auf dem Balkan. Zur Struktur der Außenhandelspolitik Deutschlands, Großbritanniens, Frankreichs. In: Vierteljahreshefte für Zeitgeschichte, H.1, 1953, S. 45 - 64

Treue, Wilhelm: Gummi in Deutschland. Die deutsche Kautschuk-Versorgung und Gummi - Industrie im Rahmen weltwirtschaftlicher Entwicklungen. München 1955

Treue, Wilhelm: Der deutsche Unternehmer in der Weltwirtschafskrise 1928 - 1933. In: Conze, W. / Raupach, H.: Die Staats- und Wirtschaftskrise des Deutschen Reiches 1929 - 1933. Stuttgart, 1977

Treuhänder, der: Bericht des Treuhänders über das feindliche Vermögen. Berlin 1921

Trummel, Hans Joachim: Die Entwicklung der deutsch-argentinischen Handelsbeziehungen im Wandel der letzten 25 Jahre (1913 - 1937). Würzburg 1938

Tsai, Chien und **Chan, Kwan-Wai**: Trend and charakter of China's foreign trade 1912-1931. Shanghai 1933

Tussing, Werner: Die internationalen Eisen- und Stahlkartelle. Ihre Entstehung, Entwicklung und Bedeutung zwischen beiden Weltkriegen. Köln (Diss.) 1970

Twerdochleboff, W.: Strukturwandlungen am Weltmarkt für Papier, Pappe, Holzschliff und Zellstoff. In: Weltwirtschaftliches Archiv, Bd. 39, 1934, S. 577 - 602

Uhlshöfer, Ottfried: Einflußnahme auf Wirtschaftsunternehmungen in den besetzten nordwest- und südosteuropäischen Ländern während des Zweiten Weltkrieges, insbesondere der Erwerb von Beteiligungen (Verflechtung). Tübingen 1958

Ulrich, Carl - Heinz: Die Versorgung Deutschlands mit unedlen Metallen unter besonderer Berücksichtigung ihrer Bewirtschaftung seit 1934. Zeulenroda 1937

United Nations: Capital Movements during the Inter - War Period. New York 1949

United States Tariff Commission: Report N. 127. Dominion and colonial statistics. Washington 1938

US - Bureau of the Census: Historical Statistics of the United States 1789 - 1945. Washington 1949

US - Department of Commerce: Historical Statistics of the United States. Washington, D.C. 1960

US - Department of Commerce: Foreign Direct Investment in the USA. Washington, D.C. 1976

Vadaux, A.: Blockade und Gegenblockade. Handelspolitische Sicherung der schweizerischen Ein- und Ausfuhr im Zweiten Weltkrieg. Basel 1944

Vagts, Alfred: Deutschland und die Vereinigten Staaten in der Weltpolitik. New York 1935

Valk, Willem L.: Die Entwicklung des Außenhandels der Niederlande nach dem Kriege. In: Weltwirtschaftliches Archiv, Bd. 39, 1934, S. 490 - 504

Venkatasubbiah, H.: Foreign Trade of India 1900 - 1940. A Statistical Analysis. New Delhi 1946

Verein deutscher Eisen- und Stahlindustrieller: Deutschlands Versorgung mit Eisen- und Manganerzen sowie Schwefelkiesabbränden im Jahre 1929. Berlin 1930

Voigt, Heinz: Die Handels- und Freundschaftsverträge zwischen Deutschland und den USA. Leipzig 1937

Voigtmann, Walter: Die Versorgung der deutschen Futtermittelindustrie mit Ölfrüchten, Ölsaaten, Ölkuchen. Würzburg 1937

Wagemann, Helmut: Die Einfuhrzollpolitik der USA seit Beginn des 20. Jahrhunderts und die deutsche Teerfarbenindustrie. Mainz (Diss.) 1967

Wagenführ, Rolf: Die Bedeutung des Außenmarktes für die deutsche Industriewirtschaft. Die Exportquote der deutschen Industrie 1870 - 1936. Berlin 1936

Wagenführ, Rolf: Die deutsche Industrie im Kriege 1939 - 45. Berlin 1963

Wandel, Eckhard: Die Bedeutung der USA für das deutsche Reparationsproblem 1924-29. Tübingen 1971

Weber, Eckhard: Stadien der Außenhandelsverflechtung Ost-, Mittel- und Südosteuropas. Stuttgart 1971

Wendler, Gerhart Jacob: Deutsche Elektroindustrie in Lateinamerika. Siemens und AEG. Wiesbaden 1982

Wendt, B.J.: England und der deutsche Drang nach Südosten. Kapitalbeziehungen und Warenverkehr in Südosteuropa zwischen den Weltkriegen. In: Wendt, B.J. / Geiss, I.: Deutschland in der Weltpolitik des 19. und 20. Jahrhunderts. Düsseldorf 1973

Wendt, B.J.: Strukturbedingungen der britischen Südosteuropapolitik am Vorabend des Zweiten Weltkrieges. In: Forstmeier, F. / Volkmann, H.E. : Wirtschaft und Rüstung am Vorabend des Zweiten Weltkrieges. Düsseldorf, 1975

Wettstein, Hans: Die Rohstoffversorgung der britischen Eisen- und Stahlindustrie. Affoltern 1932

Williams, Benjamin H.: Economic Foreign Policy of the United Staates. New York 1929

Windett, Nancy: Australia as producer and trader 1920 -1932. Oxford / London 1933

Winkel, Harald: Die Beziehungen Deutschlands zu Dänemark 1940-1945. In: Henning, F.W.: Probleme der nationalsozialistischen Wirtschaftspolitik. Berlin 1976

Winkel, Harald: Finanz- und wirtschaftspolitische Fragen der Zwischenkriegszeit. Berlin 1972

Wittmack, Helmut: Die Textilindustrie in Dänemark. Ihre Entwicklung und Auslandsabhängigkeit. Kiel 1938

Wittmann, Klaus: Schwedens Wirtschaftsbeziehungen zum Dritten Reich 1933 - 1945. München / Wien 1978

Wittschewsky, Valentin: Rußlands Handel-, Zoll- und Industriepolitik. Berlin 1965

Wottawa, Dietmar: Protektionismus im Außenhandel Deutschlands mit Vieh und Fleisch zwischen Reichsgründung und Beginn des 2. Weltkrieges. Frankfurt / Bern / New York 1985

Wulf, Jürgen: Der deutsche Außenhandel seit 1850. Entwicklung, Strukturwandlungen und Beziehungen zum Wirtschaftswachstum. Stuttgart 1968

Wurm, Clemens A.: Der Exporthandel und die britische Wirtschaft 1919 - 1939. In: Vierteljahresschrift für Sozial-und Wirtschaftsgeschichte, Jg. 68, 1981, S. 191 - 224

Wurm, Heinz: Die Auswirkungen der Häutepreissteigerungen seit dem Jahre 1935 im Ausland auf den deutschen Häute-, Leder- und Schuhmarkt. Köln 1938

Wyneken, Klaus: Die Entwicklung der Handelsbeziehungem zwischen Deutschland und Brasilien. Köln 1958

Yates, P. Lamartine: Forty Years of Foreign Trade. New York 1959

Zakrewski, Gerhard: Deutsche und ausländische Außenhandelskammern. Ein Beitrag zur Organisation der Exportförderung. Greifswald (Diss.) 1927

Zimmermann, Horst: Die Schweiz und Großdeutschland. München 1980

Zimmermann, Werner: Die Nahrungsquellen der Welt. Berlin 1941

Zorn, Erich: Die Speisefettversorgung Deutschlands. Düsseldorf 1936

Zotschew, T.: Die Strukturwandlungen im deutschen Außenhandel und deren Folgen für die westeuropäische Wirtschaft. Hamburg 1951

Jürgen Callies

**Produkt-, Prozeßinnovationen und
technologieintensive Güter im Außenhandel**
Eine Ricardianische Analyse

Frankfurt/M., Bern, New York, Paris, 1990. 210 S., zahlr. Tab. u. Abb.
Europäische Hochschulschriften: Reihe 5, Volks- und Betriebswirtschaft. Bd. 1067
ISBN 3-631-42435-3 br. DM 67.--

Der steigenden Bedeutung neuer Technologien Rechnung tragend wird in einem ricardianischen Drei-Länder-n-Güter-Modell neben die gängige Analyse technologischen Fortschritts in Form von Prozeßinnovationen eine Analyse der Auswirkungen von Produktinnovationen auf die am Außenhandel beteiligten Länder gestellt und gezeigt, in welcher Hinsicht die Ergebnisse differieren. Aufbauend auf den modellierten Gedankengängen wird empirisch nachgewiesen, daß Unterschiede in der relativen Wohlstandsposition einzelner Länder eng verbunden sind mit einem unterschiedlichen komparativen Vorteil beim Export technologieintensiver Güter.

Aus dem Inhalt: Technologie und Außenhandel - Produkt- und Prozeßinnovationen in einem Ricardianischen Außenhandelsmodell - Technologieintensive Güter im Außenhandel - Politikimplikationen

Verlag Peter Lang Frankfurt a.M. · Berlin · Bern · New York · Paris · Wien
Auslieferung: Verlag Peter Lang AG, Jupiterstr. 15, CH-3000 Bern 15
Telefon (004131) 9411122, Telefax (004131) 9411131
- Preisänderungen vorbehalten -